브라질 들여다 보기

이승덕

한국외국어대학교 출판부

브라질 들여다보기

초판 1쇄 발행 2006년 8월 30일
초판 2쇄 발행 2009년 3월 30일

지은이 이 승 덕 (leesd@hufs.ac.kr)

펴낸이 박 철
펴낸곳 한국외국어대학교 출판부
130-791 서울특별시 동대문구 이문동 270
전화 : 02-2173-2495~6
팩스 : 02-2173-3363
홈페이지 : http://press.hufs.ac.kr
전자우편 : press@hufs.ac.kr
출판등록 제6-6호(1969. 4. 30)
편집 · 디자인 (주)이환디앤비 02)2254-4301
인쇄 · 제본 (주)동화인쇄공사 02)719-7181

ISBN 89-7464-412-6 03300
978-89-7464-412-3 03300 정가 15,000원

※ 잘못된 책은 교환하여 드립니다.

서언

브릭스(BRICS - 브라질, 러시아, 인도, 중국)의 한 국가인 브라질이 세계 경제의 신흥대국으로 부상한다. 골드만삭스 분석에 의하면 2039년쯤에는 새로운 G6(선진 6개국) 멤버가 되며 경제 규모에서 독일, 프랑스, 이탈리아, 영국을 제친다는 것이다. 브라질은 인구 1억 8천만 명에 면적이 8백 50만km^2(남미대륙의 47%, 남북한의 37배)의 큰 나라이며 21세기 자원의 보고이다. 특히 브라질은 남미에서 우리나라와 최초 수교국이며 5만 여 동포들이 살고 있는 우리와 가까운 나라이다.

우리나라와 브라질 간의 정식 수교는 1959년 10월 31일이었으며 그때부터 브라질은 전통적으로 우리에 대해 우호정책을 취하여 왔으며 우리의 경제 발전상에 상당한 관심을 갖고 양국 간 보완적 산업 구조에 기초한 실실 협력 관계 증진을 희망하고 있다. 한편 우리는 이민을 통해서 브라질과 한층 더 가까워졌으며 이제는 경제 규모가 상당히 커졌고 브라질에서 우리나라 제품은 길거리에서 쉽게 만날 수 있고, 또한 아주 인기있는 상품이 되었다. 이 같은 현상은 브라질을 연구하는 사람에게는 큰 자부심이 되고 긍지가 아닐 수 없다.

그 동안 브라질에 대한 연구는 체계적으로 진행되어 왔다. 특히 문학분야에서는 브라질 소설이 베스트셀러가 되기도 하였고(나의 라임오렌지나무, 연금술사), 또 브라질 영화(중앙역)가 우리 국민의 심금을 울리기도 했다. 또한 스포츠를 통해서 브라질 프로축구, 배구 선수들이 우리나라에서 많은 활동을 하며 인지도를 높여가고 있다.

이제 우리는 브라질을 좀 더 잘 알아야 하겠다. 이 책은 지역연구로서 체계적이며 종합적으로 브라질을 소개하는 차원에서 지금까지 저자가 대학 강단에서 사용해오던 자료들을 중심으로 만들어졌다.

이 책은 자연환경, 민족, 언어, 의식주, 역사, 정치, 외교, 경제, 교육, 사회, 풍속, 종교, 문학, 스포츠 등 총 15개의 주제로 되어 있다.

이 책은 우리 한국인들이 브라질을 이해하는 데 중점을 두었기 때문에 주제들을 비교적 쉽고 설명하였고 관련된 많은 화보를 수록하였다.

따라서 저자는 이 책이 브라질을 이해하고자 하는 학생뿐만 아니라 브라질로 진출하려는 관련 기업과 정부 부처 실무자들에게도 도움이 되는 책이라고 믿는다.

우리가 먼저 브라질과 브라질 사람들을 이해하고 접근하면 모든 것이 쉽게 이루어지리라고 믿고 있다.

끝으로 이 책을 만드는데 자료 제공과 많은 도움을 준 박원복 선생, 이미정 선생, 김한철 선생, 임소라 선생, 그리고 브라질에서 박사학위 과정에 있는 정재민, 박인수 그리고 자료 입력에 수고를 해준 임은숙 선생 등에게 다시 한 번 감사의 마음을 전한다. 그리고 사진 제공을 해준 브라질 관광공사 Banco de Imagens EmBRATur, 사진저자 "Christian K Nepper", "Richid Waqued Neto", "Wagner Cipriano", "Sílvio Vice Esgalha" 등 이 분들에게도 감사의 뜻을 전한다. 끝으로 이 책의 출판을 기꺼이 허락해주신 한국외국어대학교 출판부에 고개 숙여 감사의 마음을 전한다.

2006년 7월

이 승 덕

브라질의 국기 · 국장

국 기

브라질 공식국명은 브라질 연방 공화국(República Federativa do Brasil)이다. 브라질이란 국명은 이 지역에서 많이 나는 브라질 나무(pau-brasil)에서 유래한 말이다. 현재의 국기는 1889년 11월 19일 법령에 의해 정식 채택되었다. 브라질 국기는 푸른색 직사각형인데 가운데에는 노란색 마름모형이 있고 마름모 안에는 파란색 원형이 있어. 원형은 흰 띠로 가로질러져 있으며 왼쪽에서 오른쪽으로 위에서 아래로 기울어져 있다. 이 띠에는 푸른 글씨로 질서와 전진이라는 구호가 적혀있다. 띠 위에는 하얀 별 하나, 밑으로는 26개의 별이 있다. 이 별들은 브라질의 주와 연방지구를 나타낸다. 별들은 무리 지어져 있으며 그 가운데는 남십자성도 있다. 푸른색은 브라질의 산림을, 노란색은 브라질의 부(지하자원)를, 파란색은 하늘을, 하얀 별들은 각 주들을 나타낸다.

국 장

브라질 국장은 1889년 11월 19일 국기와 같은 법령에 의해 만들어졌으며 국기를 대신한다. 큰 별이 칼로 받쳐져 있고 별 가운데는 파란 원이 있고 주위에는 21개의 별이 있다. 원 가운데는 5개의 남십자성이 있다. 큰 별 양쪽에는 두 나뭇잎이 있는데 한 잎은 커피 잎이고 다른 잎은 담배 잎을 나타낸다.

브라질의 국가

◇ HINO NACIONAL ◇

HINO NACIONAL
Ouviram do ipiranga às margens pácidas
de um povo heróico o brado retumbante,
e o sol da liberdade, em raios fúlgidos,
brilhou no céu da pátria nesse instante.

Se o penhor dessa igualdade
conseguimos conquistar com braço forte
em teu seio, ó liberdade,
desafia o nosso peito a própria morte!

Ó pátria amada,
idolatrada,
salve! salve!

이삐랑가의 평온한 강가에서
영웅적인 국민의 우렁찬 함성을 들었노라
자유의 태양은 이 순간에
조국의 하늘에서 찬란한 빛으로 번쩍였노니

만약 평등의 증거라면
우리는 그대의 가슴에서, 이 강한 팔로
정복하리라, 오 자유여
가슴은 자신의 죽음에 도전하리라!

오 사랑받는 조국이여!
숭배 받는 조국이여!
만세! 만세!(구할지어다)

차례

I

브라질 개관

I 브라질 개관

1. 자연환경

1) 개관

아메리카대륙 발견 500주년을 갓 넘은 브라질은 300여 년 동안 포르투갈의 지배를 받았던 식민시대를 거쳐 독립 이후 지금에 이르기까지 수차례의 국제 분쟁과 조약을 통해 지금의 영토를 획득하게 되었다. 현재 국토의 총면적은 8,511,965km^{2}이고 이 규모는 남미 대륙의 47.7%를 차지하며 세계적으로는 5위에 해당한다. 칠레와 에콰도르를 제외한 남미의 모든 국가들과 국경을 접하고 있어 국제적 영향력이 지대하며, 천연자원뿐만 아니라 각종 다양한 산업의 발달로 남미대륙의 가장 중심적 위치에 있다. 행정구역은 26개의 주와 1개의 연방구로 구성되며, 수도는 브라질리아(Brasília)로서 브라질 식민시대의 수도였던 살바도르(Salvador), 히우지자네이루(Rio de Janeiro)에 이어 1960년 국가의 균형적 발전을 위해 건설되었다. 인구도 역시 남미 최다 국가로서 약 1억8천6백만 명(2005년 기준)에 달하며 도시인구가 총인구의 81.2%(2000년 기준)를 차지한다.

2) 지형

브라질 지형은 아주 오래된 지반이 장기간 침식되어 고도가 그리 높

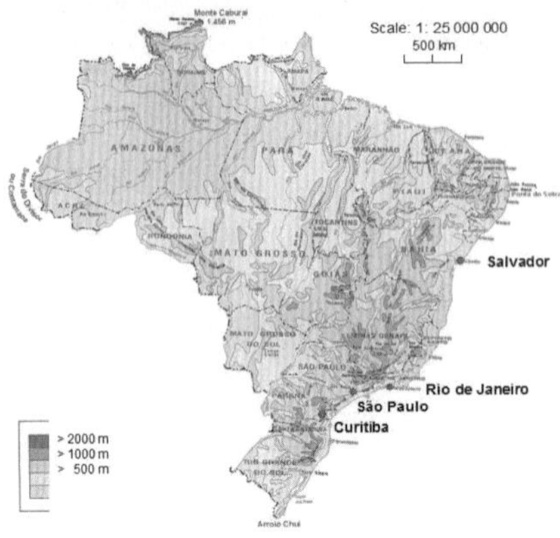

지 않은 것이 특징이다. 더욱이 제3기 지각변동의 영향권에서 벗어나 안데스나 히말라야나 알프스 산맥 등과 같은 높은 산맥의 형성도 이루어지지 않았다. 아마존분지, 빤따날(Pantanal) 및 해안가 평지는 해발 200m 미만의 낮은 지역으로 이루어져 있으며 브라질 전체 국토의 41%를 차지하고, 평균 201~1,200m고도에 해당하는 고원과 낮은 산맥들이 58.5%를 차지한다. 국토의 최정상은 해발 3,014m를 자랑하는 네블리나봉(Pico da Neblina)이 위치한 기아나 고원으로서 대부분이 1,200m를 넘지만 국토면적의 0.5%정도만 차지할 뿐이다.

3) 수로

브라질은 세계에서 가장 큰 수로망을 가진 국가들 중의 하나이다. 드넓고 풍부한 수량을 자랑하는 브라질의 강들은 초당 120,000m³를 대서양에 방출시키는 아마존 강을 비롯하여 상프랑시스꾸(São Fransisco), 찌에떼(Tietê), 빠라나(Paraná)강 등 대부분의 강들이 고원에서 시작되어 지형을 따라 흐른다. 수자원을 통한 경제 활용 범위 중 가장 대표적인 경우는 수력발전을 통한 전기에너지 생산과 수로를 이용한 항해활동 이라고 할 수 있는데, 아마존 유역의 강들과 파라

과이(Paraguai)강, 상프랑시스꾸(São Francisco)강 등이 이에 해당한다. 그러나 일반적으로 브라질의 강들은 에너지생산, 항해, 관개시스템 등에서 낮은 경제활용도를 보이고 있다.

4) 기후

기후구분은 주로 동식물 분포와 관계가 깊다. 브라질에서 주로 사용되는 기후분류는 온도와 강수량의 변화 및 그 분포를 기준으로 크게 다섯 개의 기후대로 나눠진다. 북서부의 대부분을 차지하는 아마존 지역은 적도기후대(equatorial)로서 평균 25~27℃의 기온과, 연우량 1,500~2,500mm로 고온 다습하다. 해안지대를 제외한 북동부와 중서부 지대(중앙고원)와 남동부는 열대기후대에 속하지만 지역의 고도와 강우량의 차이로 서로 다른 기후대를 보여준다. 브라질 중앙고원 지대는 전형적인 열대기후대(tropical)로서 평균 20~27℃의 기온분포와 1,500mm의 연우량을 보이고, 북동부 일부 지역의 기온은 평균 25℃이상이지만 연우량이 1,000mm 미만으로 반 건조성 열대기후대(semi-árido)를 이룬다. 남동부도 역시 열대에 속하지만 비교적 높은 지대로 인해 평균 기온이 18~26도로 비교적 낮은 고산성 열대기후대(tropical de altitude)로 일컬어진다. 남부지역은 평균 20℃미만의 기온과 1,500mm의 연우량을 기록하여 아열대기후대(subtropical)를 형성하고, 그 외에 북부에서 남동부를 잇는 동부 해안지대는 열대성 습윤한 기후대(tropical atlântico)를 형성하여 열대기후보다 조금 낮은 기온분포를 보여준다.

5) 식물분포

브라질의 식물분포는 네 가지의 형태로 축소할 수 있다. 밀림 지대, 복합 삼림 지대, 초원 지대, 해안식물 지대가 그것인데, 브라질 국토의 40%를 차지하는 아마존 지역은 적도성 열대림(floresta amazônica)으로 뒤덮여 있으며, 북부 일대와 중서부 및 북동부 일부 뿐만 아니라 접경 국가인 기아나, 수리남, 프랑스령 기아나, 베네수엘라, 콜롬비아, 페루, 에콰도르, 볼리비아에까지 그 영향권이 미쳐 아마존의 생태계 문제는 세계적으로 중요한 관건이라고 할 수 있다. 두 번째 식물대는 나무와 풀이 함께 자라는 복합삼림 지대로서 세 가지 식물군이 혼합된 형태를 보인다. 관목과 덩굴 및 초본 식물군으로 이루어져 브라질 중부에 비교적 넓게 퍼져 있는 세하두(cerrado)는 반 건조성 관목과 선인장 종류로 이루어진 까아찡가(Caatinga)[1]라는 식물군과 빤따날(pantanal)을 대표하는 늪지대 식물군과 더불어 복합 삼림대를 구성한다. 그 외 복합 삼림 지대 구성 식물군은 남부 고원에서 흔히 찾아볼 수 있는 아라우까리아(araucâria)군으로서 상파울루(São Paulo) 주를 비롯한 남부지방에 주로 분포된 소나무의 일종이다. 세 번째 형태는 브라질 최남단에 분포되어있는 초원지대(campos gerais)로서 중서부 지역 일부와 함께 초원식물이 광활하게 펼쳐져 있고 아르헨티나와 우루과이의 팜파 지역에까지 연결되는 유명한 목축 지대이기도 하다. 그 밖에, 브라질 북부에서 동부 및 남부 해안선

1) 브라질 북동부 지방의 특정지역 식물 형태로 키가 작고 가시가 있어 건기에 잘 견디며 잎이 떨어지나 비가 오면 재생.

❶ 아라우까리아
❷ 적도성열대림
❸ 까아찡가
❹ 세하두
❺ 아마존숲
❻ 초원지대
❼ 망기숲지대

을 따라 길게 펼쳐진 망기숲 지대(mangues litorâneos)는 바다와 육지를 잇는 지역, 즉 염분과 모래가 섞인 강가나 토양에서 자라는 해안 식물군이다.

2. 사회환경

1) 아메리카 인류의 추정 기원과 그 경로

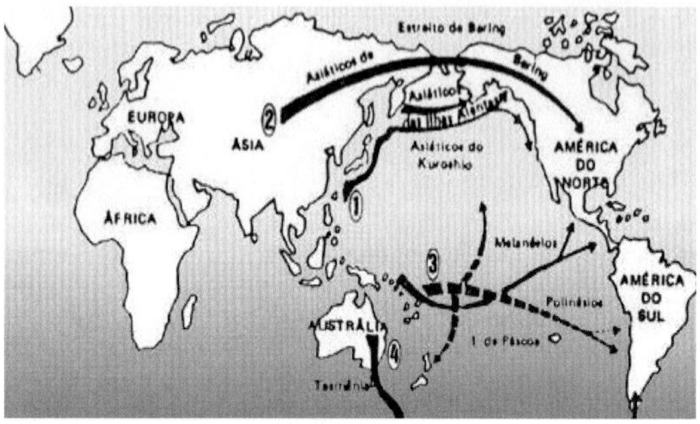

2) 브라질 인류의 기원

브라질 인류의 기원은 아직까지 공통된 이론은 확립되지 않았지만 고고학적 근거로서 추정 파악된다. 일반적으로 두 가지 학설을 중심으로 아메리카 원주민의 기원을 설명하는데 그중 하나는 지금으로부터 약 1만 2천여 년 전 빙하시대가 끝날 무렵 아시아와 아메리카대륙이 베링 해협에 의해 연결되어 있었다고 보고, 이를 통해 아메리카 대륙으로 건너간 아시아인들이 남쪽 대륙으로 이동하여 정착하게 되었다는 설이다. 또 다른 학설은 아시아와 오세아니아 대륙 등지에 살던 원주민과 말레이 폴리네시아인, 오스트레일리아인 및 에스키모인들이 서로 다른 경로를 통하여 아메리카 대륙에 이주해 왔거나 원래부터 아메리카 대륙에 토착민이 살고 있었다는 설이다. 이들 중 현재 가장 유력하다고 보는 학설은 첫 번째인데 그 이유는 브라질 원주민이 아시아, 특히 몽고계 인류와 신체적으로 매우 흡사한데다가 당시 북부 해양이 얼어있어 베링해협이 일종의 육교 역할을 하였을 가능성이 높다고 추정하기 때문이다. 이러한 논리를 바탕으로 기존의 고고학자들은 브라질 최초의 인류출현을 약

11,000~12,000년 전이라고 보고 있다. 지난 1986년 브라질 북동부 삐아우이(Piauí)주 뻬드라 푸라다(Pedra Furada)유적지에서 발견된 석탄의 연대기 조사를 통해 약 3만 8천 년 전에 이곳에 인간이 거주하였다는 과학적인 근거에 대한 설명은 못하고 있어, 다만 마지막 빙하기시대 이전에 이미 인간이 아메리카 대륙에 정착하였을 것이라고 추측만 할 뿐이다.

브라질에서의 이들 선사시대의 인간에 대한 체계적인 연구 조사는 비교적 최근에 들어와서야 이루어졌다. 1960년대 말 상파울루주 빠라나빠네마(Paranapanema) 유적지를 시작으로, 브라질에서는 두 번째로 오래된 약 1만 2천 년 전에 인간의 거주 흔적을 과학적으로 조사한 미나스제라이스(Minas Gerais)주의 라고아산따(Lagoa Santa)지역의 유적지와 히우지자네이루주의 아라루아마(Araruama)호수 지역의 유적지, 그리고 빠라이바(Paraíba)주와 마뚜그로수(Mato Grosso)주의 내륙지역에서 고고학적으로 중요한 유물들이 대량 발굴됨으로써 선사시대의 원주민에 대한 보다 과학적이고도 전문적인 고고학적인 연구가 진행되고 있다.

이렇게 브라질 인류에 관한 근거가 불확실한 가운데 그 이후의 인류의 발전이나 생활양식에 대한 연구도 그리 오래되지 않았다. 포르투갈의 브라질 발견 당시에도 인디오에 대한 확실한 기록이 존재하지 않아 식민 사업이 진행됨에 따라 노동력 착취와 학살 과정에서 드러난 대략의 조사를 통해 그 당시의 인디오 현황을 추정했다고 한다. 이러한 기록에 따르면, 1,500년 당시 약 1백만~5백만 명의 인디오들이 1,400개 정도의 부족을 이루고, 약 1,300개의 언어를 사용했다고 한다.

3) 지역 구분과 특성

브라질은 1913년부터 자연환경을 토대로 지역을 구분하기 시작했다. 그 이후 여러 차례에 걸쳐 지역구분 기준의 수정과 보안을 거듭한 결과 1940년 이후부터는 사회 경제적 기준이 채택되기 시작했다. 현재 사용되고 있는 지역구분은 1990년에 작성된 것으로서 브라질을 5개의 지역

- 북부, 북동부, 중서부, 남동부, 남부 - 으로 나눈다.

일반적으로 브라질은 자연환경 및 인구 측면뿐만 아니라 사회 경제적 측면에서 지역 간의 격차가 크게 나타난다. 남동부 지역은 5개의 지역 중 두 번째로 작은 면적을 가지고 있지만 인구는 가장 집중되어 있고, 브라질 국내총생산(GDP)의 50%를 차지할 만큼 경제적으로 부유한 지역이다. 반면, 북동부지역은 사회적으로 저발전 지역들 중의 하나이고, 북부지역은 두 번째로 적은 인구를 갖고 있지만 인디오들이 가장 많이 거주하고 있는 지역으로서 인구 성장률이 높은 지역이다. 남부 지역은 남동부 다음으로 경제적으로 발전한 지역으로 브라질에서 문맹률이 가장 낮고, 중서부 지역은 가장 낮은 인구를 갖고 있지만 현재 북부에 이어 높은 인구 성장률을 보이고 경제적으로 성장하고 있는 지역이다. 이와 같이 자연과 사회 환경을 기초로 이루어진 지역구분은 다양한 측면에서 그 특성을 달리한다.

(1) 북부 지역

북부 지역은 아끄리(Acre), 아마빠(Amapá), 아마조나스(Amazonas), 빠라(Pará), 혼도니아(Rodônia), 호라이마(Roraima), 또깐찡스(Tocantins)의 7개의 주로 구성된다. 북쪽의 기아나 산맥과 남쪽의 중앙고원, 서쪽의 안데스산맥과 북동쪽의 대서양 사이에 위치해 있는 이 지역은 주로 아마존과 또깐찡스(Tocantins) 분지에서 비롯된 수많은 큰 강들이 통과하고 있으며 적도에 인접해 있다. 아마존지역은 세계에서 가장 다양한 생물 보고의 하나로 꼽히고 있으며, 2001년 조사에 따르면 아끄리(Acre) 주에 서식하는 새의 종류만 600종류가 넘고, 나비는 1,620여종에 달한다고 한다.

또한 북부는 인디오 집중 거주 지역으로 유명하여, 현재 총 587개 인디오 거주 구역들 중 306개가 이 지역에 위치해 있으며 21만3천 명 정

까라자스 광산

도의 인디오들이 살고 있다. 특히, 빠라(Pará)와 호라이마(Roraima) 주는 인디오들이 가장 밀집된 주들이다. 반면, 북부의 경제인구는 주로 다른 지역 출신의 이주민들로 구성되는데, 북동부 출신이 큰 비중을 차지하고, 아끄리(Acre)와 혼도니아(Rondônia) 주는 남부 출신 특히, 빠라나(Paraná) 주와 가우슈(Gaúcho: 남부 히우그란지두술 주 출신의 카우보이)들이 거주하고 있다. 보편적 교통수단으로는 수로를 들을 수 있는데, 광활한 면적에 고립된 도시들이 많이 산재되어 있어 이 지역의 도로와 철도교통은 매우 빈약하다. 아마존 최대 횡단 도로인 뜨랑스아마조니까(Transamazônica)의 경우 아스팔트 포장과 그의 유지 보수가 요구되고 있으며, 풍부한 수자원 활용이 제대로 이루어지지 않아 에너지원도 수력보다 화력발전에 의존하고 있는 실정이다. 도시화 역시 브라질 지역들 중 가장 낮은 수준을 보이고 있지만 최근에 들어 마나우스(Manaus)와 벨렝(Belém)이 대도시로 부상하고 있는 관계로 다소 해결되고 있는 추세이다.

북부 지역은 전통적으로 자연환경을 근거로 한 경제활동이 오랫동안 주요 수익원으로서 크게 공헌하였는데, 그중 라텍스, 야자열매, 목재, 견과류와 같은 식물채취와 철광석, 망간, 구리, 금 등의 광물 채굴산업이 아직도 진행되고 있다. 특히 까라자스(Carajás)광산은 브라질에서 가장 중요한 광산 중의 하나로, 세계 최대의 철광석 수출회사인 꽁빠니아 발리 두 히우 도시(CVRD : Companhia Vale do Rio Doce) 사가 이 광산의 채굴권을 소유하고 있다. 그밖에, 아마조나스(Amazônas) 주의 수도 마나우스(Manaus)는 35년 전부터 면세 구역으로 정해져 북서부 일대의 기간시설 및 공업 생산 확충에 크게 이바지하고 있는데, 약 400개 이상의 공장이 위치해 있는 공업단지는 아마조나스(Amazônas) 주 총생산의 90%

를 차지할 정도로 그 경제적 비중이 아주 높다.

북부 지역은 아마존을 위시하여 다양한 생물의 보고로 널리 알려져 있지만 실제로 그 생물자원을 유지 보존할 만한 환경대책이 제대로 확립되어 있지 않다. 2000년만 하더라도 아마존 지역 중 58만 8천km^{2}에 달하는 삼림 지대가 대량으로 벌목되었고 이러한 벌목 사업은 나날이 증가하는 추세이다. 농 · 목축업을 위한 개간지 마련이라든가 도시화를 위한 기간시설의 확충, 공업지대 마련, 아마존의 생태계를 통한 관광사업 등 경제 성장을 주요인으로 보고 있지만 무절제하고 부주의한 환경 훼손이 심각한 현상으로 나타나고 있다. 이에 대한 대책으로 지역 내 환경 보호 관리 기관인 아마존 감시 시스템(Sivan)이 관리하고 있지만 담당 인원이 부족하여 실제로 효율적인 관리가 불가능하여 면밀한 대책 마련이 시급한 현실이다.

◆ 아마존 ◆

지하자원의 보고

1541년 프랑시스꾸 오레야나(Francisco Orellana)가 이끄는 스페인 탐험대는 가상의 왕국 엘도라도(Eldourado: 남아메리카에 있는 전설의 왕으로, 전설에 따르면 매일 아침 금으로 치장하고 저녁에 씻어낸다고 함)를 찾아 아마존을 따라 항해했다. 오레야나와 그의 부하들은 엘도라도를 찾는 대신에 손에 활과 화살을 들고 일당 10명의 인디언 남자들과 대적하는 매우 강한 여전사 종족을 만났다. 놀란 스페인들은 그 여전사들을 고대 전설에 나오는 용맹한 여족 아마존을 연상하여 그 강을 아마존이라 명명하였다는 이곳은 푸른 지옥(inferno verde) 또는 인류의 페라고도 불린다.

아마존지역은 우리 한국 사람들이 상상하기 힘들 만큼 크다. 세계 전체 육지면적의 5%를 차지하고 남미대륙의 약 40%, 브라질 국토의 60%를 차지한 550만 평방킬로미터인 이 지역은 남한의 약 40배 정도이니 그 크기가 얼마만큼 넓은 곳인지 짐작하기조차 어렵다. 아마존 강은 엄청나게 크고 깊다. 강인지 바다인지(Rio-mar) 전장 7,200km인 이 강은 바다로 빠지는 세계 전 하천 수량의 20%를 담당하고 있다. 비행기를 타고 망망한 아마존 강 상공을 타고 2, 3시간을 날아도 어디가 어딘지 모를 만큼 밀림의 연속이다. 언젠가 미국의 허드슨 연구소가 아마존 강의 개발 문제를 종합적으로 연구조사 발표한 내용에는 아마존 강줄기 중에서 가장 강폭이 좁은 몬찌 알레그리(Monte Alegre) 부근에다 높이 30m, 길이 40~50km의 댐을 만들어 그 위쪽 일대를 거대한 인공호수로 만든다면 1억 마력(약 7천 4백 60만kw)의 발전이 가능하다는 것이다. 이 거대한 인공호수는 적도상의 기상뿐 아니라 전 세계의 기후까지를 변화시킬 수가 있으며 남미대륙의 적도대에 몰려든 대량의 물 무게로 말미암아 지구의 자전 시간을 1년간에 3초 정도 길어지게 만들 수 있다는 얘기다.

또 이 지역에 있는 원시림을 말끔히 벌채해 버린다면 지구상의 산소가 5%나 줄어든다고 한다. 이 지역에 있는 산림지역은 2억 6천만 헥타르로서 브라질 전국토의 30.5%, 브라질 산림의 78%를 차지하고 있으며 현 산림자원만도 700억 입방미터로 약 3조 달러의 가치가 있다고 한다. 특히 빠라(Pará)주의 까라자스(Carajás)지역은 철광석의 매장량이 가장 풍부한 곳으로 브라질의 철광석 총 매장량 400억 톤(세계 1/3)의 45%에 달하는 180억 톤이 집중적으로 매장되어 있어 연간 5,000만 톤을 생산한다고 하고 전부를 캐어내려면 3백 50년이 걸리는 양이다. 이 외에도 동 10억 톤, 니켈광 1.2억 톤, 망간 6천만 톤, 보크사이트 5억 톤,그 외에도 아연, 금, 다이아몬드, 우라늄, 석유 등이 이곳저곳에 걸쳐 거의 무진장으로 매장되어 있다.

이 외에도 혼도니아(Rondónia) 주에 위치한 세계 제1의 1천만 톤의 주석광 등 아마존 지역에 어떠한 자원이 얼마만큼 잠자고 있는지를 아는 사람은 하나도 없다. 80년대, 빠라(Pará)주 남쪽 세하뻴라다(Serra Pelada: 벌거숭이 산맥이라는 뜻)에서 노다지 금광이 발견되어 하루에 30kg 이상의 금이 쏟아져 나오고 있어 20세기 최대의 골드러시가 이 지역에 일어나고 있다는 것이다. 이 지역에는 전국에서 모여든 4만 여 명의 가링빼이루(Garimpeiro: 사금채취업자)들이 채금에 몰려들어 적게는 1kg, 많게는 7kg까지 노다지를 주워 연간 약 30톤의 금을 캤다는 것이다. 그저 파보기만 하면 아무데서나 무엇이건 귀중한 지하자원이 쏟아져 나오는 바람에 브라질 인들은 먹기 전부터 배가 부른 느낌을 만끽하고 있다. 아마존의 무진장한 자원과 그 개발의 가능성을 확인하고 벌써부터 군침을 흘리고 있는 구미 선진 각국이 돈과 기술을 빌려주고 자원을 나누어 갖는데 한 몫을 하고 싶어 한다.

그래서 브라질은 지하에 묻힌 가능성만을 미끼로 막대한 외화를 빌려오는데 그다지 어려움을 겪지 않고 있다.

아마존의 흥망

19세기에 브라질 상인들은 금보다도 더 나은 것을 발견했다. 그것은 고무나무였다. 탄력 있는 고무나무 진으로 방수장화, 물통 등을 생산했고 1888년 쥴 런럼이 공기타이어 특허를 냈을 때 고무 붐이 폭발적이었다. 인디언들은 이 아마존을 따라 미개척지 항구인 마나우스(Manaus)로 7일간 항해해온 대양 해안선에 이 나무를 잘라 그 배에 싣는데 노예가 되었다. 고무가격은 온스 당 10센트에서 3달러로 치솟았고 마나우스는 세계에서 가장 부유한 도시 중의 하나가 되었다. 하룻밤사이에 벼락부자가 된 고무 상인들은 그들의 전초기지인 마나우스를 적도의 파리로 바꾸어 놓기로 결심했다.

이태리제 대리석과 프랑스제 가구들로 치장된 우아한 광장들과 호화주택들은 정글 군데군데 생겨났다. 그 당시 아이들은 금장난감을 가지고 놀았으며 50달러짜리 지폐로 담배를 말아 피웠고 비단셔츠는 유럽으로 세탁하러 보내졌다. 한동안 마나우스는 세계의 가장 큰 다이아몬드 시장이었다.

마나우스의 부의 상징은 아마존 오페라극장이다. 반구형의 로코코식 극장은 17년의 공사 끝에 1896년에 개장되었다. 최고 유럽예술가들이

오페라 하우스

벽을 칠하기 위해 초청되었다. 구대륙에서 온 오페라 단원들은 고국에서 받는 것보다 다섯 배나 많은 출연료를 받았고 정글 항구로 위험을 무릅쓰고 몰려오곤 했다. 그 이후 이 고무가 1910년 아시아의 스리랑카, 자바, 싱가포르, 말레이시아 등지에서 생산되자 오페라 하우스는 쇼나 영화관으로 전락했고 대리석 호화주택은 도마뱀과 박쥐로 가득 차고 고무 붐의 선구자들은 유럽으로 되돌아갔으며 이 도시의 영광은 사라졌다.

브라질은 1967년 투자를 증진시키고 아마존 개발을 위한 노력으로 마나우스를 자유지역으로 선포하기로 했다.

신비의 아마존

아마존 지역에는 땅에서 사는 동물보다 하늘에서 사는 짐승들이 많은 특이한 곳이다. 8,700여 종의 날짐승 중 1,580종이 브라질에 있다. 무지개 빛깔을 가진 앵무새, 아름다운 하늘색깔의 마꼬 앵무새, 새 중에서 가장 큰 에마(ema)는 30kg가 넘는 반면 2g밖에 나가지 않는 벌새가 공존하고 있다. 아마존 강에는 2,000종이 넘는 물고기가 살고 있는데 물에 빠져 죽는다는 고기 삐랑보이아(pirambóia: 포유동물로서 허파로 숨을 쉬는 고기로 물 수면에서 직접 공기를 들여마심), 사람도 먹어치운다는 식인어 삐라냐(piranha), 중생대 물고기인 삐라루꾸(pirarucu)는 민물고기 중 가장 크며 큰 놈은 130kg에 달한다. 나뭇잎처럼 생기고 위장해서 지나가는 물고기를 1/4초 만에 잡아먹는다는 나뭇잎 물고기, 눈이 이상하게 생겼으며 날개와 같은 지느러미는 자기의 몸길이보다 몇 배나 물 밖으로 튀어 올라 다른 물고기로부터 자신을 보호한다는 불룩 눈 메뚱이, 물 주위와 물 밖을 다 살필 수 있어 숲 속의 홍수가 나면 나무 꼭대기

❶ 아마존 뚜까누
❷ 아마존에서 가장 큰 삐라루꾸
❸ 식인어

가 수면 가까이에서 볼 수 있어 나뭇잎이나 꽃에 붙어 있는 곤충, 거미, 벌을 물 밖으로 튀어 올라 잡아먹고 가끔씩은 나무 열매도 따먹는다. 그의 망원경 같은 시력으로 몸을 S자로 만들어 강력한 추진력으로 수면 위를 1m 정도 튀어 올라 먹이를 잡으며 혀에는 뼈가 있어 한번 물은 것은 절대 놓치지 않는 물 밖으로 나오는 물고기 아우아라(auara), 돌처럼 등이 이상하게 생긴 마따마따(matamata) 거북, 어린아이도 삼킨다는 메기, 달리는 말도 전기 충격으로 쓰러트린다는 전기뱀장어, 머리는 소, 몸통은 물고기인 해우(peixe-boi), 흰색과 분홍색의 민물 강 돌고래인 보뚜(boto), 한 번 물리면 담배불로 지지는 듯한 고통을 느끼며 마치 총을 맞은것 같다는 총알개미, 가장 무서운 독거미의 18배나 독을 가지고 뛰어 올라 물어버리는 무시무시한 떠돌이거미, 매년 아마존에서 1,000명이 이 거미에 물려죽는다. 아마존 강에서 목욕할 때 제일 무서운 작은 고기, 사람의 뇨도를 타고 들어가 날카로운 이빨로 깨물어 버리는 무시무시한 물고기, 세계 유일의 강파도 뽀로로까(pororoca)도 아마존 강에서만 볼 수 있는 광경이다.

이곳에 포유동물은 400종류가 넘는다. 포악한 표범(onça pintada), 개미핥기, 나무늘보, 들돼지인 맥(anta), 물돼지인 까삐바라(capivara)이며, 숲에는 울음원숭이, 스파이더원숭이, 다람쥐원숭이 등 30여 종의 원숭이

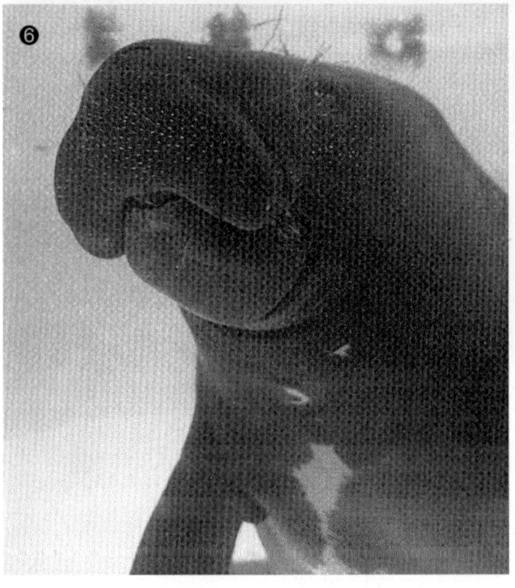

❹ 세계에서 가장 큰 잎 식물
❺ 악어 잡아먹는 아나콘다
❻ 해우
❼ 고무채취

가 살고 있다. 10m가 넘는 구렁이 수꾸리(sucuri), 아마존 악어 자까레(jacaré), 왕도마뱀 등 400종류가 넘는 파충류, 500종류가 넘는 양서류, 무척추 생물은 100만 종이 넘는다.

이곳에서 5만 5천 종의 식물이 자라고 있다. 지름이 1m가 넘는 비또리아 헤지아(Vitória Régia) 연잎, 높이가 60m가 넘는 상록활엽수 등은 400여 종이나 된다.

아마존 열대림의 일부 면적에서 서식하는 식물과 곤충만 하더라도 유럽 전역에 서식하는 종보다 많을 정도이다.

4) 북동부 지역

북동부는 마라녕(Maranhão), 삐아우이(Piauí), 세아라(Ceará), 뻬르낭부꾸(Pernambuco), 히우그란지두노르찌(Rio Grande do Norte), 알라고아스(Alagoas), 세르지뻬(Sergipe), 빠라이바(Paraíba) 바이아(Bahia)의 9개의 주들로 구성되며, 융성했던 브라질 식민시대와 현재의 대조적 발전상을 보여준다. 식민시대 당시 브라질의 수도였던 살바도르(Salvador)가 위치한 이 지역은 17~18세기 동안 대농장 위주의 사탕수수 재배를 통해 경제의 황금기를 누렸지만 지금은 브라질의 5개 지역들 중 가장 낙후된 지역으로 평가되고 있다.

식민 시대 초기 200여 년 동안 경제적으로나 문화적으로 가장 발달했던 이 지역은 식민 본국이었던 포르투갈로부터 가까운 이점을 살려 당시 경제활동의 주요 수익원이었던 사탕수수 재배가 대규모로 이루어졌던 지역이다. 브라질 산업 주기 중 비교적 오랫동안 차지했던 사탕수수 주기의 본토로서의 융성했던 경제만큼 사회문화적 특색이 짙어 아직까지 그 전통이 남아 있는데, 특히 아프리카 출신의 흑인 노예들이 토착화시킨 민속 문화는 현재 브라질 음악과 춤의 유행을 선도할 정도로 그 영향력이 크다.

북동부는 아주 다양한 자연과 사회여건이 복잡하게 얽혀있어 4개의 준 지역으로 다시 나누어 그 특성을 설명할 수 있다. 중북부 지대는 북부의 열대 우림의 아마존 기후대와 북동부의 반 건조 기후대로 넘어가는 중간에 위치하여 식물 채집뿐만 아니라 광범위한 농 · 목축업이 성한 지역이고, 해안선을 따라 길게 펼쳐져 있는 삼림지대는 열대 다습하고 토양이 기름져 사탕수수, 카카오, 담배 등의 대규모 농작물과 생계유지에 필요한 농작물 재배에 적당하다. 또한 아그레스찌(agreste)는 해안에 인접한 습윤 기후의 삼림 지대에서 반 건조 기후대로 넘어가는 중간지대로서 소규모의 농 · 목축업이 행해지고 있으며, 오지 세르떵(sertão)은 반 건조 기후가 넓게 확산되어 있는 지역으로 역시 생계유지를 위한 관개

농업과 목축업이 이루어지고 있다. 연평균 기온은 12~42℃이며 강수량은 비교적 다양한 편이어서 어떤 지역에는 1년에 260mm 정도의 비가 내리기도 하는 반면에 어떤 해에는 비가 너무 많이 와서 농장으로 범람하기도 하고, 또 어떤 해에는 비가 오지 않아 사막으로 변하기도 한다.

1872년 브라질 최초의 인구센서스에 의하면, 이 지역의 인구는 약 4천6백만 명으로 국내 전체의 46%를 차지했었다고 한다. 그러나 경제의 중심이 다른 지역으로 옮겨감에 따라 새로운 가능성을 좇아 이주하는 사람들이 생겨나고 1890년에는 이미 경제인구 면에서 남동부 지역에 뒤지기 시작했다. 이러한 이주현상은 아직까지 진행되고 있는 북동부 지역의 폐단으로 자리잡고 있는데, 브라질정부는 그 원인이 지속되는 가뭄으로 인한 산업 환경의 취약성으로 간주하여 가뭄 해소 조치를 마련하고 있다. 상프랑시스꾸(São Francisco) 강의 수로변경 방안이 그중 가장 유력한 대안으로 검토되고 있지만 낮은 인간개발지수(HDI), 문맹률

바이아의 토산품

(24.3%), 상수도(66.4%) 및 하수도시설(30%) 등의 기초 위생시설의 결핍, 빈약한 아동 영양상태 등이 지역에서 흔히 접하는 문제들로서 연방정부 차원의 해결방안이 요구되고 있다.

5) 중서부 지역

중서부지역은 고이아스(Goiás), 마뚜그로수(Mato Grosso), 마뚜그로수두술(Mato Grosso do Sul) 세 개의 주와, 한 개의 연방구(Distrito Federal)로 구성되며 비교적 광활한 영토를 가지고 있다. 중앙부는 융기된 지반이 오래 동안 침식작용으로 인해 평평하게 깎여진 듯한 드넓은 고원으로 이루어져 있고, 파라과이(Paraguai)강이 통과하는 마뚜그로수(Mato Grosso) 남서부와 마뚜그로스두술(Mato Grosso do Sul) 서부 분지는 지속되는 여름철의 비로 우기에는 범람하기 쉬운 지형 구조를 가지고 있다. 식물 분포도 역시 중앙 고원지대는 반 건조성 관목림 위주의 세하두(cerrado)로 이루어 진 반면에 큰 습지로 알려진 서부의 빤따날(Pantanal)은 초원과 밀림으로 뒤덮여 있다.

중서부 지역의 인구는 원래 식민시대 당시 타 지역 이주민들에 의해 형성되었다. 상파울루 출신의 내륙개척단(Bandeirantes Paulistas)들이

빤따날

이 지역에 목장을 만들기 시작할 무렵 목축업에 종사하던 남부와 남동부인들이 상업을 목적으로 가축을 운송하다가 정착하기 시작한 것이 계기가 되어 같은 방식으로 북동부 지역 사람들도 이곳에 이주하기 시작했다. 17세기부터는 상파울루(São Paulo)와 바이아(Bahia) 주에서 살던 포르투갈 이주민들이 정착하면서 지역 인디오와의 혼혈이 증가하기 시작했으며, 파라과이와 볼리비아에서 온 스페인 계 이주민들과, 당시 가축 농장에서 필요했던 노동력을 흑인 노예들로 대체했던 것이 이 지역 인구를 증가시키는 주요인이 되었다. 그러나 기존의 인구 구성을 유발한 가장 큰 동기는 1950년대부터 시작된 브라질리아(Brasília) 건설 계획으로서 브라질정부의 새로운 수도 건설 계획이 설정되면서 대규모의 이민 물결을 자극하게 되었다. 새 수도 건설은 농경지 확대 및 교통망 확충을 통한 중서부 지역 및 국가 전체의 발전을 꾀하려는 의도가 있었지만 연방 구 거주민 생활의 질을 너무 고려한 나머지 주변의 위성도시나 중서부 일대의 균형적 발전을 이루지 못해 현재 이 지역의 생활이나 사회 지표는 브라질 전체의 평균 수준에도 못 미치는 실정이다.

경제는 원래 금과 다이아몬드와 같은 광물 채굴이 주요 수익원을 차지했으나 점차적으로 농 · 목축업에 근원을 누기 시작했고, 그 동안 남부 지역의 이따이뿌(Itaipu) 수력발전소에서 대부분의 전력을 충당했던 에너지원을 1999년 이래 볼리비아와의 가스관을 설치하여 화력 발전을 통한 에너지 공급이 용이해졌다. 특히 이 지역 환경의 특성을 살린 농 · 목축업은 가장 중요한 수익원으로서 콩, 수수, 면화, 사탕수수, 해바라기, 옥수수, 쌀 등의 농작물이 대규모로 경작되고 있다. 특히 콩의 생산량은 국내 총생산의 절반을 차지할 정도이고, 목축업 역시 약 6천 5백만 마리 이상의 대량 축우사업으로 인해 국내 최대 규모를 자랑한다. 그러나 농 · 목축업을 통한 경제 성장과는 반대로 그에 부수하는 역효과가 확산되고 있는데, 그것은 바로 환경보존 문제이다. 고이아스(Góias)와 마뚜 그로수(Mato Grosso) 주는 농작물 재배와 새로운 영농기술의 적용으로 인해 수원을 고갈시키고 토양의 질을 저하시키는가 하면, 벌목 확대를 통해 환경오염을 유발하고 있다. 특히 1990년대 초 이 지역의 관목림은 약 20%만 남을 정도로 벌목 실태가 심각한 수준에 이르고 있다.

6) 남동부 지역

이스삐리뚜상뚜(Espírito Santo), 미나스제라이스(Minas Gerais), 상파울루(São Paulo), 히우지자네이루(Rio de Janeiro)의 4개 주로 이루어진 남동부는 대서양을 향해 우뚝 솟은 높은 산맥들에 연결된 고원 지대로 이루어졌다. 빠라나 강을 중심으로 동남부로 이어지는 여러 갈래의 커다란 강들은 경제 성장의 잠재력이라 할 수 있는 풍부한 에너지를 창출해 낼 수 있는 다수의 수력발전소들이 위치해 있다. 인구는 약 7천 7백 3십만 명으로 총 인구의 42.6%를 차지하며 브라질 최대의 인구 밀집 지역이다. 상파울루(São Paulo)와 히우지자네이루(Rio de Janeiro)와 같은 세계적인 대도시들이 위치하여 타 지역에 비해 도시화 수준이 높고, 사회평가지수도 높아 브라질 평균 문맹률이 12.8%인데 반해, 남동부는 7.2%를 기록하며, 위생시설 면에서도 평균 지수를 훨씬 웃돌고 있다.

인구 형성 과정을 살펴보면 혼혈과 이민이 주요 증가 요인으로 작용해 왔는데, 16세기 당시 초기 도시들이 형성될 무렵, 포르투갈 인들이 인디오와의 혼혈과, 흑인노예들의 유입이 그 예라고 할 수 있다. 19세기 말, 20세기 초에는 브라질 경제의 최고 수익원이었던 커피재배를 위해 외국으로부터 노동력을 들여오기 시작했는데, 당시, 이탈리아, 독일, 일본, 시리아, 레바논 등의 이주민들이 상파울루 주를 중심으로 거주하게 되면서 그야말로 다양한 인종 들이 모여 사는 지역이 되었다. 국내 인구 이동도 이민과 더불어 인구증가 요인이라고 볼 수 있는데, 지역 성장과 더불어 타 지역 이주민 특히, 북동부 출신의 대거 이동은 인구 증가에 박차를 가하기도 했다. 그러나 1980년대 이후 계속되는 경제의 악화로 인해 실업이 증가하여 인구의 이동에 제동을 가하기 시작했으며 도시 폭력의 급증을 유발하기도 하였다.

세계 최대의 꼬빠까바나 해변

상파울루 전경

남동부 지역은 브라질 최대의 공업 지대로서 각종 현대적 공업단지가 밀집해 있으며 2000년에는 지역생산이 국내총생산(GDP)의 57.8%를 기록할 정도로 경제의 심장부 역할을 하고 있다. 산업 분포도 역시 다른 지역들에 비해 골고루 발달했지만, 타 지역과 달리 서비스와 상업이 61.1%, 공업이 39.1%, 농 · 목축업이 4.9%의 분포를 보여 1차 산업의 비중이 극히 작은 편이다. 1990년대 말 이후에는 다른 지역의 과세특혜 경쟁으로 인해 공업 분야에 대한 투자가 점점 줄어들고 있지만 아직도 제조업 분야의 역량이 가장 큰 지역이다. 또한 미나스제라이스 주는 오래전부터 다양한 광물 자원의 매장지로서 아직도 발굴이 이루어지고 있으며 해안 지대의 높은 석유 매장량도 이 지역의 성장 잠재력을 확인시켜준다. 세계적 상업 도시로 브라질 금융계의 중심지인 상파울루 시와 브라질을 대표하는 문화 및 관광 도시인 히우지자네이루 시도 지역경제에 중요한 몫을 차지한다. 이 지역의 기후는 아열대 기후에서 온대기후까지 다양하게 나타난다. 상파울루의 평균기온은 여름(1월)은 23℃이고, 겨울(7월)은 16℃이다. 연평균 강수량은 약 1,300mm이고, 남쪽의 산따까따리나 주와 빠라나 주에서는 때때로 겨울에 서리와 약간의 눈이 내린다.

7) 남부 지역

빠라나(Paraná), 산따까따리나(Santa Catarina), 히우그란지두술(Rio Grande do Sul)의 3개의 주로 이루어진 남부 지역은 남미 공동시장(Mercosul)의 회원국인 아르헨티나, 파라과이, 우루과이와 국경을 접하는 곳에 위치한다. 빠라나(Paraná) 주 북부를 제외한 대부분이 아열대 기후 지역으로서 브라질에서 가장 낮은 기온분포 지대에 위치하여 고지대의 경우 겨울에 영하의 기온까지 내려가 서리나 눈이 내리기도 한다.

인구를 보면, 다른 지역과 마찬가지로 이 지역의 역사를 통해 그 구성 분포를 설명할 수 있는데, 먼저 초기 거주자는 인디오로서 브라질 발견 이전부터 살아왔고, 식민시대에는 포르투갈과 스페인 사람들이 예수회의 임무를 띠고 이곳에 도착했으며 당시 노동력으로 들여왔던 흑인 노예로 인해 그들의 후손들도 남아있다. 19세기 말부터는 브라질정부가 이

세계 최대의 이과수 폭포

민정책으로 인해 유럽인들이 이주하기 시작하였는데, 이들은 주로 독립 이후 커피농장에 필요한 노동력을 충당하였다. 대규모의 단일경작에 익숙해 있던 브라질의 농업 형태는 이들의 영향으로 유럽의 농사방식을 이식하게 되었고 남부 지역 특유의 생산방식으로 자리 잡게 되었다.

반면, 남부 인구의 대다수를 차지하고 있는 외국 이주민들은 그들이 처음 정착한 곳을 중심으로 이민사회를 형성하였는데, 이는 각 지역마다 서로 다른 유형의 유럽 문화를 확산시키는 계기가 되었다. 이탈리아와 독일인들은 남부 일대 주요도시들을 중심으로 비교적 넓게 분포하여 살고, 슬라브인은 히우그란지두술(Rio Grande do Sul) 주에, 아소리스제도(Açores) 인은 산타까따리나(Santa Catarina) 주에, 일본인은 빠라나(Paraná) 주에 주로 거주하고 있다. 1970년대 이후에는 남동부 지역의 상파울루와 같은 대도시의 급격한 성장으로 인해 남부인들이 대거 이동하기 시작했고, 브라질 연방정부의 인구정책으로 말미암아 가우슈(gaúcho: 히우그란지두술 주 출신의 카우보이)들이 타 지역 목축지대로 이동하는 한편, 파라과이와 같은 접경 국가 사람들이 들어오기 시작하여 인구 구성에 많은 변화를 가져오기도 했다.

남부는 브라질 지역 중 가장 높은 수준의 교육과 위생시설을 갖추고 있고, 최저의 유아 사망률을 보이며 남동부 다음으로 2위의 개인 소득을 기록할 정도로 생활수준이 높은 지역이다. 광활한 초원지대를 통하여 농 · 목축업이 발달했는데, 유리한 자연조건을 이용한 목축 지대는 소를 비롯하여 닭, 돼지, 양 등 그 종류가 다양하며, 곡류의 경우 옥수수, 쌀,

독일이민도시, 독일풍 건물

콩, 밀 의 생산량은 브라질 전체의 절반에 달하는 수준이다. 또한 남부 지역은 남동부에 뒤이은 공업 발달 지역으로 기계, 섬유, 자동차, 식료품 산업이 많이 발달되었으며 농업 형태와 유사하게 비교적 중 소규모의 제조업체들의 활약이 두드러진다. 수력 발전에 유리한 지형조건으로 인해 에너지원 확립에도 커다란 기반을 제공하고 있으며 특히, 파라과이와 공동 설립한 이따이뿌(Itaipu) 발전소는 남미 최대의 수력을 자랑한다.

Ⅱ

브라질의 민족구성

II 브라질의 민족구성

1. 브라질의 국민성

브라질 사람은 매사에 있어 조급해하지 않고 순서적으로 일을 처리하며 못 다한 일은 반드시 내일로 미룬다. 이들은 그만큼 낙천적이며 관대함을 최고의 미덕으로 알고 살기 때문에 남과 시비하는 일이 없으며 남을 의식하지 않기 때문에 남에게 간섭하는 일도 없다. 특히 브라질 사람들은 언제 어디서나 언성을 높이면서 싸움을 하지 않는다. 학교에서도 절대 학생들이 싸우는 것을 볼 수 없다. 남을 미워할 줄도 욕할 줄도 모르는 사람들이다.

비행장의 대합실에서 여객기를 기다릴 경우 어쩌다가 비행기가 연착했다면 그들은 그저 그렇게 되었거니 하면서 자기들끼리 대화를 나누면서 아무런 불평도 하지 않고 몇 시간이고 비행기가 도착할 때까지 기다린다. 시내에서 버스를 탈 때도 뛰어가지 않고 줄을 선 순서대로 걸어가며 버스가 떠나가면 다음 버스가 올 때까지 순서대로 기다린다. 백화점이나 슈퍼마켓 특히 은행에서 자기 차례가 올 때까지 남보다 먼저 하려고 하지 않는다.

언어 표현에 있어서도 그들은 부정하는 경우 야박하게 노하지 않고 '그건 어렵다' 든가 '잘 생각해 봅시다' 라고 말하면서 예스 대신 '물론' 이라고 말한다. 그들은 델리키트한 표정을 좋아한다. 공휴일에도 집에서 가족과 함께 조용히 지내거나 교회 또는 운동클럽이나 오락장에서 지내

재래시장(feira)

기 때문에 평소에도 인파와 차량으로 북적거리던 거리도 인기척이 뜸한 거리로 변한다. 옷은 우선 입기 편한 것을 택하며, 유행을 좋아하나, 남을 위한 옷을 입지 않는다. 그들은 내일을 걱정하기보다 오늘을 즐기고 살기 때문에 옷보다도 먹고 노는 것을 좋아하며 인생을 정열적으로 즐긴다.

춤을 너무 사랑하며 주말마다 삼바장에 가서 보통 새벽 두 서너 시까지 경쾌한 삼바리듬에 빠지는 것이 예사이다. 그러나 술은 관습적으로 두 잔 내지 세 잔 이상 마시지 않으며 술잔을 서로 주거나 받거나 하는 것을 모른다.

브라질 사람들은 동업을 잘한다. '바르(Bar)'라고 하는, 우리 식으로 말하면 경양식집과 구멍가게를 합친 성격의 상점인데 어느 동네나 있게 마련이다. 우유나 식빵 등 식료잡화를 팔기 때문에 일상생활에 아주 중요한 역할을 한다. 새벽 4시경에 문을 열고 밤 12시경까지 영업을 하는데 이런 장사는 꼭 2~3인이 동업을 하게 마련이다. '까이샤(Caixa=현금출납)'를 보는 사람이 교대할 적마다 여기 얼마 들었다고 하고서는 돈궤짝을 맡기고 들어가면 새로 교대한 동업자는 세어 보지도 않고 계속 돈 받고 거스름돈 내주고 하는 것을 볼 때 참으로 신기하게 생각했다. 그야 피차간 믿으니까 안속이고, 또 안속이니까 서로 믿는 그런 사이이겠지만 말썽 없이 다른 업종도 아닌 음식점을 10~20년을 같이 해나가는 것을 보면 참으로 기특하고 신기할 정도이다.

할아버지, 아버지 시절부터 남의 집에 세 들어 사는 사람이 많다. 아파트나 소브라두(Sobrado=연립주택)가 꼭 자기 것이 아니면 어떠냐는 식이다. 그렇다고 경제적 능력이 아주 없는 사람들도 아니다. 20-30년을 저축하면 그 집을 살수도 있을 터인데 매일매일 먹는 음식은 잘 차려놓고 먹으면서도, 또 꽃을 한 아름씩 사다가 화병에 꽂고 즐기면서도 내 집 장만에 특별한 집착을 하지 않는다는 것이 우리로서는 이해하기가 어렵다. 빈부의 차가 심하다고 볼 수 있는데도 가난한 사람들이 부자나 재벌들에 대해서 증오나 시기를 느끼지 않는 거 같다. 재벌이나 상류층들의 생일파티나 결혼식이 있을 때에는 화려하게 차린 식장의 큰 사진을 곁들여서 주례는 누구이고 손님은 어떤 분이 참석을 했다는 식으로 일간신문에 대대적으로 보도되는 특별란이 있는데 서민층들이 보고도 그렇게 나쁜 반응을 나타내지 않는다. 아무리 무지하고 막노동이나 하는 하층계급이라도 '오브리가두(Obrigado=감사합니다)' 소리는 잘한다.

서구문명의 영향으로 기본적인 공중도덕이 몸에 배서 그런가 보다. 가령 어떤 길거리에서 길을 물어볼 경우 한 사람의 설명이 끝나고 나면 그 옆에 있던 사람이 나도 한마디 해야지 하는 식으로 장황하게 또 설명을 해주고 나서도 내가 그 길을 잘 찾아가는지 확인하기 위해서 한참이나 바라보다가는 바로 그 골목이란 듯이 손짓을 하는 것을 볼 때 참으로 고맙기도 하고 인정이 참 저럴 수가 있는가 생각하게 된다.

한국 사람의 눈으로 볼 때에는 확실히 브라질 사람들은 느리고 무슨 일을 하는 것을 보면 답답할 정도이다. 15층 정도의 아파트를 하나 짓는데도 2~3년씩 걸리고 도로포장을 하는데도 몇 달씩 걸리고 참으로 하는지 마는지 화가 날 정도이다. 그러나 그네들이 게으르고 느린 데는 그러한 생활태도와 사고방식을 가지고도 아무런 무리 없이 살아온 그들의 역사적, 문화적, 경제적 배경을 잊어선 안 될 일이다.

2. 브라질인의 지역별 특성

브라질 인들의 특성 중 다양성과 혼합성은 중요한 요소이다. 브라질은 그 광활한 면적 때문에 지역에 따른 차이와 다양성을 피할 수 없다. 상파울루의 복잡한 거리에서 내륙 오지의 한가한 시골마을에 이르기까지 브라질 사람들은 갖가지 피부색과 다양한 인종상을 보여준다. 유럽에 의해 식민화된 대부분의 나라는 인종 구분이 매우 분명하지만, 브라질은 그 반대 경우에 해당한다. 브라질이 발견된 후 500년 동안 인디언, 백인, 아프리카인들은 말 그대로 인종의 도가니에서 혼합되었던 것이다. 처음으로 정착한 포르투갈 인들은 원주민을 아내로 맞아들여 까보끌루(caboclo)라는 새로운 인종을 만들어냈다. 그리고 나중에 들어온 포르투갈 인들은 아프리카 여자를 아내로 맞아 물라뚜(mulato)를 탄생시켰는데 물라뚜는 브라질에서 큰 비중을 차지하게 된다. 1888년 노예제가 폐지되면서 인종 구분은 점점 더 그 의미를 잃어갔다. 한때는 백인과 흑인이 주류를 이루었지만, 오늘날에는 갈색 피부를 가진 혼혈인들이 더 많다. 백인, 흑인, 원주민의 특징을 두루 갖추고 있는 사람을 브라질에서 찾는 것은 그리 어려운 일이 아니다.

광대한 영토, 지리적인 고립, 수많은 이주민 때문에 브라질은 각 지역마다 독특한 전통을 지닌 인종집단을 형성하게 되었다. 아마존 유역의 까보끌루는 원주민 조상이 했던 대로 카누를 몰고 다니며, 검은 피부의 바이아누(baiano)는 아프리카 종교의식을 행하고, 남부 브라질 사람들 가우슈(gaúcho)는 독일식의 맥주 축제를 연다. 일본인, 레바논인, 유대인의 음식과 전통을 지닌 지역도 찾아볼 수 있다. 하지만 오늘날 이러한 문화적 특징은 특정한 인종 집단이 아닌 전체 브라질 사람들의 다양한 관습으로 여겨지고 있다.

가우슈 : 브라질 최남단에 위치한 히우그란지두술(Rio Grande do Sul)

남부지방 가우슈

은 포르투갈, 스페인 정착민인 가우슈의 고향이다. 가우슈는 한때 야생소를 사냥하는 등 고독하고 대담함과 쓸쓸한 생활에 익숙해져 있다. 그래서 그들은 독립정신이 강하다. 차 쉬마헝(chimarrão)은 가우슈의 전통적인 상징으로 조롱박에 담아 은으로 만든 빨대로 마신다. 가우슈란 말이 일반적으로 히우그란지두술 거주자를 가리키는 용어로 사용되는 것에서 알 수 있듯 현재 브라질 남부에 있는 독일 및 이탈리아 이민자들의 후손들도 이 차를 즐겨 마신다. 히우그란지두술의 세하가우샤(Serra Gaúcha) 산맥은 브라질에서 최초로 포도농장을 일구었던 이탈리아 이주민 후손들의 고향이다. 독일식 전통은 브라질 남부, 특히 산따까따리나 주에 잘 보존되어 있다. 산따까따리나에는 독일식 이름의 마을이 많을 뿐 아니라 독일 음식 및 축제의 전통이 살아있다.

빠울리스따, 빠울리스따누 : 상파울루 주에 사는 사람들을 가리키는 빠울리스따(paulista)는 매우 역동적이고 진취적인 사람들이며 근면하고 기업가 정신이 강하다. 이들은 노예무역, 광산개발, 커피 재배를 통해 상파울루를 브라질에서 가장 부유한 주로 만들어 놓았으며, 이를 자랑스럽게 여긴다. 상파울루 시에 사는 사람들은 파울리스따누(paulistano)라고 불리는데, 이들은 상파울루를 남미의 경제적 · 문화적 중심지라고 생각한다. 의심의 여지없이 상파울루는 각 이민자 집단의 후손들이 모여 살고 있는 브라질 최고의 경제중심 도시이다.

까리오까 : 까리오까(carioca)는 히우 거주민들을 말한다. 이들은 히우를 '놀라운 도시'라고 부르며 세계에서 가장 아름답고, 브라질에서 가장

중요한 도시라고 여긴다. 까리오까들은 걱정근심 없고 인생을 여유 있게 즐길 줄 아는 낙천적인 기질을 가지고 있어 주말이면 수천 명의 사람들이 해변을 찾아 휴식을 취하거나 즐거운 시간을 보낸다. 이들은 결코 상파울루가 브라질에서 가장 중요한 도시가 아니라고 주장하기도 하는데 이처럼 상파울루와 히우 간의 라이벌 의식은 대단하다.

미네이루 : 미네이루(mineiro)는 미나스제라이스 주에 사는 사람들을 가리킨다. 이들은 매우 신중한 성격과 검소함을 지니며 브라질 정치 · 경제의 중추적인 역할을 담당하고 있다. 미네이루들은 해변에 사는 낙천적이고 쾌활한 다른 브라질 사람들에 비해 과묵하고 진지하다. 그들에게는 노랭이라는 별명이 붙을 정도로 경제관념이 투철하다. 또한 매사에 신중함은 "산 넘어에는 또 다른 산이 있기 마련이다"라는 금언에도 잘 나타나 있다.

바이아누 : 바이아누(baiano)는 아프리카-브라질 문화의 중심지 바이아 주의 사람으로 먼 아프리카에 기원을 둔 전통을 지금도 간직하고 있다. 바이안 음식, 깐동블레, 까뽀에이라가 바로 그것이다. 이런 전통 중 몇몇은 브라질 전역에 확산되어 아프리카-브라질 문화를 브라질 주류 문화로 만드는데 크게 공헌했다. 바이아누들은 축제를 사랑하는 사람들로 알려져 있다. 사실 바이아 주에 있다 보면 언제라도 축제나 퍼레이드를 볼 수 있다. 이 곳 주민들은 매우 내성적인 특색을 지닌다. 이 지역은 브라질 발견 이후 가장 먼저 유럽인들의 발길이 닿은 곳이고, 사탕수수 재배가 맨 처음 시작되어 대농장들이 많았다. 따라서 대부분 흑인들의 생활터전이 되었다. 가부장제도가 실시된 대농장에서는 노예인구 외에는 농장주와 그

바이아의 전통의상

가족들 그리고 최소한의 자치권이 보장된 자유민(homem livre)들만이 있었다. 이들 계층 간에는 원활한 인간관계가 형성되지 못했고, 농장간의 교류도 활성화되지 못했다. 화려한 상류생활과 과시욕을 지닌 농장주, 게으르고 나태한 모습으로 노예를 소유한 특권의식에 사로잡힌 자유민 그리고 노동에 지쳐 삶에 대한 의욕마저 상실한 노예들은 서로 간에 상대를 이해하거나 자신을 상대에게 이해시킬 이유도 없었다. 그러한 상황이 관습으로 고착되어 이곳 사람들을 내향적 성격으로 변모시켰다.

세르따네주 : 세르따네주(sertanejo)사람들은 가뭄에 시달리는 척박한 오지, 세르떵(sertão) 지역 거주민을 가리킨다. 주로 평원이나 잡목지대에 산다. 소수의 가축을 기르고 식량조달 수준의 경작을 하는 단순한 생활양식으로 오지 생활을 이어나간다. 허리에 찬 큰 칼, 모자, 그리고 가죽조끼로 이루어진 제기(jegue)라 불리는 옷차림은 기마랑이스 호자, 그라실리아누 하무스, 그리고 이우끌리지스 다 꾸냐 등의 브라질 작가들에게 영감을 불어넣어 주었다.

까보끌루 : 까보끌루(caboclo)란 말은 '구리색을 가진', 즉 백인과 인디언의 혼혈이다. 그래도 문화의 전형처럼 까보끌루는 강가에 살거나 강가 주변지역에 사는 사람들로, 주로 북부지역 아마존 분지 유역에 사는 사람들을 말한다. 그들은 낚시나 빈터의 조그만 개척지를 개간하며 살고, 자주 발생하는 물의 범람에 순응하기 위해 늪에 말뚝을 박고 지은 집에 산다.

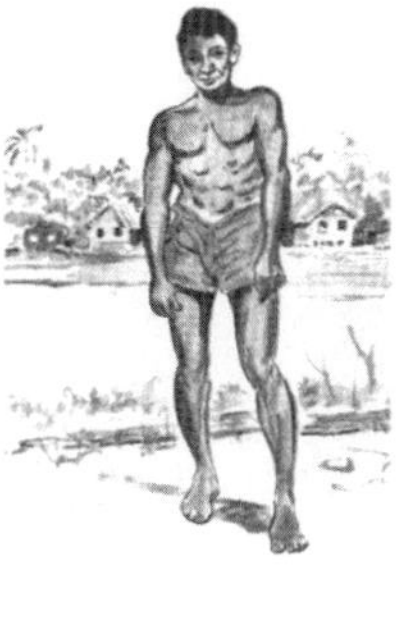

까이삐라 : 일반적으로 상파울루와 미나스제라이스의 외곽지역에서 농토를 경작하며 살아가는 사람들은 의미한다. 주로 옥수수를 경작하는

데, 그것은 공장에서 가루로 만들어진다. 또 볏짚을 모아 그것으로 모자나 담배를 만들기도 한다. 인디언들과의 교류를 통해 형성된 그들의 촌스러운 생활양식은 도시에서는 조롱거리가 되기도 하였다. 70개 이상의 동의어가 있는데, 그중의 대부분은 시골 사람을 멸시하는 의미로, 제까(jeca), 까삐아우(capiau), 마뚜뚜(matutu), 그리고 빵두루(pão-duro) 등이 그 예이다.

물라뚜 : 물라뚜(mulato)는 브라질 혼혈 중의 대부분을 차지하는 사람들로 백인과 흑인의 혼혈로 이루어진 사람을 말한다. 식민지 시대에 물라뚜는 주인들에 의해 많은 착취를 당하기도 했는데, 주인들은 흑인 노예들의 촌락에서 가장 예쁜 흑인 여자들을 골라서 그들의 성적 만족을 충족시키기도 하였다. 오늘날 물라뚜는 브라질 여인들의 미의 상징이며 점차 수도 많아지고 있다.

세링게이루 : 세링게이루(seringueiro, 고무나무액을 채취하는 사람)들은 아마존 지역 숲에서, 즉 숲 속 한가운데서 살고 있다. 그들의 일은 라텍스(látex, 고무유액)를 추출하기 위해 나무에 칼집을 내는 것부터, 그것을 고무로 만드는 것까지이다. 고무나무는 겨우 보존된 숲에서 자생하며, 그들은 숲을 적극적으로 보호하는 사람들이며, 방화나 목재들의 이동 등을 감시한다.

장가데이루 : 장가데이루(jangadeiro, 뗏목을 보는 사람, 사공)들은 북동쪽 지역 바다에서 낚시를 하는 어부들이며, 해안에 무리를 이루어 산

다. 특수하게 장가다(jangada, 뗏목) 위에서 그물을 이용하여 낚시를 하며, 그 배는 산림 지역에서 채취한 둥근 여섯 개의 나무로 만들어진 삼각형의 돛을 달고 있는 작은 배들이다. 새벽이나 해질 녘에 파란색을 띠며 햇살을 받는 바다를 항해하는 장가데이루는 알라고아스(Alagoas) 주의 상징이며, 그 지역 풍경의 전형적인 요소가 되었다.

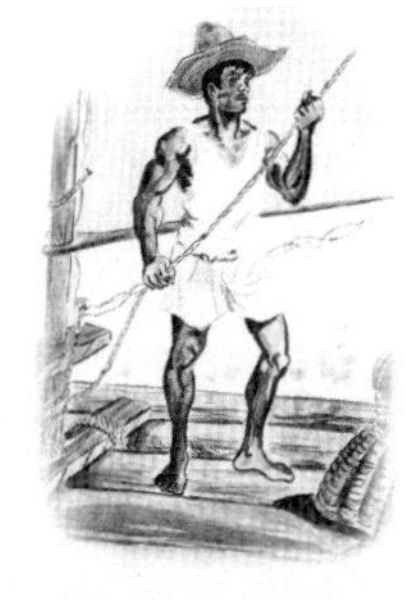

빤따네이루 : 빤따네이루(pantaneiro, 습지에서 사는 사람)는 기본적으로 습한 목초지의 목동이라는 의미로써, 빤따날 지역의 어마어마한 수의 가축을 돌보는 사람이다. 파라과이 강의 밀물과 썰물은 저지대와 침수지역의 가축 떼가 고지대 또는 건조한 지역으로 끊임없이 이동할 수 있게끔 한다. 고기만 먹는 가우슈(남쪽지방의 목동)와는 반대로, 빤따네이루는 지역의 풍부한 어류도 즐겨 먹는다.

동양의 메스찌수 : 메스찌수(mestiço)는 다양한 인종의 혼혈을 뜻하는 말이지만 최근 몇 년간 그것은 동양인에게 더 많이 쓰이고 있다. 아직은 그 현상이 근래의 것이고 드물긴 하다. 왜냐하면 황인종들—브라질에서 그들의 대부분은 일본인—은 수십 년을 폐쇄적인 식민지 안에서 조직적으로 살았기에 쉽지 않았기 때문이다.

브라질 인들의 지역적 특성은 브라질을 서로 고립시키기보다는 다양성과 브라질 사회에 강한 구심력을 제공했다. 이러한 다양성이 한데 혼합되어 새로운 형태의 힘을 생성한 것이다.

동양인

전통 유태인 ❶
유럽이민 후예 ❷

이와 같은 새로운 혼합된 힘은 브라질인들의 놀라울 정도로 큰 관용 때문에 가능했다. 이 혼합력의 전통은 후일 브라질에 이주해온 비 포르투갈계 주민들에게도 잘 수용되어, 그들을 쉽게 브라질 인으로 동화시켰다. 지난 1세기 반 동안 이탈리아인, 독일인, 스페인인, 시리아인, 레바논인, 일본인과 그 밖의 이주민들이 브라질에 들어와서, 이 인종의 도가니에서 완전한 브라질 인으로 변할 수 있었던 것은 이 혼합력 때문이었다.

브라질을 한데 혼합시키고 응집시키는 가장 큰 요소는 포르투갈어이다. 비록 지역에 따라 악센트는 다양하지만, 지역에 따른 방언은 존재하지 않는다. 오히려 아프리카 노예들의 영향으로 포르투갈어는 더욱 부드럽고 감미로운 발음으로 변했고, 어휘 또한 모국인 포르투갈에 비해 훨씬 더 풍요로워졌다.

가톨릭의 전통과 의식이 브라질인들을 한데 묶는 중요한 역할을 한 것은 사실이지만 또 다른 결속과 혼합은 축구에서 나왔다. 브라질에는 지역마다 많은 프로축구팀이 있지만 히우지자네이루의 플라멩구(Flamengo)팀은 전 국민들의 사랑을 받는다. 축구는 브라질인들의 기질과 부합되는 운동으로 개인과 집단을 동시에 표현할 수 있는 스포츠이다. 공허함으로 가득 찬 다민족 사회에서 개개인, 다른 인종, 다른 계층을 하나로 응집시킬 수 있었던 것은 축구였고, 이것이 그들의 열정에 불을 댕긴 것이다. 그들은 "우리는 축구를 먹고, 마시고 그리고 꿈꾼다."고 말한다.

이처럼 브라질은 다양성이 존재하면서 그것이 한데 혼합되어 새로움을 창조하는 특색을 지닌다. 수많은 인종집단의 혼합, 문화적 혼합, 서구적인 것과 비서구적인 것의 혼합 등 수많은 것들이 오늘날 브라질을 이루는 힘이 되고 있는 것이다.

3. 민족구성

브라질 넓은 대륙을 두루 다녀보면 섬을 건너다니는 인상을 얻을 때가 있다. 그 섬들이란 바로 사회 군을 달리하고 있는 인종적인 군도라고 할 수 있겠다. 남부지역에는 신세계를 찾아 이주해온 유럽이민의 후예들로 이룩된 독일인, 네덜란드인, 이탈리아인, 스페인인, 포도아인, 프랑스인 사회 등이 개화된 인디언들과 같이 살고 있고 동북지방은 흑인노예의 후손이 가장 많아 백인과 공생하는 사회를 이루고 있지만 남부에는 백인이 동북지방은 흑인이 압도적으로 많다. 상파울루 주나 미나스 주는 분별이 어려울 정도로 두루 혼합되어 사는 혼혈의 천국으로 또 하나의 산업경제사회의 다른 섬이라고 할 수 있다.

브라질 연감 2005

Região 지역	Branca 백인	Preta 흑인	Amarela 황인	Parda 혼혈	Indígena 인디오
Norte 북부	29.7	5.1	0.2	63.5	1.6
Nordeste 북동부	32.1	7.6	0.2	59.8	0.4
Sudeste 남동부	62.4	6.6	0.8	30.0	0.2
Sul 남부	84.2	3.8	0.5	11.2	0.2
Centro-Oeste 중서부	49.1	4.3	0.5	45.1	1.1
Brasil 브라질	53.8	6.2	0.5	39.1	0.4

브라질의 여러 종족

브라질의 기본 구성 인종은 원주민 인디오와 유럽으로부터 식민과 이민으로 들어온 백인과 노예로 들어온 아프리카 흑인들이다. 통계에 따르면 백인이 53.8%, 혼혈이 39.1%, 흑인이 6.2%, 황색인종 0.5%, 인디오가 0.4%로 구성되어 있다.

주로 세 종족이 뒤섞여 수세기를 걸치면서 혼혈을 통해 새 인종이 태어났는데 그 대표적인 것이 백인과 흑인 사이의 물라뚜(mulato), 백인과 인디오의 까보끌루(caboclo 또는 마멜루꾸 mameluco), 흑인과 인디오의 까푸주(cafuzo), 인디오와 마멜루까의 꾸리보까(curiboca), 백인과 물라따의 빠르두(pardo) 그리고 흑인과 물라따의 까브라(cabra)로 구분할 수 있다. 현재 브라질에는 215개 종족의 70만 명의 인디오가 살고 있으며 180개의 언어와 방언을 사용하고 있다.

브라질 원주민 인디오는 1500년 포르투갈의 뻬드루 알바레스 까브랄이 브라질을 발견할 당시 이곳에는 약 300~400만 명가량의 인디오들이 거주하고 있었지만 오늘날 브라질의 총 인구 중 인디오들이 차지하는 비중은 사실상 전무한 편으로 현재는 70만 명 정도가 생존해 있는 것으로 알려지고 있다. 브라질 대륙의 주인은 본래 백인도 흑인도 아닌 인디오들이었다. 이들은 포르투갈 인들이 브라질을 발견했던 당시에는 원시생활을 하고 있었다. 정복자인 포르투갈 인들의 식민지배가 지속되면서 차츰 자신들이 설 땅을 잃게 되었던 것이다. 비단 거주할 땅이 좁아진 것만이 아니라 정복자들이 들어오면서 각종 질병이 그들의 생존을 위협하였고 나아가 정복자들과 전쟁을 치르면서 점차 그 인구마저 줄어들었다. 이때문에 오늘날에는 브라질정부가 국가적 차원에서 그들을 보호하고 있다. 브라질정부에서는 국립인디오재단(Funai)를 설립해서 인디오보호지역을 특별 관리하고 있다. 하지만 그들의 후손 일부가 백인문화, 즉 도시로 나가 새로운 문명을 접하기 시작하였고 그나마 자신들의 고유한 전통과 풍습을 지키려는 인디오들마저 보호구역내에 존재하는 금과 그들의 땅에 경제적 착취를 위해 찾아 몰려오는 사람들 때문에 많은 어려움을 겪고 있다.

브라질 인디오에 관해서 대체로 두 가지 정설이 있다. 첫째는, 약 1만~1만 5천년 전후에 몽고계 인종이 빙하기 말에 얼어서 연결되어 있던 베링해협을 건너 또는 해협 중간 중간의 섬을 항해하여 대륙에 정착한 것이 아메리카 원주민이 되었을 것이라는 설이다. 둘째로는, 인종일원설(Monogenismo)에 의거하여 아시아와 오세아니아 대륙 등지의 몽고인과 말레이-폴리네시아인, 오스트레일리아인 그리고 에스키모인의 4개 인종들이 서로 다른 경로를 통하여 아메리카 대륙에 이주해왔거나 또는 원래부터 아메리카 대륙에 인간이 거주하고 있었으며 이들이 대륙의 여러 지역으로 흩어졌다는 토착설이 바로 그것이다.

이중 첫 번째의 가설을 놓고 볼 때, 브라질 원주민 인디오는 특히 몽고계 인종과 신체적 조건이, 즉 신장(1.62m), 얼굴이 동그랗고 통통하며 이마가 나오지 않고 평평한 코, 검은머리, 찢어진 눈, 밋밋한 턱수염 등

가장 많은 인디언 종족(Etnias Indígenas mais numerosas)

종족 (Etnias)	추정인구 (População aproximada)
Ticuna	35,000
Guarani	30,000
Caingangue	25,000
Macuxi	20,000
Terena	16,000
Guajajara	14.000
Xavante	12.000
Ianomâmi	12.000
Pataxó	9.700
Potiguara	7.700

브라질 인디오

여러 가지로 매우 유사해 이들이 아시아 특히 극동지역에서 건너왔을 것이라는 논리가 비교적 타당성 있게 받아들여지고 있다.

발견당시 이 지역에는 대략 1백만~3백만 명의 뚜삐-과라니족의 원주민이 존재하고 있었던 것으로 추정하고 있는데 이들은 채취활동 이외에도 만지오까(mandioca)의 뿌리와 땅콩을 경작하는 농업활동을 하였다고 한다. 또 이들은 열대식물에서 추출한 화려한 색의 염료와 새의 깃털로 몸을 장식하기를 즐겼으며 열대 기후로 모두 나체생활을 하였다. 한편 내륙지방에는 뚜삐족보다는 열등한 문화를 가진 것으로 추정되는 제(jê) 또는 따뿌이아(Tapuias) 족의 원주민이 있었으며, 상파울루 남부지방에는 까리조(Carijós)와 따뻬(Tapes)족의 인디오가 거주하였던 것으로 알려지고 있다.

오늘날 이들은 브라질 중북부와 아마존(7%) 그리고 상파울루와 마뚜 그로수 주에 걸쳐 살고 있다.

이들 각 부족의 특성을 살펴보면, 첫째, 뚜삐족은 쁘라따강으로부터 아마조나스강까지 주로 해안 지방에 거주하고 있었던 관계로 가장 먼저 포르투갈 인들과 접촉할 수 있었으며 여타 종족에 비해 비교적 발달된 문화를 갖고 있었다. 둘째로 따뿌이아족은 뚜삐족 보다는 열등한 문화를 갖고 있었으며 특히 주로 내륙 지방에 자리잡고 있었다. 특히 포르투갈 식민자들에 대해 강한 저항을 한 이 종족은 주로 히우지자네이루와 북동부지방에 퍼져 살았다. 셋째로 누아라게스족은 주로 아마존 상류와 하류 지역에 살고 있었고 특히 도자기 기술이 발달되어 있었다. 넷째로 까라이바족은 아마존 중류와 중앙아메리카에 널리 퍼져 있었는데 이들 4그룹의 인디오들은 저마다 약간씩 다르지만 대체로 비슷한 풍습과 전통을 유지하고 있었다.

1) 흑인노예와 사회

아프리카 흑인 유입 경로

흑인 아프리카 노예들이 브라질에 들어오게 된 경위는 사탕수수가 브라질 땅에 한창일 때 일손이 부족했다. 사탕수수경작은 많은 일손을 요하는 산업으로 처음에는 인디오를 잡아다가 노예로 사용했다. 그러나 원주민 인디오들이 한 곳에 정착하여 농경생활을 할 만한 체질이나 문화를 갖고 있지 않았던 데다가 포르투갈 인들과 함께 들어온 예수회선교사들이 인디오들을 적극 보호하고 나섰기 때문이다. 또 많은 인력을 필요로 하는 사탕수수 재배를 위해서는 이미 농경문화에 익숙해있던 신체 건장한 아프리카 흑인들이 제격이었기 때문이다.

16세기와 17세기에 브라질로 수입된 아프리카 흑인노예들의 대부분은 문화적인 측면에서 볼 때 크게 3개의 집단으로 나눠진다. 첫째는 나이지리아와 황금해안 등지에서 수입된 수단족(Sudaneses)으로 이들은

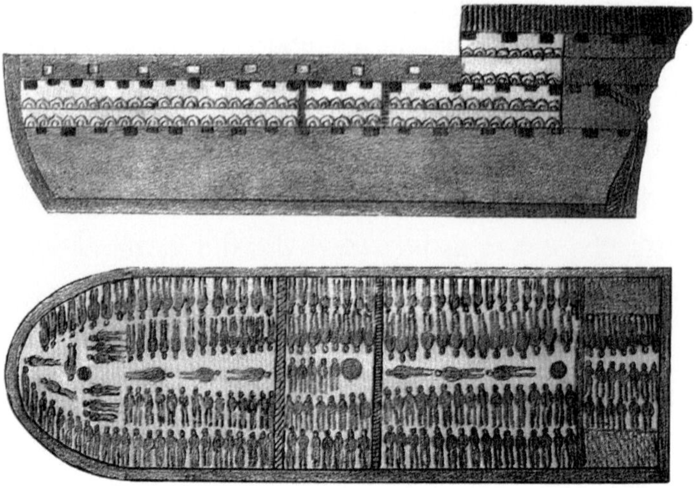

노예 수입선 내부

요루바와 제제 그리고 미나스와 판티족 등으로 구성된다. 이들의 특징은 대체로 키가 크며 영리하고 신체 건장하여 여타 종족에 비해 좋은 기질을 갖고 있었다. 이 종족은 또한 자신들의 언어을 사용하는 등 가장 진보된 문명을 갖고 있었으며 브라질의 바이아 지방, 살바도르르로 주로 수입되었다. 둘째는 이슬람화된 기네아-수단족으로 풀라와 만데스, 만딩가족으로 구성된다. 이들 종족은 주로 아프리카 북동부에 살고 있었으며 대부분 브라질 북동부의 바이아지방(살바도르)로 수입되었다. 이들은 자유정신이 투철하였으며 이슬람교와 가톨릭이 혼합된 종교를 지니고 있었다. 그리고 마지막으로 앙골라와 콩고지방의 반투(Banto) 족을 들 수 있는데, 이들의 송출지는 아프리카 최대의 노예수출항 루안다였으며 주로 브라질의 헤시피와 히우지자네이루, 마라녕 그리고 상파울루 등지로 유입되었다.

2) 흑인과 노예제도

노동력부족은 식민지 브라질에 중대한 문제로 부각되었다. 포르투갈의 백인 식민자들은 막노동을 거부하였고, 브라질의 경제구조는 원주민 인디오나 아프리카인 노동력에 의존할 수밖에 없었다. 백인 식민자들은 인디오의 영혼은 구원하고 인디오의 신체는 혹사시키는 모순을 범하고 있다.

이러한 상황에서 많은 아프리카인 노예들이 신대륙으로 끌려오게 되었다. 사실 이미 신대륙 발견 이전부터 아프리카인 노예들은 지중해 지방 · 중동 · 인도 등으로 교역되고 있었다. 신대륙의 정복과 정착이 시작될 무렵인 1500년경에는 포르투갈 · 스페인으로 들어오는 아프리카인 노예들이 연간 3,500여 명에 이르렀다고 한다.

1660년 184,000명 가운데 백인 74,000 명, 노예 110,000 명으로 백인보다 많았고, 1816년 3,358,500명 인구 가운데 혼혈아를 포함한 1,428,500명이 자유민이고 노예는 1,930,000명 이었다. 아프리카에서 브라질로 온 노예는 다음과 같다.

16세기	100,000
17세기	600,000
18세기	1,300,000
19세기	1,600,000
	3,600,000

3) 백인

브라질이 처음 발견되었을 당시 포르투갈에서는 죄인들에게 유배형을 내리는 것이 일반화되어 있었다. 해외 식민지 확장에 열을 올리던 포르투갈 왕실의 입장에서는 이러한 유배형이 식민 사업에 적절한 인력의 파견이라는 목적과 맞아 떨어져 많은 죄인들을 특히 브라질에 보내게 되었다.

브라질에 정착하게 된 최초의 포르투갈인 중 중요한 인물은 1500년 빼드루 알바리스 까브랄 함대에 동승했던 유배자 아퐁수 히베이루(Afonso Ribeiro)를 꼽을 수 있는데 그를 비롯한 다른 유배자들은 브라질 땅에서 인디오의 언어와 브라질에 관한 다른 정보를 익히는데 주력한 것으로 알려지고 있다.

또 다른 중요한 인물은 1501년 가스빠르 지 레무스(Gaspar de Lemos) 브라질 탐험대에 동승했던 유배자이다. 훗날 상파울루 인근 해안의 까나네이아에서 또 다른 탐험대에 의해 마주쳤던 사람으로 그의 이름은 정확히 알려지지 않았지만 일명 '학사(Bacharel)'로 불릴 만큼 당시로서는 상당히 학식이 높은 인물이었던 것으로 전해지고 있다.

이들 유배자 외에 브라질에 정착한 또 다른 백인들은 인디오와 외국의 공격에 방어하기 위해 포르투갈 왕실이 세운 요새(fortes)와 빠우브라질 나무를 비롯해 브라질의 다른 특산물을 본국 포르투갈로 운송하기 전 보관 · 저장해두었던 보관창고(feitorias)에서 봉사하였던 사람들을 들 수 있다.

유배자들 외에 브라질에 정착한 백인 식민자들의 대부분은 첫째로 선원들이었다. 당시 새로이 발견된 브라질 땅에 관한 호기심에 이끌린 이들은 힘들고 고된 함상 생활에서 도망쳐 브라질에 정착하였다. 이들 외에 브라질 해안지역에서 폭풍우 등으로 난파한 난파선의 생존자 또한 브라질에 정착한 백인들로 볼 수 있는데 이들 중 일부는 원주민 인디오와 교분을 쌓아 포르투갈 왕실의 식민사업을 도와줄 수 있었다.

본격적인 식민사업을 위해 브라질에 파견된 공식적인 백인 식민자들은 1530년 마르찡 아퐁수 지 소우자(Martim Afonso de Souza) 탐험대에 동행한 사람들이다. 이들은 포르투갈 왕실의 공식명령을 받아 브라질에서 농업활동에 종사하고 영원히 브라질에 거주할 목적으로 정착하였다.

이후 아소리스(Açores) 등지에서 온 포르투갈 식민자들이 이곳에 정착을 했다. 브라질 발견 당시 포르투갈 인구는 백만이 조금 넘었을 것이다. 브라질로 온 대부분의 식민자들은 이베리아 반도의 평민이었다. 그리고 약간의 귀족들은 농장 주인이었다. 모두들 사탕수수 공장과 금광 혹은 상품 거래를 통해서 돈과 명예를 얻어 돌아갈 사람들이었다. 이후 19세기말 브라질로 유럽이민이 대거 유입되었으며 주로 독일이민이었

마르찡 아퐁수 지 소우자

는데 20여만 명이 1850-1871년 사이에 브라질로 이민했다. 나중에 이태리, 스페인 등 유럽계와 동양에서 일본의 이민이 시작되었다.

포르투갈 백인과 원주민 인디오간의 공식적인 첫 번째 접촉은 1500년 까브랄 함대가 바이아 주 해안지역에 도착한 때에 이루어졌는데 '뚜삐니낑 부족'으로 알려진 이들 인디오 중 두 명이 쪽배를 타고 아무런 두려움도 가지지 않은 채 포르투갈 함대에 접근, 발견자 까브랄을 만났으며 또 다른 인디오들은 선원들을 도와 식수를 나르고 나무십자가를 만드는 일을 도와 준 것으로 역사에서 전해지고 있다. 이후 브라질 땅에서 두 번째로 미사가 행해졌을 때에는 인디오들이 포르투갈 백인들 옆에서 정중하게 미사의 모든 의식을 함께 참여한 것으로 알려져 이들 인디오들을 쉽게 가톨릭으로 개종시킬 수 있을 것으로 보고 포르투갈 왕실에 선교사를 파견해 줄 것을 요청하기도 하였다.

포르투갈 백인들은 인디오와 특별한 교분을 쌓아가기 시작한다. 인디오들은 백인들에게 자신들이 손수 만든 그물침대와 특산물, 원숭이와 앵무새를 비롯한 동물들을 제공하는가 하면 빠우브라질 나무를 채취하는 일을 도와주었으며, 그 대가로 백인들은 유리제품과 세공품, 거울 그리고 직물 등을 제공하였다.

이들 백인 중에는 인디오 여성과 결혼해 가정을 이루고 살기도 하였다. 이들 중 1530년 마르찡 아퐁수 탐험대에 의해 설립된 상 비센찌 봉토의 주엉 하말류(João Ramalho)와 바이아주 해안지역에서 발견된 지오구 알바레스(Diogo Álvares)는 그 대표적 인물로 알려지고 있다. 호기심 많은 22살의 포르투갈 청년 지오구 알바리스는 원정단을 따라 브라질로 모험을 떠났다. 그의 배는 1509년 브라질 바이아해안에서 난파당했으나 겨우 살아나 해안에 있던 식인종 인디언에게 잡혔다. 그가 인디언에게 붙잡혔을 때 약간의 화약과 총을 가지고 있었고 하늘의 새를 총으로 쏘아 죽인 적이 있었다. 이때 총소리를 처음 들은 인디언들은 대단히 놀랐고 알바레스를 불을 만드는 귀신이라고 생각하고 놀라서 Caramuru(까라무루, 불의 아들)이라고 불렀다. 이후 그는 인디언 추장이 되었으며 예쁜 추장의 딸 빠라구아수(Paraguaçu)와 결혼하여 많은 후손을 두었다. 그 가운데는 오지로 보석을 찾아간 안또니우 지아스 아도르누(Antonio Dias Adorno), 바이아 내륙에서 은광을 발견한 벨쉬오르 지아스 모레이라(Belchior Dias Moréia)도 있다. 그는 원정대장 마르찡 아퐁수(Martim Afonso)에게 많은 도움을 주었고 동 주엉 3세는 직접 편지를 보내 또메지 소우자(Tomé de Sousa)가 총독부를 세우는데 도와주라고 요청하기도 하였다. 그는 나중에 유럽여행을 했으며 불란서 남부 성당에서 빠라구아수가 세례를 받았는데 그 성당에서 까따리나 알바레스(Catarina Álvares)세례명의 증서가 발견되었다. 상비센찌 봉토의 주엉 하말류(João Ramalho)는 삐라찌닝가(Piratininga) 평원에 살았는데 이 지역은 후에 상파울루 마을이 세워졌다. 그가 어떻게 브라질에 왔는지는 확실하지 않다(유배인지 난파선원인지). 그는 포르투갈에서 결혼했지만 브라질에서도 바르찌라(Bartira)라는 인디언 여인과 결혼했다. 이 여인은 나중에 이사벨이란 이름으로 세례를 받았고 마르찡 아퐁수는 주엉 하말류의 도움으로 상비센찌 봉토에서 식민사업을 할 수 있었다.

그러나 대다수의 포르투갈 백인 식민자들은 훗날 인디오들을 노예화하거나 또는 다른 인디오 부족들에게 넘겨주기 위해 일부러 인디오와 친하게 지내는 척만 한 것으로 알려지고 있으며 이러한 이유 때문에 당시 원주민 인디오를 잘 다루는 기술을 갖고 있던 프랑스인들과 연합하기를 선호하였다.

III

언어

III 언어

브라질 국어는 포르투갈어로 고등교육을 받은 브라질인은 프랑스어와 영어의 이해가 가능하나, 일반인들과의 대화에는 포르투갈어만 사용된다. 외국인들의 이용이 많은 호텔이나 레스토랑에서는 영어와 함께 프랑스어도 통용되고 있다. 또한 스페인어와의 유사성으로 인해 대부분의 국민이 스페인어를 이해할 수 있어 필요에 따라서는 스페인어도 통용되고 있다. 포르투갈어는 라틴어에서 파생되었는데, B.C. 218년 로마인들이 이베리아 반도에 첫발을 내디딘 후 600여 년 간 계속된 로마의 이베리아반도 지배로 바스크를 제외한 전 지역에서 라틴 속어(Latin Vulgar)를 사용하게 되었다. 문어가 아닌 구어 형태로 주민들에 의해 이 통속 라틴어가 사용되기 시작하면서 오늘날의 포르투갈어의 모태가 되는 갈리자-포르투갈어(Galaico-Português)가 생성되었다. 그러나 시간이 흐름에 따라 갈리자어와 포르투갈어는 조금씩 차이를 보이기 시작한다. 그 이유는 무엇보다도 행정, 과학, 예술 등과 관련된 아랍어의 차용에서 비롯되는데, 이는 갈리자보다 포르투갈에 아랍지배하의 기독교인들인 모사라비(Moçárabes)가 많이 살고 있어 그 영향을 많이 받았기 때문이다.

이후 갈리자-포르투갈어는 완전히 갈라져 갈리자어는 스페인어화해 갔으며 포르투갈어는 독자적인 발전과정을 거쳐, 14세기부터는 발음, 악센트, 문장 등 스페인어와 점점 차별되기 시작했다.

이제 포르투갈어는 전 세계에 퍼진 언어 가운데 하나이며 지구의 1/7에 해당하는 지역에서 포르투갈어를 사용하고 있다. 로망스어 가운데 스

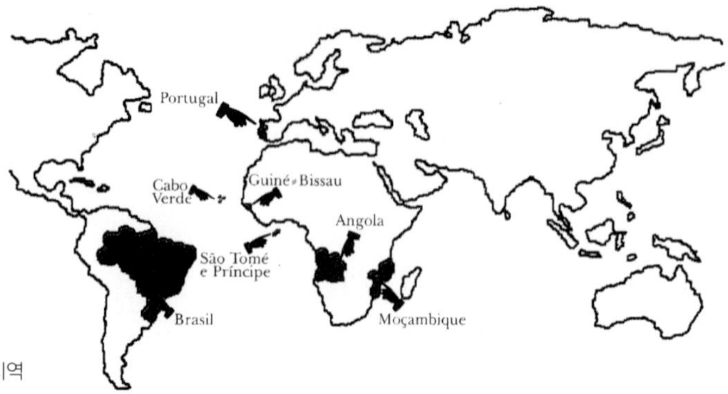

포어 사용지역

페인어를 제외하고는 가장 많이 쓰이는 언어이며 지구의 먼 곳까지 포르투갈어가 퍼진 것은 해외영토 확장의 대서사시의 결과이다. 그들은 완전히 다른 생활방식이나 습관을 유럽에 소개했으며 신천지에서 발견한 이상한 곳이나 놀랄만한 동물군, 그리고 그들 눈에 비친 생소하고 신기한 종교, 정치, 사회를 소개하기 위하여 토착어를 수집 · 사용하였으며 그중 얼마는 아직 포르투갈어에 남아있다. 이렇게 그들은 한편으로는 현지어를 배워가며 또 한편으로는 포르투갈어를 가르치면서 점점 포르투갈어를 전파 · 확장시켰다. 바스꾸 다 가마(Vasco da Gama)는 아프리카 희망봉을 지나 인도에 도착했으며 인도를 동양의 도약대로 삼아 세일론으로, 뉴기니아로 마침내 일본까지, 조국과 땅에 부를 가져다주기도 하고 한편으로는 영웅심이 아닌 아주 인간적인 마음에서 이교도의 영혼을 구원하려고 갖은 노력을 다하였다. 이러는 동안 그들은 포도아의 언어와 문화를 그들이 지나친 곳마다 흔적으로 남겨두었다. 한편 서쪽으로의 항해도 등한시하지 않아, 1500년 뻬드루 알바레스 까브랄(Pedro Álvares Cabral)이 브라질을 발견했다.

브라질에서는 포르투갈어가 국어인 것은 말할 필요도 없고 태평양 상의 포도아 전통을 고집하는 자바(Java) 지역에서도 포르투갈어 노래를 들을 수 있으며, 포도아인들이 포교할 때 지은 아주 웅장한 교회를 박물관으로 보존한 도시, 타구(Tagu)에는 아직도 주민들 가운데 가톨릭교인들은 현지 지방 포르투갈어로 예배를 드리고 있다. 보르네오(Bornéeu)에서는 크리스마스 성가는 포르투갈어로 부르고 플로레스(Flores - 꽃) 섬은 포도아인들이 이름을 붙인 섬인데 그곳 주민들은 합창이나 기도를 포르투갈어로 한다. 대만은 포르모자(Formosa - 아름다운)로 역시 포르투갈 인들이 붙여준 이름이다.

인도에 동양의 포도아 왕국을 건설하기 위해 부왕의 이름으로 1503년 동 프랑시스꾸 지 알메이다(D. Francisco de Almeida)가 부임하여 그곳에 포르투갈어를 가르치는 학교를 세우는 한편 두 민족 간 화합과 단결을 위해 포도아 남자와 인도 여인들 간에 결혼을 촉진시켰다. 이것이 인도를 완전한 식민지로 예속시키기 위한 포도아의 의도였다. 그 당시에 고아(Goa)지방에는 포르투갈어가 많이 쓰이고 있었으며 아직도 40대 이후의 중년층은 포르투갈어를 사용하고 있다.

1511년 16척의 함대를 파견하여 말라카(Malaca)를 정복한 이후 포르투갈 인들이 인도네시아와 말레이 반도, 싱가포르 등에서 많은 포르투갈어를 남겼으며 아직도 말라카에서는 포르투갈어를 쓰고 있다.

일본에서 포르투갈어는 '무역과 포교'의 양면을 통해 유입되었는데, 이들의 외국어는 서로 질적인 차이를 갖고 있다. 1543년 종자도에 도착한 포도아인에 의해 철포(조총)가 들어온 뒤, 매년 무역을 하게 되었는데 이것이 유럽교회와의 첫 접촉이었다. 1549년 상 프랑시스꾸 샤비에르(S. Francisco Xavier)가 포교를 위해 가고시마에 상륙하였다. 특히 무역을 통해서 들어온 포르투갈어는 주로 상품과 관계된 것이나 상품 이름이 대부분이었으며, 이는 당시 널리 쓰이게 되어 일본어화 되어 정착하여 갔다.

이러한 교역관계를 통하여 아직 일본어에 남아있는 포르투갈어로 capa, saraça, raxa, chau, gibão, castella, carta, canequim, setim, tempero, confeito, alfeloa, amendoa(s), frasco, tabaco, velludo, zamboa, Cambodia, charamela, vidro, tutanaga, pão, balanço가 있는데 현대사전에도 기재되어 있고 상당수가 현재까지 사용되고 있다. 반면, 포교에 의해 들어온 포르투갈어는 표기를 다만 일본어의 히라가나로 옮겨 썼을 뿐 일본어화 하지 않고 그대로 외국어로 쓰였다. 그것은 선교사의 의식 속에 외국어를 그대로 일본 속에 심는다는 의식이 강했기 때문이다. 그때문에 그들에 의해서 심어진 말은 외래어라기보다는 외국어라는 느낌이 강하다.

초기에 포도아 인들이 일본에 끼친 영향이 많다. 포르투갈과 일본의 접촉이 가장 성행했던 시기에 약 1,000개 이상의 포도아 단어가 나타난 것을 알 수 있는데 그중 약 500여 개의 단어는 가톨릭교회에서 쓰이는 말이다.

조선에 최초로 발을 들인 유럽인은 1577년 마카오(Macau)에서 일본으로 가다 폭풍우로 난파되어 조선의 해안에 도착한 무역선 선장, 포르투갈인 도밍구스 몬떼이루(Domingos Monteiro)였다. 그러나, 해안에서 한국인들이 그의 선원들을 살해했지만 그의 함대만이 어렵게 탈출하였다.

또한, 토요토미 히데요시가 중국대륙을 정복하기 위한 길을 열고자, 고니쉬 유기나가와 가또 기요마사를 장군으로 하여 1592년 임진왜란을 발발하였고 이때, 고니쉬 유기나가는 일본 예수 선교회의 부목사 뻬드루 고메스(Pedro Gomes)에게 편지를 보내어, 일본 군인들에게 도덕적이고 정신적인 무장을 위하여 종군신부파견을 부탁하여, 이때 그레고리우 데 세스뻬데스(Gregório de Céspedes)가 1593년 12월 말 경 조선에 도착, 1년 반 동안 머물면서, 가톨릭 군인들과 이교도 군인들에게 포교 사업을 수행하였다. 바로 이 세스뻬데스가 서양 선교사들로서는 최초로 조선에 들어온 사람이었다.

유럽인으로 처음 포도아인이 한국에 왔으나 포르투갈어가 직접 우리말에 남기고 간 말은 없고 다만 97년 간 포도아-일본의 교류동안에 우리말에 다음과 같은 말을 남겨놓았다.

비로도	veludo	라사	raxa	곱부	copo	사분	Sabão
비옷	capa	빵	pão	카스테라	pão de castela	(비누)	

우리가 알고 있는 뎀뿌라란 대표적인 튀김요리는 16세기 포르투갈 사람으로부터 전해진 포르투갈어이며 이런 일화가 있다. 1543년 포르투갈

에 도착한 이래 나가사키에는 포르투갈 선교사, 상인 등 많은 포르투갈 사람이 살고 있었다. 어느 날 나가사키에 사는 포르투갈 인이 튀김요리를 하고 있었는데 일본인이 무엇을 하느냐고 물었다. 처음에는 무슨 말인지 잘 모르다가 나중에 알아채고 temperar(조리하다)한다고 대답했다. 포르투갈 인이 조리한다고 대답한 것이 일본인에게는 음식이름으로 이해되었던 모양이다. 이렇게 해서 덴뿌라란 말이 생겼고 이후 일반적으로 일본말이 되었으며 우리나라에 전해졌다. 우리가 늘 먹는 고추도 포르투갈 선교사가 일본에 전해주었으며 우리나라에는 임진왜란 때 일본에서 전해진 기호품이다.

현재 포르투갈어는 중국어, 영어, 아랍어, 러시아어, 스페인어 다음으로 세계에서 많이 사용되고 있는 언어로 UN, EU, MERCOSUL, OAU 등 여러 국제기구에서 실무어로 사용되고 있다. 포르투갈어를 국어로 사용하는 국가는 남미 최대의 국가인 브라질을 위시하여 앙골라, 모잠비크 등과 같은 아프리카 5개 국가이며, 마카오, 티모르와 같은 아시아 일부 지역을 포함하여 모두 2억 2천만 명이 사용하고 있다. 금세기 말에는 포르투갈어 사용인구가 2억 3천을 넘어 영어, 스페인어 다음으로 가장 많이 사용되는 유럽어가 될 것이다.

브라질에서 쓰이는 포루투갈어는 브라질 원주민 언어인 뚜삐어(tupi)와 아프리카 노예 수입으로 인한 아프리카어의 영향 그리고 독일과 이태리 등에서 온 많은 이민자들의 영향으로 새로운 브라질 포르투갈어가 만들어졌다.

인디언들에게 교리전파를 위해서 예수회 회원들은 뚜삐어를 배워야 했고, 또 보다 체계적으로 배우기 위해서 문법책과 사전을 만들게 되었다. 또한 그들이 세운 학교에서는 뚜삐어를 가르쳤으며, 포르투갈어와 더불어 식민자들의 자식들에게 가르쳤다. 또 다른 면으로, 오지로 침투해간 반데이라(Bandeira 오지개척단)는 내륙과 해안을 연결시켰으며, 그러기 위해서 오지를 잘 아는 인디언을 안내자로 데려갔고, 또한 서로의 의사소통을 위해서 뚜삐어를 사용해야만 했다. 반데이라(Bandeira)들은 내륙으로 들어가면서 새로운 발견지, 강, 산 그리고 그들 자신이 세운 마을에 뚜삐어(tupi)는 브라질에서 거의 동식물, 새, 고기, 강, 다리, 음식, 산, 도시이름 그리고 심지어는 일상용품까지 이름이 붙어지게 되었다.

현재 브라질의 포르투갈어에는 약 만개의 뚜삐어가 남아있으며, -açu, -guaçau 등의 어미와 mirim 형용사는 뚜삐어의 영향을 받은 것이다. 우리가 잘 아는 이구아수(Iguaçu) 폭포가 tupi어인데 I(물) + guaçu(많다, 크다)로 큰 물, 즉 폭포라는 말이다.

포르투갈의 포르투갈어는 독특한 비모음으로 매우 달콤한 느낌을 주는 반면 브라질 포르투갈어는 비모음이 없이 자연스럽게 들리어 듣기에 아주 편하다.

1) 아프리카의 영향

브라질에 사탕수수 농업이 한창일 때 일손이 모자라 수입하게 된 노예는 주로 기니아-수단(guineano-sudanês, 현 기니아와 서 수단) 족과 반투(banto - 중앙 아프리카)였고 그들이 쓰는 말은 아바라(abará), 바타파(vatapá), 아카라(acará)와 같은 나고 요루바(nagô ioruba - 수단 그룹에 속함)와 카술라(caçula), 카푸네(cafune), 몰람보(molambo), 몰레크(moleque) 등과 같은 킴분도(quimbundo - 반투)이었는데, 전자는 바이아주에 영향을 많이 끼쳤고, 후자는 뻬르낭부꾸(Pernambuco)와 북쪽의 다른 지방, 히우(Rio), 상파울루(São Paulo) 그리고 미나스제라이스(Minas Gerais)에 영향을 끼쳤다. 그중 킴분도(quimbundo) 등은 사실 포르투갈어에 많은 영향을 끼쳤는데, 그 이유는 그 말을 하는 노예가 많았기 때문이다. 그들은 사탕수수 농업이나 광산, 기사들(특히 여자들)에 종사하면서, 음식이름, 종교의식(특히 미신적인), 악기이름 등의 일상생활에 관계된 것에 직접 · 간접으로 많은 영향을 끼쳤다. 삼바라는 말이 대표적인 아프리카 말이다.

IV

브라질의 발견

IV 브라질의 발견

1. 까브랄의 항해

인도항로를 발견하고 1498년 바스꾸 다 가마(Vasco da Gama)가 포르투갈로 귀국한 이후 포르투갈 왕실은 또르데질랴스조약에 의해 구분된 자국의 영토 내에 대한 본격적인 탐험을 시도함과 동시에 동양의 왕국들과 교역관계를 체결할 의도 하에 정치적 · 외교적 목적을 가진 해외 영토 확장과 탐험의 길에 본격적으로 나서게 된다. 이러한 의미에서 브라질을 발견하게 된 까브랄의 당초 임무는 첫째, 포르투갈 영토에 소속된 땅의 탐험과, 둘째, 인도의 캘커타에 대한 포르투갈의 지배를 공고히 함과 동시에 이들 향료와 특산품의 나라들과 새로운 무역관계를 체결할 의도를 가진 것이었다. 이를 위해 동 마누엘(D. Manuel)왕은 당시로서는 대규모의 함대를 조직하고 바다에 대한 경험은 없었지만 유능한 항해사의 능력을 갖춘 32세의 미혼인 젊은 뻬드루 알바레스 까브랄(Pedro Álvares Cabral)을 선장에 임명하였다. 그는 군사적인 덕목은 갖추진 못했어도 귀족출신이었기 때문에 당시 포르투갈

까브랄 브라질 도착 1500. 4. 22

왕실의 임무를 수행할 수 있는 외교관의 역할을 하였던 것으로 보인다.

1500년 3월 9일 15척의 함선에 군인과 예수회 선교사, 승무원을 포함해 1,500여명의 승선인원과 함께 까브랄은 리스본을 출발, 까부베르즈지 인근에서 항로를 이탈하는 등의 우여곡절을 겪은 끝에 4월 22일 바이아(Bahia) 주 해안의 빠스꼬알(Pascoal)이라고 명명되는 작은 언덕에 도착, 브라질을 발견하는데 이로써 포르투갈 사람으로서는 처음으로 브라질의 존재를 확인하게 되었다. 그리고 23일 까이(Caí)강 앞에 정박한 까브랄 함대는 작은 보트를 이용하여 해안에 상륙한다. 처음으로 원주민 인디오와 대면하게 되고 함대를 보다 안전하게 정박시키기 위해 북쪽으로 10 레구아(légua - 1레구아는 보통 5km 정도임) 정도 더 거슬러 올라가 오늘날의 까브랄리아(Cabrália)만에 다시 상륙하여 처음으로 엥히끼 수사(Frei Henrique)에 의해 브라질 땅에서는 처음으로 미사를 드리게 된다. 5월 2일 까브랄은 자신이 지휘하는 함대는 인도로 가도록 지휘하고, 또 부하인 가스빠르 지 레무스(Gaspar de Lemos)로 하여금 브라질의 발견이라는 이 역사적 사건을 본국 정부에 알리도록 왕에게 편지와 선물을 보내 포르투갈로 돌아가게 하였다. 이때 당시에는 그저 섬으로만 알려져 있던 브라질은 베라끄루스(Vera Cruz)라는 이름을 얻게 되었으며, 그 이듬해에는 떼하지산따끄루스(Terra de Santa Cruz: 성 십자가의 땅이라는 의미)라고 바뀌어 불려지게 된다. 까브랄의 브라질 발견은 포르투갈로 하여금 4척의 함선을 잃게 하는 손해를 입혔지만, 상업적으로는 고추 등의 특산물을 갖고 들여와 커다란 효과를 거둔 것으로 판단된다.

2. 뻬루 바스 지 까미냐 (Pero Vaz de Caminha)의 서한(書翰)

까브랄 함대에 서기관으로 동승한 뻬루 바스 지 까미냐는 항해 중 있었던 모든 이야기와 브라질의 발견 소식을 제일 먼저 동 마누엘 왕에게 전한 『서한(Carta)』의 작가이다. 이 서한은 후일 19세기에 포르투갈에서 발견되어 그 역사적 가치와 함께 문학적으로 훌륭한 가치를 지니고 있

뻬드루 알바레스 까브랄

는 것으로 알려지고 있다. 연대기 작가로 널리 평판을 얻고 있는 뻬루 바스 지 까미냐의 이 서한은 신대륙 브라질 땅의 광대함과 은혜로움, 그리고 그곳에 거주하고 있었던 원주민들을 예리하고 뛰어난 관찰력으로 묘사하였으며 특히 단순한 기록문의 형태임에도 불구하고 신대륙의 갖가지 풍물을 명료한 이해와 풍부한 서정성을 통하여 그려놓았다.

특히 이 서한은 포르투갈인이 해외영토 확장사업에 전념한 두 가지 목적, 즉 희귀하고 새로운 경제 재화의 획득과 가톨릭 신앙의 전파라는 내용이 명백하게 나타나 있다. 이 점은 서한의 다음 구절에서 살펴볼 수 있다.

"지금까지 우리는 (이 땅에) 금이나 은, 혹은 또 다른 귀금속이 존재하는지 알 수도 없거니와 또 볼 수도 없었습니다. … 그러나 이 땅에서 우리가 얻을 수 있는 최고의 성과는 여기 있는 사람들(원주민을 지칭)을 구원시킬 수 있다는 사실입니다. 이것이야말로 전능하신 폐하께서 이 땅에 뿌리시고자 하는 가장 중요한 씨앗일지도 모릅니다. … 이 땅에서 전능하신 폐하께서 그토록 원하시는 이 사업을 충실히 수행할 수 있다면 그만큼 우리 신앙의 뿌리는 깊어질 수 있을 것입니다."

3. 까브랄의 브라질 발견과 관련한 의문점

브라질의 발견은 포르투갈이 동양항로를 통하여 동양의 통제와 발견에 목적을 둔 일련의 여행의 일부를 만들면서 유럽 팽창주의의 최대 계획의 하나로 편입되었다. 오랜 시간동안 브라질의 발견은 까브랄의 함대가 피하고자 하는 기상학적 문제로 야기된(아프리카 해안일대에 바람의 부재) 우연한 업적으로 생각되었다. 그러나 보다 최근에 알려진 브라질 탐험에 대한 일련의 증거로 미루어 보아 40 · 50년대에 진행된 연구에서부터 시작하여 브라질의 의도적 발견 가능성이 대두되었다(뻬루 바스 지 까미냐의 서한에서 발견된 일련의 증거- 왕에게 발견을 알린 점, 선원들 가운데 『에즈메랄두 지 시뚜 오르비스』를 쓴 니꼴라우 꼬엘류가 이 책에서 1500년 이전에 이미 '이상한 땅'에 대한 여행을 한 점을 써놓았다는 점 등).

만일 발견이 의도적이었다면 그것은 포르투갈 왕실이 남대서양에서의 새로운 독점권을 행사하기 위하여 또르데질랴스 조약에 의해 자신들에게 양도된 영토 내에 있는 존재 가능한 땅의 소유를 확보하기 위한 필요성 때문이었다고 볼 수 있다. 포르투갈이 서양에 새로운 땅의 존재에 대해 의심을 갖고 있었다는 증거는 스페인이 1492년에 동양에 도착하였다고 믿고 있으면서 사실은 신대륙을 발견했을 것이라고 이미 1500년경에 확실하게 믿고 있었기 때문이다. 아직까지 확실히 밝혀지지 않았지만, 브라질 발견과 관련한 이러한 우연성과 의도성간의 논쟁은 그러나 다음의 일련의 사실로 미루어 보아 사전에 계획되어진 일이었다는 주장이 설득력을 얻고 있다.

첫째, 뻬드루 알바레스 까브랄의 함대에 동승했던 뻬루 바스 지 까미냐가 포르투갈 왕실에 발견 소식을 전한 서한에서 신대륙 발견 때에 흔히 나타나는 놀라움의 표현이 없었다는 점이다.

둘째, 1494년 당시 포르투갈과 함께 세계 최강국이었던 스페인과 신대륙 발견에 따른 영토 분쟁을 해소하기 위하여 지구를 동서로 나눈 이른바 또르데질랴스 조약 체결 때 교황의 제안을 무시하고 까부베르지(Cabo Verde) 섬의 서쪽 370레구아를 지나는 자오선을 지구 분할의 경계로 요구한 점으로 미루어 보아 브라질 발견 이전에 브라질은 이미 포르투갈 영토로 정해졌던 것이다.

셋째, 당시 포르투갈 왕실이 신대륙 탐험 여행에 대해 일체 언급치 못하도록 금언령을 내렸다는 사실이다(D. Manuel, 1507). 특히 브라질이 속하는 남위 7도 이하 영역에 대해서는 더욱 그러하였다.

넷째, 인도로 향하던 까브랄이 왕명을 어기면서, 그리고 같이 동선한 기타 노련한 항해 경험자들의 충고를 거부한 채 원래 따라야 했을 궤도를 한 달간 이탈할 수 있었다는 것이 당시 상황으로 보아 불가능하다는 점이다.

다섯째, 까브랄이 여행할 당시의 항해 기록들을 보면 그 기간 중에는 폭풍우도 없었으며 해류의 흐름도 강하지 않았음에도 13척의 함대가 모두 2년 전 바스꾸 다 가마가 갔던 항로를 이탈, 남쪽으로 가지 않고 서쪽으로 즉, 남미대륙으로 항해했다는 점이다.

여섯째, 1500년 이전에 작성된 유럽의 일부 지도에 부정확하지만 기금의 남아메리카 부근에 익명의 섬 모습이 나타나 있었다는 것으로 보아 당시에 포르투갈 왕실도 그 같은 사실 즉, 남미대륙(현재의 브라질을 포함)의 존재를 사전에 숙지하고 있었을 거라는 추론 등으로 브라질 발견이 우연한 일이 아니라는 주장이다.

4. 식민시대의 정치

1) 해안탐험대 및 경비대

1501년 가스빠르 지 레무스(Gaspar de Lemos)의 지휘 하에 해안탐험대는 해안을 탐험할 목적이었다. 그런데 포르투갈 사람들은 브라질 해안에서 불란서 배들이 빠우브라질(Pau-brasil) 나무를 포르투갈 왕의 허락 없이 밀수출하고 있는 것을 발견했다. 빠우브라질 나무는 그 당시에 유럽에서 매우 인기 있는 염료재료로 쓰였다. 이 불란서 배들과 대항하기 위해서 1526년 끄리스또벙 자끼스(Cristovão Jaques) 해안 경비대가 조직되었다. 그 후 1530년 마르찡 아퐁수 지 소우자(Martim Afonso de Sousa)의 지휘 하에 불란서 배와 대항할 목적으로 브라질로 파견되었다. 그는 400여명의 식민자들과 농기구와 씨앗을 가지고 왔으며 브라질의 최초 마을인 상비센찌(São Vicente) 마을을 건설함으로써 본격적인 식민 사업이 시작되었다.

2) 세습봉토제

마르찡 아퐁수가 브라질에 머무는 동안 그는 포르투갈왕실로부터 당시의 브라질을 14등분하여 이미 아프리카 여러 식민지 군도에서 실시하고 있던 세습봉토제(Capitania Donatária) 제도를 실시하라는 서한을 받게 된다. 이렇게 하여 브라질은 14개의 세습봉토(Capitania)와 12명의 세습봉토주(Capitão Donatário)들에게 분배했으며 이 세습봉토는 포르투갈왕실이 일종의 토지계약을 통해 불하해주는 형태를 취했으며 토지의 소유가 아니라 사용권한만 가지는 이들 세습봉토주들은 여러 가지 권한과 의무를 갖게 되었다.

첫째, 이들은 원주민 인디오를 노예로 삼고 또 팔 수 있었으며 이때 왕실에 세금을 물지 않는다. 둘째, 민 · 형사적 처벌권을 갖고 있으며 엄격한 사법제도를 적용해 노예와 일반인들을 사형에 처할 수도 있었으나 귀족에게는 반역이나 이교도로 판명될 경우 추방시킬 수도 있었다. 셋째, 식민사업과 함께 도시(또는 마을, Vila; 빌라)를 건설하고 판사와 공증인 등의 공직을 임명할 수 있었으며, 포르투갈 본국인들을 보호하였다. 넷째, 농업이나 목축을 위하여 가톨릭교도들에게 무상으로 세즈마리아(Sesmaria)라 불리는 토지를 불하할 수 있었다(이 토지는 2년 사용 후 자기 소유가 되나, 부인, 장남, 유태인과 기타 외국인들은 혜택을 받지 못함). 다섯째, 빠우브라질의 채취와 어업활동으로 생기는 수입의 50%를 징수할 수 있었다. 여섯째, 귀금속 채굴 때 일반거주민이 포르투갈 왕실에 지불했던 수익의 20% 중 10%를 받을 수 있었다. 일곱째, 강에서의 항해료를 징수할 수 있었다. 여덟째, 모든 염전과 방앗간 그리고

사탕수수 공장의 사용료를 징수할 수 있었으며 봉토주의 허가 없이 일반 주민들은 사탕수수 농장을 설립할 수가 없었다. 아홉째, 식민사업에 드는 모든 비용은 자비로 충당해야 한다.

한편 포르투갈왕실은 주요 경제권, 즉 향료와 약초, 빠우브라질, 노예무역 등에 대해 독점권을 유지하였으며, 일반거주민들은 자기 마을의 자치의원(vereador; 베레아도르) 등을 선출할 수 있었다.

세습봉토제의 실시와 함께 브라질에 대한 식민사업은 그런대로 잘 진행되어 가는 듯 보였으나 점차 발생하는 여러 문제점들로 인해 사탕수수 재배로 부강해진 상비센찌와 사탕수수 경작의 적합한 마사뻬(Massapé) 토양이 풍부해 오늘날까지도 사탕수수의 보고지로 알려진 뻬르낭부꾸, 바이아를 제외한 거의 모든 까삐따니아(세습봉토)들이 방치상태에 머물게 된다. 이에 따라 포르투갈왕실은 1548년 칙령을 통해 바이아의 살바도르를 수도로 정함과 동시에 총독제도(Governo-Geral)를 도입, 세습봉토제도를 보완하기에 이른다. 이처럼 세습봉토제도가 실패한 원인은 첫째, 봉토주들은 포르투갈 본국 정부로부터 어떤 도움도 받지 않았다. 그와는 반대로 왕에게 빠우브라질의 독점권을 줘야했고 귀금속에 대해서는 20%, 그리고 기타 모든 생산물에 대해서는 10%를 세금으로 바쳐야 했기 때문에 봉토를 자체 운영하기에는 턱없이 재원이 부족하였다. 둘째, 당시까지는 인도와의 무역이 많은 이익을 가져다주고 있었기 때문에 봉토주들이 브라질에 대해 큰 관심을 갖지 않았으며, 일부 봉토주들은 아예 브라질에 오지도 않았다. 셋째, 인디오와 프랑스 등의 해적으로부터 끊임없이 공격을 받았으며, 또 일반 주민들을 효율적으로 통제하지 못하여 범법자들이 많이 발생, 도주하는 사건이 빈발하였다. 넷째, 왕으로부터 불하 받은 땅이 워낙 넓었으므로 개발에 드는 비용을 감당하지 못하였다. 그리고, 인디오나 외국해적들이 침략하는 경우 이웃 까삐따니아에게 도움을 요청하기가 어려웠으며, 설사 도움을 요청한다해도 이웃 까삐따니아의 재원이 빈약하여 거절당하기 일쑤였다. 다섯째, 본토와의 거리 및 통신 문제 그리고 대부분이 유배자 또는 난파선의 생존자로 구성된 식민자의 문제가 악의 근원으로 작용했으며 이외에 도 풍토병 등으로 사망자가 급증하는 문제점도 이 제도의 정착을 가로막는 요인으로 작용했다.

3) 총독제(Governo Geral)

세습봉토제도의 실패 원인이 한편으로 봉토주들의 권위부족에 있다고 판단한 포르투갈왕실은 본격적인 식민사업과 브라질의 번영 그리고 영토 내에서의 질서유지를 위해 새로운 제도를 모색한다. 동 주앙 3세는 1548년 칙령을 통해 총독제를 도입하여 브라질을 국가적 차원에서 통치하게 되는데 이를 통해 식민지 브라질 내에서 모든 권력은 한 명의 총독에게 주어지게 된다. 총독부의 창설은 세습봉토제의 종지부를 의미하는 것은 아니었으며, 그 제도의 보완을 위하여 취해진 조치였다고 보는 것이 옳다.

초대 총독부의 본부는 바이아로 결정되었는데 그 이유는 이곳이 다른 까삐따니아에 비해서 비교적 남북의 중앙에 위치하고 있어 총독이 남북으로 위치한 까삐따니아의 이해관계를 원활히 조정할 수 있기 때문이었다.

총독부의 임무는 브라질 내 봉토주의 권력남용과 포르투갈 왕실에 대한 불복종을 감독, 징계하며, 외적과 원주민 침입 시 군대를 지원해 준다. 이러한 임무를 위해 총독은 왕실에서 임명하는 4명의 고위관료, 즉 군부를 총괄 지휘하는 요새총관(Alcaide-mor; 알까이지모르)과 사법부를 총괄하는 사법총관(Ouvidor-mor; 오우비도르모르), 그리고 외적의 침입에 대비하기 위하여 해안경비와 방위를 총괄, 담당하는 해안방위총관(Capitão-mor da Costa; 까삐떵 모르 다 꼬스따)과 식민지의 재정을 총괄 담당하는 조달총관(Provedor-mor da Fazenda; 까삐떵 모르 다 파젠다)의 지원을 받게 되었다.

1549년 초대총독의 파견과 함께 막이 오른 총독제는 1640년 부왕(副王)제(Vice-Rei do Brasil)로 명칭이 변경되고, 1808년 프랑스 나폴레옹 황제의 대륙봉쇄령에 불복한 포르투갈이 프랑스의 침공을 받자 포르투갈왕실이 브라질 히우지자네이루로 이전할 때까지 260년 간 지속되었다.

초대 총독, 또메 지 소우자(Tomé de Sousa, 1549-1553) - 1548년 임명된 초대 총독 또메 지 소우자는 600명의 식민자와 400명의 추방자 그리고 6명의 예수회 선교사들과 함께 6척의 배에 나눠 타고 1549년 바이아에 도착하였다. 도착 후 그는 식민지 브라질의 첫 번째 수도로 기록되는 살바도르(Salvador)시를 건설하고 이곳에 총독부 건물과 의회, 예수회학교 등을 설립하였다.

또한 마누엘 다 노브레가(Manuel da Nóbrega)신부로 하여금 원주민 인디오를 교육시키도록 하였다.

제2대 총독, 두아르찌 다 꼬스따(Duarte da Costa, 1553-1557) - 전임 초대 총독에 비해 특별히 행한 치적은 없다. 2대 총독은 1554년 선교사 주제 지 앙쉬에따(José de Anchieta)신부로 하여금 현재의 상파울루에 예수회학교를 설립하도록 하고, 1555년과 1559년에는 히우 지자네이루를 침공한 프랑스 군대를 격퇴하는 업적을 남겼다.

제3대 총독, 멩 지 사(Mem de Sá, 1558-1572) - 총독의 임기가 4년임에도 불구하고 14년간을 재임한 그는 전임 총독의 재임 시 발생했던 총독부와 예수회간의 알력을 해소하고 질서확립과 당시 사회문제로 비화되었던 노름퇴치와 천연두 예방에 앞장섰다. 그는 또한 원주민 인디오의 교화에도 역점을 두어, 그들을 효율적으로 교육, 개종시키기 위해 인디오들을 미션(mission, 포르투갈어로는 미성 - missão)이라는 선교마을에 함께 거주시키기도 하였다. 1565년에는 브라질의 두 번째 도시 상세바스찌엉(오늘날의 히우지자네이루시)를 건설하는 업적을 남기기도 하였다. 이후 포르투갈왕실이 브라질을 두 개의 총독부로 나눠 통치할 때까지 2년 더 재임하게 된다.

두 개의 총독부시대 - 1572년 포르투갈왕 동 세바스찌엉은 식민지 브라질의 발전을 가속화하기 위하여 브라질에 두 개의 총독부, 즉 북부지방에는 바이아의 살바도르(총독에 루이스 지 브리뚜 이 알메이다를 임명), 남부지방에는 히우지자네이루(총독에 안또니우 살레마를 임명)에 각각 지역을 총괄하는 총독부를 두기로 결정하였다. 바이아의 루이스 지 브리뚜 총독은 일명 '인디오 사냥꾼'으로 불릴 만치 내륙지방의 탐사와 금을 비롯한 브라질의 광물자원을 획득하기 위하여 인디오 촌락에 대해 무차별 공격을 가하며 인디오를 포획하는데 주력한 인물로 유명하다. 히우지자네이루의 안또니우 살레마 총독은 특히 빠우브라질의 밀수를 계속하고 있던 프랑스인들의 침략을 저지한 업적을 인정받고 있다. 그러나 이 두 개의 총독제는 포르투갈왕실이 당초 기대했던 보다 효율적인 브라질의 경영이라는 목적에 크게 미흡하였다. 그래서 동 세바스찌엉 포르투갈왕은 1578년 브라질을 하나의 총독제로 다스리기로 결정하고 살바도르 총독부를 브라질의 유일한 총독부로 인정하게 되었다.

5. 식민시대의 경제

식민지시대 경제형성과정은 각기 특성을 지니고 또 서로가 명확히 구분되어지는 주기 혹은 시대로 구성되어 있다. 그리고 이들 각 주기는 동시대 브라질 경제를 지배할 수 있는 품목을 가지고 있는 것이 브라질 식민지 경제의 특성이다.

1) 빠우브라질(Pau-brasil)

브라질은 발견 당시 상업성이 있는 상품이라고는 단지 염료 재료로 이용할 수 있는 빠우브라질 나무(Pau-brasil)뿐이었다. 빠우브라질은 브라질 발견 당시 유럽에서는 모직물 등의 붉은 염료로 각광을 받은 원료를 채취해내던 염색나무였다. 그러나 오늘날의 국명이 이 나무 이름에서

빠우 브라질나무

유래하였듯이 브라질하면 당시에는 빠우브라질 나무를 연상할 만큼 주요 수출품목 중의 하나였다. 인디오들 사이에서는 이비라삐땅가(Ibirapitanga)라고 불려졌다. 높이는 8~12m, 몸통 지름은 80cm~1m에 이르며, 브라질 발견 당시에는 주로 히우그란지두노르찌(Rio Grande do Norte)주에서 히우지자네이루 주에 이르는 광범위한 해안지역의 밀림에서 발견되었다.

초기에 빠우브라질의 채취는 보잘것없는 도구와 음식들을 교환하는 조건으로 원주민의 도움으로 이루어진 극히 원시적인 방법으로 이루어졌으며 채취 즉시 배로 옮겨져 포르투갈로 향하였다. 운송된 빠우브라질은, 포르투갈이 해외 영토 확장 당시 무역거래에서 일반적으로 행해졌던 '왕실독점사업'제도와 마찬가지로 동 마누엘왕의 결정에 의해 왕실의 독점 하에 두고 이 나무의 채취와 운송 그리고 판매의 일종의 특허권한을 페르넝 지 로로냐(Fernão de Loronha)라는 개인업주에게 위탁하였다. 인도와의 무역으로 큰돈을 모은 그는 빠우브라질의 개발을 위해 매년 6척의 배를 브라질에 보내 해안으로부터 300레구아를 개척하고 요새를 지어 3년 간 자신의 비용으로 이를 유지하는 대신 빠우브라질로 생기는 수익의 1/5을 포르투갈왕실에 헌납하기로 계약을 맺었던 것이다. 그러나 보기와는 달리 빠우브라질의 채취는 당장의 큰 이득을 얻으려는 이 개인 업주에게는 힘들고 어려운 사업으로 생각되었다. 그때문에 그는 왕실과의 계약도 제대로 이행하지 않고 채취를 포기, 빠우브라질은 곧 프랑스와 스페인 등의 해적단의 노략물이 되었고, 이들은 브라질 해안지역에 상륙하여 값싼 물건과 온화한 제스처로 인디오들에게 접근, 환심을 사며 빠우브라질과 열대 특산물을 가져가곤 하였다. 브라질 해안지역에서 프랑스인들의 이러한 밀매에 대해 포르투갈왕실은 프랑스 정부에 강력히 항의하기도 했다. 빠우브라질로 양국 간의 분쟁이 있던 그때 유럽에서 인공물감이 발명되었고 이 나무는 경제적 가치를 잃었고 단지 재목으로만 쓰였다.

2) 사탕수수산업

사탕수수는 이미 기원전부터 널리 알려져 있었으며 원산지는 인도로 알려지고 있다. 그 후 인도와 중국을 거쳐 페르시아로 들어와 시리아, 이집트, 시실리아로 전파되면서 포르투갈에는 14세기경 동 엥히끼 시절 마데이라 섬에 유입, 경작되면서 포르투갈에 알려지기 시작, 16세기에 보편화되었다.

사탕수수는 공식적으로 1530년 12월 포르투갈을 출발하여 브라질에 대한 본격적인 식민사업을 하러온 마르찡 아퐁수 지 소우자에 의해 유입되었다고 한다. 브라질에 유입된 사탕수수는 주로 브라질 북동부 특히 바이아주와 뻬르낭부꾸주 해안지대에서 가장 왕성하게 경작되었는데 그것은 사탕수수재배에 적합한 이른바 마사뻬(massapé)라는 기름진 점토질이 이 지역에 산재해 있었기 때문이다. 사탕수수재배의 활성화는 곧 1570년대 브라질에 총 60여 개의 사탕수수 농장이 설립됐으며 1585년엔 뻬르낭부꾸주에만 66개의 농장이 들어섰다는 사실로 확인할 수 있다.

16세기 설탕은 브라질 경제의 중심이었고 또 설탕이 되는 곳은 정치, 경제, 사회 및 문화의 중심지였다. 사탕수수 농장들은 대부분 다음과 같은 구조를 갖고 있다. 농장주인의 집인 대저택(Casa Grande), 성당(Capela), 노예집(Senzala), 농장관리인 집(Casa do Feitor), 수확한 사탕수수 저장 창고(Picadeiro), 제분소(Casa da Moenda), 가마솥집(Casa das Caldeiras), 정제소(Casa de Purgar), 농장 건물을 짓는데 필요한 벽돌을 찍어내는 공장(Olaria), 우리와 마구간, 장작을 제공하는 숲, 사탕수수 밭 등이다.

물론 이 같은 농장들은 전부 물을 필요로 했기 때문에 강이나 하천을 필수적으로 끼고 있었으며 동 시설들은 광활한 사탕수수밭으로 에워싸여 있었다. 사탕수수농장이 지닌 문제 중의 하나가 노동력 부족이었다. 백인 식민자들은 육체노동을 꺼렸으며 전체적으로도 백인의 수는 불충분하였다. 원주민들은 체질상 대규모의 단일경작 농업체제가 부과하는 격렬한 노동에 적응해 내지 못했으며 이들을 보호하려는 선교사들의 반발과 원주민들의 보복전쟁을 야기했다. 대신 힘든 일에 익숙한 아프리카의 흑인노예 수입에서 노동력의 해결을 찾게 되었다. 그들은 체질이 우수했으며 문화의 수준도 원주민 인디오보다 높았던 흑인노예의 수입이 대규모적이고 조직적으로 시행되었으며 이들 흑인의 노동력은 브라질의 사탕수수생산을 본 궤도에 오르게 하는데 일익을 담당하였다.

일세기 반 이상 동안 사탕수수는 식민지 브라질의 주요 농산품이자 경제적 기반이었으며 포르투갈의 규제정책의 적용대상이 되지 않았으며, 소비량이 증가함에 따라 사탕수수의 생산과 교역은 증가했다. 브라질은 17세기가 되면서 세계최대의 생산지가 되었다.

1654년 브라질에서 축출된 네덜란드의 사탕수수생산에 대한 지식보유자 및 대자본가들을 중심으로 영국 및 프랑스가 가세하여 사탕수수생산의 적지를 물색하기 시작하여 안찔랴스(Antilhas) 및 기아나(Guiana)에 사탕수수가 생산되었고, 18세기 중반에는 브라질의 생산을 능가하였다. 또한 당시 브라질은 오지탐험대의 대륙에서 금의 발견으로 이미 경제 활동의 주축이 자오선 부근의 봉토들로 이동되어 간 상황이어서 외세의 경쟁은 사탕수수생산에 대해 한층 치명적이었다. 이로써 브라질의 사탕수수농업은 쇠퇴하기 시작하였다. 그러나 사탕수수 농업이

설탕제조 과정

브라질에 끼친 영향은 대단하다. 포르투갈이 브라질을 본격적으로 식민화하는데 결정적 역할을 한 것이 사탕수수이다. 그 결과 브라질에 최초의 식민핵(核)의 형성과 브라질 북동부지방으로의 자본유치, 단일경작제도 및 대토지 소유제의 형성, 지방 귀족사회와 지방 문화중심지의 형성, 생활수준의 향상, 브라질의 정치 및 사회부분의 전체적 수준 향상, 사탕수수농업에 대한 외국세력의 관심증가이다. 또한 사탕수수산업으로 아프리카 흑인이 수입되었고 브라질의 인종구성에서 인디오, 백인, 그리고 흑인도 브라질 기본 국민으로 인정받게 되었고 이후 백인과 흑인 사이에서 태어난 물라뚜(mulato)라는 혼혈인종이 나타나게 되었다. 또한 언어학적인 면에서도 많은 영향을 끼쳤다. 삼바와 깐동블레 같은 춤과 종교의식, 그리고 아라까제 같은 음식 등 여러 분야에서 아프리카 영향이 나타나게 되었다.

3) 목축업

보조적 경제활동인 목축업은 초대 총독이었던 또메 지 소우자에 의해 몇 마리의 가축이 바이아 지방에 이송되면서 시작되었다. 그리하여 견인, 수송 및 양식을 위한 도살용으로서의 가축, 특히 축우(畜牛)의 소비 중심지들이 형성되면서 당시의 융성했던 사탕수수농장들은 목축업의 신장에 경제적 기반을 제공하였다.

바이아와 뻬르낭부꾸를 중심으로 한 북동부지방의 목축업은 17세기 중엽까지 사탕수수농업의 발전과 그 맥락을 같이 하였다. 그러나 가축의 수가 증가함에 따라 더 넓은 목초지역이 필요하게 되었다. 따라서 목축업자들은 농경에 부적당했던 북동부 내륙의 반 건조지역으로 이동을 시작했는데 이들의 대이동은 바이아와 뻬르낭부꾸를 각각 상이한 기점으로 하여 이루어졌다.

목장들은 강을 따라 길이 3레구아, 폭 0.5레구아의 면적을 차지하고 각 목장들 사이에 1레구아 정도의 경제지대를 두고 정착하여 갔는데 이들의 진출통로 및 정착지로서 크게 활용되었던 상프랑시스꾸 강은 '외양간의 강(Rio dos Currais)'으로까지 불릴 정도였다.

목축업의 확대로 식민지 브라질은 경제적 뿐만 아니라 사회적으로도 여러 가지 결과가 나타나게 되었다. 그중 가장 괄목할만한 사실은 그때까지 불모의 땅으로 버려졌던 북동부의 내륙지방 즉 오지(奧地)지역의 식민 개척사업에 기여했으며 이 지역과 해안 지방과의 교통 및 통신이 촉진되는 등 영토의 확장이 이루어졌다는 사실이다. 목축업자들에 의해 길이 열리고 마을이 세워져 식민화된 광대한 지역이 이로써 포르투갈의 통치권내로 병합되었는데 삐아우이주(州)의 전 영토가 그러했으며 브라질 남부 및 내륙지방의 식민화와 영토 확장도 목축업의 활발한 신장에 기인하였다.

이와 함께 목축업의 융성은 사탕수수 재배와 더불어 백인들과 심한 알력을 빚어온 인디오들에게 정착할 기회를 주었다. 즉 인디오들은 유목생활에 익숙해 있었을 뿐만 아니라 노동면에서도 사탕수수 농장에서와는 달리 거의 자유로웠기 때문에 쉽게 목축업에 동화될 수 있었다. 그리고 사탕수수가 주로 북동부지방에 집중되어 브라질의 발전 및 부가 그 때까지 동 지역에 편중되어 있었으나 목축업의 활성화로 그때까지 상대적으로 빈곤하던 브라질의 중 · 남부 지방의 발전에 활력을 불어넣어 균형 있는 발전을 가능케 하였다. 또한 평소 목축업에 관심을 갖고 있던 포르투갈인들의 이민을 적극 유도하는 데도 공헌하였다.

4) 기타

담배는 콜럼버스가 아메리카를 발견할 당시 이미 인디오들 사이에 널리 애용되고 있었으며 스페인들에 의해 처음으로 유럽에 알려진 직후 포르투갈에도 담배가 유입되었다. 브라질 인디오들 경우는 전쟁을 나가기 전에 특히 담배를 많이 피웠으며, 종교적 예식을 집전하는 제사장(feiticeiro; 페이찌세이루)들도 분위기 연출을 위해 애용한 것으로 알려지고 있다. 그러나 포르투갈인들이 브라질에 들어 온 이후부터 담배는 수출용으로 재배되기 시작하였고, 주요 용도는 아프리카의 흑인 노예 교역에 있어 화폐로 사용되었다. 브라질 담배 생산의 중심지는 바이아봉토로 18세기 초까지 목축업보다 담배가 브라질 식민경제에 더 큰 비중을 차지하여 연간 막대한 양을 수출하였다. 이로 인해 담배는 사탕수수와 함께 브라질 최초의 농업주기에 있어 중요한 역할을 수행하였다.

이외에도 생존경제 혹은 국내소비경제의 형태로 거대한 지방사유지에서 자급자족을 위한 식량생산이 이루어지고 있었다. 도시나 지방촌락의 식량공급 역시 유럽식 농업형태인 소규모의 영농에 의존하고 있었지만 그 생산량이 식량부족을 해결하기에는 모자랐다.

이러한 보조적 농산물 중 가장 중요한 것은 식민시대의 기본 식량이었던 옥수수와 만지오까였으며, 쌀과 콩 등도 식량으로 이용되고 있었지만 역시 소규모의 단일 영농이었다.

5) 채광업

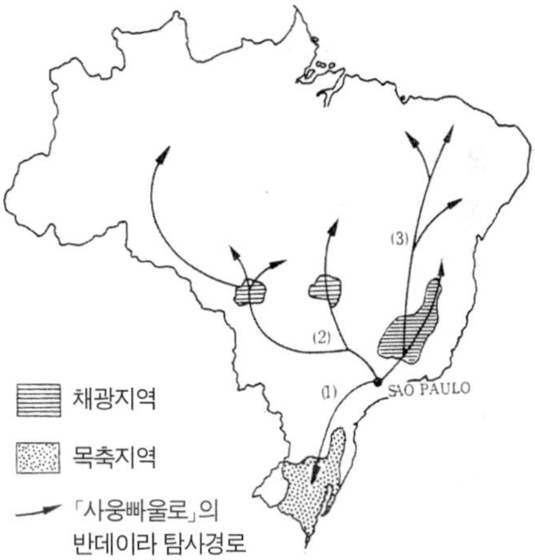

17세기 말까지 브라질의 사탕수수 수출은 브라질을 비롯한 식민지들을 부(富)의 재외 생산영토로 경제적 착취의 대상으로 간주하고 있던 포르투갈왕실의 경제적 관심을 만족시킬 수 있었다. 그러나 프랑스, 영국 및 네덜란드의 해외 식민지들이 저렴한 가격으로 사탕수수를 생산하여 세계시장에서 브라질과 경쟁에서 우위를 획득해갔던 반면, 포르투갈은 브라질의 사탕수수에 관세를 점점 과다하게 부과함으로써 경제적 부의 착취에만 탐닉, 결과적으로 브라질의 사탕수수농업의 쇠퇴를 가속화시켰다.

민간오지 탐험대에 의해 금광 발견소식이 전해지자 당시 포르투갈왕실은 광물탐사업자들에게 모든 혜택을 베풀면서까지 탐사작업을 격려하게 되었다. 1693년 안또니우 호드리게스 지 아르정이 현재의 미나스제라이스(Minas Gerais) 주 지역에서 금을 발견하게 됨으로써 수많은 금광지역이 잇따라 발견되었다. 이러한 발견들은 전적으로 상파울루의 민간오지탐험대(Bandeira; 반데이라)의 탐사작업에 의한 결과였으며, 이러한 탐사작업의 출발지이자 귀환지는 당연히 상파울루일수밖에 없었다. 일단의 탐험대는 지도상의 (1)을 경로로 현재의 빠라나 주로 침투했으며,

금세광

또 일부는 (2)의 마뚜그로수나 고이아스 지방을 탐사했으며, (3)의 경로를 따라간 일부는 미나스제라이스 주를 거쳐 북상했다.

1720년경 채취장소가 미나스제라이스로 대거 이동하면서 하천이 아닌 산기슭이나 산비탈의 금 매장 층이 채취의 대상이었는데 이와 같은 광맥은 수천 년에 걸쳐 부식의 결과로 금이 분해되어 누적된 금돌로 뒤덮여 있었다. 이곳에서의 금채굴은, 수력학적인 방법을 도입하여 다량의 물을 야간에 고지대의 저수지에 저장했다가 산기슭의 광상(鑛床)에 낙하시켜서 붕괴된 토사가 목제도랑을 통해 흘러 저지대로 가는 동안 바닥에 깔린 우피(牛皮)에 모인 금을 수집하는 형태였다. 이러한 방식은 라브라(Lavra)라 하였는데, 여기에는 많은 흑인노예와 거주시설 및 전문화된 도구가 필요하였다. 생산량 역시 많았고 영속성이 있었으나 막대한 설비자본이 필요하였다.

'라브라'방식에 의한 금채광은 부락의 형성을 이루며 막대한 부의 생산으로 포르투갈에 대해 사탕수수농업의 쇠퇴를 보상해줄 만한 부의 원천으로 부각되며 브라질의 경제가 채광업의 주기라는 새로운 붐의 경제를 이루는데 기여하였다.

목축업

채광업은 대외적으로나 대내적으로 괄목할만한 결과를 창출했는데 대외적으로는, 브라질의 금이나 다이아몬드에 대한 세수(稅收)는 포르투갈에 막대한 부의 원천이 되었다. 채광업의 대내적인 결과로는 첫째, 영토 확장에 기여한 바가 크다. 채광지역의 확장은 '포르투갈 및 스페인의 미대륙 식민지내에 있어 초기의 경계선이었던 '또르데질랴스 조약'상의 자오선을 서쪽으로 넘어 포르투갈의 통치지역을 3배가량 확장시켰다. 둘째로는, 미나스제라이스를 비롯한 남부지방의 식민화에 기여했는데, 채광업이 시작되면서 포르투갈의 식민자들이 브라질의 채광지역을 향해 대대적으로 이동하여 금생산의 중심도시인 '빌라히까(Vila Rica: 부촌이라는 의미)'와 다이아몬드 생산의 중심도시인 '띠쭈꾸(Tijuco)'와 같은 거대한 식민거점을 만들어냈다. 셋째로, 채광활동은 막대한 자본과 노동력의 투입을 발생시켜 결과적으로 북동부해안지방의 농업활동을 위축시켰다. 따라서 브라질의 경제적 지주가 북동부의 사탕수수지역에서 이탈되었으며, 행정 및 정치의 중심도 1763년 수도가 바이아에서 히우지자네이루로 옮겨졌기 때문에 남부 및 중서부의 채광지역으로 이동되었다. 넷째로, 이러한 정치 · 경제적 변화로 인해 사회 환경의 변화 또한 야기되었다. 특히 채광지역으로의 무질서한 인구유입은 일종의 무정부상태를 야기 시켰으나 포르투갈의 경제적 이득에 목적을 둔 부득이한 질서정착의 요구로 안정화가 성취되었다. 다섯째로, 채광업의 융성은, 대외교역과 겸해서 농산품과 바이아지방의 축우 및 남부의 수송용 가축 등 브라질 내의 기타 지역에서 생산된 물품까지 다량으로 도입되어 국내시장의 발전을 가져왔다.

6. 노예제도

1) 인디오 원주민의 노예

브라질의 식민화와 발전은 300여 년간의 오랜 노예운동에 힘입은 바 컸다. 브라질 개척초기에 브라질에 온 포르투갈인은 거의 모두가 남자들이었다. 그래서 백인여자가 한 명도 없는 까삐따니아도 있었기에 이로 인해 포르투갈의 고아원으로부터 처녀들을 식민자의 신부로 데려오는 현상도 있었다. 한편 인디오 원주민 가운데 남자는 산업노예로 노동에 사역되었으며 여자는 가정노예로서 식민자의 처첩(妻妾)을 겸하여 주로 가사에 종사하였다. 이때 백인식민자로서는 노예가 절대로 필요했었고 가난한 식민자인 경우라도 2~3명의 노예를 갖고 있을 정도였다.

이와 같은 상황에서 식민자들의 가정은 16~17세기를 거치면서 원주민여성과의 결합에 의해 형성·발전되어 감으로써 혼혈에 의한 사회가 형성되어 갔다. 마멜루꾸(Mameluco)라고 불리는 백인과 토착 원주민여성과의 혼혈아는 16세기말 경 엄청나게 증가하였다. 이들 혼혈인들은 자유인사회의 하층부를 형성함과 동시에 사탕수수농장의 경비원이나 인디오 포획대원으로서 활약하기도 했는데 실제로 이들은 인구수적으로나 사회적으로 특별한 가치가 있는 존재였다. 노예의 수요가 점차 증가함에 따라 토착원주민 포획은 식민지사회와 경제를 유지하기 위한 중요한 사업으로 변했다.

한편 원주민 인디오를 가톨릭으로 교화할 목적으로 원주민부락에 들어간 예수회 선교사들은 식민자들이 원주민을 잡아 노예로 하는 데 반대하였다. 이들은 교황과 국왕에게 원주민노예를 금지하도록 요청하여, 1570년 원주민 포획이 금지되었으나 백인 식민자들은 금지령을 무시하고 17세기 말까지 원주민 사냥을 계속하였다. 따라서 예수회선교사들과 식민자들간의 투쟁은 수십 년 간에 걸쳐 계속되었으며, 원주민 포획을 상업적으로 하여 온 북부의 마라녕이나 남부의 상파울루지방의 식민자들은 예수회선교사들이 만들어놓은 각지의 선교마을(missão)을 습격하여 원주민을 사냥하였다.

2) 흑인노예의 수입

노동력 부족은 식민지 브라질에 중대한 문제로 부각되었다. 포르투갈의 백인 식민자들은 막노동을 거부하였고, 브라질의 경제구조는 원주민 인디오나 아프리카인 노동력에 의존할 수밖에 없었다. 따라서 많은 아프리카인 노예들이 신대륙으로 끌려오게 되었다. 사실 이미 신대륙 발견 이전부터 아프리카인 노예들은 지중해 지방, 중동, 인도 등으로 교역되고 있었다. 신대륙의 정복과 정착이 시작될 무렵인 1500년경에는 포르투갈과 스페인으로 들어오는 아프리카인 노예들이 연간 3,500여명에 이르렀다고 한다. 그리고 이 무렵 카나리아제도나 까부베르지 등에서 아프리카인 노예들이 스페인이나 포르투갈인의 대규모농장에서 노역에 동원되고 있었다.

포르투갈은 브라질을 식민화하기 이전에 이미 마데이라와 아소리스 섬 그리고 까부베르지 등지에서 흑인을 노예로 들여온 적이 있었다. 흑인노예들이 브라질에 들어오게 된 경위는 당시 사탕수수 농업이 많은 인력을 요했고 포르투갈 사람들은 당초 원주민을 포획하여 농업에 종사하도록 하였다. 그러나 사탕수수 농업과 같은 힘든 일은 원주민들에겐 적합하지 않았다. 원주민들은 원래 자유생활에 젖어 있었고 또한 예수회 회원들이 그들을 적극적으로 보호했기 때문이었다. 따라서 포르투갈 왕실은 원주민 노예화 규제 정책을 실시하게 되었고 점증하고 있던 북동지방의 설탕 생산에 따른 필연적인 경제적 요구에 대해 아프리카 흑인 노예 수입에서 노동력의 해결책을 찾게 되었다. 아프리카에서 잡힌 흑인의 브라질로의 항해는 극적이었다. 노예선은 뚱베이루(Tumbeiro)라고 불리어졌는데 이는 뚱바(tumba - 무덤) 혹은 세뿔뚜라(sepultura - 무덤)

노예무역선

에서 유래한 말이다. 자유를 잃어버린 불쌍한 노예에게는 뻬사(Peça)란 명칭이 붙여졌는데 한번에 300~500명씩 운반했다. 성인남자 노예들은 선창에서, 여인들과 어린이들은 갑판에서 항해했다. 남자들은 계속 감시를 받는 가운데 이따금씩 생명을 유지시키는 방편으로 신선한 공기를 마시고 목욕을 하기 위해 갑판으로 이끌려 나오기도 했다. 노예들은 줄에 묶이거나 족쇄에 채워진 가운데 때때로 갑판에서 춤을 추거나 노래를 부를 것을 강요받았는데 이는 우울과 마비 상태에서 기분전환을 위한 하나의 방편이었다. 그러나 많은 수의 흑인들은 방주(Banzo)라는 향수병에 걸려 죽어가기도 했고 더러는 바다에 뛰어들어 자살하기도 했다. 항해 도중 약 40%의 노예가 죽었음에도 브라질에 도착한 노예는 상당한 이익을 남겼다.

흑인노예들은 주로 아프리카의 앙골라와 모잠비크 지역에서 붙잡혀 브라질의 바이아와 뻬르낭부꾸 그리고 히우지자네이루 등지로 수입되었으며 그곳에서 각 지역으로 분산되었다. 특히 이들 흑인 노예의 수입은 사탕수수 농업이 한창 활기를 띠던 1570년대부터 급격히 증가하여 1570~1600년 사이에 5만 명, 1600~1650년 사이에 20만 명 그리고 1650~1670년 사이에 15만 명이 브라질로 들어온 것으로 전해진다.

3) 브라질에 들어온 흑인노예집단

16세기와 17세기에 브라질로 수입된 아프리카 흑인노예들의 대부분은 문화적인 측면에서 볼 때 크게 3개의 집단으로 나눠진다. 첫째는 나이지리아와 황금해안 등지에서 수입된 수단족(Sudaneses)으로 이들은 요루바와 제제스 그리고 미나스와 판티족으로 구성되어진다. 이들의 특징은 대체로 키가 크며 영리하고 신체도 건장하여 여타 종족에 비해 좋은 기질을 갖고 있었다. 이 종족은 또한 자신들의 언어를 사용하는 등 가장 진보된 문명을 갖고 있었으며 브라질의 살바도르로 수입되었다. 둘째는 이슬람화된 기네아-수단족으로 풀라스와 만데스, 만딩가족으로 구성되는데 이들 종족은 주로 아프리카 북동부에 살고 있었으며 대부분 브라질 북동부의 바이아지방으로 수입되었다. 이들은 자유정신이 투철하였으며 이슬람교와 가톨릭이 혼합된 종교를 지니고 있었다. 그리고 마지막으로 앙골라와 콩고지방의 반투족(Bantos)을 들 수 있는데, 이들의 송출지는 아프리카 최대의 노예수출항 루안다였으며 주로 브라질의 뻬르낭부꾸와 히우지자네이루, 마라녕 그리고 상파울루로 유입되었다.

4) 흑인노예의 생활

노예들의 일

수입된 노예는 농장에 있는 모든 육체노동에 동원되었다. 예수회 회원 안또날에 의하면 "노예들은 농장주의 손과 발이었다. 왜냐하면 그들 없이는 브라질에서는 농장을 만들고 보존하고 확장할 수도 없고 돌아가는 설탕 공장도 갖지 못했기 때문이었다." 셍잘라(Senzala)라는 집단 거주지에 살면서 혼음하면서 살았고 사탕수수밭, 공장 그리고 대저택의 모든 일을 맡아 했다. 모두가 하루 종일 지칠 줄 모르고 일한 대가는 3개의 'P' - Pau(매), Pão(빵), 그리고 Pano(옷) - 뿐이었다. 많은 농장에서 일요일에는 자기 양식을 벌기 위해 밭에서 농사도 지었다.

노예제도에 대한 어떤 반항이라도 하면 그에 대한 체벌은 매우 심했다. 아주 작은 잘못(설탕 한 줌, 쌀 한 줌을 훔친 것)에 대해서도 족쇄에

노예 채벌

묶어 '바깔랴우(Bacalhau)'라는 가죽채찍으로 맞았다. 도망의 경우 벌은 무시무시했다. 그중 가장 무서운 것은 노베나(Novena)였는데 9일 동안 계속 채찍질하는데 많은 노예들이 9일이 되기 전에 죽어 갔다.

농장에서 도망쳐 오지의 밀림으로 깊숙이 들어가 10명 혹은 20명씩 모인 흑인노예들이 원주민 인디오여자를 아내로 하여 가정을 이루고 형성한 부락, 즉 낄롱부(quilombo)라고 불리는 촌락을 이루었다. 이때문에 오늘날에도 지명이 낄롱부라고 불리는 곳이 상당수 존재하고 있다. 이들의 탈출은 네덜란드인의 북부지방 침입과 더불어 크게 증가하였다. 이곳에서는 '밀림의 사냥꾼'들로부터 자신들을 보호 · 방어하기 위하여 자체 경비도 하면서 이웃 마을을 침범, 음식이나 물건 등을 강탈하기도 하고 또 다른 흑인 노예들의 탈주를 부추겨 데려가기도 하였다. 그리고 자체 내에서는 엄격한 법을 적용, 살인과 강도 등에 대해서 엄한 처벌을 내리기도 하였다. '낄롱부' 가운데 특히 당시 유명했던 곳은 알라고아스지방의 빨마레스(Palmares)라는 곳으로 50년 간 존재했으며 인구는 만 명에 달하고 왕을 추대하고 있을 정도로 산중의 소왕국과 같은 존재이기도 했다.

5) 흑인 노예의 영향

식민지시대 흑인노예의 유입을 통한 아프리카 문화의 영향은 당시 브라질 사회에서 지역단위의 구심점이었던 농장주의 대저택을 중심으로 이루어졌다. 대저택의 하녀를 비롯하여 유모, 몸종, 요리사, 봉제사 등과 같은 흑인 노예들이 농장주인 식구들과 직 · 간접적으로 접촉을 하게 되면서 아프리카 문화가 서서히 스며들기 시작했다. 농장주의 자녀들은 유모의 젖을 먹고 자라면서 하녀들이 불러주는 자장가를 배웠고 유모와 말하는 것을 먼저 배웠다. 또 몸종들은 농장주인 아씨의 손과 발이었다. 몸종은 비록 노예지만 아씨의 영혼만을 알았고, 의사는 아씨의 외관상 육체에 대해서만 알았지만 몸종은 신부나 의사보다 아씨의 영혼이나 육체에 관해서 더 많이 알고 있었기 때문이었다. 이 접촉은 언어학적 측면에서 많은 영향을 남겼다. 어린이 말은 유모와 흑인 소년과의 접촉으로 인해서 부드러워졌다. 오늘날까지도 포르투갈 인들이 발음하는 거칠고 딱딱한 발음은 노예의 입을 통해 브라질에서 부드러워졌다. 특히 악센트 음절의 중복 음절과 어린이 말이나 미개한 언어는 특별한 매력으로 브라질 어린이 말에 여러 가지 영향을 미쳤다.

음식문화에 흑인 문화의 침투 흔적 또한 눈에 띈다. 노예들은 식민시대 새로운 맛과 다양한 기술로 음식 문화를 지배했다. 브라질 음식에 있어 아프리카의 영향은 주로 바이아음식의 특성인 야자기름과 마라께따 고추의 사용이다. 그 외 채소의 일종인 끼아부(quiabo)의 사용, 바나나의 광범위한 사용, 그리고 닭, 생선의 다양한 요리 방법을 들 수 있다. 브라질의 여러 가지 포르투갈 음식들과 원주민 음식들이 흑인들의 요리 방법이나 양념법에 의해 변화되었는데 브라질에서 가장 특성 있는 음식은 아프리카의 요리 기술이다.

파로파(farofa)	만디오까가루를 튀긴 것.
끼베비(quibebe)	큰 호박으로 만든 요리.
바따빠(vatapá)	야자즙, 만디오까가루, 고추, 새우 등으로 만든 것.
빠모냐(pamonha)	옥수수, 야자즙, 버터, 설탕.
깡지까(canjica)	옥수수, 설탕, 우유, 고기.
꾸스꾸스(cuscuz)	옥수수가루를 증기에 찐 것.

히우의 귀족들은 오랫동안 리스본에서 데려온 요리사를 썼지만 브라질 전통요리, 즉 일반 농장이나 사탕수수 농장의 대저택에서 16세기부터 부엌에는 2~3명의 노예 전문요리사가 있었다. 브라질에서는 아프리카 음식을 상식하는 곳이 많았다. 이들 지역은 특히 북쪽인 바이아, 뻬르낭

부꾸, 마라녕 등이며 그 가운데 바이아의 아프리카 음식이 돋보인다.

현존하는 브라질 종교에서 마꿍바(macumba)와 깐동블레(Candomblé)가 있는데 마꿍바는 관광객을 위한 종교로 변했으나, 깐동블레는 아프리카 본래의 모습을 간직하고 있다. 브라질 흑인의 마꿍바는 종교이며 의식이다. 아프리카 의식의 잔존인 마꿍바는 브라질에서 변했고, 새 대륙에서 접촉하는 신비와 종교적인 신앙이 혼합되면서 새로운 형태를 갖추었다. 지금은 히우의 외국관광객 앞에서 보여주는 춤에 불과하지만 원래 마꿍바는 아프리카 대륙의 그 조상의 후예들인 브라질의 흑인들의 원시적인 종교이다. 바이아에서 마꿍바는 깐동블레라고 부르는데 원래의 뜻은 춤과 음악기구를 나타낸다. 넓게는 흑인들의 종교의식 그 자체가 되기 시작했다. 경찰과 백인에 박해당한 흑인들은 눈에 띄지 않는 곳, 시내에서 떨어진 그들 마당 깊은 곳에 신비와 마술의 종교 행위의 비밀을 숨기면서 아프리카의 전통을 보존했다. 거의 완전하게 알려지지 않은 채 오랫동안 이 비밀을 예배인 진짜 깐동블레는 보존되었다. 신비와 마법의 이 깐동블레는 히우의 관광객을 위한 마꿍바와 혼동되어서는 안 된다. 그 외 삼바와 바뚜끼는 춤과 음악에 영향을 주었고 흑인은 백인과 원주민과의 접촉에서 물라뚜(Mulato: 백인+흑인), 까푸주(Cafuzo: 흑인+원주민)이라는 인종형성을 만들게 되었다.

7. 오지탐험대

브라질이 발견될 당시 브라질의 영토는 포서 또르뗴질랴스 조약에 따라 현재의 1/3밖에 되지 않는 적은 땅이었다. 포르투갈 정부는 브라질 해안에 식민을 위해서 농업 진흥책을 촉진시켰고 주로 사탕수수 농장, 설탕을 만들기 위한 사탕수수 공장, 빠우브라질 채취 그리고 외국의 침입으로부터 식민지를 방어하기 위한 일들이 동시에 일어났다. 그들은 광산채굴(금, 보석)과 인디언을 사냥해서 해변에서 노예로 팔기 위해서 내륙으로 침투해 들어갔다. 이런 목적을 위해서 내륙으로 들어간 원정대는 공조직인 엔뜨라다(Entrada)나 민간조직인 반데이라(Bandeira)라는 이름을 가졌다.

이 외에도 예수회나 선교사 신부들로 조직된 원정대도 있었는데 그 목적은 미개한 인디오를 개종시키거나 선교사 마을을 건설하는 것이었다. 이들은 그 당시 포서 국경인 또르데질랴스 선을 넘어서 그 당시까지 스페인 영토였던 마뚜그로수(Mato Grosso), 히우그란지두술(Rio Grande do Sul)과 같은 땅을 브라질 영토로 만드는데 크게 공을 세웠다.

또르떼질랴스 조약 자오선

1) 엔뜨라다(Entrada)

(1) 출발지: 주로 북동부해안

목적

1. 지리 탐험, 탐색
2. 광산 탐사
3. 인디언 포획
4. 경제탐사 - 축출산업
   - 농업
   - 가축사육
5. 수송로 개통

(2) 지리적 특성

북동부에는 까아찡가 가시나무, 더위, 불모의 땅은 생활필수품은 물론 내륙침투 자체를 어렵게 만들었다. 식수 부족이 가장 큰 장애물이었다. 그 다음은 가뭄이 그 지역의 가장 큰 장애물이었다. 반대로 아마존지역은 습한 기후와 많은 강 지류는 쉽게 오지 침투를 용이하게 할 수 있었다. 북동쪽은 항해가능 강 지류 부족으로 내륙침투 운동은 힘들었다. 그래서 아마존에서는 카누를 통해서 내륙으로 들어갔고 북동에서는 상프랑시스꾸(São Francisco) 강을 제외하고는 직접 걸어서 내륙으로 들어갔다.

(3) 역사적 특성

동부 전 해안과 히우지자네이루의 동북해안 빠라(Pará), 전 아마존 지역 따모이우(Tamoios), 아이모레(Aimorés), 뚜삐낭바(Tupimanbás), 까에떼(Caetés), 따바자라(Tabajaras), 까리리(Cariris), 그리고 수많은 따뿌이아(Tapuias) 외에도 인디언들과의 전투는 백인들의 내륙침투 운동을 어렵게 만들었다. 동시에 인디언들은 잘 무장된 침입자 외국인들과 16세기에서 17세기 말까지 히우지자네이루, 빠라까지 동부, 북동부, 북아마존의 정복을 위한 투쟁이 계속되었다. 30년 동안 네덜란드인에 대한 방어는 오지 침투 가능을 오랫동안 방해했다. 그래서 빨마레스 낄롱부(quilombo)같은 낄롱부가 쉽게 형성되었다.

(4) 경제적 특성

동부와 북동부에서 사탕수수 산업의 번성은 오지에서 광물자원 탐사에 대한 야망을 축소시켰다. 인디언들 보다 더 좋은 노예를 아프리카로부터 받을 수 있었다. 유럽으로부터 아주 가까운 곳에 위치한 지리적 조건으로 수출과 이민이 용이했고 그리고 해적이나 침입자들에 대항해서 불시에 군사원조를 쉽게 받을 수 있었다. 사탕수수공장이 해변 가까운 곳에 반드시 설치해야 한다는 필요성 때문에 내륙으로 침투는 초기에는 히우 사람, 바이아 사람 그리고 북동부 사람들에게는 불필요하게 되었다.

2) 반데이라(Bandeira)

(1) **출발지** : 주로 상파울루 주

목적

1. 인디언 포획
2. 광산 탐사
3. 반항 인디언과 도망간 노예집단 전투
4. 새로운 땅의 정착
5. 수송로 개통

(2) **지리적 특성**

상비센찌(São Vicente) 남부로부터 히우그란지지상뻬드루(Rio Grande de São Pedro)까지 그리고 미나스제라이스(Minas Gerais), 고이아스(Goiás), 마뚜그로수(Mato Grosso) 몇몇 지역에 펼쳐진 평원은 내륙침투를 용이하게 했다. 숲이나 산이 없이 침투를 용이하게 할 뿐 아니라 여러 가지 과일과 사냥, 수렵을 통해서 얻은 식량 또한 풍부했다. 중부와 남부의 좋은 기후 또한 반데이라 침투 운동의 중요한 요소 중의 하나이다.

남부나 서부의 찌에떼(Tieté), 빠라나(Paraná) 그리고 빠르두(Pardo) 같은 강, 중부의 사뿌까이(Sapucai), 베르지(Verde), 상프랑시스꾸(São Francisco) 강들 그리고 고이아스나 마뚜 그로수의 빠라이바(Paraíba), 또깐찡스(Tocantins), 아라구아이아(Araguaia), 파라과이(Paraguai) 그리고 마데이라(Madeira) 강들은 비센찌나빠울리스따 사람들의 내륙침투를 용이하게 만들었다.

(3) **역사적 특성**

1639년까지 반데이란찌들은 좋은 군사기술과 좋은 무기 덕분에 인디언 포획은 비교적 쉬웠다. 상비센찌의 뚜삐니낑(Tupiniquins), 구아이아나스(Guaianases)나 과라니(Guaranis), 까리조(Carijós), 우루과이

(Uruguai), 따뻬(Tape), 이따찡(Itatim) 인디언들은 그들에게 심하게 저항하지 않았다. 파라과이에 거주하는 스페인 거주민들도 크게 그들에 대해 저항하지 않았다. 고원에서 고립되어 해안지방과 연락은 쉽게 단절되었고 많은 비센찌 사람들은 외국 사람들의 공격의 가능성으로부터 자유로웠으며 이는 내륙 침투 운동을 쉽게 만들었다. 단지 해안 거주민만이 외국의 공격의 위험에 노출되었고 내륙 침투자들은 그 위험에서 벗어날 수 있었다.

(4) 경제적 특성

고원에 고립되어 있고, 해변에서 너무나 멀리 떨어져 있으며 주목할 만한 농업이나 온화한 기후의 생산물 또는 농산물을 수출할 수 없어 비센찌누들은 가난했으며 이는 다른 부를 찾으려는 그들의 야심을 불러일으켰다. 노예로 팔 수 있는 인디언, 금, 보석이나 은 등 이런 것들은 일찍부터 내륙에서 찾을 수 있다고 확인되었다. 이때부터 인디언 사냥주기, 세광금주기 그리고 금광주기가 시작되었다.

3) 엔뜨라다(Entrada)와 반데이라(Bandeira)의 활동

(1) 엔뜨라다의 활동

브라질의 첫 내륙탐험대 - 엔뜨라다(Entrada) -는 아메리꾸 베스뿌시우(Américo Vespúcio)의 지휘 하에 30명으로 구성된 탐험대가 1503년 말에서 1504년 초에 까부프리우(Cabo Frio)에서 출발해서 오지로 240㎞까지 들어갔다. 1568년 뽀르뚜세구루(Porto Seguro)의 거주민들은 마르찡 까르발류(Martim Carvalho)의 지휘 하에 오지에 청옥이 있다는 소식을 듣고 끄리까레(Cricaré) 강까지 갔으나 찾지는 못했다. 가장 중요한 엔뜨라다는 안또니우 지아스 아도르누(Antonio Dias Adorno)원정대였는데 그는 까라무루(Caramuru)의 손자였는데 바이아 오지로 들어갔고 처음에는 광물을 찾아 떠났으나 돌아올 때는 7천 명의 인디언을 노예로 데리고 왔다.

세르지뻬(Sergipe)에서 출발된 엔뜨라다 가운데는 벨쉬오르 지아스 모레이아(Belchior Dias Moreia)가 가장 눈에 띄는데 그는 까라무루의 다른 손자이다. 그는 바이아의 오지에서 그 유명한 전설의 기원이 된 은광을 발견했다. 전설에 의하면 벨시오르 지아스는 은광발견 비밀을 말하지 않고 죽었는데 이는 왕이 그에게 귀족칭호를 주는 것을 허락하지 않았기 때문이었다. 실제로 그는 광석을 발견했으나 분석결과 은이 아니라고 판명되었다. 그가 발견한 광석은 보석과 아주 흡사한 가치가 없는 보석이었다. 이 은광이야기는 나중에 주제 지 알렝까르(José de Alencar)의 『은광』이라는 작품의 주제가 되기도 했다.

(2) 반데이라의 활동

반데이라상

각 반데이라는 거의 군사조직과 같은 성격을 띠고 있었으며 포도아인, 마멜루꾸, 그리고 인디언으로 구성되어 있다. 반데이라의 대장은 주로 백인이며 리더로서 이 그룹을 조직한 사람이며 동시에 이 그룹을 운영하는 운영자 또 전투가 벌어질 때는 군사령관의 역할을 맡았다.

반데이라의 기본 구성요원들은 마멜루꾸들이었다. 이들은 원정대의 가이드나 정찰병의 역할을 했다. 그들은 오지를 잘 알고 있었고 오지에서 마음대로 활동했다. 그들은 인디언과 백인 사이에 통역관 역할도 했다. 두 언어를 잘 했고 두 그룹간의 친교도 맺어주기도 했다.

가장 많은 구성요원은 인디언들이었다. 인디언은 반데이라의 군인이었으며 식량을 운반하는 짐꾼역할도 했다. 그리고 원정 도중 필요한 종교의식 즉 미사를 집행하기 위한 신부도 있었다. 이 외에 여인들, 아이들 그리고 가축도 때때로 동반했다. 반데이라 규율은 아주 엄했고 오지의 긴 탐험은 길고도 아주 힘들었다.

탐험대원들은 인디언의 화살공격으로부터 자신을 보다 잘 보호하기 위하여, 면화로 안감을 댄, 일종의 두터운 조끼를 입고 있었는데 이는 오늘날 방탄조끼의 일종이었다. 그들 중, 많은 이들이 탐험을 떠나는 날 유언을 남기곤 하였다.

도중에 병들어 더 이상 계속 탐험을 할 수 없는 대원들은 중도에 버려져 자신의 운명에 스스로를 내맡겨야 했다.

탐험대는 나침반과 별자리를 보며 움직였고 금, 보석, 기름진 땅에 대한 모든 전설들을 열심히 수집하곤 하였다. 무장은 주로 활, 화살, 카빈총, 칼, 창 등으로 했다. 식량으로는 만지오까 가루, 육포 등을 가져갔으나 많은 대원들 때문에 금방 바닥이 났다.

탐험대는 동물과 물고기 사냥 그리고 야생과일로 자신들의 먹을 것을 현지에서 조달했다. 그것들이 부족할 때는 옥수수를 심거나 그렇지 않으면 인디언 마을을 공격하기도 했다. 이는 원정대가 오지로 들어가는 게 지체하는 원인이 되었다. 탐험대는 탐욕과 모험, 바로 그것이었다.

반데이라 출발지는 초기 상비센찌(São Vicente)나 상파울루(São Paulo)였다. 초기 반데이라는 인디언을 포획하여 노예로 만들 목적이었지만 한편 광물을 찾으려는 의도도 있었다. 왜냐하면 그 당시 그 지역에는 광물의 존재에 대한 우화 같은 뜬소문이 돌아다녔기 때문이었다. 금광을 찾아 떠난 반데이라 중 페르넝 지아스 빠이스(Fernão Dias Pais)가 유명한데 왕은 그에게 '에메랄드 총독'이라는 명칭을 붙여주었다. 나이가 60이 된 내륙탐험대장 페르넝은 1674년 에메랄드를 찾아 상파울루를 떠났다. 그는 미나스 오지를 많은 위험을 직면하면서 7년 동안 답사했고 마침내 말라리아에 걸려 죽었다. 벨랴스(Velhas) 강가에서 그는 에메랄드를 찾았다고 확신하면서 그는 죽었지만 후에 그가 찾은 돌은 가치가 없는 투르말린 석에 지나지 않았다. 페르넝은 죽으면서 아들에게 고향인 상파울루에 묻히기를 원했다. 오늘날까지 어떻게 아들이 천 킬로가 넘는 험한 길로 시체가 부패하지 않게 보존하여 와서 매장했는지 그 비밀은 아무도 모른다. 에메랄드를 찾지 못했지만 이 반데이라는 후에 금을 발견한 다른 탐험대에게 길을 가르쳐주는 아주 중요한 역할을 했다.

광물의 발견으로 브라질 내륙지방에 여러 도시들이 생겨났다. 마뚜그로수의 꾸이아바(Cuiabá), 미나스의 오우루쁘레뚜(Ouro Preto), 까에떼스(Caetés), 지아만찌나(Diamantina). 이 마지막 지아만찌나 도시는 이곳에서 다이아몬드가 많이 생산되었기 때문에 붙여진 이름이었다.

미나스제라이스에서 새로운 금광들이 발견되면서 상파울루, 히우지자네이루 그리고 바이아 등에서 많은 사람들이 몰려들었으며 이로 인해 정부는 해변지역이 텅 비는 것을 막고자 여러 대책을 강구해야 했다. 그러나 '금 러시'현상은 멈추질 않았고 얼마 뒤 상주엉델헤이(São João del-Rei)와 까에떼(Caeté)에서 새로운 금들이 발견되었다.

엔뜨라다와 반데이라 간에 큰 차이는 없다. 그러나 엔뜨라다는 주로 정부에 의해서 조직되었고 또르데질랴스 자오선을 넘지 않았고 반데이라는 주로 사조직으로서 또르떼질랴스 자오선을 넘어 활동하면서 스페인 영토로 활동영역을 확장해 갔으며 그와 동시에 스페인 예수회선교사들은 축출하면서 탐험루트를 만들고 광산을 발견하였다. 그리고 새로운 길을 내는 등 미나스제라이스, 마뚜그로수, 그리고 고이아스 주의 식민 사업이 전개될 수 있는 토대를 만들어 주었다. 그들은 이곳에 땅을 접하고 그곳에 마을을 세운 뒤 정착하기도 했다. 또 반데이라는 주로 상파울루에서 출발했고 이때문에 오늘날 상파울루는 반데이라의 땅이라고 불리며 그곳 주민들은 반데이라의 후예라고 대단히 자랑스럽게 생각하고 있다.

반데이라의 활동은 대단히 중요하다. 그들은 미지의 땅 내륙을 알게 했고 귀금속을 발견했으며 브라질 영토를 확장하는데 이바지했다. 이전의 브라질 영토는 현재의 1/3밖에 되지 않았지만 반데이라 덕분에 2/3나 되는 옛 스페인 식민지(즉 마뚜그로수, 히우그란지두술, 고이아스, 아마조니아 등)를 브라질 영토로 만드는데 이바지했다.

다른 한편으로, 식민지 시대만 해도 아직 많이 존재하던 인디언들, 특히 내륙지방의 인디언들의 경우 전쟁과 노예화로 거의 멸종상태에 놓였다. 하지만 반데이란찌스들이 오랫동안 인디언들과 상호관계를 유지한 탓에 18세기에 들어 상파울루에 혼혈이 탄생하게 되었으며 아직도 그 탐험대들이 활동한 지역에는 혼혈이 많이 존재하는 특징을 보이고 있다.

8. 브라질의 독립

어느 국가의 독립과 마찬가지로 브라질의 독립 역시 대내외적인 많은 요인들이 결합된 결과로 볼 수 있다. 우선 대내적으로는 멀리 내륙탐험대의 공을 들 수 있다. 그 목적이 무엇이든 그들은 브라질의 북동부와 남동부 지방을 기점으로 각각 내륙 탐사를 시작하면서 자신들이 태어나 살고 있던 브라질이라는 땅에 대한 깊은 지식과 남다른 애정을 갖기 시작하였다. 그와 더불어 이들은 1620~1640년대 브라질을 침입한 네덜란드인들을 물리치는 데에도 일조하게 되었으며 이 전쟁을 통해 그들을 포함한 브라질 전 국민의 단결심이 고양되기에 이르렀다. 특히 18세기 말에 들어서면서, 식민지배 관리들의 부패와 더불어 현지 사정을 외면한 채 세금징수를 강화한, 본국 포르투갈에 대해 브라질 국민의 분노가 치솟으면서 브라질 전역에서 본토 포르투갈 인들과 브라질에서 태어난 사람들 사이의 충돌이 발생하였는데 바로 그 밑바탕에는 일명 "네이티비즘 Nativism"으로 불리는 애향심이 자리하고 있었던 것이다.

한편 대외적으로는 먼저 미국의 독립(1774년)을 들 수 있다. 미국의 독립은 스페인 치하에 있던 여타 중남미 국가들뿐만 아니라 브라질 국민에게도 신선한 충격이 되었다. 그것은 비록 식민 지배를 받고 있는 상황이라도 힘을 합치면 독립을 할 수 있다는 꿈과 가능성을 일깨워주었던 것이다. 그리하여 1789년, 한때 금광 개발로 식민 사업이 치열하게 전개되었다가 금 생산의 하락으로 본국의 세금 징수가 악랄할 정도로 강화되었던, 미나스제라이스 주에서 드디어 혁명이 일어나게 된다. 미나스제라이스 반란은 일명 찌라덴찌스(Tiradentes)로 알려진 조아낑 주제 다 실바 샤비에르(Joaquim José da Silva Xavier)가 주동이 되었던 사건으로

이 사건은 이전에 일어났던 여타 소요사태들보다도 훨씬 조직적이었으며 그 여파가 상당하였다. 그들의 주장을 보면 우선 공화정을 선포하고 수도를 미나스제라이스의 성주엉델헤이(São João del-Rei)로 정할 것이며 흑인 노예제도를 폐지함과 동시에 빌라히까(Vila Rica)에 대학을 설립한다는 등 그 내용이 상당히 진보적이었다. 비록 동료의 배반으로 사전에 발각되어 무산되었으나 독립에 대한 브라질 국민의 열망이 어느 정도였는지를 보여준 중대한 사건이었다.

여기에 불을 지핀 것이 바로 프랑스 대혁명(1789년)이었다. 자유주의 근대시민사상을 전 세계에 전한 이 대혁명을 기화로 나폴레옹이 집권하였고 그의 대륙봉쇄령(1806년)으로 영국과의 오랜 관계를 외면할 수 없었던 본국 포르투갈이 사면초가에 놓이면서 드디어 브라질 독립이 가시화되기에 이르렀던 것이다.

1) 포르투갈 왕실 브라질로 이전

동 주엉 6세

영국과 적대관계로 프랑스의 대륙봉쇄령에 미온적인 태도를 보이던 포르투갈은 나폴레옹 침공 때 포르투갈의 동 주엉은 세력이 미약해서 대항할 수 없었다. 그러자 영국은 함대를 제공하여 포르투갈 왕실가족과 정부관리 등 15,000명을 히우지자네이루로 1808년 피난시켰다. 동 주엉은 브라질의 개혁정책을 과감히 시행했다. 먼저 브라질의 모든 항구를 우방국들에게 개방했다. 브라질은 다른 국가들과 자유로운 교역이 가능해지고 또한 식민지에 공장설립을 자유화하는 칙령도 발표했다. 그뿐 아니라 그는 내각을 개편하고 브라질 은행, 상공회의소, 국립도서관, 화약공장, 해양학교를 설립하는 한편 왕실인쇄소에서 '가제따 두 히우(Gazeta do Rio)'라는 신문도 발행했다. 브라질 현대화가 시작되었다.

동 주엉은 1815년 브라질을 통합왕국(Reino Unido)의 범주로 승격시켰다. 1816년 동 주엉 6세(D. João VI)의 칭호로 왕위를 계승했다. 그러나 그는 나폴레옹 군이 포르투갈에서 완전 철수한 후에도 본국으로 귀국하지 않고 있었다. 1820년 8월 포르투갈에서는 왕과 정부당국의 부재로 인한 정치적 위기가 있었다. 포르투갈 국민들은 동 주엉 6세의 본국 귀환을 요청했다. 왕은 자기 대신 장남인 동 뻬드루를 보내려는 타협안을 제시했으나 거절당했다. 그는 아들 동 뻬드루를 브라질의 섭정왕자로 남긴 채 귀국했다.

2) '이삐랑가의 외침'과 동 뻬드루의 섭정

이삐랑가 박물관

동 주엉 6세는 브라질을 떠날 때 장남인 동 뻬드루에게 어떠한 경우에도 브라질을 떠나지 말도록 지시했다.

당시 포르투갈의 입헌의회는 뻬드루의 교육과 브라질을 단순히 식민지로 환원시키려는 의도로 동 뻬드루의 귀환을 종용했다. 그러나 그는 입헌의회의 명령을 거부하면서 계속 브라질에 머무를 것을 결정했다. 그러자 포르투갈 의회는 히우에 주둔하는 정부군의 지원을 기대하면서 브라질의 각 지역 관공서가 동 뻬드루의 지시에 따르지 말 것을 명령했다. 이 결과 동 뻬드루는 오직 히우 지역에서만 권한을 행사할 수 있었다. 이에 브라질의 민족주의자들이 독립을 위해 적극 대처할 것을 결심했다.

1821년 동 뻬드루에게 본국으로부터 식민지의 통치권을 평의회에 이양하고 즉각 귀환하라는 새로운 포고령이 도달했으나 거절했고 1822년 뻬드루가 상파울루와 산뚜스를 여행하고 있을 때 리스본으로부터 히우에 긴급문서가 도착했다. 이 문서는 1822년 9월 7일 이삐랑가(Ipiranga) 강가에 있던 동 뻬드루에게 전달되었다. 문서의 내용을 보고 분개한 그는 브라질의 독립을 선언할 결심으로 측근들을 향해 "결속하라, 군인들이여! 입헌의회는 브라질을 노예화하려 하고 있다. 따라서 우리의 독립은 이미 선포되었다. 이 순간부터 우리는 포르투갈과 결정적으로 분리되었다. 독립이냐, 아니면 죽음이냐, 이것이 우리가 분명히 취해야 할 문제이다."라고 외쳤다. 곧이어 그는 상파울루 시민들의 열렬한 환영을 받고 히우에 돌아와서 브라질의 황제에 즉위했다.

3) 동 뻬드루(Dom Pedro) 1세의 통치

1822년 동 뻬드루 1세의 독립선언 이후 브라질에서는 주아낑 곤살베스 레두(Joaquim Gonçalves Ledo)와 주제 보니파시우(José Bonifácio)가 이끄는 두 개의 애국주의 집단이 대립하고 있었다. 이들 양대 세력은 독립을 위해 함께 투쟁했지만 독립 이후에는 통치방법에서 서로 의견을 달리했다. 먼저 집권한 레두파는 보다 진보적 사고를 갖고, 하원이 상원에 비해 더 큰 힘을 갖게 되기를 기대했다. 그러나 보니파시우파는 포르투갈에서 발생한 정치적 상황이 브라질에서 반복되는 것이 두려워 이를 비난하고 나섰다. 그 후 보니파시우가 내각을 장악하고 반대세력을 탄압하면서 수많은 정적을 투옥하고, 야당지에도 제재를 가하자 레두는 부에노스아이레스로 도주했다.

1823년 7월 동 뻬드루 1세는 모든 정치범들에게 대사면을 단행했다. 황제의 이와 같은 결단으로 권위가 실추된 보니파시우는 일단 권좌에서 물러났다. 그러나 1823년 5월에 소집된 제헌의회에서 동 뻬드루의 조치에 강력히 항의하고 나섰다. 동 뻬드루는 1823년 5월 3일 제헌의회의 개회식에서 국민의 대표가 만든 헌법을 수락하는 것이 자신의 의무가 아닌 것처럼 발언하여 하원의원들로부터 크게 불신을 받게 되었다.

의원들뿐 아니라 보니파시우 형제들도 '따모이우(Tamoio)' 신문의 지

동 빼드루(Dom Pedro) 1세

원을 받고 황제를 맹렬히 비난하고 나섰다. 이와 같은 황제의 하원의원들 간의 갈등은 결국 의회해산으로까지 비화되었다. 먼저 의회는 1823년 11월 11일 황제의 군대집결 지시로 해산의 위협을 인지하고 의회의 영구적 개회(Sessão Permanente)를 선포했다. 브라질 역사에서 이 날은 '고뇌의 밤(Noite de Agonia)'이라고 불려지고 있다.

다음날 군인들이 의회건물을 포위하고 출구에서 보니파시우 형제를 비롯한 일단의 의원들을 체포했다. 이어 황제는 의회해산을 선언하면서 새로운 민주헌법을 제정하겠다고 약속했다. 이의 실행을 위해 황제는 10인 위원회를 구성하여 1824년 3월 25일 '제국헌법(Constituição Império)'을 제정했다. 이 헌법은 일부의 조항만이 수정되면서 1889년 공화국 선포로 폐지될 때까지 운용되었다. 이는 입법, 사법, 행정의 3권외에도 군주에게 조정부(Poder Moderador)의 수장직을 부여하여, 경우에 따라서 황제는 거부권 및 내각의 승인 없이 하원을 해산할 수 있게 했다.

미국은 1824년 브라질의 독립을 신속히 승인하여 양국관계가 우호적이었다. 그러나 유럽열강의 브라질 독립승인은 포르투갈이 브라질의 상실을 인정하지 않아 순탄하지 않았다. 그들은 동 주엉 6세의 통치 하에서 두 왕국이 통합될 수 있다고 판단했다. 따라서 포르투갈과 오랜 동맹국이던 영국의 태도도 미온적이었다. 그러나 영국정부는 1810년 브라질과 체결한 교역협정을 갱신하고자 시도했다. 이 협정은 영국 상인과 기업가들에게 매우 유리한 것이었다. 영국 상품은 브라질 항구에서 타국의 제품보다 매우 낮게 관세가 부과되기 때문에 아주 싸게 팔려 많은 양이 소비되었다. 따라서 브라질정부는 협정의 연장대가로 독립을 승인받으려고 시

동 빼드루(Dom Pedro) 1세의 왕관

도했다. 그 결과 1825년 8월, 브라질과 포르투갈의 평화우호 조약이 체결되어 브라질의 독립이 정식으로 인정되었다. 그러나 브라질은 포르투갈과 통합왕국시의 부채 중 브라질 몫으로 간주되는 2백만 파운드를 지급하고 동 주엉 6세에게는 브라질 황제의 칭호를 부여했다.

라쁠라따강 하구에 최초로 정착하여 사끄라멘뚜(Sacramento: 현재 우루과이 지역) 식민지를 세운 것은 포르투갈인 들이었다. 그러나 이 지역은 주민의 대다수가 스페인인들이고, 아르헨티나 및 파라과이와 함께 스페인 지배하의 라쁠라따 부왕청 소속의 영토였다.

1810년 부에노스아이레스에서 독립을 위한 모반이 있은 후 파라과이가 공화국으로 탄생하고, 우루과이에서는 호세 아르띠가스(José Artigas)가 독립투쟁을 전개했다. 당시 포르투갈의 동 주엉은 이 지역을 침공하여 1821년 시스쁠라띠나라는 이름으로 합병시켰으나 끝까지 성공하지는 못했다. 이는 브라질도 독립 후에 포르투갈의 전통을 고수하여 이 지역의 영토권을 주장했으나, 시스쁘라띠나 주민늘이 스페인어와 스페인의 전통을 고집하기 때문이었다.

결국 이 지역의 영토분쟁은 수많은 폭동을 야기한 후, 마침내 아르헨티나에 귀속되는 방향으로 귀결되었다. 그러나 브라질이 이에 반발하여 양국 간에는 결정적인 결과 없이 전투가 계속되었다. 이로 인해 1827년에 이르러 아르헨티나는 교역과 해운업에서 막대한 타격을 받게 되자 평화를 기대했다. 결국 히우에서 체결된 양국 간의 조약으로 전쟁은 끝나고 시스쁠라띠나는 다시 브라질과의 통합이 선언되었다. 그러나 주민들의 반대로 아르헨티나 정부는 조약을 비준하지 못한 채 전쟁을 계속하다 1828년 양국 간에 평화조약이 체결되어 전쟁은 종식되고 분쟁지역은 우루과이 동부공화국(República Oriental de Uruguay)으로 독립이 확인되었다.

한편 1823년 제헌의회가 해산되었을 때 많은 브라질 인들은 동 빼드루 1세가 취한 일련의 조치에서 절대주의로 복귀하려는 듯한 인상을 받았다. 따라서 1826년에 소집된 하원에서는 황제의 정책을 비판하는 세력이 형성되고, 언론매체도 비판의 소리를 높였다. 1829년 황제는 상원과 하원의 본회의 일정이 끝났을 때 '고귀하고 존엄하신 브라질의 대표 여러분, 회기를 마칩니다.'라는 간단한 인사말로 불만을 표시하여 반대 세력을 자극했다.

또 다른 황제의 인기실추 사건은 우루과이의 독립을 초래한 시스뿔라띠나 전쟁과 동 주엉 6세의 서거에 따른 포르투갈의 왕위계승 문제였다. 양국 간의 전쟁 시 라쁠라따강의 봉쇄로 손해를 입은 프랑스는 루셍(Roussin)제독을 통해 브라질에 보상을 요구하고 나섰다. 그는 그러한 요구가 관철되지 않을 경우 히우를 포격하겠다고 위협했다. 이에 분개한 브라질인들은 황제의 회답을 기다렸다. 그러나 황제는 프랑스의 요구를 수락하여 국민들의 불신과 비판의 소리가 높아졌다.

1826년 포르투갈에서 동 주엉 6세의 서거로 동 뻬드루가 동 뻬드루 4세의 칭호로 포르투갈 국왕에 임명되자 국가자문위원회는 양국이 통합왕국의 상태로 다시 복귀할까 두려워했다. 따라서 포르투갈 황제로 지명된 동 뻬드루는 왕위를 자기의 딸인 도나 마리아 다 글로리아(D. Maria da Glória)에게 양위하면서 동생 동 미겔(D. Miguel)을 섭정으로 기용했다. 그러나 1828년 미겔이 변심하여 포르투갈 왕위를 차지하자 동 뻬드루는 형제간에 투쟁을 시작하면서 브라질에는 큰 관심을 보이지 않았다. 이와 같은 황제의 태도에 브라질 인들이 불만을 토로하자, 결국 동 뻬드루는 포르투갈에서 미겔파와 싸우기 위해 브라질의 황제 직까지 퇴위하고 1830년 유럽으로 건너갔다.

4) 섭정기(1831-1840)

동 뻬드루 1세의 퇴위 시 계승자 당시 5세인 동 뻬드루 지 알깐따라(D. Pedro de Alcântara)는 헌법이 규정한 통치자로서의 성년인 18세가 되지 않았다. 또한 왕가에는 섭정직을 맡을 만한 법정연령 25세 이상의 왕자도 없었다. 따라서 헌법의 규정에 따라 상 · 하원 본회의에서 선출된 3인으로 섭정위원회(1831-1835)를 구성했다. 그러나 황제의 퇴위 시 휴가 중이어서 우선 임시정부가 수립되고 1835년에는 헌법규정을 개정하여 단일섭정이 선출되었다.

1831~1840년 사이의 섭정기에 히우를 비롯한 많은 지역에서 소요와 폭동이 발생했다. 국민들의 대다수는 공화정부를 기대하면서도 브라질에서 출생한 황제의 계승자가 존재하기 때문에 브라질이 군주제를 유지해야 한다고 이해하고 있었다. 섭정기에는 많은 신문들이 풍자나 중상기사를 게재하여 정부의 정책을 비난하고, 또한 여러 개의 정당이 결성되어 많은 정객들이 활동을 시작했다.

1835년 단일섭정의 선거에서 지오구 안또니우 페이조(Diogo Antônio Feijó: 1835-1837)가 선출되었다. 그의 섭정기에는 히우그란지두술에서 게하 두수 파하뿌스(Guerra dos Farrapos) 전쟁 그리고 빠라에서 까바나젱(Cabanagem)의 폭동이 발생했다. 페이조는 동시에 발생한 이들의 폭동을 진압하기 위한 재원이 부족했다. 또한 그에게는 많은 정적이 있기 때문에 자신의 정책을 제대로 추진하지 못했다. 그의 최대의 정적인 베르나르두 빼레이라 지 바스꽁셀루스(Bernardo Pereira de Vasconcelos)는 섭정직의 사임을 요구하였다.

1837년 9월 보수파인 페이조가 죽고 아라우주 리마(Araúo Lima: 1838-1840)가 2대 섭정에 취임했다. 그의 섭정직은 1842년까지이고, 그 후에는 다른 섭정이 1843년 11월까지 통치하게 되었다. 이는 동 빼드루 지 알깐따라가 그때에 가서야 18세의 성인이 되기 때문이었다. 그러나 그의 성인연령은 합의에 의해 단축되어 1840년 7월 23일 동 빼드루 2세의 칭호로 황제에 즉위했다. 이와 같은 조치는 주제 보니파시우의 동생 안또니우 까를루스 히베이루 지 안드라다(Antônio Carlos Ribeiro de Andrada)의 술수에 의한 것이었다.

동빼드루 2세 ❶ 6세 ❷ 18세 ❸ 35세 ❹ 64세

5) 동 빼드루 2세의 통치기(1840-1889)

1840년 황제로 즉위한 동 빼드루 2세는 1889년 제1공화국이 수립될 때까지 36번에 걸쳐 내각을 개편하면서 브라질을 통치하였다. 조각한 내각은 주로 자유당 소속 정치인들로 구성되었다. 그들은 황제의 성년을 앞당긴 공로를 인정받아 등용되었으나 1841년에는 보수파로 대체되었다. 자유주의자들은 새 내각의 정책을 수행하기 위해 새로운 하원의 소집을 기대했다. 그러나 선거 결과 부정이 판명되어 황제는 의회를 해산했다. 이러한 황제의 조치에 항의하여 1842년 상파울루와 미나스제라이스에서 폭동이 발생했다.

1843년 합스부르크 왕조의 오스트리아 공주 테레사와 결혼하여 2남 2녀를 둔 동 빼드루 2세의 통치기는 세 개의 시기로 구분되었다. 제1기는 황제에 즉위한 1840년부터 10년 간으로 국가 평정과 의회주의 정립기였다. 제2기는 브라질제국의 번영기로 간주되던 1850-1870년 사이의 20년 동안이었다. 이 시기에 브라질은 파라과이의 솔라노 로뻬스(Francisco Solano Lopéz)가 일으킨 라쁠라따강 유역 사태에 여러 차례 개입했다. 그러나 브라질은 은행가이자 기업가이던 이리네우 이방젤리스따 지 소우자(Irineu Evangelista de Sousa)의 활약으로 선박건조, 해운업, 철도산업이 크게 발전하고 라쁠라따강 전투로 통신기술도 혁신되었다.

제3기는 1870년 파라과이 전쟁 후, 1889년 공화정이 선포되어 브라질에서 군주정이 완전히 사라질 때까지의 시기이다. 이 시기에는 점차 군주제의 약화현상이 나타나면서 공화주의자들에 의해 공화당이 창당되고 노예제도의 폐지운동이 활발히 전개되었다. 노예제도의 폐지는 1871년 벤뜨리 리브리법(Lei do Ventre Livre: 이날 이후 탄생한 노예는 자유인이다), 1885년 섹사제나리우스법(Lei dos Sexagenários: 65세 이상은 노예가 아니다) 그리고 1888년에는 아우레아법(Lei Áurea: 모든 노예는 자유인이다)의 선포로 이어져 노예의 자유가 인정되었다.

동 빼드루(Dom Pedro) 2세의 왕관

6) 파라과이 전쟁(1864-1870)

파라과이의 두 번째 독재자 까를루스 안또니오 로뻬스(Carlos Antonio Lopéz)는 브라질로부터 군사고문단을 초빙하여 군대를 조직하고 빠라나강과 파라과이강 유역에 요새를 구축하면서 군사력을 증강시켰다. 당시 파라과이는 브라질 내륙의 마뚜그로수 지방과 교류를 하기 위해 브라질과의 친선관계가 매우 중요했다. 그러나 안또니오 로뻬스가 죽고 그의 아들 프란시스꼬 솔라노 로뻬스가 권력을 계승했다. 그는 집권 후 우루과이를 합병하여 해상열강으로 변모시키고, 더 나아가 아르헨티나의 일부를 점령하여 몬떼비데오를 수도로 거대한 파라과이제국을 건설하려는 계획을 구상하고 있었다.

이와 같은 계획의 실천을 위해 파라과이의 솔라노 로뻬스가 1864년 8만 명의 병력과 수많은 대포 및 병기로 무장하고 있을 때 브라질은 아르헨티나와 우루과이 연합군보다도 적은 겨우 1만 7천 명의 병력만을 보유하고 있었다. 1864년 12월 파라과이는 마뚜그로수를 침공한 후 남부에서는 우루과이와 브라질의 히우그란지두술을 침공하려고 작전을 수립했다. 이의 실행을 위해서는 아르헨티나 영토를 통과해야만 했다. 그러나 아르헨티나가 이를 허용하지 않자 프란시스꼬 솔라노 로뻬스는 아르헨티나의 선박을 나포하면서 꼬리엔떼스 지방을 침공했다. 그러자 주민들의 반발로 아르헨티나 정부는 브라질, 우루과이와 함께 3국 동맹(Triplice Alinaça)조약을 체결했다.

삼국동맹 조약에서 동맹군의 지휘권은 전투가 아르헨티나 또는 파라과이에서 전개될 때에는 아르헨티나 대통령 바르똘로메 미뜨레(Bartolomé Mitre)에게, 브라질에서는 브라질군 장군에게, 그리고 우루과이에서는 베난시오 플로레스(Venancio Flores)장군에게 부여한다고 명시하고 있었다. 5년 이상 계속된 전쟁은 1869년 1월 3국 동맹군이 파라과이의 수도 아순시온에 입성 후, 임시정부의 수립과 프란시스꼬 솔라노 로뻬스의 사망으로 이어지는 일련의 사건이 계속되면서 1870년 3월 1일에 끝이 났다.

7) 정당과 의회제도

브라질에서 1824년에 공포된 헌법은 의회의 운영을 명확히 규정하지 않고 있었다. 따라서 내각은 의회를 통해 견제 받지 않고, 정부도 하원에 업무를 보고하도록 강요받지 않았다. 조정권을 가진 군주가 각료의 임명과 파면권을 가졌다. 그러나 영국의 정치사상이 브라질에 많은 영향을 끼쳤기 때문에 동 뻬드루 2세도 점차 영국의 의회 제도를 수용함으로써 정치권력을 축소시켜 나갔다. 그는 먼저 1847년 법률로 자문위원회의 의장직을 설치한 후 새로운 내각을 구성할 때에는 의장만을 황제가 임명하고 각료들은 의장이 인선하도록 했다.

이미 동 뻬드루의 섭정기부터 브라질에는 자유당과 보수당이라는 두 개의 정당이 출현했다. 그러나 양대 정당 간에 정책적인 차이는 별로 없었다. 따라서 자유당이 주장한 노예제도 폐지는 보수당 내각의 지지를 받기도 했다. 동 뻬드루 2세의 통치기에 36번의 내각 개편이 단행되었다.

이 기간에 자유당과 보수당이 함께 권력을 장악한 경우도 있었다. 1853년 마르께스 지 빠라나(Marquês de Pararà)의 연립내각(Conciliação)이 바로 그러한 경우였다. 그들은 초, 중, 고등교육의 개혁과 맹인학교의 개설 및 농업발전에 크게 기여했다. 군주제하에서 가장 장수했던 내각은 1871~1876년 사이의 보수당 내각으로, 그들은 노예제도의 폐지를 위해 많은 법령을 제정했다.

한편 동 뻬드루 2세 통치기의 마지막 내각은 1889년 6월에 구성된 비스꼰지 지 오우루 쁘레뚜(Visconde de Ouro Preto)내각이었다. 당시 브라질에서는 공화주의 운동이 전개되어 정부는 많은 개혁안을 제시했다. 그러나 1889년 11월 15일 공화정이 선포되면서 오우루 쁘레뚜 내각도 종말을 맞이했다.

8) 외교정책

동 뻬드루 2세의 통치기에 브라질과 영국은 매우 긴밀한 협조관계를 유지했다. 영국은 브라질과의 교역으로 크게 혜택을 받고, 브라질은 식민시대 본국 포르투갈과의 관계와 같이 영국에 유학생을 비롯한 은행가, 기업가들의 빈번한 왕래로 교류가 밀접하게 이루어졌다. 브라질은 독립 이후 영국정부와 불법적인 노예교역의 금지를 약속했다. 그러나 브라질 경제는 농업에 의존하여 즉각적으로 노예교역을 중단할 수 없었다. 이에 영국의회는 브라질 연안에까지 진출하여 불법적인 노예무역선을 나포하는 권한을 자국의 해군에게 부여했다.

이와 같은 상황 하에서 양국 간의 관계를 더욱 악화시키는 두 개의 사건이 브라질 주재 영국공사 윌리엄 크리스티(William Christie)에 의해 야기되었다. 첫 번째 사건은 1861년 영국선박 프린스 오브 윌리스(Prince of Walles)호가 히우그란지두술 해안에서 난파되어 발생했다. 이 선박에 적재된 상당량의 화물이 분실되자 크리스티 공사는 주재국에 대한 예의를 무시하고 영국선장의 사건조사 참여를 주장하면서 브라질정부에 3,200파운드의 손해배상을 청구했다. 두 번째 사건은 히우지자네이루에서 만취한 영국 해군 장교 3명이 브라질 경찰관들에게 행패를 부려 발생했다. 그들은 경찰서에 연행된 후 신분이 확인되어 곧바로 석방되었으나 크리스티 공사는 경찰의 행동을 비난하면서 강력히 항의했다. 또한 그의 지시로 워렌(Warren)부제독이 브라질 상선 5척을 나포하여 브라질 국민들을 분노케 했다.

그러나 첫 번째 사건은 브라질정부가 배상금 3,200파운드를 지급함으로서 해결되고, 두 번째 사건은 벨기에의 레오폴두 1세(Leopoldo I)에게 중재가 요청되어 브라질측이 유리하게 결정되었다. 따라서 영국정부는 평화시 브라질 해안에서 5척의 선박을 나포할 때 워렌이 보인 횡포에 대해 브라질정부에 사과하는 문제만이 남아 있었다. 그러나 영국정부가 사과를 하지 않아 브라질은 영국과 외교관계를 단절했으나 1865년 파라과이와의 전쟁으로 양국관계가 다시 정상화되었다.

9) 노예제도의 폐지

브라질에서 흑인노예의 수입은 16세기 사탕수수 경작과 더불어 시작되었다. 그 후 많은 귀금속이 발견되면서 해안지역의 노예들이 내륙으로까지 확산되어, 빌라히까(Vila Rica)같은 도시는 백인보다 흑인수가 더 많을 때도 있었다. 그 후 19세기에 들어 광물자원은 고갈되고 설탕생산도 타국과의 경쟁으로 이미 사양 산업이 되었으나 커피 등 새로운 재배작물의 등장으로 노예수입은 결코 감소되지 않았다. 따라서 브라질에서 노예무역은 1854년에 종식되고, 노예제도는 1888년 아우레아(Áurea, 황금)법의 공포로 폐지되었다.

일반적으로 브라질의 노예제도는 대농장주나 지주들이 노예들에게 가톨릭을 전도하고, 일요일과 성인의 날에는 휴식을 허용하는 관용을 베풂으로써 타국에 비해 다소 인도적인 것으로 평가되었다. 노예제도의 폐지를 위한 법률들 중에서 가장 중요한 것은 벤뜨리 리브리법(Ventre

까스뜨루 알베스(Castro Alves)

livre)과 아우레아법이었다. 동 뻬드루 2세는 노예제도 폐지론자였지만 부작용을 피하기 위해 단계적으로 실행되기를 기대했다. 따라서 1871년 보수파 내각이 실권을 장악했을 때 노예의 후손들에게 자유를 허용하는 법률이 제정되었지만 의회는 이 법안을 신속히 통과시키지 않았다.

그러나 이 법률은 동년 9월 28일 벤뜨리 리브리법으로 수정되어, 도나 이자벨(D. Isabel) 공주에 의해 정식으로 서명되었다. 따라서 1871년 이후에 브라질에서 출생한 모든 노예는 자유인으로 확인되었다. 그러나 노예제도 자체가 폐지된 것이 아니어서 노예제도의 폐지운동에 시인 마라녕 출신의 까스뜨루 알베스(Castro Alves), 변호사 루이스 가마(Luís Gama) 및 신문기자 주제 두 빠뜨로시니우(José do Patrocínio) 등이 적극 가담했다.

이에 노예폐지론자 연맹(Confederação Abolicionista)이 결성되고 노예해방을 위한 모금운동까지 전개되었다. 결국 수많은 주민들이 적극 호응하여 노예제도의 폐지운동은 1885년 9월 28일 65세 이상의 노예에게 자유를 허용하는 법률의 공포로 더욱 강화되기 시작했다.

1887년 도나 이자벨 황녀가 유럽으로 떠난 동 뻬드루 2세를 대신하여 집무하고 있을 때 브라질 군부는 도주노예의 추적을 더 이상 군부에 맡기지 말도록 요청했다. 또한 교회의 주교단도 노예소유주들에게 노예를 해방시킬 것을 요구했다. 결국 1888년 아우레아법이 의회를 통과하여 도나 이자벨로부터 최종승인을 받았다. 그러나 1889년에 공화정이 선포됨으로써 브라질에서의 노예해방은 군주제의 종말과 시기를 같이하게 되었다. 따라서 1889년 공화정이 선언되었을 때 많은 노예소유주들은 군주제를 옹호하지 않고 공화주의자들을 지지함으로써 우려했던 사회적 무질서나 경제적 위기도 발생하지 않았다. 또한 해방된 노예들도 자유노동자로 변신하여 과거에 일하던 농장에서 계속 머무르는 방법을 선택했다.

10) 커피경제의 발전

브라질의 경제활동에서 가장 중요한 부문은 커피경작이었다. 프랑시스꾸 지 멜루 빨례따(Francisco de Melo Palheta)가 불란서령 기아나로부터 브라질에 이식한 커피나무는 여러 해 동안 북부지역의 채마밭에서 재배된 후 남부에 이식되어 히우지자네이루 부근에서 본격적인 경작이 시작되었다. 커피는 동 뻬드루 1세 통치기부터 부의 주요한 원천이 되었다. 독립선언 이후 황제는 국기와 문장에 커피나무 가지를 담배 잎과 함께 새겨 넣도록 지시했다. 당시 커피경작은 빠라이바강 유역과 그 인접 지역까지 확장되고, 이어 히우와 미나스제라이스 지역뿐 아니라 커피경작에 적합한 떼하 호사(terra roxa) 토양이 발견된 상파울루까지 확장되었다.

빠라이바강 유역은 커피 밭으로 전환되고, 1830년 히우 항구에서는 약 40만 포대가 수출되었으나 30년 후에는 2백만 포대를 기록했다. 커피경작지의 확산은 경제적 이익뿐 아니라 도로시설의 확대에 따른 수송수단의 발전 등 많은 파급효과를 가져왔다. 1854년에 개통된 뻬뜨로뽈리스(Petrópolis)산맥 기슭과 해안지대를 연결한 브라질 최초의 철도 그리고 히우와 미나스제라이스를 연결한 우니엉 이 인두스뜨리아(União e Indústria)도로 등은 커피산업과 연관된 것이었다.

커피나무 수가 기하학적으로 늘어남에 따라 19세기 말부터 커피 생산이 과잉되어 갔다. 1906년에는 세계 커피소비량의 70%에 해당하는 1천만 부대를 돌파함으로써 수출가격은 폭락하고 말았다. 커피산업의 최초 공황이었다. 꼴로누(colono)의 임금은 하락하고 임금을 1년 이상 지불하지 않는 농장도 있었으며 상파울루로 가버린 꼴로누 이민의 수가 많았고 심지어는 유럽으로 돌아간 자도 상당수에 달했다. 그 결과 이태리 정부는 한때 브라질 행 꼴로누 이민을 금지시킬 정도였다.

이 결과 농장에서 나온 자들과 처음부터 상업이나 수공업경영을 목적으로 상파울루에 정착한 이민들로 1890년에 인구가 불과 6만 명이었던 도시가 1910년에는 37만 명으로 늘어났다. 이 무렵 상파울루 주의 커피 지대는 주의 북서부지방 뿐이었고 남서부지방은 아직 황무지였다. 그래서 이 지역에 대주주들은 커피공황으로 인해 대농장형 커피농장 경영은 포기하고 10아케르 단위로 자영을 목적으로 한 소농업자들에게 분할해서 팔았는데 이를 시찌안찌(Sitiante)라고 부른다. 이러한 소규모 농장주를 상대로 한 토지매출이 성행하게 된 것은 1910년경이었고 커피공황도 끝나고 꼴로누 노동으로 약간의 저축을 한 이민은 여기에 소규모 커피 농장이나 무화과 재배를 했다. 이리하여 상파울루 주의 서남부지방은 소농장주(시찌안찌)들에 의해 개척되어 갔다. 이 소농장 부락 근방에 철도역이 있게 되었고 상인들이 원두커피 가공공장 및 목화 가공공장을 세웠으며 수확이 시작되면 시찌안찌들로부터 원두커피와 면화를 구입하고 수출 상인에게 넘겼다. 이런 결과로 각종 상점과 성당들이 들어서기 시작했고 철도가 연결되기 시작했다. 이들 상점에는 일요일에는 주위의 작은 마을에서 물건을 사고파는 시찌안찌들로 붐볐다. 그래서 상파울루 주의 서남부에는 대농장지대의 저택 부락과는 대조적으로 서민계급의 일반 마을이 세워지게 되었다.

11) 중공업의 발전

20세기 초 커피공황이 진정되자 세계 시장에서 커피 수요증가에 따라 또다시 농장의 신설 및 확장이 성행되었고 1923년에는 커피나무 수가 브라질 전역에서 20억 그루에 달했으며 45%가 상파울루 주에 있었다. 또한 꼴로누도 얼마든지 필요하게 되었다. 소농장주가 되기도 하면서 계약연한이 끝나면 농장을 떠나는 꼴로누도 많았으므로 이를 보충하기 위해 이민을 받아들였다. 유럽이민 만으로는 불충분하여 일본에서도 이민을 받았는데 1908년 797명이 브라질에 최초 이민이 도착했다.

이민은 그 후에도 계속되어 1933년에 이민의 입국이 제한될 때까지 들어온 이민의 총 수는 개척이민을 포함해서 460만 명에 달했고 이 가운데 일본이민이 15만 명이 되었다. 또 상파울루 주에 들어온 사람은 총 이민의 55%인 240만 명에 달했다.

브라질 인구는 이민에 의해 늘어나게 되었으며 특히 상파울루 주는 이민을 인구 증가가 현저하여 1910년에는 300만 명, 1930년에는 700만 명을 넘었고 상파울루 시는 80만 명을 넘고 있었다.

급격한 인구증가 특히 상파울루 주에서의 소농장의 증가와 번영은 생활필수품이나 농기구를 비롯해서 기타 각종의 물품에 대한 수요를 눈부시게 확대시켰다. 또 노예에서 해방된 흑인이 모두 임금노동자로서 구매력을 가진 인간으로 된 것은 국내시장을 활발하게 만든 한 요인이 되었다. 많은 흑인 노동자는 농촌에서는 주로 '까마라다'라고 불리는 일당 노동자로 도시에서는 공장노동자로 일하는 사람이 많았다.

이리하여 국내시장의 발전과 이민의 기술과 자본이 상파울루시의 상공업을 발전시켰다. 1914년부터 시작된 세계 제1차 대전으로 유럽으로부터 공업제품의 수입이 중지된 것은 상파울루 및 히우를 중심으로 브라질의 공업에 또다시 비약적인 발전을 가져왔다. 이러한 환경 하에서 상파울루시나 히우 시에서도 이민으로부터 출세하여 거대한 산업자본가가 된 사람이 많이 나왔다.

9. 제1 공화국과 임시정부

1889년의 혁명은 교회세력과 보수주의자들이 동 뻬드루 2세의 자유주의자들에 대한 지원에 반발하고, 자유주의자들은 전통적 지배체제에 불만을 가지고 도전하여 충돌함으로써 발생하였다. 더구나 군부는 실증주의(Positivismo)사상의 영향을 받아 도시 중산층 및 커피 경작 농촌 엘리트를 대표하여 쿠데타를 주도하였다. 1889년 11월 16일 공화정 선포와 함께 데오도루 다 퐁세까(Deodoro da Fonseca)의 주도하에 임시정부(1889-1891)가 수립되었다. 임시 정부에서는 대농장 소유주, 자유직업인 및 대토지 소유 군인 출신들인 공화주의자들이 주축을 이루었다. 이들은

데오도루 다 퐁세까

공공행정에 경험이 없었다. 그러나 군부세력은 행정부 우위의 중앙 집권적 공화정을 기대하고, 커피 수출 농장주들은 연방정부의 개입 없이 경제를 운용할 수 있게 각 주에 자치권이 확립된 연방공화제를 기대하였다. 제헌의회가 소집되어 국민의 대표들이 정치 체제를 결정할 때까지 임시정부에서는 첫째, 지방의회, 자치 시의회 및 하원의 폐지, 둘째, 상원의 종신직과 국가 자문위원회의 폐지, 셋째, 왕가의 추방, 넷째, 주의 명칭을 쁘로빙시아(Província)에서 이스따두(Estado)로 개명, 다섯째, 질서와 발전을 상징하는 공화국 국기제정, 여섯째, 브라질 거주 외국인의 귀화 승인, 일곱째, 국가와 교회의 완전 분리 및 신앙의 자유와 일반 결혼규정선포 등 여러 가지 조치들을 단행했다.

1) 제1 공화국 정부(1889-1930)

플로리아누 뻬이쇼뚜

1889년의 쿠데타 이후 임시정부 하에서 제헌의회가 소집되었다. 의회는 공화국 헌법을 제정하여 1891년 2월 24일에 공포하고, 또한 대통령과 부통령을 선출했다. 임시정부에 불만을 품고 있던 인사들은 쁘루덴찌 지 모라이스(Prudente de Morais)를 후보로 내세웠지만 데오도루가 근소한 차로 대통령에 그리고 데오도루의 반대파인 플로리아누 뻬이쇼뚜(Floriano Peixoto)가 부통령으로 선출되었다.

데오도루 대통령은 위압적인 성격으로 주변에 많은 적대세력을 갖게 되었다. 그에 대한 반대파의 가장 큰불만은 군

쁘루덴찌 지 모라이스

주제 시절의 인사들을 내각에 기용한 데 있었다. 그는 1891년 파국의 위기에 처한 정국수습을 구실로 의회를 해산했다. 이러한 조치로 반대파의 폭동이 야기되어 데오도루는 대통령직에서 물러나고 플로리아누가 1894년까지 대통령직을 수행했다.

1894년 쁘루덴찌 지 모라이스(1894~1898)가 대통령에 취임했다. 그의 재임기간에도 역시 평온을 유지하지 못했다.

바르가스 정권과 신국가

1929년 워싱턴 루이스(Washington Luís)의 집권 시 전 세계는 심각한 경제적 위기에 직면해 있었다. 대공황으로 미국은 브라질산 커피의 수입을 중단했다. 이로 인해 공장폐쇄와 실업자의 증가로 브라질은 사회적 불안과 혁명의 위협에 직면하게 되었다.

당시 브라질은 상파울루와 미나스제라이스주에서 입후보하는 후보자들이 정치적 타협을 통해 교대로 대통령직(Política do café com leite, 커피-우유정치: 1889년부터 1930년의 제1공화국 기간동안에 집권한 12명의 대통령 중 에르미스 다 퐁세까(1910-1914)와 에삐따시우 뻬소아(1919-1922), 그리고 워싱턴 루이스(1926-1930)대통령을 제외한 9명의 대통령이 미나스제라이스주 및 상파울루 주 출신이었다. 따라서 주지사들의 정치라 불리는 정책에서 비롯된 연방정부와 주지사의 연합밀착은 소위 이 두 개 주 출신의 대통령 배출이라는 또 다른 정치 양상을 보여주게 된다. 여기서 유래된 소위 커피-우유정치라는 용어는 상파울루를 대변하는 커피와 미나스제라이스 주를 대변하는 우유를 사용, 두 개의 주 출신의 대통령이 정치적 타협을 통해 실질적으로 브라질을 번갈아 통치한다는 말을 의미하고 있다)을 계승하고 있었다. 그러나 상파울루 출신 워싱턴 루이스 대통령이 같은 지역출신 줄리우 쁘레스찌스(Júlio

Prestes)를 지명하자 미나스제라이스 주는 이에 강력히 항의하면서 히우그란지두술 출신 제뚤리우 바르가스(Getúlio Vargas)후보를 지원하여 자유연맹(Aliança Liberal)을 결성 후 불만세력을 규합했다. 결국 자유연맹은 그들이 부통령 후보로 옹립한 주엉 뻬소아(João Pessoa)가 암살당하자 군부세력의 지원을 받아 혁명을 일으켰다.

워싱턴 루이스

혁명에 성공한 제뚤리우 바르가스는 1930년 11월까지 정부평의회(Junta Governativa)의 수반이 되었다. 이와 같은 사태는 정치적 타협의 불이행이 가장 주요한 원인이었고, 세계공황으로 인한 경제적 위기와 소장파 장교(Tenentes), 기업가, 정치가, 농장주 및 중산계층의 동조가 확고한 승리의 원동력이 되었다. 이로써 브라질에는 이른바 뽀쀨리스무(Populismo, 포퓰리즘)가 대두했다. 이후 제뚤리우 바르가스는 거의 15년간 브라질의 실권자로 활약하다 1945년 10월 군사 쿠데타로 실각했다. 먼저 그는 임시정부에서 커피문제를 해결하기 위해 과잉 생산된 커피를 불태우는 방법까지도 구사했지만 위기는 수년간 계속되고 상파울루경제는 크게 악화되었다.

제뚤리우 바르가스

바르가스는 1937년 11월 10일 친정 쿠데타를 일으켜 독재체제를 수립하여 신국가(Estado Novo)를 선포했다. 이어 그는 출판의 자유를 억압하고 정당설립을 금지하면서 반정부 인사들을 재판하기 위해 보안재판소(Tribunal de Segurança)를 설치했다. 신국가는 국가비상 사태의 선언과 함께 대통령에 의한 강력한 중앙집권적 통치체계를 확립하여 권위주의적 성향이 지배적이었지만 민중주의적 정책을 계속 추구했다. 그 결과 노동자의 지원책으로 사회보장 제도, 최저 임금 제도, 주 6일 노동 및 1일 8시간 근무제가 실현되었다.

10. 제2 공화국(1945-1964)

에우리꾸 두뜨라

젊은 정치가들과 자유직업인들의 모임은 미네이루스(Mineiros)의 성명이 발표된 1943년부터 제1회 브라질 작가회의가 개최된 1945년까지 바르가스 정권에 반발하여 신국가의 종식을 요구하는 수많은 소요와 갈등이 계속되었다. 바르가스 정권의 전직 장관 아메리꾸 지 알메이다(Américo de Almeida)는 즉각적인 선거실시를 요구하고, 1944년에는 자유주의 정치가들이 전국민주연합(União Democrática Nacional: UDN)을 결성하여 대항했다.

1945년 2월 28일 바르가스의 대통령선거 실시와 제헌의회의 소집이 발표되자 즉각 새로운 정당들이 창당되기 시작했다. 이 과정에서 바르가스의 지지파인 제뚤리스따(Getulista)와 뽀뿔리스따(Populista)들로 구성된 브라질 노동당(Partido Trabalhista Brasileiro: PTB), 자유 민족 부르조아 계층을 대표하는 민족민주연합, 과두체제와 제뚤리스따가 혼합된 민주사회당(PSD) 그리고 루이스 까를루스 쁘레스찌스(Luís Carlos Prestes)의 브라질 공산당(Partido Communista Brasileiro: PCB)이 등장했다.

브라질 노동당은 공산주의자들의 지원을 받아 '우리는 제뚤리우 바르가스를 원한다'라는 의미를 지닌 께레미스무(Queremismo)를 슬로건으로 하여 바르가스를 후보로 추대했다. 이에 반대파는 세력을 규합하여

까페 필류

네레우 하무스

고이스 몬떼이루(Góis Monteiro)를 비롯한 군장성들의 쿠데타로 1945년 10월 29일 바르가스를 축출했다. 그러나 지도자를 상실한 노동당은 민주사회당의 에우리꾸 두뜨라(Eurico Dutra, 1946-1951)를 지원하여 민족민주연합의 후보 에두아르두 고메스(Eduardo Gomez)를 물리치고 대통령선거에서 승리했다.

1950년의 선거에서는 브라질 노동당과 민주사회당이 연합하여 지원한 바르가스(1951~1954)가 다시 대통령에 당선되었다. 그는 브라질의 재정과 경제적 상황을 정상화시키려고 노력했으나 뽀뿔리스무의 모순과 한계성이 드러나고, 그가 주창하던 민족주의와 개입형태의 경제정책은 성공을 거두지 못했다. 그로 인해 정치, 사회적 긴장감이 고조되고 노동자들은 저임금으로 불만을 나타냈다. 또 한편 민족민주연합을 필두로 자유파 정치인들은 국가의 경제적 간섭주의를 더욱 더 강력히 비판하면서 공격하기 시작했다. 그러나 1954년 8월 24일 바르가스 대통령의 자살로 민중주의적 국가의 세력은 약화되었다.

바르가스 대통령의 자살 후 브라질에는 16개월 동안 주엉 까페 필류(João Café Filho), 까를루스 루스(Carlos Luz) 및 네레우 하무스(Nereu Ramos) 등 세 명의 대통령이 등장했다. 이후 새로운 선거에서 주셀리누 쿠비체크(Juscelino Kubitschek, 1956~1961)가 대통령으로 선출되었다. 그는 브라질 경제사에서 가장 중요한 시대를 개막했다. 그는 정부의 우선적 과제를 경제발전의 가속화에 두고, 특히 기업 활동의 촉진과 외국자본의 유치를 통해 공업분야에서 발전에 중점을

쿠비체크

두었다. 그는 에너지, 식품, 운송, 기간산업, 교육, 그리고 새로운 브라질리아의 건설 등 6개 부분에 집중되었다. 그러나 쿠비체크의 개발계획은 결국 두 가지 목표의 실현으로 집약되었다. 즉, 모든 목표의 총합체로서 간주되던 신수도 브라질리아의 건설과 자동차산업의 육성이었다.

한편 쿠비체크는 외교정책의 일환으로 중남미국가들 사이 그리고 미국과 중남미국가들 사이의 관계를 재정립할 목적으로 새로운 범미주의 운동(Operação Panamericana)의 전개를 주장했다. 그의 통치 말기에 이르러 국가의 외형적 변화는 뚜렷이 나타났다. 도시는 농촌을 지배하고, 공업은 농업의 우위에 섰으며, 동남부지역은 동북부나 북부지역보다 개발의 속도가 훨씬 빠르고 또한 인플레이션이나 물가는 전례 없이 상승했다.

자니우 꽈드루스

브라질 노동당, 민주사회당, 민족민주연합 그리고 브라질 공산당간의 정치적 대립은 계속 심화되어 미래의 위기를 예고하는 듯 했다. 1960년 4월의 선거에서는 민족민주연합과 쿠비체크 정권의 반대파가 지원하여 자니우 꽈드루스(Jânio Quadros, 1961.1~1961.8)를 대통령으로 선출했다. 정치적 부패를 일소하고 인플레이션을 억제하며 물가를 안정시키겠다고 공언한 그는 전임자가 남긴 문제의 해결 능력이 부족하여 1961년 8월 25일 의회에 사임을 요청했다. 결국 의회가 이를 수락함으로써 자니우 꽈드루스 대통령은 7개월 간의 짧은 재임기간으로 끝마치게 되었다.

자니우 대통령의 사임은 새로운 정치적 위기를 초래했다. 브라질 노

리오 방문한 아이젠하워와 큐비체크

동당의 당수이며 바르가스 대통령 통치기에 노동부 장관을 역임한 주엉 굴라르(João Goulart)부통령의 법적 계승을 지지하는 세력과 이에 반대하는 군부 및 민족민주연합 세력 간의 대립이 심화되어 있었다. 결국 굴라르가 계승되었지만 1946년 헌법의 수정안으로 대통령의 권한은 축소되고, 반면에 의회의 권한은 대폭 확대된 정치체제가 수립되었다.

1961년 말부터 1963년 초까지 주엉 굴라르 대통령(1961~1964), 일명 장구(Jango)는 거국내각을 구성하여 브라질 노동당과 민족민주연합의 정치적 지원을 받고자 노력했다. 1963년 1월부터 1964년 3월까지 굴라르 정권은 경제학자 셀수 푸르따두(Celso Furtado)가 수립한 3개년 계획(Plano Trienal)을 실행에 옮기기 시작했다. 이 계획은 주로 인플레이션을 진정시키고 공업 분야의 발전을 지속시키는 데 목적이 있었다.

그러나 높은 인플레이션으로 물가가 상승하여 화폐의 평가절하를 단행하자 1963년부터는 파업이 확산되었다. 상파울루에서는 과격파 지도자들이 이끄는 전국노동자총동맹(CGT)이 파업과 소요사태를 주도했다. 또한 미나스제라이스, 고이아스 그리고 동북부지역에서는 농촌노동자들도 농장주들과의 심각한 갈등으로 농장을 기습하는 사태가 발생했다.

1964년 3월에 들어 정치상황은 더욱 악화되었다. 그러나 히우의 국민대회에서 굴라르는 수많은 노동자들에게 행정부가 더 큰 권한을 부여받을 목적으로 헌법개정을 시사했다. 이에 반대파의 반발과 비난이 시작되었다. 결국 1964년 3월 31일 반굴라르파와 군부가 쿠데타를 일으켜 군사평의회에서 1964년 4월 15일 웅베르뚜 지 알렝까르 까르뗄루 브랑꾸(Humberto de Alencar Castelo Branco)를 대통령으로 선출했다. 이로써 뽀뿔리스따 체제(포퓰리즘)가 소멸되면서 브라질 정치는 새로운 전환기를 맞이하게 되었다.

11. 군부정치(1964~1985)

브라질에서 1922~1961년 사이에 발생한 14차례의 쿠데타는 군의 정치적 개입에 불과했다. 그러나 1964년의 군사혁명은 1964~1985년 사이 21년 간 지속된 군부의 권위주의 정권을 출범시킨 매우 중요한 분기점이 되었다.

굴라르 정권 이후 브랑꾸(1964~19670), 꼬스따 이 실바(Costa e Silva, 1967~1969), 에밀루 지 메디시(Emílo G. Medici, 1969-1974), 에르네스뚜 가이젤(Ernesto Geisel, 1974~1979) 그리고 주엉 피게이레두(João Figueiredo, 1979~1985)에 이르기까지 군부의 권위주의 체제가 이어졌다. 초기에 군부는 브라질의 성숙된 민주화를 신속히 실현한 후에 자유선거로 민간정부에 정권을 이양하겠다고 분명히 약속했지만 민주화의 일정은 약속대로 쉽게 실천되지 않았다. 정치적인 측면에서 군사정권의 대통령들은 권력을 집중시키고 권위와 압제를 통해 국가를 통치했다. 그러나 그중에서도 에르네스뚜 가이젤이 가장 많이 권한을 행사한 대통령이었다.

브랑꾸(1964~1967) 정권 내에는 온건파와 강경파가 공존하고 있었다. 온건파는 경제성장을 회복하고 민간정치인들을 군의 통제 하에 잠정적으로 활동하게 함으로써 단지 대중선동적 정치인들만을 제도권 밖으로 추방하려 했다. 그러나 강경파는 자유민주주의적 정치에 종말을 고하고 군부가 운영하는 영원한 권위주의 국가의 확립을 추구했다. 이러한 양정파간의 대결상황 하에서 새로운 권위주의 체제가 타협을 통해 수립되었다.

실바(1867~1969)대통령은 혁명의 인도주의화를 내세워 자유화를 약속했으나 1968년에 강화된 반정부 시위와 의회파동 등으로 군부 내 강

에밀루지 메디시

에르네스뚜 가이젤

경파가 득세함으로써 결국 긴급조치를 발동하여 의회해산, 정치활동 금지 및 사법적 재심권을 행사했다. 군부 내 온건파와 강경파 간의 대립은 1969년에 집권한 메디시 대통령의 통치기(1969-1974)에도 여전히 심화되고 있었다. 따라서 온건파의 민주화 추진도, 민간인 대통령에게 정권이양의 약속도 이행되지 않고 오히려 군부는 확고히 권력을 장악해 나갔다. 그러나 메디시 정권은 외교관 납치, 바리그 항공사 여객기 납치 및 은행 강도 사건 그리고 발리 두 히베이라(Vale do Ribeira)가 지휘하는 게릴라 집단의 출현 등으로 많은 곤경에 처했다.

군부 내에서 온건파의 입장이 호전된 것은 가이젤과 피게이레두 대통령의 통치기였다. 1974년 가이젤 대통령(1974-1979)의 취임 이후 고문이나 정치범의 구금은 현저히 줄어들었다. 그는 브라질 민주화 과정의 질서회복을 위해 제헌의회를 구성, 신헌법의 제정 및 새로운 정부의 수립을 위한 국민투표를 실시하려 했으나 군부는 신정부의 유형과 기능을 결정한 후에도 공직에서 그들의 권한을 계속 유지하려고 시도했다.

한편 피게이레두(1978-1985)는 전임 대통령의 '완만하고 점진적인' 개방정책을 지속시켜 나갔다. 그는 사면법을 제정하여 1964년 혁명시의 정치범을 포함한 다수의 망명인사를 복권시키고, 정부여당인 민족혁신동맹(Aliança Renovadora Nacional: ARENA)을 사회민주당(Partido Democrático Social: PDS)으로 조직을 개편했다.

브랑꾸

꼬스따 이 실바

피레이레두 대통령은 브라질 역사상 최악의 경제위기에 직면했었다. 그의 재임기간 중에 인플레이션은 43%에서 229.7%로 상승했다. 외채도 1천억 달러에 이르러 1982년 11월에는 국제통화기금(IMF)의 건의를 수용할 수밖에 없었다. 사실 1964년에 시작된 군부통치는 초창기에 정치적 문제를 신속히 해결한 후 민간정부에 정권을 이양할 것으로 예상했다. 그러나 군부 내의 갈등, 기술 관료의 증대와 경제안정화 정책을 통한 국제자본과의 연계로 지배연합 세력이 형성됨으로써 관료적 권위주의 체제의 지속성이 강조되었다. 그러나 엄청난 외채에 따른 구조적 경제위기의 지속은 군부에 대한 브라질 인들의 불신만을 조장하여, 결국 1985년 대통령 선거로 민간인 대통령이 선출됨으로써 브라질 민주화의 새로운 국면을 맞이하게 되었다.

민정이양을 위한 1985년 1월의 대통령선거에서 많은 국민들의 신망을 얻었던 네비스 후보가 대중적 인기가 결여된 여당후보 말루피(Maluf)를 물리치고 간접선거에서 승리했다. 1964년 혁명 이후 최초의 민간대통령으로 선출된 네비스는 군사독재의 잔재를 일소하고 브라질 사회의 각 분야에서 새로운 변화를 가져다 줄 인물로 기대되었다. 그러나 네비스는 수많은 기대를 외면하고 1985년 4월 21일 취임 직전 취임식도 갖기 전에 사망했다. 결국 같은 날 부통령 사르네이(José Sarney)가 새로운 대통령으로 취임하여 브라질에서 신공화국(Nova República)이 출범하게 되었다.

12. 민주화시대와 신공화국의 출범(1985-현재)

주제 사르네이 정부(1985~1990)는 전 정권으로부터 물려받은 고인플레 때문에 3개월 단위의 임금 재조정, 실질 임금 협상, 주 40시간 노동 등을 주장하는 근로자들의 파업이 1985년 한 해에만 400~500여 건에 달하는 등 사르네이 정부는 파업의 혼란 속에 빠져든다. 이에 당시 재무 장관이었던 딜손 푸나루가 1986년 2월 28일 끄루자두 계획(Plano Cruzado)이라는 초강경, 반인플레 또는 경제안정화계획을 발표하게 된다. 그 주요 내용은, 첫째, 기존의 끄루제이루(Cruzeiro; Cr$)화폐를 끄루자두(Cruzado; Cz$)로 바꾸면서 1,000:1 단위로 화폐 개혁을 단행하며, 둘째, 1986년 2월을 기준으로 1년 간 임금 및 물가를 동결하며, 셋째, 국영 기업의 민영화와 넷째, 정부의 재정 지원 20% 감축 등이 포함되어 있었다.

부시와 대화하는 룰라 대통령

꼴로르 대통령(왼쪽)

하지만 이 계획은 인위적인 물가와 임금 통제였기 때문에 초기에는 국민들의 높은 지지를 얻었으나 그 해 하반기에 접어들면서 점차 문제점들이 표출되었다. 1986년 11월, 대폭적인 공공요금 인상, 인플레 억제, 빈부 격차 해소, 만성적인 실업해소를 주목표로 다시 제2의 끄루자두 계획(Plano Cruzado II)을 발표하지만 성공을 거두지 못한다.

이따마르 프랑꾸 대통령

엥히끼 까르도주 대통령

1989년 11월 대통령선거에서는 모두 22명의 후보들이 난립하는 현상을 보였으나 2차 투표에서 '국가재건당(PRN)'의 페르난두 꼴로르 지 멜루 후보(1990~1992)가 노동자당(PT)의 후보 루이스 이나시우 룰라 다 실바를 누르고 군정 이래 최초의 직접선거로 당선된 대통령으로 취임했다. 그는 취임하자마자 여성재무장관 젤리아 까르도주 지 멜루로 하여금 일명 꼴로르 플랜(Plano Collor 혹은 '신브라질계획': Plano Brasil)을 발표하였는데 그 주요 내용은, 기존의 화폐인 끄루자두 노부를 끄루제이루(Cruzeiro)로 바꾸면서 1,000:1로 평가 절하하는 화폐 개혁을 단행하며, 18개월 간 개인의 은행 구좌의 인출을 중단하며 국영 기업체들을 민영화한다. 그러나 1991년 외채는 1,200억불에 달했다. 이와 함께 점진적인 관세 인하와 더불어 컴퓨터 산업을 포함, 국내 시장을 개방하며 정부의 각종 재정 지원금을 대폭 삭감하는 것을 골자로 하고 있다. 이 계획은 브라질 역사상 전대미문의 초강력 반인플레 정책으로 알려지고 있지만 시간이 흐르면서 인플레가 다시 고개를 들기 시작한다. 1991년 1월에 이 계획의 보완을 이유로 제2차 꼴로르 플랜을 발표하기에 이른다. 하지만 이 정책도 실효를 거두지 못한 채 표류하다가 1992년 12월 꼴로르 대통령이 일명, PC사건(꼴로르의 선거 자금 담당 참모였던 빠울루 세자르 파리아스(Paulo César Farias)의 이름을 딴 것)이라는 독직사건에 연루됐음이 밝혀져 의회에서 탄핵됨으로써 대통령직에서 물러나고 당시 부통령이었던 이따마르 프랑꾸(Itamar Franco)가 잔여 임기를 채우기에 이른다.

한편 이따마르 프랑꾸 대통령 재임기간 중에 재무장관을 역임한 브라질 대통령 페르난두 엥히끼 까르도주(Fernando Henrique Cardoso)가 1994년 3월 대 미화 환율을 1:1로 하는 화폐개혁을 주 골자로 하는 일명 헤알계획(Plano Real)을 단행한다. 그는 자신이 재무장관 시절에 실시한 '헤알정책'을 통해 국민의 신임을 받으면서 1994년 10월 대통령선거에서 당선, 1995년 1월 1일 대통령직(1995-2003)에 올랐다.[2]

2) 까르도주 대통령을 포함한 룰라 대통령 정부에 대해서는 뒤에 이어지는 제6장 정치편을 참조할 것.

V

정치

V 정치

1. 국가형태

브라질의 정치체제는 삼권분립 하의 대통령중심제에 기반을 두고 있으나 연방 상하원 의회제도를 통해 연방정부와 지방정부가 통치권을 분할 소유함으로써 미국식 정치시스템을 취하고 있다. 이러한 시스템에서의 연방정부가 갖는 주요 역할 및 권한은 외교관계, 교역, 이민정책, 국경획정, 국제기구 참여, 전쟁선포 및 강화, 국방, 계엄령 선포, 화폐발행, 국가경제 및 사회발전 계획 수립, 각 주(州)간의 통상관계 조정 등이며 주정부는 연방헌법을 존중하고 침해하지 않는 범위 내에서 자체의 주 헌법을 제정, 운영하고 있다. 그러나 노사관계, 환경문제, 조세문제 등에 대해서는 연방법과 주법이 공동으로 규정하고 있다.[3)]

2. 헌법

전문을 포함하여 9장 245개조로 이루어진 브라질 헌법은 브라질의 독립(1822)이후 지금까지 총 8차례에 거쳐 개정되었으며 첫 헌법은 1824년에 제정되었다.

---

3) 『브라질 개황』, 외교통상부, 2004년 4월. 이하 본 장의 내용은 주로 우리나라 외교통상부 자료와 2005년판 “Almanaque Brasil”(2005: Abril)을 참조하였음.

이 가운데 1988년에 개정된 헌법에서는 문맹자들에게도 선거권을 부여함과 동시에 유권자의 연령을 만 16세로 확대하였으며 또 선거를 의무로 규정하여 브라질국적을 지닌 사람이면 누구나 투표에 참여하여야 한다. 이에 따라 해외에 체류 중인 사람이라도 특별 사유서를 제출하지도 않은 채 투표에 참여하지 않을 경우 향후 해외여행이나 세금, 구직 등에서 많은 불이익을 받게 되었다. 또한 페르난두 엥히끼 까르도주(Fernando Henrique Cardoso) 대통령시절에 단행된 헌법 개정(1997년 6월)에서는 대통령임기가 4년 중임제로 개정되어 그 자신이 재선되는 혜택을 누리기도 하였다. 물론 이때부터 주지사를 비롯한 시장 역시 재임할 수 있게 되었다.

한편 루이스 이나시우 룰라 다 실바(Luiz Inácio Lula da Silva) 정부에서는 연금 및 조세개혁 법안이 2003년 12월, 의회에서 통과되었으며 2004년에도 노동, 사법, 노조개혁 법안이 의회에 상정 또는 통과되기도 하였다.

3. 입법부

브라질의회는 상원과 하원 즉, 양원제를 채택하고 있다.

상원의 경우 정원이 81명으로 각 주와 연방특구에서 각각 3명씩 선출한다. 국민의 직접선거에 의해 4년마다 선거가 치러지는데 한번은 2/3, 다음 선거에는 나머지 1/3을 선출하는 방식으로 그들의 임기는 8년이다. 상원의 주요 기능과 권한을 보면 국가의 외교정책을 검토하고, 대법관, 검찰총장, 헌법재판소장, 중앙은행총재, 외국주재 대사 등의 임명에 대하여 사전 승인권을 가지며 대통령의 전쟁선포와 군의 해외파견에 대한 사전 승인 그리고 국제조약에 대한 비준권 등을 갖는다.

상원의원에 출마하기 위해서는 35세 이상의 브라질 국적자여야 한다.

한편, 하원의 경우는 정원이 513명이며 임기는 상원과 달리 4년으로써 인구비례제에 따른 국민의 직접선거로 선출된다. 하원의 주요 기능을

브라질 국회의사당

보면 법률제안 등 입법 활동을 비롯하여 대통령의 전쟁선포에 대한 사전 승인 그리고 국가 예산의 심의와 승인권을 갖는다. 하원은 연 2회(2월 15일 - 6월 30일, 8월 1일 - 12월 15일) 정기회기를 열며 연방하원에 출마하기 위해서는 21세 이상의 브라질 국적 소유자여야 한다.

그리고 각 주 역시 주 의회를 가지고 있는데 이들도 인구비례에 따라 직접선거로 선출되며 주요기능은 주의 운영에 관한 입법 활동을 중심으로 대정부 질의, 토론, 정부 불신임권, 주정부에 대한 국정감사권, 예산안 승인 등이며 임기는 연방하원과 마찬가지로 4년이다.

4. 행정부

연방제 하의 대통령중심제를 택하고 있는 만큼 대통령이 국가 원수이자 행정부 수반을 겸하고 있다. 대통령은 보통선거 및 직접선거로 선출되며 1차 투표에서 유효표의 과반수를 획득하지 못할 시에는 1차 선거일로부터 30일 이내에 최고 득표 후보자 두 명이 결선투표를 치르게 된다. 이때에는 다수득표자가 최종 승리자가 된다. 대통령의 임기는 4년 중임이 가능하며 주요 권한에는 법률 공포, 주요인사(장관, 연방회계감사원 감사관, 연방최고법원 판사, 검찰총장, 중앙은행 총재 등)에 대한 임명권, 군 통수권, 조약체결권, 의회소집과 해산권, 의회연설과 교서 발표권, 대통령령 공포권, 사면, 복권, 감형, 집행유예, 형집행 정지 등 사법적 권한도 포함되어있다. 또한 헌법 기능이 침해되거나 정지되는 사태가 발생할 시에는, 헌법의 주 기능 전부 또는 일부를 장악할 수 있으며 전쟁 또는 침략에 의하여 국토의 일부 또는 전부가 위협을 받고 있다고 판단될 경우, 비상사태를 선포할 수도 있다. 물론 그의 유고(有故)를 비롯하여 직무수행이 불가능한 상황이 발생할 경우, 새로운 대통령이 선출될 때까지 부통령이 대통령의 권한을 승계한다.

한편 대통령에 출마하기 위해서는 35세 이상으로 브라질태생의 브라질 국적 소유자여야 하며 소속정당의 공천을 받아야만 한다.

5. 사법부

3심제 구조의 브라질 사법부는 연방최고법원, 고등법원, 지방법원으로 나뉜다.

연방최고법원의 경우 상원의 승인을 거쳐 대통령이 임명하는 대법원장을 위시하여 총 11명의 대법관으로 구성되며 대법관은 의회 양원 재적 과반수의 출석과 출석의원 2/3 이상의 찬성이 없는 한 해임되지 않는 신분보장을 받으며, 연방정부와 주정부간의 분쟁 및 주정부 상호간의 분쟁에 대한 배타적 관할권을 가진다. 대법관이 되기 위해서는 35세 이상 65세 미만으로 브라질 출생의 브라질 국적 소유자여야 한다.

고등법원의 경우 주(州) 단위의 최고 사법기관으로써 고등법원장과 고등법관으로 구성되어 있으며 기능별로 노동, 선거 및 군사법원을 고등법원에도 별도로 설치, 운영하고 있다. 상원의 승인을 받아 대통령이 직접 임명하는 고등법관은 총 33명으로 대법관과 동일한 방식으로 신분보장을 받는다.

현재 노동고등법원은 27명, 선거고등법원은 연방최고법원에서 3명, 고등법원에서 2명, 대통령이 2명을 각각 임명한 총 7명으로 구성되어 있으며 군사고등법원의 경우 해군 3명, 육군 4명, 공군 3명, 민간인 3명 등 총 15명으로 이루어져있다.

한편 지방법원의 경우 각 주(州)별로 설립되어 있으며 주로 일반 민사 및 형사사건을 심의하며 치안판사들의 경우 일반적으로 1구역 이상을 순회하면서 사건을 심의한다.

6. 정당

군부통치(1964~1984)가 말기에 접어들던 1979년부터 민주화바람이 거세게 일면서 양당제가 폐지되고 다당제가 채택되었다. 하지만 뚜렷한 정당정치의 전통이 없던 브라질은 선거 때마다 정치인들의 이합집산이 이루어지면서 각종 군소정당들이 탄생하였는바 현재 그 수가 20여개를 상회한다. 이러한 관계로 주요정당들의 정강이나 이념에는 큰 차이가 없으며 대다수 중도 좌파적인 성향을 보이고 있다.

한 가지 특징이 있다면 우리나라와는 달리 공산당 등 극좌 정당들이 존재한다는 점이다. 그러나 이들의 영향력은 매우 미미한 수준이다.

현재의 주요 정당들을 보면 다음과 같다:

1) 노동자당(PT)

2003년 취임한 룰라 대통령을 중심으로 1979년 12월, 상파울루 위성도시 ABC 지역의 노조운동권 인사들이 대거 참가하여 창당되었다. 1994년 동 당에서는 처음으로 주지사(브라질리아, 이스삐리뚜산뚜)를 탄생시켰다. 1998년에는 히우그란지두술(Rio Grande do Sul), 아끄리(Acre) 그리고 마뚜그로수두술(Mato Grosso do Sul) 주지사직도 차지하였다. 룰라 대통령 이외에 동 당을 대표하는 인물로는 상 주제 지르세우(São José Dirceu)와 알로이지우 메르까단찌(Aloisio Mercadante)가 있다. 2004년 선거에서는 시장 411명을 선출시킴으로써 2000년 선거 때의 187명보다 무려 120%의 증가세를 나타냈다. 2006년 현재 하원의원 13명, 상원의원 90명, 주지사 9명이 소속되어 있다.

2) 브라질사회민주당(PSDB)

재임을 한 페르난두 엥히끼 까르도주(Fernando Henrique Cardoso) 대통령을 중심으로 1988년 6월 기존의 브라질민주운동당(PMDB)에서 갈라져 나온 정치인들에 의해 창당되었다. 2006년 현재 전직 대통령인 이따마르 프랑꾸(Itamar Franco)가 당의장직을 맡고 있으며, 2002년 대선에서 후보로 나선 주제 세하(José Serra)의 경우 룰라 후보에게 패배하였으나 2006년 현재 상파울루 시장 직을 수행하고 있다. 동 당의 대표인물로는 위에서 언급한 전직 두 대통령이외에 아에시우 네비스(Aécio Neves), 제랄두 알시밍(Geraldo Alcimin) 등이 있으며 2004년 선거에서 871명의 시장을 당선시키는 등 2006년 현재 상원의원 11명, 하원의원 48명, 주지사 5명이 소속되어 있다.

3) 브라질민주운동당(PMDB)

1979년에 불었던 민주화바람에 힘입어 구 야당이었던 민주운동당(MDB)을 모체로 창당되었으며 브라질 군부집권 기간 동안 야당으로써 브라질 민주화의 기수로 활동하였다. 그러한 영향과 더불어 고인이 된 울리시스 기마랑이스(Ulysses Guimarães)나 정계에서 물러난 안또니우 까를루스 마갈랴이스(Antônio Carlos Magalhães) 등 브라질 정계의 주요 인물을 배출한 곳인 만큼, 2004년 지방선거에서도 최고로 많은 1,057명의 시장을 당선시켜, 아직까지 폭넓은 국민적 지지를 받고 있음을 입증했다. 2006년 현재 상원의원 22명, 하원의원 76명이 소속되어 있다.

4) 자유전선당(PFL)

1964-1984년 사이의 군정시절에 여당이었던 국가혁신동맹(Arena)을 모체로 하여 1984년 11월에 창당되었으며 1985년 군정이 종식 되던 해

에 말루피(Maluf)후보를 내세워 재집권을 노렸으나 PMDB의 후보였던 땅끄레두 네비스(Tancredo Neves)에게 패한바 있다. 그러나 아직까지 전직 대통령이었던 주제 사르네이(José Sarney) 등 거물급 정치인들이 다수 포진하고 있는 정당이다. 2004년 선거에서 790명의 시장을 당선시켰으며 2006년 현재 상원의원 18명, 하원의원 61명, 주지사 2명이 소속되어 있다.

5) 브라질노동당(PTB)

1930년대 브라질 포퓰리즘 기수였던 제뚤리우 바르가스(Getúlio Vargas) 대통령의 계파 정치인들이 1981년 11월에 세운 정당이나 그 영향력은 미미하다. 1994년과 1998년 대선에서 페르난두 엥히끼 까르도주 후보를 지지하며 연정에 참가하였으나 2003년에는 룰라 정권에 줄을 섰다. 2004년 선거에서 시장 425명을 당선시켰으며 2006년 현재 상원의원 3명, 하원의원 51명, 주지사 2명이 소속되어 있다,

6) 민주노동당(PDT)

전 히우지자네이루(Rio de Janeiro) 주지사였던 레오넬 브리졸라(Leonel Brizola)의 주도하에 1981년 11월에 제뚤리우 바르가스의 이념을 신봉하는 정치인들이 창당하였으나 그 영향력은 미미한 실정이다. 창당의 주역인 레오넬 브리졸라는 1989년과 1994년 대선에 나섰지만 패배하였다. 2004년 선거에서는 3명의 시장을 당선시켰으며 2006년 현재 상원의원 5명, 하원의원 13명, 주지사 1명이 소속되어 있다.

7. 1990년대 이후 브라질의 정치흐름과 현 상황

1964년부터 20년을 군부통치하에 있었던 브라질은 1984년 절정에 달한 일명 "지레따스 자 Diretas Já"[4]운동을 통해 군정에서 민정으로 넘어왔다. 하지만 군부의 장기집권에 따른 부정부패와 70년대 말의 오일쇼크 이후 가속화된 경제파탄은 민정으로의 정권이양이후에도 불안요인으로 자리 잡았고 국민적 지지를 업고 당선된 땅끄레두 네베스마저 취임직전 사망함으로서 브라질 정국은 한치 앞을 볼 수 없는 혼돈에 휘말리게 되었다. 특히 그의 러닝메이트였던 주제 사르네이(José Sarney)가 법에 따라 집권하였으나 정통성 문제에 휘말렸고, 민주화와 더불어 기대가 컸던 국민들의 바람은 그의 리더십 부재와 연 2,000%가 넘는 악성 인플레이션에 여지없이 무너져 내렸다. 그의 집권기간 5년 동안 크고 작은 파업과 데모가 4만여 건에 달했다는 사실이 당시의 상황을 잘 설명해준다.

이어 국민들은 부정과 부패 그리고 악성 인플레이션 제거를 통해 국가를 재건하겠다며 1989년 중도우익 성향의 국가재건당(PRN)을 세우고 대선 후보로 나선 알고아스(Alagoas) 주지사 출신의 페르난두 아퐁수 꼴로르 지 멜루(Fernando Afonso Collor de Melo)에게 기대를 걸었으나 그 역시 내부의 부패와 기득권 정치인들의 저항을 이기지 못하고 2년 만에 탄핵으로 물러나는 혼란이 이어졌다. 탄핵직전 사임한 그의 뒤를 이어 당시 부통령이었던 이따마르 프랑꾸(Itamar Franco)가 1992년 10월 임시 대통령직을 승계하였다가 같은 해 12월 29일 대통령에 공식 취임하였다. 이어 1993년 4월에는 국가의 정치시스템을 묻는 국민투표가 실시되어 기존의 대통령 중심제가 채택되었으며 이어서 열린 헌법개정심의회에서 긴급사회복지기금과 대통령임기단축(4년)안이 확정되었다.

---

4) "당장 직접선거를 실시하라"는 의미의 포르투갈어로써 민주화운동의 슬로건이었다.

1) 까르도주(Fernando Henrique Cardoso) 정부의 출범

중임을 한 까르도주 전임 대통령은 1993년 이따마르 프랑꾸 대통령 집권시절에 재무장관을 역임하면서 통화와 물가안정을 기조로 한 "헤알 플랜 Plano Real"을 추진하여 악성 인플레이션을 획기적으로 안정시키는데 성공, 이를 기반으로 1994년 대선에서 압도적인 승리를 거두고 당선되었다. 이듬해 1월 1일 출범한 그의 1기 정부(1995~1998)는 국민들의 전폭적인 지지와 경제정책의 성공으로 일련의 개혁을 추진, 성공하는 듯 하였으나 여당인 브라질사회민주당(PSDB)의 의회 기반 약화와 기득권층의 반발로 후퇴를 거듭하였다.

이에 그의 정부는 자유전선당(PFL), 브라질민주운동당(PMDB) 그리고 브라질 진보당(PPB) 등과 연정을 구성하여 석유, 광업, 전기, 통신 등 국가기간산업의 민영화를 추진하고 나아가 관료주의 퇴치를 위한 행정개혁 및 재정적자의 주요인으로 간주되었던 사회보장제도의 개혁을 추진하기 위해 1997년 6월 개헌을 단행하였다. 그와 동시에 대통령을 비롯한 주지사와 시장 등의 연임을 허용하는 개헌안도 통과시킴으로써 재선의 발판을 마련하였다. 그러나 동 개정안에서는 사회보장제도의 개혁부분이 기득권층의 강한 반발로 무산(1998년 12월)되어 대외신인도의 하락을 야기하였고 급기야 이듬해 IMF의 긴급구제금융을 지원받기에 이르렀다.

그러나 사회보장법개혁이 무산되기 전 헌법개정을 통해 재선의 길을 열었던 까르도주는 "헤알플랜"의 성공 및 경제안정에 힘입어 98년 10월 4일 대선에서 노동자당(PT)의 강력한 후보였던 룰라를 물리치고 재선에 성공, 제2기 정부를 출범시켰다. 이 기간 동안 그는 헤알화의 변동환율제(40%의 평가절하 효과)와 고금리정책(최고 연 45%)을 취함으로써 무역수지를 개선하고 외국인 직접투자를 촉진하였으며 나아가 사회보장제도 개혁안을 의회에 제출, 통과시킴으로써 IMF와의 합의를 이행하는데 성공, 대외신인도를 회복할 수 있었다.

이를 바탕으로 2000년 10월 실시된 시장 및 시의원 선거에서 집권연

립여당 소속의 후보 과반수가 당선됨으로써 그가 야심차게 추진하고자 했던 경제개발 4개년 계획(2000~2003)에 큰 힘이 되어주었다. 하지만 상파울루 등 주요도시에서는 오히려 강력한 야당으로 부상한 노동자당(PT)이 약진함으로써 연정에 참여한 정당간의 불화를 낳았으며 이어 후반기에 터지기 시작한 각종 부정부패 사건과 전력 대란, 아르헨티나발 경제위기 등으로 8여 년 동안 유지되어오던 연정이 무너짐으로써 정부의 정치적 입지가 크게 약화되었다.

2) 룰라(Luiz Inácio Lula da Silva) 정부의 탄생

이러한 상황에서 실시된 2002년 10월 7일의 대선에서는 빈곤층에 강력한 지지기반을 갖고 있던 노동자당의 후보 룰라가 1차 경선에서 46.43%를 차지, 여당이었던 브라질사회민주당 후보(23.2%) 주제 세하(José Serra)를 물리쳤다. 하지만 과반수 획득에 실패함으로써 양 후보는 2차 경선(10월 27일)에 돌입하였으며 이에, 룰라 후보가 이미지 변신 및 중산층 공략으로 61.27%를 얻음으로써 대통령으로 당선되었다.

좌익정당의 후보였다가 당선 후에는 중도 우익 성향의 정책을 채택하여 많은 사람들을 놀라게 했던 그의 당선 요인으로는 대체적으로 기존 정치인들의 부정부패에 대한 국민들의 환멸과 그에 따른 새로운 변화에의 욕구, 빈부격차의 심화에 따른 저소득층의 불만이 가장 큰 요인으로 지적되었으며 대선을 앞둔 시점에서 연립여당 내의 분열도 한 몫을 한 것으로 풀이된다. 또한 그가 노조운동을 통해 강력한 카리스마와 타협술을 익힌 것에 비해 여당후보였던 주제 세하의 경우는 카리스마가 부족한 것도 그의 승리에 보탬이 되었다. 아울러 빈곤층의 전통적인 절대 지지를 바탕으로 기존의 극좌 이미지에서 탈피하여 온건한 이미지로 변신하는데 성공, 막판에 중산층의 지지를 끌어낼 수 있었던 것이 그가 대통령이 될 수 있었던 주요 요인으로 풀이된다.

2003년 1월 1일 취임한 룰라 대통령은 빨로시(Palocci) 재무장관을 통해 신정부의 궁극적인 목표가 정의로운 국가 건설에 있다면서 절대빈곤의 해소와 사회적 균형을 목표로 '포미제로(Fome Zero)' 등 과감한 민생정책을 제시하고 이러한 개혁의 목적이 국민경제의 균형적인 발전과 경제의 활성화 그리고 지속성장을 회복하기 위한 시장의 불확실성 제거에 있다고 밝혔다.

지금까지 룰라 행정부가 추진해온 주요 개혁의 내용을 보면 고강도의 긴축정책을 중심으로 세제개혁과 연금개혁 그리고 농지개혁에 집중되어 있으며 이를 뒷받침하기 위해 능력위주의 인사배치와 빈곤층에 대한 지원정책 그리고 특히 경제부분에 있어서는 원칙과 실용주의 노선을 추구하여 내수위주의 정책에서 탈피, 수출주도의 개방경제로 전환하는 이른바 실용주의적-시장친화적 통상정책을 추구하고 있다. 그리하여 99년 IMF 구제금융 지원과 함께 2,436포인트로 급상승(2002년 10월)한 국가위험도가 2003년 말에는 468포인트로 급강하하였으며 2003년의 무역수지 역시 전년에 비해 두 배에 달하는 248억 달러의 흑자를 기록하였다.

한편 대외정책에 있어서도 실용주의 노선을 추구함으로써 국제무대에서의 자국 영향력을 극대화하고 있는데 그 한 예로써 2003년 9월 칸쿤에서 열린 WTO 각료회의에서는 G-22 결성을 주도함으로써 선진국에 맞서 개도국들의 입장을 대변하는 수장의 역할을 하였고 이어 아프리카와 중동지방을 순방, 개도국들 간의 협력강화를 모색하였다. 나아가 남미공동시장(Mercosul) 및 안데스공동체(CAN) 등과도 긴밀한 협력을 통해 북미 및 EU 등 선진국가들의 블록에 대응하고 있다.

그러나 그의 대내외적인 주요 활동과 성과에도 불구하고 국내경기가 부진을 보여 실업률이 높아가고 실질평균임금이 감소하는 등 빈곤층의 불만이 고조되고 있으며 2005년 하반기에 불거진 측근들의 부정부패 등으로 재선을 노리는 그의 정치가도에 위기감이 고조되고 있다. 따라서 그가 국민의 신뢰를 얼마나 빨리 회복하고 또 경기활성화를 얼마나 빨리 효과적으로 이끌어내느냐에 따라 2006년 대선에서의 재선여부가 가려질 것으로 보인다.

Ⅵ

외교

VI 외교

1. 외교정책의 기조[5)]

브라질외교정책의 기본 목표는 국가주권의 수호와 강화, 국제 및 지역 공동체들과의 협력 강화, 국제분쟁의 평화적 해결 그리고 국가경제발전 추구로 집중된다. 이러한 목표 하에 브라질은 자국의 국제적 위상 강화와 실리외교라는 특징을 나타내고 있는데 우선 국제적 위상강화와 국익의 극대화라는 시각에서 남미공동시장 및 안데스공동체 국가들과의 협력 강화를 통해 남미의 통합을 추구하고 있으며 이를 바탕으로 지역강국으로서의 위상을 확보하고 있다. 또한 세계화와 지역화를 적절히 구사함으로써 개도국들과의 관계도 중시하여 G-20의 형성에 주도적인 역할을 해왔으며 이를 바탕으로 국제무대에서의 자국 위상 강화와 유엔안보리 상임이사국 진출을 꿈꾸고 있다.

2. 우리나라와의 관계

브라질은 전통적으로 우리나라에 대하여 우호적인 정책을 취해 왔으며 한반도에서의 평화정착과 통일을 위한 한국의 입장을 지지하고 한반

5) 외교부분은 2004년 4월 외교통상부가 발간한 〈브라질 개황〉을 주로 참조하였음.

도 문제는 남북한 당사자 간의 대화를 통해 해결되어야 한다는 자세를 견지하고 있다. 또한 통상 분야에서는 우리나라 경제 발전상에 상당한 관심을 가지고 있는데 특히 최근 들어서는 교육과 경제 그리고 과학기술 분야를 중심으로, 양국 간의 보완적인 산업구조에 기초한, 실질협력 관계의 증진을 희망하고 있다.

다음과 연대별로 살펴본 양국 간의 관계 증진 상황이다.

1) 한국

1959. 10. 31 정식외교관계 수립
1960. 3. 31 양유찬 주미대사, 초대 주 브라질 겸임대사 신임장제정
1962. 7. 11 주 브라질 상주 대사관 개설
1962. 8. 28 박동진 초대 상주대사 신임장제정
1970. 10. 2 상파울루 분관을 총영사관으로 승격
1971. 3. 21 대사관을 히우지자네이루에서 브라질리아로 이전
2003. 7. 21 김광동 제15대 상주대사 신임장제정

2) 브라질

1961. 10. 6 데시오지 모우라(Deciode Moura) 주일대사 초대 주한 겸임대사 신임장제정
1965. 5 주한 상주 브라질대사관 개설
1967. 8. 23 바르뗄 호자(Barthel-Rosa) 초대 주한 브라질 대사 신임장제정
2003. 8. 28 뻬드루 빠울루 삔뚜 아숭성(Pedro Paulo Pinto Assumpção제10대 주한대사 신임장제정

3. 양국간 조약 체결 현황

1963. 5. 21 무역협정 발효
1967. 10. 20 문화협정 발효
1989. 9. 28 공동위 설립 양해각서 서명 및 발효
1991. 11. 21 이중과세 방지 협약 발효
1992. 9. 10 외교관 및 관용여권 사증면제 협정
1995. 9. 1 범죄인 인도조약 서명
1995. 9. 1 투자보호협정 서명
1996. 9. 12 정책협의회 설치 양해각서 서명 및 발효
1996. 9. 12 상용복수사증발급협정 서명
1996. 9. 12 관광협력협정 서명
1997. 1 항공협정 개정안 발효
1997. 11. 25 관광협력협정 발효
1997. 12. 25 상용 · 투자 및 취재 복수사증 발급협정 발효
2001. 1. 18 사증면제협력협정 서명
2001. 1. 18 원자력협력협정 서명
2002. 2. 1 범죄인 인도조약 발효
2002. 5. 2 일반사증면제협정 발효
2002. 12. 13 형사사법공조조약 체결

VII

브라질 경제

VII 브라질 경제

브라질 경제사를 크게 구분한다면, 1930년을 기준으로 그 이전의 중상주의 시기와 이후의 산업화시기로 나누어 볼 수 있다. 이 중 채취경제와 단일경작(monocultura)으로 특징 지워지는 중상주의 시기는 다시 17세기 사탕수수 주기와 18세기 금주기를 중심으로 한 식민지 시기와 19세기 커피 경제로 특징 지워지는 1차 상품 수출 시기로 구분해볼 수 있다. 1930년대 이후의 산업화 시기는 브라질의 성장 전략이었던 수입대체산업화의 추진 시기와 수입대체산업화로 인해 야기된 모순이 총체적으로 폭발한 1980년대, 그리고 시장 지향적 경제구조조정을 도입한 1990년대로 구분해 볼 수 있다.

1. 중상주의 시기

1) 식민지 시기 – 사탕수수 주기와 금주기

16세기 이베리아 반도에 위치한 포르투갈은 대항해 시대를 주도하면서 상업자본주의의 한 축으로 부상했고, 1500년 까브랄(Pedro Álvares Cabral)이 브라질에 도착한 이후 브라질은 포르투갈의 상업 자본 축적의 중요한 일부가 되어갔다.

사실 식민 초기만 하더라도 브라질은 포르투갈의 경제적 관심에서 벗어나 있었다. 그것은 당시 포르투갈이 이미 동방무역으로 많은 이익을 누리고 있었고, 스페인의 여타 남미 식민지에서처럼 브라질 식민지에서는 귀금속도 발견되지 않았으며, 브라질을 식민화할 노동력도 부족했기 때문이다. 때문에 브라질 발견과 함께 포르투갈에게 즉각적으로 이익이 될 수 있었던 유일한 상품은 단순한 채취활동을 통해 얻을 수 있었으며, 붉은 색 염료 재료로 유럽에서 고가에 팔리고 있었던 브라질 나무(pau-brasil)였다.

이후 포르투갈 왕실은 브라질 식민지 지배를 확고히 하고, 중상주의적 자본축적 기반을 마련하기 위해 농업 이식을 시도하게 된다. 그리고 이러한 시도로 나타난 것이 1520년경 브라질 북동부 지역에 도입된 플랜테이션 형태의 사탕수수 재배였다. 포르투갈 왕실의 사탕수수 이식은 성공적이었다. 17세기 초 브라질은 세계 최대의 설탕 공급지로 부상하였고, 브라질은 처음으로 경제적 번영을 경험하게 되었다. 그러나 브라질 식민지의 사탕수수 경제는 단일 작물 수출에 주력하는 대농 위주로 이루어졌고, 그 결과 부와 소득이 소수의 대농장주에게 집중되어 내수 시장 확대가 불가능해짐으로써 식민지 경제 구조의 정체성을 야기하는 주요 원인이 되었다. 여기에 부가하여 17세기 말부터 영국, 프랑스, 네덜란드의 중미 식민지에서 설탕 생산이 증가하면서 사탕수수에 기반을 둔 브라질 경제는 쇠퇴기를 맞이하게 된다.

사탕수수 경제 주기가 쇠퇴기로 접어들던 17세기 말 지금의 미나스제라이스(Minas Gerais) 주에서 금이 발견되면서 브라질 식민지에 새로운 발전 주기가 시작되었다. 브라질에서 생산된 금의 생산량은 18세기 세계 총 금생산량의 절반을 차지할 정도로 막대한 것이었다. 골드러시와 함께 지배계급과 졸부의 환상을 가진 상당한 인구가 미나스제라이스로 몰려들었고, 브라질 식민지의 경제 중심지는 북동부 지역에서 중서부 지역으로 바뀌게 되었다. 이 외에도 금주기는 광산지역에 식량을 공급하기 위한 농업과 목축업의 발전을 가져와 산업 부분 간의 연계효과를 강화했고, 금광지역과의 교신을 원활히 하기 위해 1763년 수도를 살바도르(Salvador)에서 히우지자네이루(Rio de Janeiro)로 이전시키는 결과를 낳기도 했다. 한편 금의 발견으로 브라질 식민지가 중요해지면서 포르투갈 왕실은 세수감독 강화, 무역 독점권의 확립, 브라질 식민지 내의 제조업 금지 등 중상주의적 통제를 강화하게 된다. 그럼에도 불구하고 무분별한 금 채취로 브라질의 금광 붐은 1세기도 지속되지 못한 채 18세기말 종말을 고하게 된다.

2) 1차 상품 수출 시기 – 커피 주기

커피와 커피농장

1822년 포르투갈로부터 독립한 브라질은 자주적인 경제 구조를 구축하기 노력했으나, 당시 산업혁명으로 패권을 차지한 영국이 지배하는 국제 경제 질서에 편입함으로써 1차 상품 수출국으로 전락하게 된다. 브라질의 역사학자 세르지우 부아르끼 지 올란다(Sérgio Buarque de Holanda)가 브라질의 경제 주기를 빗대어 '브라질의 역사는 기적의 역사'라고 지적한 것처럼, 고갈된 금광 대신에 독립 왕정을 이룩한 브라질 경제를 지탱해 줄 1차 작물이 기적과 같이 나타나게 된다. 다름 아닌 커피였다. 18세기에 브라질에 소개된 커피는 19세기 유럽과 북미에서 수요가 급증하면서 '녹색 황금'으로 불리게 되었으며, 브라질은 세계 최대의 커피 수출국이 되었다.

커피경제는 우선 경제 중심지를 금광지역에서 대규모 커피 농장이 집중된 상파울루와 히우 지자네이루 주로 변화시켰다. 그러나 무엇보다도 커피 경제가 이전 사탕수수 경제나 금주기와 구별되는 것은 이전의 경제 주기들이 식민지 본국과 유럽 중상주의 국가들의 국부 증진에 기여한 반면, 커피 주기는 브라질 자체의 자본주의 발전에 기여했다는 점이다. 커피 경작의 확대로 부족해진 노동력을 보충하기 위해 유럽으로부터 대규모의 이민이 유입되었으며, 그 결과 1888년 노예제 폐지 이전부터 유럽 이민자들을 중심으로 노예노동이 임금노동으로 대체되기 시작했다. 임금 노동자 계층의 등장은 구매력을 가진 소비자 계층의 형성을 의미하는 것으로, 이는 브라질 국내 시장 확대와 도시화, 제조업 발전에 커다란 자극제가 되었다. 또한 커피 경제의 확대는 철도 건설과 같은 인프라의 정비, 생산 증대를 위한 기계화의 도입을 촉진시켰으며, 수출 확대에 따른 금융제도의 정비를 가져왔다. 정치 · 경제적 측면에서도 커피 경제는 커피 부르주아지라고 불리는 새로운 지배 계층과 과두제 지배체제를 형성시키는데 결정적인 역할을 했다.

이처럼 브라질 경제에 역동성을 불어넣어주었던 커피 경제는 무분별한 생산 증가로 공급과잉상태에 처하게 되고, 여기에 1929년 세계대공황이 몰아닥치면서 수요가 급감하고 가격이 폭락하면서 몰락의 길에 접어들게 된다.

2. 수입대체산업화를 통한 산업화 추진

1924년 브라질 전체 수출에서 커피가 차지하는 비중은 75%를 넘어설 만큼 커피는 브라질 경제를 지탱하는 절대적인 상품이었다. 그러나 단일경작에 의존한 1차 상품 수출 경제는 이미 지속적인 교역조건의 악화, 수출가격의 동요에 따른 대외취약성의 증가, 소득 집중 등 많은 문제점을 야기하고 있었다. 여기에 제1차 세계대전과 대공황이 발생하면서 브라질의 커피 수출은 커다란 타격을 입게 되었고, 그 결과 브라질 경제는 극심한 경기침체에 빠져들었다. 이러한 커피 경제의 위기와 공황의 여파를 극복하기 위해 1930년 쿠데타로 정권을 잡은 바르가스(Getúlio Vargas) 정부는 수입대체산업화에 기반을 둔 산업화 정책을 추진하게 된다.

바르가스정부가 추진한 수입대체산업화의 목적은 수입의존도를 줄여 커피 수출 감소에 따른 외환부족 문제를 해결하고, 국내시장을 겨냥한 산업화를 추진함으로써 농산품 수출 경제에서 벗어나는데 있었다. 우선적으로 식료품과 섬유와 같은 비 내구소비재 산업을 중심으로 한 수입대체산업화가 추진되었으며, 초기 수입대체 산업화를 지탱할 주요 정책수단으로 보호무역주의와 민족주의 이데올로기가 사용되었다. 국내 산업을 보호하기 위한 관세 인상과 외환거래 통제가 이루어졌으며, 해외자본의 브라질 국내 투자는 제한되었다. 또한 민족주의 이데올로기를 앞세워 1941년 제철공사(CVRD), 1953년 석유공사(Petrobrás) 등 일련의 공기업들이 설립되었고, 공기업을 통한 국가의 경제개입이 시작되었다.

1950년대 초 브라질은 비 내구재 중심의 수입대체산업화를 상당히 진전시켰음에도 불구하고 내부지향적 발전으로 야기될 수밖에 없는 문제, 즉 외환부족에 직면하게 된다. 외환부족은 산업화 진전에 필수적인 중간재와 자본재의 수입을 어렵게 만들었으며, 성장의 걸림돌이 되었다. 따라서 수입대체산업화의 논리상 당연한 귀결이기는 하겠지만, 브라질은 산업화의 완성을 위해 내구소비재와 자본재를 생산하는 방향으로 수입대체산업화 과정을 발전 심화시키게 된다.

'5년 안에 50년의 발전을'이라는 발전주의 이데올로기를 내세운 쿠비체크(Juscelino Kubitsch) 정부는 브라질 경제 역사상 가장 야심찬 경제발전계획으로 평가받는 메따스 계획(Plano de Metas, 1956-1961)을 수립, 브라질 수입대체산업화에 새로운 이정표를 제시하게 된다. 메따스 계획은 인프라 확충을 위한 국가의 재정지출 확대와, 내구소비재와 중간재 생산부분에 대한 국내외 민간자본의 투자를 중심축으로 하는 대규모 투자 계획이었다. 메따스 계획에 따라 수도 브라질리아가 건설되었고, 국내외 민간 자본은 항공, 조선, 자동차 산업에 투자를 집중함으로써 브라질은 내구소비재 산업의 기초를 다지게 되었다.

그러나 1960년대에 들어서면서 메따스 계획의 부작용이 나타나기 시작했다. 과도한 정부지출에 따른 재정적자와 통화 팽창으로 인플레이션이 악화되었고, 민간투자 확대와 외환부족 문제를 해결하기 위해 적극적으로 해외자본을 받아들임으로써 국제수지가 악화된 것이다. 이는 결국 1963년 경기침체로 연결되었으며, 이러한 경제 위기는 1964년 군부쿠데

아마존 고속도로

타의 한 구실이 되었다.

군사정권(1964~1985)은 출범 초기 경제 정책의 최우선 목표를 인플레이션 억제에 두고, 재정 및 통화긴축, 임금동결을 중심으로 하는 안정화 정책을 실시, 인플레이션을 잡는데 성공을 거둔다. 이후 군사정부는 경제정책의 목표를 안정에서 성장으로 바꾸고, 정부 투자지출과 공기업 확대, 외채도입과 해외직접투자의 유치를 통한 성장전략을 추진하게 된다. 차관을 들여와 이따이뿌(Itaipu) 댐을 건설했고, 아마존 밀림을 관통하는 고속도로를 건설했다. 해외자본은 브라질의 내구재산업에 앞다투어 진출했다. 그리고 이러한 성장전략이 세계경제 호황과 맞물리면서 브라질은 국내총생산과 산업생산 성장률이 연 10%를 상회하는 '경제기적' 시기(1968~1973)를 맞이하게 된다.

경제기적 시기의 고속성장은 1973년 1차 오일쇼크로 막을 내리게 된다. 국제무역의 침체로 브라질의 경상수지는 적자로 바뀌었고, 유가 상승으로 인플레이션이 가속화되었다. 다시 경기 침체가 찾아 온 것이다. 경제 위기에 대한 군사정부의 대응은 출범 초기와 같은 정통적 안정화 정책이 아닌 성장 정책의 지속으로 나타났다. 오일 달러가 국제금융시장에 재순환되면서 국제유동성이 풍부해짐으로써 국제금리가 하락했고, 브라질 군사정부는 이 풍부한 국제유동성을 바탕으로 2차 국가개발계획(II PND, 1974~1979)을 마련했다. 즉 2차 국가개발계획은 외채에 의존한 경제발전계획이었던 셈이다. 군사 정부는 외채 증가라는 위험을 떠안기는 했지만, 성장 정책을 통해 경제 위기를 극복하고, 브라질의 산업구조를 자본재 산업 구조로 재편한다는 목적을 가지고 2차 국가개발계획을 추진해 나갔다. 에너지, 제철 및 화학부문과 같은 기간산업과 자본재 산업부문에 우선권이 부여되었고, 외채를 들여온 공기업과 해외자본이 대부분의 투자와 생산을 담당했다. 2차 국가개발계획으로 브라질은 수출 능력을 회복할 수 있었고, 1970년대 후반 7%대의 경제성장을 이룰 수 있었다. 또한 자본재 산업의 건설로 2차 산업혁명을 완성함으로써 산업화 국가의 면모를 갖추게 되었다. 그러나 외채주도 성장정책은 브라질의 외채부담을 크게 증가시키며 브라질 경제의 대외취약성을 증가시켰다. 일례로 브라질의 외채 순이자 지급은 1978년 27억 달러에서 1981년 92억 달러로 세배 이상 증가했다.

3. 잃어버린 10년

1980년대 브라질 경제는 심각한 국내외적 불균형에 직면하게 된다. 우선 국제경제가 브라질 경제성장에 불리하게 전개되기 시작했다. 1979년의 2차 오일쇼크는 브라질의 무역수지를 악화시켰다. 전 세계적인 불경기로 국제무역이 침체됨에 따라 교역조건이 크게 나빠졌고, 브라질은 무역수지적자를 보전하기 위해 외채도입을 증가시키는 악순환을 계속했다. 여기에 미국 레이건 정부의 고금리정책에 따라 국제금리가 빠른 속도로 오르기 시작했고, 이는 연동금리로 외채를 들여온 브라질의 외채상환부담을 가중시켰다. 국제수지 악화와 국제금리 인상으로 외채부담이 가중되는 상태에서 1982년 멕시코의 모라토리엄 선언이라는 악재가 터졌다. 멕시코의 모라토리엄 선언으로 중남미로의 자본유입은 중단되었고, 결국 브라질은 국제통화기금(IMF)에 구제금융을 요청하기에 이르렀다.

또한 외채위기는 국내적으로 재정위기를 촉발시킨 직접적인 원인이 되었다. 브라질의 경우 성장의 핵심 주체였던 공기업을 통해 외채를 들여왔기 때문에 외채의 80%를 정부부문이 지고 있었다. 따라서 정부가 외채상환을 위한 외화를 마련하기 위해서는 재정흑자를 내거나, 통화를 팽창시키거나, 외채를 내채로 전환시키는 방법 밖에 없었다. 그러나 경기침체로 조세기반이 약해진 상황에서 재정흑자를 내는 것은 불가능했고, 재정 및 통화 팽창으로 인플레이션이 위험수준에 다른 상태에서 통화량을 늘리는 것도 무리였다. 결국 유일한 대안은 인플레이션에 연동된 국채발행을 통해 외채를 내부화하는 것이었다. 그러나 이러한 외채의 내채화는 인플레이션에 모든 물가를 연동시키는 물가연동경제를 만들어냈으며, 재정구조의 악화라는 또 다른 문제점을 만들어 냈다.

결국 경제위기의 심화로 군사정부에 대한 정치적 압력이 증가하게 되었고, 1985년 간접선거를 통해 민주정부, 신공화국이 출범했다. 그러나 민주정부가 해결해야할 경제문제는 그 끝이 보이지 않았다. 그 중에서도 특히 인플레이션의 재발은 브라질의 고질적인 문제였다. 1970년대부터 정부의 무리한 재정적자와 통화팽창으로 물가가 지속적으로 상승했고, 1980년대에 들어서면서 물가상승 속도가 더욱 빨라지면서 관성적인 성격마저 갖게 되었다. 무역수지 흑자를 통해 외채상환 재원을 마련하려고 실시되었던 1982년과 83년의 최대평가절하정책이 이러한 인플레이션 급등의 주요 원인이었다. 최대평가절하정책으로 당시 인플레이션율은 연 100%에서 200%로 증가했다. 따라서 초대 민선정부인 사르네이(José Sarney)정부는 인플레 억제를 최우선 과제로 하는 끄루자두 계획(Plano Cruzado)을 실시하게 되었다. 끄루자두 계획은 인플레이션과 인플레이션 기대심리를 감소시키기 위해 물가, 임금, 환율 등을 동결시키는 등, 소득정책에 중점을 두는 비정통적 충격정책이었다. 그러나 시간이 흐르면서 향후 인플레이션 재발에 대한 기대심리로 심각한 초과수요가 발생하는 등 부작용이 나타났으며, 외채부담이 막대한 상황에서 환율을 과대평가시켜 달러화에 고정시킴으로써 외환보유고가 급감했다. 결국 브라질은 1987년 모라토리엄을 선언하게 되었고, 끄루자두 계획은 실패로 끝나고 말았다. 끄루자두 계획의 실패 이후 브레세르 계획(Plano Bresser, 1987년), 여름계획(Plano Verão, 1989년) 등 일련의 비정통적 안정화 정책이 실시되었지만, 역시 인플레이션의 고삐를 잡는 데는 실패하고, 브라질은 90년대 말 연 2,000%가 넘는 초인플레이션 시대를 맞이하게 된다.

결국 브라질은 대공황 이후 가장 심각한 경기침체에 직면하게 된다. 소위 '잃어버린 10년'으로 불려지는 1980년대는 공공적자의 증대, 국내외 부채의 증가, 인플레이션의 급등으로 인한 투자 감소와 경제성장의 하락으로 특징지어진다. 1947~1980년 사이 국내총생산(GDP)은 연평균 7%대의 성장을 보였지만, 1981~1990년 사이에는 2%대로 하락했다. 이러한 성장하락으로 인해 일인당 소득은 1980년대 내내 거의 변하지 않았다.

4. 시장 지향적 개혁 추진

1990년대에 브라질 경제는 1-2차 꼴로르 계획(Plano Collor)의 영향에 따른 90년대 초의 경기침체로 특징지어질 뿐만 아니라 근본적인 생산 재구조화로도 특징져진다. 1990년 꼴로르 정부 출범 당시 브라질의 경제 구조는 심각하게 왜곡되어 있었다. 한때 성장을 주도했던 정부부문은 재정적자의 누적과 공기업들의 비효율로 이제는 지속적인 성장을 저해하는 부문으로 바뀌었으며, 초인플레이션이 일상화되면서 경제주체간의 인플레 심리가 만연되어 있었다. 경제구조에 대한 근본적인 치유가 필요했다. 그리고 그 재구조화는 국제금융자본에 의해 전 라틴아메리카에 권고된 워싱턴 콘센서스(consenso de Washington)의 정책처방에 영향을 받아 시장경제의 강화로 나타났다. 공기업의 민영화, 무역자유화를 통한 경제개방, 규제완화가 시작되었다.

꼴로르 정부의 시장 지향적 개혁 추진은 꼴로르 대통령이 부패 혐의로 대통령직을 사퇴한 이후 꼴로르 정부를 승계한 이따마르(Franco Itamar)정부에서도 지속되었다. 1994년 이따마르 정부의 경제장관이었던 까르도주(Fernando Henrique Cardoso)는 헤알플랜(Plano Real)으로 알려진 경제안정화 정책을 실시했다. 강도 높은 재정개혁과 화폐개혁을 통한 통화가치 안정, 금융개혁을 주 내용으로 한 헤알플랜은 브라질 경제 안정화정책 중 가장 성공적인 것이었다. 실제로 헤알플랜을 통해 브라질 경제는 탈지수화에 성공했고, 1996년 인플레이션율은 한자리로 떨어졌다. 헤알플랜의 성공에 힘입어 대통령에 당선된 까르도주는 그의 재임기간 동안 공기업의 민영화, 무역자유화, 재정구조개혁 등을 일관적으로 추진함으로써 브라질의 시장 지향적 개혁을 본 궤도에 올려놓았다. 그럼에도 불구하고 물가안정을 위해 헤알플랜이 채택한 고금리와 환율의 과대평가는 무역적자와 단기금융자본의 유입을 초래하여 대외 취약성을 증가시켰으며, 경제 성장의 발목을 잡았다. 결국 이러한 문제는 1998년 외환위기로 연결되었고, 브라질은 과대평가된 환율을 변동환율제로 전환시키는 동시에 다시금 IMF에 구제금융을 요청해야만 했다.

2002년 브라질에서는 노동자 출신의 대통령이 탄생했다. 대통령 선거전 룰라(Inácio Lula de Silva)후보의 급진성을 의심했던 해외자본이 대규모로 이탈하면서 브라질의 금융시장은 다시 한 번 출렁거렸다. 그러나 대통령에 당선된 이후 룰라 정부는 이전 정부의 시장지향 개혁을 지속하며, 지속적인 성장 달성을 위한 거시 경제적 안정과 균형에 중점을 두고 경제정책을 실시하고 있다. 변동환율제로의 전환 후 브라질정부의 주요 거시경제 정책 수단은 통화정책에 기초한 인플레이션 통제와 세재개혁을 통한 재정균형에 맞추어졌다. 균형적인 통화정책과 재정정책을 통해 경제 안정화를 다지고, 경제 안정을 바탕으로 지속적인 성장을 이룬다는 것이다. 룰라 정부 역시 이 큰 틀에서 벗어나고 있지는 않다. 여기에 부가하여 룰라 정부는 브라질 성장의 그늘이었던 소득집중과 빈부격차라는 경제의 이중구조를 해결하려는 노력들을 - 예를 들어 포미제로(Fome Zero)와 같은 정책 - 이전 정부들보다 더 체계적으로 전개하고 있다. 이는 시장 지향적 개혁으로부터 소외받을 수 있는 경제적 약자들에 대한 최소한의 안전망을 구축하려는 정책적 배려라고 볼 수 있다.

5. 브라질 경제동향 및 전망

1) GDP성장률

1998년 브라질 경제위기 이후 브라질정부가 긴축 재정정책 및 통화정책을 추진함에 따라 1998년부터 2003년까지 저성장 국면을 보였다. 2003년 1월 취임한 룰라 정부가 경제안정화를 위해 긴축재정정책 및 통화정책을 강화함으로써 2003년 국내총생산(GDP) 증가율이 당초 예상치인 2.5% 성장보다 크게 낮은 0.5% 성장을 이루었다.

2003년 하반기부터 시작된 브라질정부의 콜금리 인하 및 경기부양책을 썼으며, 외국인투자 확대, 수출회복 등에 따라 2004년도 브라질의 GDP 성장률은 4.9% 였다.

GDP 성장률 추이 (단위:%)

구분	1997	1998	1999	2000	2001	2002	2003	2004	2005
성장률	3.3	0.1	0.8	4.4	1.3	1.9	0.5	4.9	3.0

자료원 : 브라질중앙은행

2) 금리

중앙은행 콜금리 추이 (단위:%)

해당월	'01.1	2	4	7	8	'02.2	3	7	10	11	12
콜금리	15.75	15.25	16.25	18.25	19.00	18.75	18.50	18.0	21.0	22.0	25.0
해당월	'03.1	2	6	7	8	9	10	11	12	'04.3	4
콜금리	25.5	26.5	26.0	24.5	22.0	20.0	19.0	17.5	16.5	16.25	16.00
해당월	9	10	11	12	'05.1	2	3	4	5		
콜금리	16.25	16.75	17.25	17.75	18.25	18.75	19.25	19.50	19.75		

브라질정부는 2003년 6월부터 콜금리 인하를 통한 경기부양을 추진했으나 물가불안에 따라 2004년 9월부터 2005년 5월까지 콜금리 인상을 추진하였다. 현재 콜금리 수준은 19.75%이다.

3) 환율

2003년 룰라 정부 취임 이후 안정적인 경제정책 추진에 따른 대외신뢰도 향상과 수출호조, 외국인투자 확대 등에 따라 환율이 하향안정세 유지했다. 2005년 6월 20일 현재 달러표시 헤알화 환율 1 : 2.394헤알이다. 헤알화 강세현상은 수입수요 확대요인으로 작용 중이다.

최근 환율추이 (월말기준)

2002	1	2	3	4	5	6	7	8	9	10	11	12
환율	2.41	2.34	2.32	2.36	2.52	2.84	3.47	3.22	3.89	3.96	3.64	3.53
2003	1	2	3	4	5	6	7	8	9	10	11	12
환율	3.53	3.56	3.35	2.89	2.96	2.87	2.96	2.96	2.92	2.85	2.94	2.90
2004	1	2	3	4	5	6	7	8	9	10	11	12
환율	2.94	2.91	2.91	2.94	3.13	3.11	3.03	2.93	2.86	2.86	2.73	2.65
2005	1	2	3	4	5	6	7	8	9	10	11	12
환율	2.62	2.59	2.67	2.53	2.40							

기준 : R$/U$

4) 물가

물가상승률(IPCA) 추이 (단위:%)

구분	2000	2001	2002	2003	2004
물가 상승률	6.0	7.7	12.5	9.3	7.6

광역소비자물가지수(IPCA) 2002년 환율급등 현상에 따라 12.5%로 높아졌으나 2003년에는 경기둔화 및 환율안정으로 9.3%로 하락했고 2004년에는 7.6%로 낮아졌다.

5) 외국인 직접투자

브라질은 2000년까지만 해도 중국과 함께 개도국중 최대 외국인직접투자 (FDI) 유치국이었으나 2001년부터 외국인투자가 민영화 종료단계, 아르헨티나 경제위기, 경기둔화, 치안불안 등으로 감소하기 시작하였다. 그러나 2004년부터 브라질에 대한 대외신임도 향상, 경기회복 등에 따라 다시 회복세로 전환될 전망임. 외국인직접투자금액은 2004년 182억불로 확대되었다.

대 브라질 외국인직접투자 추이 (단위:억불)

구분	1996	1997	1998	1999	2000	2001	2002	2003	2004
금액	107.9	189.9	288.6	285.8	327.8	224.6	165.9	101.4	181.7

자료원 : 브라질 중앙은행(BCB)

6) 외채

브라질은 개도국 가운데 최대 채무국 중 하나로서 높은 외채수준이 지속적인 경제성장에 걸림돌로 작용하고 있다. 2003년 9월말 현재 총 외채규모는 2,188억불이었다.

총 외채 추이 (단위:억불)

구분	1998	1999	2000	2001	2002	2003
총외채	2,237.9	2,256.1	2,169.2	2,099.3	2,107.1	2,149.3

7) 주요 경제지표

구분	단위	1999	2000	2001	2002	2003	2004
총 GDP	U$억	5,366	6,022	5,098	4,594	4,933	6,050
1인당 GDP	U$	3,240	3,541	2,957	2,631	2,789	3,417
경제성장률	%	0.8	4.4	1.3	1.9	0.2	4.9
산업생산 증가율	%	0.7	6.6	1.6	2.7	0.1	8.3
물가상승률 (IPCA)	%	8.9	6.0	7.7	12.5	9.3	7.6
실업률(연말)	%	6.28	4.83	10.6	10.5	10.9	9.6
콜금리(연말)	%	19	16.5	19.0	25.0	16.5	17.75
수출	U$억	480.1	550.9	582.2	603.6	730.8	964.8
수입	U$억	492.7	558.2	555.8	472.3	482.5	627.8
무역수지	U$억	12.6	7.3	26.4	131.3	248	337.0
경상수지	U$억	253.4	242.3	232.2	76.4	41.8	116.7
외국인 직접투자	U$억	285.6	327.8	224.6	165.9	101.4	181.7
외환 보유고	U$억	363.4	330.1	358.7	378.2	492.9	529.4
총외채	U$억	2,256.1	2,169.2	2,099.3	2,107.1	2,149.3	2,021.9
환율(연말)	U$=R$	1.7890	1.9554	2.3204	3.530	2.902	2.654

자료원 : 브라질 중앙은행, IPEA, IBGE

8) 브라질 교역동향

2004년 교역동향

2004년 브라질의 수출은 전년 동기 대비 32% 증가한 965억불을 기록하고 수입은 30% 증가한 629억불을 기록하여 무역수지가 337억불의 흑자를 기록했다.

2005년 교역동향

4월말 현재 브라질의 수출은 전년 동기 대비 29.3% 증가한 337억불을 기록하고 수입은 전년 동기 대비 19.6% 증가한 215억불을 기록했다.

브라질의 수출은 브라질기업들의 수출비중 확대 노력과 원자재 수출 확대에 힘입어 전년대비 16% 증가한 1,120억불을 기록하고 수입은 헤알화 강세현상 지속과 국내 경기회복에 따라 전년대비 22.3% 증가한 768억불을 기록할 것으로 예상된다.

브라질의 수출입 추이 (단위 : 백만불, %)

연도	수출		수입		무역수지
	금액	증감율	금액	증감율	
1998	51,140	3.5	57,763	3.4	6,624
1999	48,011	6.1	49,295	14.7	1,283
2000	55,086	14.7	55,839	13.3	753
2001	58,223	5.7	55,572	0.4	2,651
2002	60,362	3.7	47,216	15.0	13,143
2003	73,084	21.1	48,253	2.2	24,831
2004	96,475	32.0	62,779	30.0	33,696
2005.1 4	33,653	29.3	21,459	19.6	12,194

자료원 : 브라질 개발상공부(2005.5)

9) 주요 국별 수출 · 입동향

(1) 주요수입국

미국, 아르헨티나, 독일, 중국, 나이지리아, 일본, 프랑스, 이탈리아, 한국 등

주요 수입국 현황 (단위 : 백만불)

국명	2002	2003	2004	국명	2002	2003	2004
미국	10,285	9,564	11,337	한국	1,067	1,079	1,730
아르헨티나	4,747	4,673	5,572	칠레	654	798	1,390
독일	4,398	4,205	5,072	영국	1,341	1,202	1,355
중국	1,554	2,148	3,710	사우디아라비아	677	888	1,232
나이지리아	1,091	1,493	3,499	스페인	975	974	1,175
일본	2,347	2,521	2,868	스위스	887	935	1,072
프랑스	1,742	1,764	2,284	대만	678	646	981
이탈리아	1,757	1,753	2,048	총계	47,232	48,260	62,782
알제리	1,014	1,114	1,935				

자료원 : 브라질 관세청(2004.12)

(2) 주요 수출국

미국, 아르헨티나, 화란, 중국, 독일, 멕시코, 이탈리아, 일본, 칠레, 프랑스 등

브라질의 주요 수출국 현황 (단위 : 백만불)

국명	2002	2003	2004	국명	2002	2003	2004
미국	15,354	16,692	20,038	프랑스	1,524	1,715	2,190
아르헨티나	2,342	4,561	7,373	영국	1,769	1,899	2,117
화란	3,182	4,246	5,917	스페인	1,105	1,535	1,975
중국	2,520	4,533	5,440	벨기에	1,888	1,791	1,920
독일	2,537	3,136	4,036	러시아	1,252	1,500	1,658
멕시코	2,342	2,741	3,948	베네수엘라	797	606	1,465
이탈리아	1,817	2,208	2,904	한국	852	1,223	1,429
일본	2,098	2,311	2,768	총계	60,362	73,084	96,475
칠레	1,461	1,880	2,546				

자료원 : 브라질 관세청(2004.12)

(3) 주요 품목별 수출입동향

① 주요 수입품목

광물성연료, 기계류, 전기기기, 유기화학품, 자동차 및 부품, 비료, 플라스틱제품, 광학정밀기기 등

브라질의 주요 품목별 수입현황 (단위 : 백만불)

구분	2002	2003	2004	구분	2002	2003	2004
광물성연료	7,025	7,437	11,438	의료용품	1,528	1,512	1,785
기계류	8,146	7,787	9,325	화학공업제품	798	1,020	1,487
전기기기	7,041	6,771	8,703	고무제품	846	943	1,196
유기화학품	2,964	3,108	4,073	곡물	1,067	1,434	1,044
자동차	2,643	2,519	3,153	항공기	655	591	888
비료	1,228	1,711	2,585	무기화학품	633	696	816
플라스틱제품	1,818	1,846	2,383	철강제품	599	615	807
광학정밀기기	1,837	1,812	2,358	총계	47,232	48,260	62,782

자료원 : 브라질 관세청(2004.12)

② 주요 수출품목

기계류, 자동차, 철강, 육류, 곡물, 철강석, 광물성연료, 사료, 항공기, 전기기기, 목재, 설탕, 신발, 커피, 알루미늄 등

주요 품목별 수출현황 (단위 : 백만불)

구분	2002	2003	2004	구분	2002	2003	2004
자동차	4,476	6,041	8,376	전기기기	3,094	3,156	3,322
기계류	4,226	5,628	7,768	목재	1,765	2,081	3,044
철강	3,460	4,702	6,709	설탕	2,211	2,291	2,822
육류	2,751	3,641	5,549	신발	1,516	1,622	1,899
곡물	3,070	4,338	5,473	커피	1,331	1,424	1,892
철광석	3,192	3,644	5,237	알루미늄	1,263	1,502	1,868
광물성연료	2,951	3,796	4,422	목재펄프	1,161	1,744	1,722
사료	2,299	2,712	3,401	총계	60,362	73,084	96,475
항공기	2,799	2,050	3,371				

자료원 : 브라질 관세청(2004.12)

10) 한 · 브라질 교역동향

(1) 대 브라질 교역동향

① 개요

우리나라의 대 브라질 수출은 1990년 브라질 시장개방을 계기로 증가하기 시작했다. 1994년 7월 1일 브라질 신경제정책(Real Plan)에 따른 고환율정책과 1995년 메르코수르 관세동맹 공식출범에 따른 수입관세 인하 및 시장 확대, 경기회복에 힘입어 우리나라의 대 브라질 수출이 1995년부터 1998년까지 급증세를 보인다. 그러나 1998년 하반기 브라질 금융위기에 따라 브라질정부가 긴축재정정책 및 긴축금융정책을 강력히 추진함에 따라 경기둔화 현상이 나타나고 1999년 1월부터 고정환율제(중앙은행관리환율제)가 변동환율제로 전환됨에 따라 수입품의 가격경쟁력이 하락함에 따라 우리나라의 대브라질 수출이 1999년부터 2003년까지 감소세를 보인다. 2004년부터 우리나라 대브라질 수출이 브라질 경기회복 및 환율안정 등에 따라 증가세로 전환 중이다. 2004년 우리나라의 대 브라질 수출은 전년동기대비 56.9% 증가한 17억 8천만 불을 기록하고 수입은 35.6% 증가한 21억 9천만 불을 기록하여 4억 1천만 불의 무역수지 적자를 기록했다.

② 최근 수출입동향

2005년 4월말 현재 우리나라의 대 브라질 수출은 전년 동기 대비 30.0% 증가한 6억 6천 8백만 불을 기록하고 수입은 전년 동기 대비 6.4% 증가한 6억 6천 9백만 불을 기록하여 1백만 불의 적자를 나타내고 있다.

한국의 대 브라질 수출입 추이 (단위 : 백만불, %)

연도	수출		수입		무역수지	교역액
	금액	증감율	금액	증감율		
1991	174	64.1	889	25.6	715	1,063
1992	164	5.6	797	10.4	633	961
1993	449	172.7	779	2.2	330	1,228
1994	844	88.2	1,019	30.6	175	1,863
1995	1,519	79.9	1,388	36.2	131	2,907
1996	1,497	1.4	1,325	4.6	172	2,822
1997	1,711	14.3	1,239	6.5	472	2,950
1998	1,792	4.7	693	44.0	1,099	2,485
1999	1,209	32.5	909	31.2	299	2,118
2000	1,724	42.6	935	2.8	789	2,659
2001	1,611	6.5	1,126	20.4	486	2,737
2002	1,247	22.6	1,248	10.9	1	2,495
2003	1,137	8.8	1,619	29.8	482	2,756
2004	1,785	56.9	2,195	35.6	410	3,980
2005.1 6	1,100	28.1	1,084	13.8	16	2,184

자료원 : KOTIS(2005.5)

한국의 대 브라질 주요 품목별 수출비중 추이 (단위 : 백만불, %)

	2003		2004		2005(1/4)	
	금액	비중	금액	비중	금액	비중
전기전자제품	74 4	65.4	1,250	70.0	450	67.4
기계류	100	8.8	148	8.3	69	10.3
화학공업제품	126	11.1	153	8.6	66	9.9
섬유류	92	8.1	129	7.2	45	6.7
플라스틱 고무 및 가죽제품	42	3.7	56	3.1	19	2.8
철강금속제품	21	1.9	34	1.9	14	2.1
생활용품	9	0.8	11	0.6	4	0.6
농림수산물	3	0.3	2	0.1	0.9	0.1
잡제품	2	0.3	3	0.2	0.8	0.1
총계	1,137	100.0	1,785	100.0	668	100.0

자료원 : KOTIS(2005.5)

브라질의 10대 수입국 시장점유율 추이 (단위 : 백만불, %)

국명	2003		2004		2005(1/4)	
	수입액	점유율	수입액	점유율	수입액	점유율
미국	10,285	21.8	9,564	19.8	11,337	18.1
아르헨티나	4,747	10.1	4,673	9.7	5,572	8.9
독일	4,398	9.3	4,205	8.7	5,072	8.1
중국	1,554	3.3	2,148	4.5	3,710	5.9
나이지리아	1,091	2.3	1,493	3.1	3,499	5.6
일본	2,347	5.0	2,521	5.2	2,868	4.6
프랑스	1,742	3.7	1,764	3.7	2,284	3.6
이탈리아	1,757	3.7	1,753	3.6	2,048	3.3
알제리	1,014	2.2	1,114	2.3	1,935	3.1
한국	1,067	2.3	1,079	2.2	1,730	2.8
총계	47,232	100	48,260	100	62,782	100

자료원 : 브라질관세청(2004.12)

(2) 주요 품목별 수출동향

한국의 대 브라질 주요 품목별 수출현황 (단위 : 백만불, %)

MTI	품목명	2003		2004		2005(1/4)	
		금액	증감률	금액	증감률	금액	증감률
81	산업용전자제품	490	26.5	873	78.3	316	22.4
83	전자부품	118	0.6	221	87.8	87	33.8
21	석유화학제품	66	20.9	75	13.3	41	172.6
82	가정용전자제품	118	3.3	131	10.8	39	2.6
43	직물	62	57.3	72	15.1	27	20.4
72	산업기계	31	33.0	40	29.5	25	265.2
741	자동차	13	57.4	29	121.7	14	63.0
22	정밀화학제품	34	19.2	40	19.0	13	8.5
24	요업제품	21	31.8	35	68.6	12	25.7
61	철강제품	12	46.1	20	64.2	11	73.4
42	섬유사	24	31.5	41	69.6	11	12.4
31	플라스틱제품	20	19.7	32	57.9	10	7.8
71	기초산업기계	23	58.3	26	15.7	10	133.5
75	기계요소공구금형	19	12.5	26	36.9	9	8.0
41	섬유원료	4	28.5	13	240.4	6	75.0
3203	타이어	16	23.7	16	0.9	6	0.7
84	중전기기	15	9.4	18	21.4	5	19.4
총계	1,137	8.8	1,785	56.9	668	30.0	

자료원 : KOTIS(2005.5)

① 수출호조품목

산업용전자제품(22.4%), 전자부품(33.8%), 석유화학제품(172.6%), 직물(20.4%), 산업기계(265.2%), 자동차(63.0%), 요업제품(25.7%), 철강제품(73.4%), 기초산업기계(133.5%), 섬유원료(75.0%), 전선(71.0%) 등

② 수출부진품목

가정용전자제품(2.6%), 섬유사(12.4%), 중전기기(19.4%), 기타기계류(22.2%), 비철금속제품(15.4%), 문구(6.1%), 안경 및 콘택트렌즈(4.9%) 등

(3) 주요 품목별 수입동향

한국의 대 브라질 주요 품목별 수입현황 (단위 : 백만불, %)

MTI	품목명	2003		2004		2005(1/4)	
		금액	증감률	금액	증감률	금액	증감률
11	금속광물	342	8.7	520	52.2	213	34.0
61	철강제품	363	26.5	452	24.2	169	2.9
01	농산물	458	9.0	678	47.8	121	6.1
13	광물성연료	167	334.3	162	3.1	79	38.7
25	제지원료 및 종이제품	50	13.9	76	50.9	25	2.5
21	석유화학제품	35	34.1	40	14.7	14	120.6
33	가죽 및 모피제품	15	26.5	23	57.3	12	178.0
22	정밀화학제품	12	2.7	13	12.6	7	50.6
02	축산물	4	51.5	8	87.9	6	357.6
62	비철금속제품	4	69.9	24	555.4	4	2.0
12	비금속 광물	8	5.9	7	11.8	4	69.3
03	임산물	15	7.5	15	1.4	3	48.6
83	전자부품	14	32.2	7	53.0	3	8.8
71	기초산업기계	7	42.5	7	3.0	1	59.3
총계	1,619	29.8	2,195	35.6	669	6.4	

자료원 : KOTIS(2005.5)

(4) 브라질 시장 특성

① 남미최대 시장이다.

- 인구(1억 8천만 명) 및 면적(851만 km^2)면에서 세계 5위 남미 인구 및 면적의 약 50% 차지한다.
- 2004년 GDP 5,980억불로 남미 최대시장이며 2004년 수입규모 628억불로 급성장 중이다.

② 상강하박형 산업구조이다.

- 세계적 다국적기업 진출확대로 산업구조 고도화 현지투자 역사가 50년이 넘는 기업 다수 존재. 현지 조립생산을 통해 브라질 및 남미시장 공략. 기술이전에 소극적이다.
- 중소기업 미발달로 부품산업이 취약하다. 브라질정부의 고이자율 정책과 중소기업 육성정책 부재로 중소기업 미발달. 1998년 브라질 금융위기를 계기로 중소기업에 대한 지원 확대로 중소기업 성장 중이다.

③ 내수중심시장에서 수출촉진전략으로 전환 중이다.

- 브라질은 막대한 천연자원과 인구로 인해 수출촉진보다는 내수중심시장정책을 추진해 오고 있다. 결과적으로 경제 불안 및 경제위기, 기업들의 국제경쟁력 저하로 내수 중심 시장 정책은 한계에 직면했다.
- 1998년 금융위기를 계기로 수출촉진정책으로 전환했다. 2004년 수출 전년대비 32% 증가한 965억불 달성했다.

④ 이민국가로서 다양한 민족과 인종으로 구성되었다.

- 라틴계가 주류

  이탈리아, 스페인, 포르투갈 등 라틴계가 주류이며 중동, 유대계, 일본, 중국, 한국 등 중동 및 아시아계 약진 중이다.

⑤ 짧은 시장개방 역사

- 시장개방이 1990년부터 시작했으며 전문수입상이 많지 않고 무역실무에 밝지 않은 경우도 있다. 브라질정부는 1998년부터 수입상리스트 공개를 금지시키고 있고 업체별 시장점유율에 대한 자료도 발표치 않는 등 정보공개가 제한되어 있다.

⑥ 빈부격차 심화

- 빈부격차 심화로 고가시장과 저가시장으로 크게 양분화 되었고 상류층의 경우 미국, 유럽 등 선진국의 유명브랜드, 고가고품질제품 선호하며 중산층 이하의 경우 저가제품, 중고품 구입 경향 강하다.

⑦ 중남미국가 중 제조업기반 최고

브라질은 세계적인 자동차, 항공기, 철강, 신발 생산국이며 중남미국가 중 제조업기반이 가장 발달했다.

⑧ 고이자율로 외상거래 선호

세계 최고 이자율 보유국가 중 하나이며 이자율과 상관행상 D/P, D/A 등 외상거래 선호하고 현찰거래를 고집하기 보다는 제품에 대한 반응과 수입상의 신용도를 파악해 외상거래에 신축적으로 대응하는 것이 유리하다.

⑨ 완제품에 대한 높은 관세율 적용

- 국내 시장보호 차원에서 현지생산 완제품에 대해 고관세율 적용. 현지 생산이 부족한 부품 및 원자재의 경우 영세율 또는 저세율 적용한다.

⑩ 상거래 시 인간관계 중시

- 상거래 시 직접대면 상담을 통한 상담이 보다 효과적이다. 상품의

질과 가격 못지않게 신뢰를 바탕으로 한 인간관계를 중시한다. 상담에 앞서 현지 축구, 음악, 기후, 음식 등과 관련한 대화를 나누는 것이 효과적이다.

11) 상거래시 유의사항

(1) 브라질과 브라질 인들의 특징

① 이민으로 구성된 다양성의 국가

브라질은 1500년부터 포르투갈의 식민지가 되었으나 이태리, 독일, 스페인, 프랑스, 영국, 화란, 시리아, 레바논, 이스라엘, 일본, 중국, 한국 등으로부터 이민이 정착하면서 발전해온 나라이다.

② 낙천적인 성격

현재 브라질에서 가장 많은 민족은 이태리계(포르투갈계는 현재 소수 민족에 불과)로 낙천적이며 여유를 가지고 사업을 진행하는 경우가 많다.

③ 상술에 능함

이태리, 유태인, 중동계, 일본계, 중국계 등이 상권을 장악하고 있고 과거 금융위기 경험으로 인해 상술에 뛰어나고 실리적이다.

④ 과장법을 많이 씀

대국적인 기질로 인해 과장법을 종종 사용하기 때문에 상대방이 얘기하는 규모보다 적게 받아들이면 무난하다.

⑤ 아마냥 문화

중남미국가들과 유사하게 브라질에도 아마냥(내일) 문화가 강해 급한 게 없고 느긋함. 그러나 이해관계가 중요하다면 절대로 느긋하지 않다는 것을 명심해야 한다.

⑥ 지역별로 특성 달라

지역별로 살펴보면 상파울루의 경우 이태리계와 함께 독일계, 시리아 및 레바논계, 유대계, 일본계, 중국계, 한국계 등이 주로 상권을 장악하고 있음. 빠라나 주, 산타까따리나 주, 히우그란지두술 주 등 남부지역의 경우 독일계와 이태리계가 다수를 차지함. 북동부의 바이아 주의 경우 포르투갈계와 흑인들이 다수 거주하고 있어 각 지역별로 해당 민족의 특성이 강하게 나타나 있음.

(2) 상담 시 유의사항

① 여유를 가져야

브라질 인들에게 한국식으로 독촉할 경우 사업에 실패하거나 이해할 수 없는 사람으로 오해 받기 쉬워 급할 경우에도 표정은 느긋하게 짓고 상담은 축구, 삼바, 기후 등 부드러운 화제로 시작하는 것이 중요하다.

② 대국의식이 강함

브라질 인들은 자국이 중남미 최대 경제대국이란 자부심을 늘 가지고 있어 브라질인들이나 브라질산 제품을 무시하는 발언은 절대 삼가야 함.

③ 이민국가라는 점을 잊지 말 것

상파울루에서 상권은 주로 이태리계, 독일계, 중동계, 유대계, 스페인계가 주로 장악하고 있고 우리가 상대하는 기업인들도 대부분 이들로 봐도 무방함. 따라서 중동계 바이어와 상담을 하면서 이스라엘을 편든다거나 이태리계 바이어와 만나면서 이태리인들의 단점을 애기하는 것은 곤란하다.

④ 신뢰관계가 중요

브라질은 이민사회로 구성되어 있고 과거 식민지와 군정시대를 경험하면서 신뢰관계와 인맥을 중시함. 브라질 인들이 손해를 보면서까지 거래선을 잘 바꾸려 하지 않는 것도 인간관계와 신뢰의 중요성 때문이다.

⑤ 정보는 돈과 연결

브라질은 정보가 공개되지 않거나 일부에 제한적으로 공유되고 있어 정보입수와 인맥구축은 돈을 버는 지름길이다.

⑥ 외상거래 비중이 높다

브라질은 세계에서 이자율이 가장 높은 국가 중에 하나이고 관행적으로 외상거래가 일반화되어 있어 외상거래를 선호함. 따라서 상담 시 융통성 있는 상담자세가 필요하며 만일의 사태에 대비해 신용상태 파악이나 수출보험에 드는 것이 필요하다.

⑦ 작은 선물이라도 상대를 감동시킨다

브라질인들에게 정성이 담긴 작은 선물도 상대를 감동시킬 수 있음. 브라질인들은 직원 생일은 물론이고 부활절, 성탄절 등 명절의 경우에도 선물을 교환한다.

6. 우리나라 주요 기업의 브라질 투자현황

1) 대기업 중심으로 전기 · 전자 분야에 집중

현지투자진출 기업은 삼성전자, 삼성SDI, LG전자, 포항제철, 동양크레디텍, 서울전자통신 등이며 주로 전기 · 전자, 정보통신, 자원개발에 집중되었다.

대 브라질 현지투자진출 현황

업체명	투자지역	주요 생산품목
삼성전자	마나우스 깡삐나스	칼라TV, 모니터, 하드디스크 핸드폰
삼성SDI	마나우스	브라운관, TV 및 모니터부품(DY), 휴대폰용 LCD모듈
LG전자	마나우스 따우바떼	칼라TV, VCR, 전자레인지, DVD, 에어컨 모니터, 핸드폰, 광저장매체(CDR, CDRW)
포항제철	비토리아	Pallet(CVRD와 합작)
동양크레디텍	상조제두스깡뿌스	TV브라운관용 부품
서울전자통신	마나우스	오디오용 트랜스포머, TV용 코일

* LG 필립스 : TV용 브라운관 생산

② 제조업분야에 집중

수출입은행 자료 기준 2005년 2월말 현재 우리나라의 대 브라질 총투자신고액은 $700백만(54건)임. 투자금액은 U$296.8백만(36건)이며 제조업(U$253.9백만)분야에 집중되었다.

우리나라의 대 브라질 업종별 투자현황 (단위 : 건, 백만불)

업종	신고건수	신고금액	투자건수	투자금액
총계	54	699,959	36	296,778
제조업	27	417,869	19	253,901
농림어업	1	23,780	0	0
광업	1	37,012	1	39,904
건설업	4	6,502	2	1,345
도소매업	9	69,249	6	7,601
운수창고업	3	724	2	339
통신업	3	135,268	1	2,083
숙박음식업	1	2,000	0	0
서비스업	5	7,555	5	1,605

자료원 : 수출입은행 (2005.2월말 현재)

7. 브라질 석유 자급도 동향

브라질은 석유자급도의 2005년 달성 목표로 98년부터 국내 석유 개발에 집중적인 노력을 경주, 석유자급률이 큰 폭으로 신장되고 있다.

1) 브라질의 석유자급도

브라질 대륙붕

브라질의 석유개발산업은 국가독점 산업이었으나 95년 헌법을 개정 민간기업도 석유 및 가스개발에 참여할 수 있도록 함으로써 석유가스 탐사 및 개발의 활성화 전기를 마련했다.

- 브라질 석유공사(Petrobrás)의 독점적인 지위를 철폐하는 한편 97년에는 독립규제위원회 형태의 석유청(National Petroleum Agency: ANP)을 창설, 석유가스개발에 관한 업무와 석유류 가격 규제 권한을 부여했다.

브라질의 석유매장량은 126억 배럴(2007년 말 기준)로 세계 15위, 중남미 국가 중에서는 베네수엘라에 이어 두 번째로 큰 규모이다. 1990년대 중반 석유산업 개방 이후 브라질의 석유매장량은 빠른 증가세를 보여 왔다. 특히 2007년 말부터 연이은 대규모 유전 발견에 힘입어 석유매장량은 더욱 가파르게 증가하고 있다. 2007년 11월 추정 매장량 50~80억 배럴에 달하는 대형 투피(Tupi) 심해유전이 발견된데 이어 2008년 4월에는 330억 배럴(세계 3위 규모)의 초대형 카리오카(Carioca) 유전이 발견되었다. 2007년 말에서 2009년 초까지 브라질에서 발견된 유전(총 12개)은 모두 상투스(Santos) 분지의 암염하층(pre-salt)에서 발견되었으며, 기존 브라질에서 발견된 유전과 달리 양질의 경질 유전(light oil)이라는 공통점을 갖고 있다.

잇단 대형 유전 발견에 힘입어 산유국으로서 브라질의 위상은 크게 높아질 전망이다. 2007년 말 이후 발견된 공식 및 비공식 매장량을 합할 경우 브라질의 석유매장량은 603억 배럴에 달할 것으로 추정된다. 이 경우 브라질은 러시아에 이는 세계 8대 석유매장국으로 부상할 전망이다. 룰라 대통령은 최근 연이은 대형 유전 발견에 고무되어 향후 5년 내에 브라질이 석유수출기구(OPEC)에 가입할 가능성이 높음을 시사했다.

2) 브라질의 석유 수입선

브라질의 석유소비 규모는 지난해 말 기준 일 190만 배럴이며, 국내 생산 외의 부족한 석유(특히 경질유)는 아프리카, 중동 등지에서 수입하고 있었다.

- 아프리카 : 나이지리아(30%), 알제리(21%)
- 중동 : 사우디(16.5%), 이라크(9.9%)
- 중남미 등 : 아르헨티나(9.5%), 기타 (10.6%)

이라크 전쟁발발 이후 브라질정부는 수급에 차질이 있을 경우 중동지역으로부터의 수입선을 인근국인 아르헨티나, 베네수엘라와 러시아 등으로 전환한다는 계획을 세워놓았다.

브라질은 석유탐사개발에 박차를 가하고 있어서 브라질 석유산업은 2006년엔 100% 석유자급을 달성하고 주요 수출산업으로 부상할 것으로 전망된다.

- 2002년 석유(원유 및 정제포함) 수입액은 56억 달러이고 석유수출액은 28억 달러로 석유류 무역수지 적자액이 28억 달러에 이르고 있으나, 석유류 수입규모는 매년 큰 폭으로 감소할 것으로 예상된다.

한편, 브라질은 가스 자급도를 높이기 위해 노력하고 있으나 확인된

가스매장량은(2000년 기준) 2,160만m 수준으로 자급도가 아주 낮은 편이며, 가스 수요량의 대부분을 볼리비아, 아르헨티나 등지로부터 수입하고 있다.

3) 사탕수수 알코올차

세계 최대 사탕수수 생산국(연간 4억 5,000만 톤)인 브라질은 1차 오일쇼크가 터진 직후인 1975년부터 사탕수수에서 추출한 알코올로 가는 차량을 개발했다. 알코올 자동차는 1980년대 중반 브라질에서 생산된 차량의 4분의 3을 차지했을 만큼 인기를 끌었지만, 1990년대 이후 사탕수수 국제가격이 뛰면서 알코올 연료 가격도 덩달아 급상승해 열기가 가라앉았다. 휘발유 엔진보다 시동이 늦고 출력이 낮은 알코올 엔진의 단점도 부각됐다.

현행법으로 휘발유에 알코올을 20~25% 혼합하도록 되어 있으며 알코올은 휘발유에 비해 대기 오염이 덜하고 사탕수수에서 추출하는 재생 가능한 연료로 미래의 대체 연료로 각광을 받고 있으나 공급이 일정치 않아 수확기과 비수확기 사이에 가격차가 심해서 비수확기 알코올 가격은 휘발유의 75% 수준이고 수확기 가격은 50%까지 하락하나 알코올은 휘발유에 비해 가격은 싸지만 연비가 떨어지기 때문에 알코올 가격이 휘발유의 70%를 넘으면 경제성이 없다.

2003년 브라질은 기존 알코올 엔진의 단점을 해결하고 알코올과 휘발유를 각각 쓰거나 섞어 사용할 수도 있는 이중연료(Flex 혹은 Bicombustível) 엔진 자동차 생산을 본격화해서 현재 판매되고 있는 자동차의 70% 이상이 프랙스 자동차이다.

브라질정부는 또 "알코올 연료를 보급한 덕분에 1976년부터 2000년까지 435억달러(약 41조 3,000억원)의 유류 비용을 절약했다"며 "현재 570만 헥타르인 사탕수수 재배 면적을 2013년까지 870만 헥타르로 늘리는 등 알코올 자동차 산업의 규모를 키울 계획이라고 밝혔다.

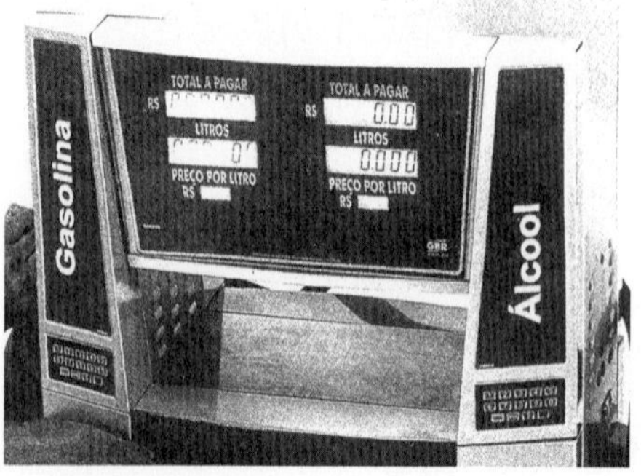

알코올 주유소

이 외에도 대체 연료 개발부분에서 세계적으로 앞선 기술을 보유하고 있는 브라질에서는 현재 자동차 연료용 알코올 이외에도 바이오 디젤(Bio-Disel)이 개발돼 일부 상용화되고 있다. 바이오 디젤은 기존 디젤유에 옥수수, 해바라기 씨, 아주까리 씨 등에서 추출한 기름을 혼합하여 만든 연료이다.

최근에는 식용폐유를 정제한 기름을 디젤에 혼합해서 자동차연료로 만드는데 성공하기도 했다.

Ⅷ

교육제도

VIII 교육제도

1. 역사적 배경

포르투갈의 발견 이전까지 브라질에는 교육기관이 존재하지 않았으나 포르투갈의 식민지가 되면서 브라질도 교육에 눈을 뜨게 된다. 브라질에 세워진 최초의 교육기관은 예수회학교(Colégio dos Jesuítas)로서 살바도르를 시작으로 상파울루, 뽀르뚜세구루, 히우지자네이루 등으로 학교의 설립은 확장된다. 여기서 예수회선교사들은 문법, 역사, 철학, 신학, 미술 등을 엄격한 교육제도를 도입하여 가르쳤다. 학교를 중심으로 도시가 건설되기 시작하며 예수회학교는 그야말로 브라질 식민화의 중심역할을 수행한다. 예수회학교 교육의 주요 목적은 가톨릭 전파를 위한 성직자 양성, 식민지 통치를 위한 지도자 양성 및 지배층 자녀들의 교육이었다. 그러므로 하층민, 원주민에 대한 교육은 이뤄지지 않고 포르투갈 출신의 백인 이주자와 브라질에서 출생한 그들의 자식들에게만 교육기회가 제한되어 있었다.

교육에 대한 변화는 브라질의 독립을 선언한 동 뻬드루 1세가 1824년 신헌법에서 초등교육의 무상화와 평민들에게도 교육기회를 확대하는 언급을 했었으며, 전체적인 개혁은 1934년 제뚤리우 바르가스(Getúlio Vargas) 시대에 개정된 헌법에서 초등교육과 문맹퇴치를 위한 국가와 기업의 의무를 명시하면서 발전하게 되었다. 이와 같이 교회에서 맡아 하던 이전의 불완전한 교육은 독립 이후 공교육 제도를 통하여 전 국민들을 발전시키기 위한 노력으로 이어진다. 그리하여 제한적으로 무상의 초등교육이 실시되는 등 점차 교회의 영향력은 약화되고 국가의 책임 하에 본격화된 교육이 실시된다. 하지만 오늘날도 가톨릭 재단의 사립학교는 여전히 수준 높은 교육기관으로서 자리 잡고 있다.

2. 교육 시스템

브라질 최초의 학교이며 나중에 상파울루 도시가 된 곳

현재 브라질의 교육제도는 '국가교육의 지도와 근본에 관한 법(LDB: Lei de Diretrizes e Bases da Educação Nacional)'에 근거하여 모든 브라질 국민들에게 무상의 초등교육을 보장하고 점차 그 범위를 확대하도록 하고 있다. 6년간의 논의 끝에 1996년 12월 승인된 이 법은 당시 주요한 절충자 중 한 명이었던 교육가의 이름을 따 '다르시 히베이루 법(Lei Darcy Ribeiro)'으로도 불린다.

이 새로운 교육법은 브라질의 교육 시스템을 크게 기본교육(Educação Básica)과 대학교육(Educação Superior) 두 가지로 나눈다. 세부적으로 기본교육은 취학 전 아동을 위한 유아교육(Educação Infantil), 우리나라의 초등학교와 중학교에 해당하는 초등교육(Ensino Fundamental), 우리나라의 고등학교에 해당하는 중등교육(Ensino Médio)의 세 단계로 구성되며, 대학교육은 크게 대학 과정(Curso de Graduação)과 대학원 과정(Curso de Pós-Graduação)으로 구성된다.

그 외에, 직업 및 기술교육을 목표로 각 주와 시가 책임을 지는 기술교육(Educação Profissional)이 있고, 신체나 정신 장애가 있는 어린이부터 성인까지의 교육을 담당하는 특별교육(Educação Especial)이 있으며, 정규과정에서 초등교육과 중등교육을 마치지 못한 학생들을 위해서 마치 우리나라의 검정고시처럼 성인교육(Educação de Jovens e Adultos)이 운영되고 있어 15세 이상이면 초등교육, 18세 이상이면 중등교육 완료 시험을 볼 수 있다.

한편 교육의 공급과 질을 향상시키기 위한 국가의 노력은 계속되고 있다. 그러한 목적으로 발표된 2001년 '교육에 관한 국가계획(Plano Nacional da Educação)'의 주요 목표는 문맹 탈피, 특별교육의 확대, 대학 정원의 증설, 의무교육기간을 9년으로 확대하는 방안 등이 있다.

3. 기본교육

1) 유아교육

기본교육의 첫 단계로 초등학교 취학 이전의 0~6세까지의 어린이를 대상으로 하는 교육이다. 법률이 정한 바에 의하면, 0~3세의 유아는 탁아소(Creche)에서, 4~6세의 아동은 유치원(Pré-escola)에서 각 시의 책임하에 교육을 받는다. 2004년 통계에 의하면, 전년 대비 약 8% 증가하여 거의 700만 명의 어린이가 유아교육을 받고 있다. 거의 모든 시에 유치원이 있으며 70% 이상의 시에 탁아소가 있다. 지역적으로는 남부 지방과 남동부 지방에서 비교적 잘 운영되고 있다.

하지만 대도시 주변에서 제대로 교육을 받지 못한 여성들이 비공식적으로 비밀리에 탁아소를 운영하는 것, 또 대다수 열악한 환경으로 운영되고 있다는 것이 큰 문제이다. 예를 들어 기저귀 교체실, 수유실, 병실 등이 턱없이 부족하다. 음악, 미술 등 어린이의 발달에 필수적인 놀이들을 위해 적합한 시설을 갖추고 있는 유치원은 단 15%에 불과하다.

의회는 각 시가 정기적으로 유아교육을 담당하는 시설들을 감사하도록 결정하고, 최소한 중등교육을 마친 교사와 초등교육을 마친 직원만이 일할 수 있도록 요구하고 있다. 통계에 의하면 대학교육 이상을 받은 교사는 1998년 18%에서 2003년 28%로 높아진 상황이다.

2) 초등교육

초등학생

쁘리메이루 그라우(Primeiro Grau)라고도 불리고 있으며, 7~14세까지의 브라질 학생들 97%, 약 3,400여만 명이 초등교육을 받고 있다. 1988년 제정된 헌법에서, 초등교육은 8년간 1학년부터 8학년까지 국가에 의해 무상으로 제공되어야 한다고 밝히고 있으며 현재 10명 중 9명의 학생이 공립학교에 다니고 있다.

교육부에 의해 1997년 배포된 '국가 교과과정 기준(PCN: Parâmetros Curriculares Nacionais)'에 의하면, 교과 과목은 각 지역의 특성에 따라 변화할 수 있지만, 기본적으로 의사소통과 표현(포르투갈어), 사회(지리와 역사), 과학(수학, 물리, 생물) 과목을 학생들은 반드시 이수하여야 하며, 5학년부터는 영어나 스페인어와 같은 외국어를 적어도 하나 가르치도록 학교에 의무화되어 있다. 종교과목이나 야간과정에서의 체육은 선택적이다.

교육의 질과 관련한 교육부(MEC) 통계에 의하면, 전국의 4학년 학생들 중 55.4%가 아직 정확히 읽지 못하며 51.6%가 아직 수학의 기초적인 능력도 갖추지 못하였다. 브라질에선 낙제가 있어 한 학년에서 낙제하면 다시 그 학년을 다시 다녀야 하고, 가정 형편상 초등교육을 다 마치지 못한 상태에서 중도에 포기하는 경우도 있다. 가정의 경제사정 때문에 학교에 가지 못하고 어린 나이에 돈을 벌기위해 일터로 나가야 하는 상황은 참으로 안타깝다. 하지만 최근엔 과거에 비해 훨씬 더 많은 학생들이 초등교육을 마치고 있고 중등교육을 받기 위해 입학하고 있다. 그럼에도 불구하고 여전히 34%가 낙제와 중도 포기로 인해 초등교육을 14세에 마치지 못하고 있다. 이 비율은 다른 지방에 비해 교육이 제대로

초등학생들

이뤄지지 않고 있는 북동부 지방의 경우 약 50%나 되는 실정이다.

이러한 교육의 왜곡 실태를 개선하기 위해 신교육법(LDB)에선 각 학년말에 학생들을 평가하는 것이 아니라 2년, 3년, 혹은 4년마다, 즉 정해진 주기별로 평가를 받도록 하는 새로운 '주기 시스템(Sistema de ciclos)'을 채택한다. 현재 상파울루 주에서는 반 이상의 학생들이 이 시스템에 의해 평가를 받고 있다. 또한 정상적인 학년보다 늦어진 학생들을 위해 '가속 학급(Classe de aceleração)'을 만들어 이러한 학생들이 좀 더 짧은 기간 동안 학년 과정을 마칠 수 있도록 하고 있다. 북동부 지방에선 약 66%의 학생이 이에 해당한다.

한편 1990년대 태어나는 아이들의 수가 줄어들고 유급하는 학생들의 수도 줄어들면서 초등교육을 받는 학생들의 수는 전체적으로 조금씩 감소하고 있다.

3) 중등교육

세군두 그라우(Segundo Grau)라고도 불리고 있으며, 15~17세를 대상으로 3년간 하는 우리나라의 고등학교 교육에 해당한다. 최근 5년간 입학생 수는 100만 명 이상 증가했으며 이러한 현상은 초등교육에서 나타나고 있는 낙제의 감소와 무관하지 않다. 14세에 초등교육을 마친 경우, 학생들은 중등교육을 계속 받는 경향이 있다. 그럼에도 중등교육생의 증가율은 줄어들고 있는데 이는 학생들이 중등교육을 마치는 데 있어 기술교육이나 성인교육을 선택하고 있기 때문이다.

1998년 국가 교육위원회는 중등교육 교과과정에 커다란 변혁을 가져

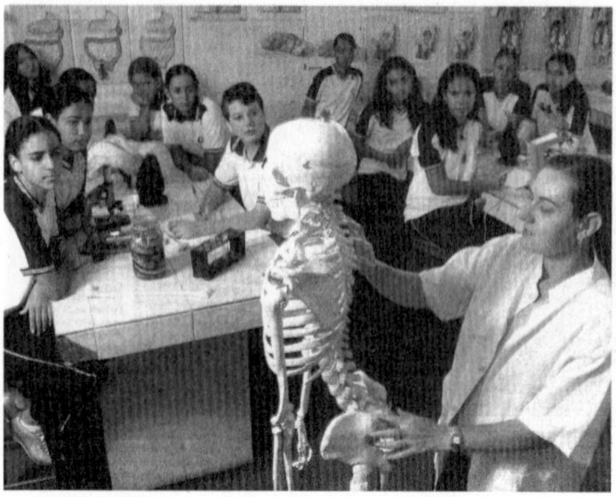
고등학교 수업 중

온다. '중등교육을 위한 국가 교과과정 지도(DCNEM: Diretrizes Curriculares Nacionais para o Ensino Médio)'는 두 가지 원칙을 갖는다. 첫째는 다양한 교재간의 내용은 그들 간에 연계성을 가질 필요가 있다는 상호교과성(interdisciplinaridade)이고, 둘째는 교사들은 학생들이 학교에서 배운 것과 실제 삶에서의 필요성 간의 관련성을 형성하도록 학생들을 도와주어야 한다는 맥락성(Contextualização)이다. 또한 수업시간의 75%는 언어, 자연과학과 수학, 인문과학 세 영역으로 된 의무과목으로 채우도록 되어 있다. 나머지 25%는 선택과목과 지역적 관심에 따른 과목으로 이루어지는데, 선택과목 중 최소한 하나의 외국어 교육을 하도록 의무화되어 있다.

중등교육을 마치는 학생은 여전히 70%를 겨우 넘는 수준이고, 제 나이에 맞는 학년을 못 다니는 경우가 절반 이상이다. 그중 세 명 중 한명이 대학교에 다닐 나이인 18~24세 사이이다. 공립학교는 현재 대다수 주립(85%)과 시립, 국립 포함 88%로 많이 성장했고, 사립학교는 12%에 달한다.

교육 영역에 컴퓨터를 도입한 1997년 이래 공립학교에서는, 사립학교

중등교육과정에서의 교육여건 확충도(2003년) (단위:%)

	공립학교 학생	사립학교 학생
도서관	83.9	93.8
인터넷 접속	53	88.4
컴퓨터실	58.2	82.9
스포츠 공간	81.4	84.6

출처 : 교육부(MEC) / 국가교육연구원(Inep)

의 시설에는 아직 미치지 못한다 할지라도, 점차 컴퓨터실을 설치하고 인터넷에 접속이 되도록 장비를 확충해 가고 있다(표 9-1참조). 정부도 컴퓨터 확충과 이에 따른 교사의 교육에 더욱 투자하고 있다.

4. 대학교육

1) 대학과정

17~24세 사이의 젊은이들 중 단지 9%만이 대학교육을 받고 있다. 국가는 2011년까지 이 연령대의 30%가 대학교육을 받도록 계획하고 있다. 공립대학도 입학정원을 40% 늘려서 어려운 생활을 하는 젊은이들에게도 대학입학의 기회가 쉽게 다가오도록 도와주려 한다.

사립대학이 70%를 차지하고 있는 현실에서, 30%인 공립대학도 1993년에서 2003년까지 10년 동안 정원을 64%가량 증가하였으나 여전히 경쟁률은 평균 8.4대 1로 극심한 상태이다. 연방대학(국립대학)은 공립대학 교육의 거의 절반을 차지하고 있는데, 최근 5년간 28%의 학생수의 증가가 있었으나 예산은 1995년에서 2003년 사이에 55%가량 삭감되었

빠라나 연방대학

다. 대학 입학 시 학생들은 연방대학을 선호하는데 이렇게 우수한 인재들이 몰리는 가장 큰 이유 중 하나는 값비싼 등록금을 내야하는 사립대학에 반해 등록금이 전혀 없다는 것이다.

대학교육을 담당하는 곳은 대학교육 학원(Instituto ou escola superior), 단과대학(Faculdade), 대학센터(Centro universitário), 종합대학교(Universidade) 등 네 가지 형태로 구분된다. 2003년 현재 브라질은 390만 명의 대학생이 있으나 10명 중 4명만이 졸업을 하고 있는 실정이다. 전체 입학생의 절반 이상이 경영학, 법학, 교육학, 공학, 어문학, 커뮤니케이션학을 공부하고 있다.

대학입시는 대학의 자체 선발이 이루어지고 있다. 우리나라의 수학능력시험과 같은 전통적인 대입시험(vestibular)은 자취를 감추고 현재 각 학교가 자체의 차별화된 기준을 가지고 시험을 봐서 학생들을 선발하고 있다. 따라서 학생들은 시험일자가 다른 여러 학교에 지원할 수 있고 각 학교에 가서 각기 다른 시험을 본다. 새로운 사실은 중등교육 국가시험인 '에넹(ENEM: Exame Nacional do Ensino Médio)'의 점수를 대입시험의 점수에 함께 사용하는 대학이 늘고 있다. '에넹'은 의무적인 시험은 아니지만 1년마다 중등교육을 마치는 혹은 이미 마친 학생들을 대상으로 하는 시험이다. 객관식파트(63문항)와 논술파트로서 이루어지며 각각 100점 만점이다. 70점을 넘으면 '우수'에서 '최우수'로, 40~70점 사이는 '보통'에서 '우수'로, 40점미만은 '불충분'에서 '보통'으로 평가된다. 교육부는 '에넹'의 결과를 통해 전통적인 대입시험을 점진적으로 대체하는 목표를 갖고 있다.

대입시험을 위한 대학재단, '푸베스치(Fuvest: Fundação Universitária para o Vestibular)'의 2000년 통계에 따르면, 네 명의 대학신입생 중 세 명은 중등교육을 사립학교에서 마쳤다. 반면 공립에서 중등교육을 마친—상대적으로 가정이 부유치 않은—학생들은 대학 등록금도 비싸고 교육의 질도 떨어지는 사립대학에 입학한다. 또 2003년 통계를 보면, 브라질 인구의 45%를 차지하는 흑인과 혼혈인이 상파울루대학(USP: Universidade de

São Paulo) 전체학생의 단 10%도 되지 않는 것을 알 수 있다.

이렇듯 사회적, 인종적으로 왜곡된 시스템을 수정하기 위해 '대학개혁(Reforma universitária)'이 발표되기도 하였다. 주요 내용으로는 연방대학교에 50%의 몫을 공립학교에서 중등교육을 마친 학생들을 위해 할애하는 것, 중등교육을 마치는 단계에서 모든 학생들이 의무적으로 '에넹'을 보고 그 결과가 각 대학입시에 반영되도록 하는 것, 가난한 학생들을 위한 장학금의 확대, 연방대학의 정원 증설, 총장 직선제 등이 있다.

한편, 대학의 평가를 위해 각 영역별로 국가시험이 치러진다. '쁘로벙(Provão)'은 1996년부터 2003년까지 매년 교육부가 대학생들의 수행능력이 어떤지를 어문학, 지리학, 역사학, 교육학, 법학, 경영학, 경제학, 심리학, 의학, 치의학, 수의학, 약학, 건축학, 도시공학, 전기공학, 화학공학, 물리학, 수학, 농학 등 총 26개 영역에서 평가하기 위하여 시행되었다. 이를 통해, 각 단과대학의 순위를 매겨 발표함으로써 대학들이 교육의 질에 더 투자하고 신경을 쓰도록 하였다. 모든 4학년생이 시험을 봐야 했던 '쁘로벙'을 대체하여 2004년 처음으로 시행된 국가시험 '에나지(Enade: Exame Nacional de Desempenho dos Estudantes)'는 같은 맥락의 시험이지만, 1학년과 4학년 중 무작위로 추출된 일부 학생들만이 의무적으로 시험을 치르는 형태로 점수를 5단계 나누어 평가한다. 2004년엔 13영역에 걸쳐 실시되었고, 2005년과 2006년엔 다른 영역에 대한 평가가 있으며, 2004년에 시험을 봤던 영역은 2007년에나 다시 시험을 보게 된다.

2) 대학원과정

대학원과정은 넓은 의미(*lato sensu*)와 제한된 의미(*stricto sensu*) 두 가지 형태로 나뉘는데, 전자는 석박사 학위와 관련 없이 최소 1년간 연구하는 전문과정(Curso de especialização)으로 공립 및 사립대학에 의해 제공되며, 후자는 석사과정(Mestrado) 2년과 박사과정(Doutorado) 4년으로 이루어져 연구원, 교수, 전문가를 육성하는 목적을 갖고 있다.

2003년 국가 통계에 의하면, 석사과정에서 7만2천 명, 박사과정에서 4만여 명이 연구를 하고 있다. 대학원은 국가의 학문적, 기술적 생산의 주요 기지로서 석사와 박사들은 세계 유명 학술지에 주요 논문들을 발표하며 국가 발전에 이바지하고 있다. 이러한 논문들의 양은 1990년에서 2002년까지 약 3배 증가하며 세계 17위로 도약하였다. 국가는 학문과 기술의 연구에 국내총생산(PIB: Produto Interno Bruto)의 1%가량을 소비하고 있다.

대학원에 대한 평가는 '까뻬스(Capes: Coordenação de Aperfeiçoamento de Pessoal de Nível Superior)'에서 진행하는데, 각계 전문가로 구성된 위원들이 대학원을 직접 방문하여 교수와 학생의 질, 프로그램의 내용, 연구 활동, 국내외 저작물의 비율 등을 평가하여 그 대학원의 수준을 공시한다. 0~7점까지의 점수가 주어지는데 최근의 평가에서 6 또는 7점을 받아 최고수준으로 인정된 대학원은 전체의 약 11%가량 되며, 대다수의 우수 대학원은 약 95%가 남부와 남동부 지방에 집중되어 있다.

최근 들어 대학은 물론 대학원의 중요성이 강조되고 있는데 사회발전을 위해서는 대학원에서의 활발한 연구와 지식의 창조, 질적으로 우수한 전문가들의 배출이 절대적으로 필요하기 때문이다. 대학원생들을 위한 장학제도는 잘 되어 있는 편으로, '까뻬스'는 대학원 정책 형성에 있어 교육부를 도와주고 대학원 평가를 담당하는 것 이외에도 2만5천개의 장학금을 지급하고 있고, 브라질의 학술진흥재단격인 '세에니뻬께(CNPq: Conselho Nacional de Desenvolvimento Científico e Tecnológico)'서도 1만2천개의 장학금을 지급하는 등, 브라질에서는 인재 양성을 위해 지속적으로 여러 종류의 장학금을 내 놓으며 연구의 동기를 부여하는 한편 연구원들의 경제적인 측면도 지원하고 있다.

3) 신입생 신고식

우리나라의 대학문화에서는 각종 신입생환영회가 있으나, 신입생들은 선배들에게 주로 술로 신고를 한다고 해도 과언이 아니다. 하지만 브라질에서는 희한한 상태로 길거리에 나가 돈을 구걸하는 전통적인 신입생 신고식, '뜨로찌(Trote)'가 있다.

머리카락을 아주 빡빡 깎은 학생, 반쪽만 밀어버린 학생, 바지 한쪽을 아예 엉덩이 밑까지 잘라버린 학생, 한쪽 신발만 신은 학생, 울긋불긋한 물감으로 얼굴과 옷이 범벅이 된 학생, 신부복장을 한 학생 등 갖가지 형태의 신입생들을 볼 수 있다.

이들의 일부는 시내 주요도로나 번화가로 나가 삼삼오오 짝을 지어 다니며 교통신호에 걸린 차량들 앞에서 구걸행각을 한다. 선배들로부터 할당받은 액수를 모금해야 하기 때문이다. 자기 용돈으로 대체하는 것은 규정위반으로 동행하는 선배들의 감시 역시 피할 수 없다. 이러한 신고식에 남녀차별은 없다. 여학생들도 예외 없이 구걸행각을 해야 한다. 한편 요즘은 이러한 신고식이 싫어 참여하지 않고 도망치는 신입생들도 있긴 하다.

이들의 구걸행각은 집요하고 애교 있으며 더구나 브라질 사람들은 이 같은 풍습에 이미 익숙해져있고 마음에 여유가 있기에 너그럽게 응해준다. 하지만 종종 돈을 주기 전에 즉석장기자랑을 요구하기도 하여 차도 한복판에서 한바탕 쇼가 펼쳐지기도 하여 웃음을 자아낸다.

이 같은 신입생 신고식은 당연히 대학입학의 기쁨을 두 배로 만끽하고 선후배간의 우정을 돈독히 하려는 목적에서 치러진다. 브라질의 대학은 입학도 쉽지 않지만 졸업하기란 훨씬 더 어렵다. 입학이 곧 졸업이라는 말은 통하지 않고 규정된 햇수 안에 졸업하는 확률도 현저히 떨어진다. 즉 이렇게 요란한 신고식 이후엔 본격적으로 치열한 대학 생활이 기다리고 있다.

5. 문맹률

문맹률(Analfabetismo)은 국가의 교육이 제대로 이뤄지지 않고 있음을 나타내주는 주요한 지표인데, 2004년 국가 통계에 의하면 10세 이상

인구의 10.6%가 문맹으로 나타났다. 이로서 브라질은 라틴아메리카에서 온두라스, 엘살바도르, 도미니카공화국, 볼리비아, 과테말라, 아이티와 함께 문맹률이 10%를 넘는 7개국에 속하는 상태이다. 한편 15세에서 64세사이의 브라질 사람 중 학교 교육을 4년 이하만 받은 기능적 문맹률은 30%에 육박한다.

2006년까지 문맹을 퇴치하기 위해 교육부는 주정부, 시청, 기업들과 함께 브라질 문맹퇴치 프로그램을 실행하고 있다. 정부의 노력으로 많은 학생들은 6~8개월간의 문맹탈피코스를 마치지만 여전히 문맹을 탈피하지 못하는 현상을 보이고 있다. 코스를 마친 후 15%는 여전히 문맹, 31%는 띄엄띄엄 어휘를 이해하며 27%는 문장을 단편적으로 밖에 이해하지 못하는 결과를 나타내고 있다.

IX

브라질 사회

IX 브라질 사회

1. 오지(Sertão)의 사회

세르떵

브라질의 총 면적 851만 km^2 가운데 약 2/3에 해당하는 광대한 지역이 현대문명의 혜택을 받지 못하는 미개척 오지이다. 그 가운데 아마존 강유역의 산림지대를 제외하고 고이아스 주, 마뚜그로수 주의 대부분과 북동부 주는 거의 목축지역으로 이 지역을 세르떵(Sertão)이라고 부른다. 이 지방에 살고 있는 사람은 옛날부터 목축을 해온 후예, 오지 깊이 들어온 탐험대원(반데이란찌)들이 그대로 눌러 살게 된 자, 사금 혹은 다이아몬드를 채취하는 사금채취업자, 농장을 도망쳐 나온 흑인노예 혹은 죄를 범하고 도망쳐 나온 자들 등으로 구성된 사람들이다. 이곳에 들어온 사람은 대개가 독신자들로서 이들은 그곳 현지 여인(주로 인디언)들과 결혼을 했다. 그러므로 오지에 사는 사람은 주로 마멜루꾸의 자손으로서 까보끌루라고 부른다. 그들은 원주민 문화와 다름없는 생활방식 하에서 빈약한 농업을 하며 자급자족에 가까운 생활을 해왔다.

세르떵의 가족

전 브라질의 1/3에 해당하는 광대한 지역이 거의 버려진 지역이 된 것은 여기에 인간을 끌어들이는 산업이 없다는 점과 또 거의가 대주주의 소유로 자작할 땅이 없는 데다 생산품을 팔 시장이 없다는 점 등이다. 더욱이 가장 인구가 많은 북동지방의 오지는 극심한 가뭄으로 이 지방 사람의 생활은 아주 비참하다.

이 지역은 7~12월은 건기이고 1월에서 6월이 우기이다. 그러나 어떤 해는 우기가 오지 않는 경우도 있다. 또 10년에 한 번은 연중 한 방울의 비도 내리지 않는 경우가 있다. 이럴 땐 우물이나 시내가 바닥을 드러내고 가축이 쓰러지며 따라서 땅을 버리고 물이 있는 곳을 찾아 피난 가는 초라한 피난민의 행렬이 끊이지 않는다.

1791년부터 93년까지 3년간 계속된 가뭄은 18세기 가장 비참한 것이었다. 그때까지 세아라(Ceará) 주가 건육포의 최대산지였으나 소들이 전멸함으로써 이 산업이 완전히 끝이 났다. 특히 1977년부터 3년간 연속된 가뭄은 역사상 최대의 것이었다. 이때 세아라 주가 가장 심한 피해를 입었는데 전 인구의 절반에 달하는 50만 명이 굶어 죽거나 병으로 죽어갔다. 이때부터 세아라 주 사람들은 고무채취 인력으로 아마존 지방으로 진출하게 되었다.

1) 까누두(Canudo)의 난

문명으로부터 소외되고 천재로 인해 타격을 받은 오지(Sertão: 세르떵)는 이 지역 주민들을 두 가지 특이한 유형으로 만들었다. 하나는 미신에 강열한 광신자로 다른 하나는 '깡가세이루'라고 불리는 도적단을 만들었다. 이 지역 주민들은 신앙심이 두터운 가톨릭교도들이지만 그들의 가톨릭은 흑인 및 원주민의 미신과 주술이 혼합된 것이어서 사이비종교 지도자는 오늘날에도 사회적으로 큰 힘을 가진 존재로 존경받는다. 가뭄이 심한 지역의 사람들은 가끔 천재로 인한 참혹한 타격을 받게 되지만 이것을 신앙이 부족한 인간에 대한 하나님의 징벌로 생각하기 때문에 생활이 고통스러울수록 더욱더 신앙심은 강하게 되어 결국 광신자가 되어버리는 경우가 있다.

세아라 주의 세르떵에 있는 주아제이루 시는 그 대표적인 예이다. 이 도시는 19세기 말 신부 '시세로'의 덕망과 기적에 따라 불과 30호이던 빈촌이 1920년경에는 인구 3만이라는 대도시로 발전하였다.

이곳의 수많은 광신적 오지인 자궁수(Jagunço)들은 안또니우 꽁셀례이루(Antonio Conselheiro)라는 몽상가를 추종하고 있었다. 그는 수년 동안 바이아의 오지를 돌면서 세상의 종말을 예고하고, 또한 공화정에 반대하는 투쟁을 전개했다. 당시 안또니우는 '19세기 말에는 동 세바스띠엉 왕이 돌아와 굶주림과 가난에 허덕이는 사람들에게 정의를 실행할 것이다'라는 연설을 통해 포르투갈에서 있었던 세바스찌엉주의(Sebastianismo)를 브라질에 유입시켰다.

처음에 정부당국은 규모가 작아 그들의 활동에 대해 크게 관심을 기울이지 않았다. 그러나 안또니우가 까누두스(Canudos)에 정착하여 많은 오지인들과 하나의 야영부락을 설립하면서 위험요소로 대두되었다. 그들이 주아제이루(Juazeiro) 시를 공격하자 바이아 정부가 소규모의 병력을 수차에 걸쳐 파견했으나 패배하여 결국 연방정부군이 개입해야 했다. 그러나 대규모의 연방군을 지휘하던 세자르(Sézar) 대령이 죽으면서 완전히 패배하자 온 국내에 커다란 파문을 일으켰다.

히우에서는 안또니우가 군주제 추종자들의 지원을 받고 있다는 소문도 퍼졌다. 또한 오지인들에게 돈과 무기를 지원했다는 혐의를 받고 젠찔 지 까스뜨루(Gentil de Castro) 대령이 저격당하는 사건도 발생했다. 이에 정부는 전국 각지에서 모인 자원병들로 강력한 원정대를 다시 조직했다. 이를 국방부 장관 까를루스 마샤두 비뗑꾸르(Carlos Machado Bittencourt)가 지휘하여 1897년 10월 까누두스 야영부락을 완전히 파괴함으로써 안또니우의 광신적인 폭동은 진압될 수 있었다. 1년 간이나 완강히 저항하던 광신도들은 지도자가 죽고 치명적인 타격을 받아 결국에는 항복하고 말았다.

2) 산적(Cangaceiro – 깡가세이루)

깡가세이루

가뭄지역에서는 천재로 인해 생업을 잃고 떠돌이로 전락한 사람들이 많았다. 그들 가운데는 사회에 대한 증오나 자연에 대한 절망감에서 자포자기하여 대담한 우두머리를 중심으로 그룹을 만들어 약탈과 살인 행위를 자행하는 사건이 속출했다. 그들은 소총, 칼, 권총 등으로 무장하고 차양이 넓은 가죽 모자를 쓴 채 용감무쌍하게도 오지 일대를 휩쓸고 다녔다. 깡가수(7개의 도구)를 갖고 있었기 때문에 이들 산적들은 깡가세이루라고 불렀다. 그들은 10명, 20명 때로는 수십 명이 그룹을 지어 여러 부락의 상점이나 부잣집, 그리고 원한이 있는 대농장을 습격하여 금품과 무기를 빼앗았으며 저항하면 처참하게 살해해버리곤 했다. 그러나 그들 중에는 약탈한 금품을 가난한 농민에게 나누어주는 의적도 있었다고 한다. 오지 사람들은 이 깡가세이루를 영웅시했으며 그들의 무용담은 바이올린에 맞추어 노래로 불리어지며 오지 각처에 퍼져나갔다.

오지에서 이름을 날린 산적은 수없이 많았으나 그 중에서도 깡가세이루 전설의 최후를 장식한 랑삐엉(Lampião)은 그 흉악하기가 말로 표현할 수 없을 정도로 브라질 전역을 놀라게 했다. 그는 세아라 주의 목부였다. 1917년 17세에 대지주에 대한 증오 때문에 깡가세이루 일원이 되어 언제나 수십 명에서 수백 명에 달하는 산적 떼를 몰고 다니며 오지 전역에 있는 부락과 농장들을 습격했다. 1937년 정부군에 추격을 받아 피살될 때까지 그가 살피던 사람은 1천명, 소와 말은 5천두, 가옥파괴 5백동, 여자납치 2백명을 포함하여 정부군과 교전은 2백회를 넘었다고 한다.

2. 국내 이민시대

1) 남부의 초기 개척이민

1808년 포르투갈 왕실이 히우로 오면서 브라질은 외국이민들에게 문호를 개방하여 토지소유를 허용하였으나 노예제도가 폐지될 때까지는 이민수가 얼마 되지 않았다. 노예의 수입이 금지된 1850년까지는 사탕수수농장이나 커피농장에나 노동력공급은 흑인노예만으로도 충족되었으며 외국에서 오는 이민자는 농장에서 사용할 필요가 없었다.

그러나 브라질정부는 미개지를 개척하는 이민에게는 땅을 무료로 주며 각종의 편의를 제공할 계획이었기 때문에 이른바 식민지를 세우는 개척이민이 바이아 주에서 남부 각주에 이르기까지 여러 곳에 들어와 정착하게 되었다.

최초의 식민이민 마을은 독일이민이 바이아 주에 만들었고 이어 스위스, 포르투갈, 이태리, 영국, 불란서, 폴란드 등으로부터 개척이민이 계속 들어와서 1867년까지 전국에 설립된 이민마을 70여 개나 되었다.

이들 개척이민들은 나폴레옹 전쟁으로부터 피폐된 농촌과 그에 따라 닥쳐온 큰 기아에 시달리는 유럽을 버리고 '기아로부터 탈출'이라는 신대륙의 대이주가 시작되면서부터 건너온 것이나 대부분이 평판이 좋은 미국으로 갔고 '브라질은 그 보다 뒤진 사람들이 건너온 것이다.' 그 이유는 독립 후의 국정이 불안정하였을 뿐만 아니라 열대기후와 말라리아 및 황열병 등의 악조건이 유럽인들을 무섭게 하였기 때문이었다. 실제로

유럽이민 후예들

바이아 주의 독일인과 아일랜드 인들이 정착한 이민마을은 이러한 요인들로 인해 실패로 끝났다. 그밖에도 유럽이민은 브라질 북부를 싫어했고 대부분의 이민마을은 상파울루 주 이남의 온대지방에 세워졌다. 그래서 이 지방에는 독일, 이태리인을 필두로 불란서인, 폴란드인들이 상당히 많이 들어왔다. 이들이 만든 이민마을은 대부분이 순조롭게 발전하여 브라질 남부의 번영의 기초를 이루었을 뿐만 아니라 이 지방에 유럽의 근대문화와 생활양식을 소개함으로써 특수한 지방색을 가진 사회를 형성한 것은 주목해 볼 만한 일이다. 남부는 히우그란지 주에 대사유지에 의한 목장이 경영되고 있었을 뿐이며 북부지방의 사탕수수나 히우 주 및 상파울루 주의 커피 등과 같은 수출을 목적으로 한 대기업에 의한 단일농업은 기후관계로 인해 불가능했다.

그러므로 다수의 노예를 사용한 대농장주도 없었고 북동부에서 가능했던 봉건적 사회가 아직 형성되고 있지 않았다.

이러한 여건 하에서 전통도 없는 미개의 처녀지대로 근대문화의 세례를 받은 유럽이민들이 들어옴으로써 각처에서는 노예를 사용하지 않는 소규모의 자영 농업에 의한 집단이민마을을 건설하게 된 것이다.

2) 커피농장의 꼴로누(계약농민) 이민

농장에서 일하는 노동이민들이 오기 시작한 것은 노예수입의 금지 후 유력한 커피농장주들이 농장의 노동력을 보충하기 위한 이민자에게 여비를 지불하고 초청하여 입국시키면서부터였다. 이들 이민자들은 계약

농민 즉 '꼴로누'라고 불렀다.

노예무역이 금지되고 여기저기 커피농장에서는 독일인, 스위스인, 포르투갈인 등의 꼴로누가 3천 명가량 일하고 있었으나 노예제도가 존재하고 봉건적인 의식이 강한 농장에서 노예와 함께 일하는 것은 인권존중 사상을 지닌 유럽이민으로서는 불유쾌하였고 대우에도 불만이 많았다. 그래서 정계의 유력자가 경영하고 있던 어떤 농장의 독일인은 '꼴로누는 백인노예에 불과하다'라고 규탄하면서 대우개선을 요구하여 3개월에 걸친 대투쟁을 일으켰다. 이 투쟁을 지도했던 '꼴로누'가 독일로 돌아가서 브라질에 있는 '한 꼴로누의 수기'라는 책을 출간하여 커피농장노동의 실정을 파헤쳐 꼴로누로서 브라질에 이민하는 사람들에 경고를 했다. 그 후 독일인으로서 브라질에 가는 사람은 남부의 개척이민뿐이었고 꼴로누로 가는 사람은 없었다. 또 포르투갈마저도 꼴로누를 희망하는 자는 적었다.

이리하여 노예해방운동이 왕성하자 노예의 수가 현저히 줄었고 커피농장은 노동력 부족으로 큰 타격을 입었다. 이렇게 되자 이번에는 여비를 전액 브라질정부가 부담하면서 적극적인 권유를 한 결과 실업자 및 빈민들이 이에 호응하여 1881년부터 매년 2만~3만 명의 꼴로누 이민늘이 들어오게 되었다. 또 노예제도가 폐지되자 이태리를 필두로 하여 포르투갈 스페인, 오스트리아, 폴란드에서 대량으로 이민이 들어와서 19세기 말까지 입국자는 백만 명에 이르렀다. 이 무렵 상파울루 주의 커피지대와 수출항 산뚜스를 연결하는 철도도 개통되고 있었고 커피 가공공장은 증기화 됨으로써 파젠다(fazenda)의 생산성은 우마에 의한 수송에 의한 전성시대보다 비약적으로 증대해갔다. 여기에다 노예에 대신하여 이민노동력이 충분히 제공되기에 이르렀다. 이처럼 교통, 기술, 생산관계의 급속한 현대화는 상파울루주의 커피농장을 빠라이바 유역 시대에는 볼 수 없었던 대규모적인 것으로 만들었다. 빠라이바 지역에서는 커피나무의 수가 50~60만이면 대농장이었으나 상파울루 주에서는 50만 그루 정도를 보유한 농장은 흔했다. 심지어는 2~3백만 그루를 가진 농장도 있었고 면적도 대농장에서는 1만 헥타르를 넘는 것도 있었다. 주 전체의 커피나무 수는 1890년에는 2억 2천만이었으나 1900년에는 5억 2천만 그루였고 그 후에는 생산과잉으로 묘목을 제한했으나 10년 후에는 1억 5천 그루가 증가하였다. 또한 수출 총액에서도 커피수출이 70%에 이르렀다. 농장주들은 막강한 힘을 가지고 있었으며 공화국의 상원 및 하원의원이 되는 것을 명예로 여기는 주인들도 있었다. 농장에는 성당과 천주교에서 경영하는 학교 및 병원 등이 있었고 도시가 형성되기도 했다.(김창환, 1980, pp.243~251)

3. 외국인의 국내 이민

1) 브라질의 일본이민

상파울루 주 내륙의 커피 농장에 일하기 위해 카사토 마루(Kasato Maru)호 편으로 산뚜스 항에 들어온 791명이 최초이민이다.

1908년에 들어온 첫 일본 이민자들은 주로 상파울루나 아마존에 정착했다. 1973년까지 약 250만 일본인들이 브라질로 이민했다. 현재 브라질에는 약 150만의 일본인과 그 후예들이 살고 있다. 주로 농업에 종사하고 있으며 자영업, 기술 분야, 은행, 예술 등 여러 부분에서 일하고 있다.

2) 브라질의 한국이민

(1) 일본에서 이민 간 재일교포

브라질 이민은 1925년 일본인 신분으로 이민을 간 한국인(재일교포) 1세대 3명과 독신자 3명이었다. 이 중 대표적인 인물이 흔히 '미다 할아버지'로 알려진 고 장승호 씨이다. 남자 상속자가 없던 일본계 가족의 유리 미다 여사와 장승호 씨가 결혼하면서 '미다 할아버지'라고 불려지게 되었다. 영동지역에서 1907년 3월 23일에 5형제 중 막내로 출생한 미다

미다 할아버지 가족

할아버지는 가난 속에서 기독교 신앙을 받았고 12세 때 일본으로 건너갔다. 그 곳에서 니시즈미 선교사를 만났고, 일본이민자들의 선교목적으로 브라질로 오는 그를 따라 브라질까지 가게된 것이다(1923). 깊은 신앙심과 헌신적 동포애 덕분에 반공포로나 초기 이민자들이 많은 도움을 받았고 한국정부(박정희 대통령 당시)는 그의 공로를 치하했다. 슬하에 7명의 딸과 2명의 아들이 있으며 딸 중 애미 미다 씨는 반공포로 김창언 씨와 결혼했다. 2000년 5월 10일, 93세로 별세하셨다.

(2) 한국 반공포로의 브라질 입국

유엔이 정식으로 개입하여 참전한 한국전쟁이 1953년 7월 27일에 판문점에서 휴전 협정을 맺고 포로교환 문제가 논의되면서 일부분의 인민군(현 북한)과 중공군(현 중국)포로들이 본국을 거절하고 인도로 가서(1954년 2월 22일) 중립국배정과 출국허가를 기다리고 있었다. 희망대상인 미국은 참전국이라, 또 스위스는 거절을 당해 가지 못하고 남은 나라들이 브라질, 아르헨티나와 멕시코였는데 거의 대부분이 브라질과 아르헨티나로 행선지를 정하게 되었다. 1956년 2월 4일, 55명의 청년들이 인도항공 특별기편으로 인도의 뉴델리를 출발하여 2월 6일 브라질의 히우지자네이루에 도착했다. 55명 중 50명이 인민군 출신이었고 5명은 중공군출신이었다.

이들은 인도의 집단수용소에서 언어와 기술을 배운 상태라 비교적 빠른 적응을 할 수 있었다. 이들은 차후 대량으로 들어오는 초기 이민자들에게 안내자 역할을 했다.

정기적으로 모임을 가지며 이후에 발족하는 교민회(현재 한인회의 모체)형성과 운영에 많은 도움을 준다. 하지만 반공포로라는 명칭이 후에 오는 교민들에게 거꾸로 거리감을 초월하기도 하였다.

(3) 정식 1차 이민

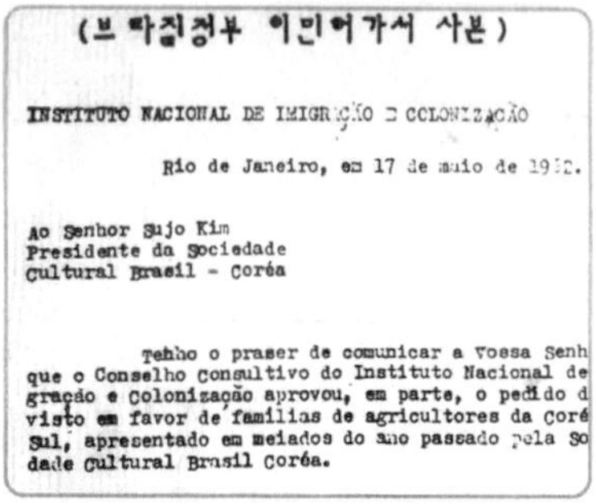
(브라질정부 이민허가서 사본)

INSTITUTO NACIONAL DE IMIGRAÇÃO E COLONIZAÇÃO

Rio de Janeiro, em 17 de maio de 19[illegible].

Ao Senhor Sujo Kim
Presidente da Sociedade
Cultural Brasil - Coréa

Tenho o praser de comunicar a Vossa Senh
que o Conselho Consultivo do Instituto Nacional de
gração e Colonização aprovou, em parte, o pedido d
visto em favor de famílias de agricultores da Coré
Sul, apresentado em meiados do ano passado pela So
dade Cultural Brasil Coréa.

브라질정부 이민허가서 사본

한백 진흥 주식회사가 일본에 있던 브라질 영사관을 통해 33가구의 선발팀의 자격심사를 마쳤으나 여러 이유 때문에 (집을 못 팔았다던가, 서류 불충분 등의 이유로) 17가구의 92명만이 이민 비자를 발급받게 되었다. 92명 중 3명이 빠진 89명이 이민선 찌째랑까호(Tjktjalengka)에 입선했으며 이 외에 11명의 예비장교들로 구성이 된 사전준비대도 같이 이 배에 탔다. 이들이 흔히 불리는 '선발대' 혹은 '사전준비대'였다. 나머지 3명은 나중에 항공편으로 입국하였다.

이민선은 네델란드 국적의 찌째랑까호로서 1962년 12월 18일에 대대적인 환송 속에서 부산항을 떠났으며 한국정부는 시험적인 첫 공식이민이기 때문에 한국보사부장관을 환송식에 참가시키고 이민협회로 하여금 일체의 수속을 대행하는 편리를 봐주는 등 지대한 관심을 보였다.

이 배는 1963년 2월 12일 상파울루 주 산뚜스 항에 도착했다. 56일의 이민선 생활은 비교적 편했고 앞날에 대한 희망의 여러 불편함을 덜어주었다. 노래, 춤, 오락, 운동, 게임, 간단한 브라질어 강좌 등에 즐겁게 참여했으며 여러 항구에 정박할 때 도시 관광도 즐기곤 했다.

이렇게 시작된 제1차 이민은 농업이민이었다. 브라질의 농지를 구입하여 이민 정착지를 마련하고 농장을 짓고 운영하는 것이 기본 예정이었다. 일본 농민과의 차이점은 한국인 농업이민은 자영 농업이었고 최초 일본인의 경우는 농장에 취업을 하는 형식이었다. 제1세대 이민자들의 적지 않은 수가 농민 출신이 아니었지만 당시 유일한 이민 사업의 조건을 받아들이고 또한 농업으로서 적응하여 생계를 꾸며갈 마음 준비를 했다. 농업이민 정착지 목적으로 구입한 땅은 상파울루 시 근교의 '미라까뚜(Miracatu)' 농장이었다. 하지만 당시 브라질 주재 한국대사관의 박동진 대사의 현장조사는 미라까뚜 농장의 불합리성을 지적하였다. 사람이 거주할 만한 기본시설이 전혀 없었고 구입한 농지의 소유권 문제가 불확실하다는 점이었다.

부산항 출발

반공포로이민 모임

그 해 2월 21일부터 세대주들은 땅을 구입하기 위해 본격적으로 나서기 시작했고, 3월 8일에는 17세대 중 5세대가 독신 여행자와 같이 상파울루에서 약 50km 떨어진 곳에 38알케르 면적의 땅 구입을 계약하였다. 그리고 입주는 3월 13일에 이루어졌다. 이곳이 과라레마(Guararema) 시에 있는 이미 없어진 '아리랑 농장'이고 지금은 거의 일본계 사람들에게 이미 판매된 지 오래다.

마지막 10 가구 중 3가구는 상파울루 시내로 나가버렸으며 그중 돈이 모자랐던 7가구는 일본인 소작인으로서 상파울루 근교 도시인 봉수세수(Bom Sucesso)와 아루자(Aruja) 근처에 '서울농장'을 형성하여 정착하게 되었다. 당시 아리랑 농장으로 입주 정착할 것을 권유받았으나 땅을 구입할 능력이 없고 또 소작정착의 여건이 안 되어 있는 상태라서 별도의 농지를 임대받고 정착하기로 결정한 세대들이 시내에서 약 39km 떨어진 봉

O GLOBO

FUNDAÇÃO DE IRINEU MARINHO

Coreanos Dão Nova Cor à Paisagem Brasileira

TREZENTOS IMIGRANTES COREANOS E JAPONÊSES CHEGARAM PARA S. PAULO

Nova Colônia

한국 이민 브리질 도착 기사

초기 농장 모습

수세수의 일본인 농장을 임대 계약하여 개간 작업과 주택건립을 하고 양계와 채소 농업을 했고 그 이름이 '서울농장'이다. 지금은 이 서울농장 자리에 아루자 골프 클럽(Aruja Golf Club)이 들어 서있다. 이렇게 해서 이민 수용소에 들어간 지 2개월 만에 각자 삶의 길을 떠났다.

당시 수용소 규칙상 3개월 안에 떠나야 하는 것은 사실이었지만 이 사건은 제1차 이민 사업의 실패를 뜻하는 것이었다.

이민 초기에는 미다 할아버지 외에도 생활안정이 된 반공포로나 일본인의 많은 도움을 받았다. 더러는 거침없는 일본어를 이용해 자칭 일본인이라며 일본계 단체나 사람들 사이에서 생활하며 이익을 꾀했던 사람들도 있다.

제1차 이민의 기본조건이었던 농장 정착이 이렇게 분산되자 브라질정부는 대한민국정부에 한국인의 브라질입국을 허용치 않을 것이라고 통고했다. 하지만 개인상대로는 여행비자 발급이나 개인으로 입국한 사람들의 가족초청을 허락해 주었다.

(4) 제2차 이민

브라질정부의 집단이민의 조건인 농업이민에 부합되는 차원에서 여러 번 더 집단 이민이 있었다. 흔히 비토리아 케이스(Caso de Vitória)라고 불리는 제2차 이민이다. 1964년에 68세대의 480명이 뽄찌링빠

이민선 찌째랑까호

(Fazenda Ponte Limpa) 농장에 입주하게 된 것이다. 이 중 선발팀은 31세대의 224명이 1964년 5월 10일에 이스삐리뚜 산뚜(Espirito Santo)에 있는 항구도시 비토리아(Vitória) 시에 도착했다. 대사관의 환영 하에 임시 수용소에 머물며 현장을 답사한 이민단 대표자들은 장소가 농사짓기에 적합하지 않다고 판단을 내려 농장입주를 포기하고 히우지자네이루 등으로 분산되어 이동했다. 거부 이유는 지형적으로 제방공사가 필요한 땅이었고 또한 독사가 많다는 것 등이었다. 당시 그 곳에 거주하던 반공포로 출신의 백영훈 씨의 안내로 적지 않은 수가 상파울루로 이동되었다.

(5) 제3차 이민

제3차이민은 1965년 후반기에 46세대의 448명의 이민자들이 두 번에 걸쳐왔고 당시 도착한 도시는 히우지자네이루 시이다. 한국에서는 까우자(Causa) 케이스라고 알려진 이민이었으며 독일계통의 농지식민개발회사의 이름을 딴 것이다. 브라질정부 소유의 미개발 토지를 헐값이나 무상으로 불하받아 외국이민자들과 연결지어 개발 사업을 추진하는 회사였다. 과거 문화사절단의 한 일원이었던 박종식 씨는 반공포로출신의 백영훈 씨와 협동하여 까우자 회사의 메니누 농장(Fazenda Menino)을 확보한 뒤 지주영농이민 명분으로 한국에서 이민 희망자를 모집하였다. 이 과정에 그 농장이 농사를 지을 수 없는 곳이라는 것이 이민 비자를 발급하러 한국에 들어간 브라질 영사에 의해 인정이 되었지만 이민 희망자들의 강력한 요구에 의해 이민 비자가 발급되었다고 전해지고 있다. 영농이 부적합한 이곳에 어느 누구도 거주하지 않은 채 모두 도시로 나가 정착해서 실패로 끝났다.

(6) 제4차 이민

이렇게 여러 실패의 전례와 이민희망자나 관계당국의 사전 조사 등이 이민주선자로 하여금 다른 방도를 모색하게 하는 역할을 했으며 그 첫 예가 4차 이민이라고 볼 수 있는 볼리비아경유 건이다. 1964년 11월 15일에 8세대의 45명이 그리고 1965년까지 5번에 걸쳐 120세대의 720명이 히우지자네이루 항에 도착했다. 이 사업은 여러 이유로 진행이 잘 안되는 단체이민을 포기하고 당시 손쉬웠던 볼리비아 개인 초청장에 의한 이민 방법이었다. 볼리비아로 가는 비자를 받은 뒤 경유지를 브라질로 해서 이 곳 브라질에 정식 입국한 뒤 브라질에서 불법 정착하며 사는 동안 법적 요건을 구비하여 브라질의 영주권을 획득하는 것이 기본이었다.

(7) 제5차 이민

이후 브라질이 가톨릭 국가임에 착안하여 가톨릭 교단을 통한 단체 영농이민이 제5차 이민이다. '가톨릭 이민건'으로 알려진 이 이민은 가톨릭 교단을 움직여 한국지부장을 맡은 신부의 도움으로 빠라나(Paraná) 주의 농장을 물색하여 이민을 실현시킨 케이스다. 150세대의 영농이민이 자격심의기관의 승인을 받았고, 1차로 1966년 4월에 53세대의 313명이 브라질의 빠라나 주의 빠라나과(Paranaguá-PR) 항에 도착하여 빠라나 주의 산따 마리아 농장(Fazenda Santa Maria-PR)에 들어가 건설하기 시작했다. 2차는 1966년 6월에 빠라나주 뽄따 그로사 지역에 13세대의 104명이 도착했다. 이것이 영농단체이민이 최초로 성공된 케이스이다.

(8) 기술자 초청이민

브라질 경제의 개발과 활성을 위해 브라질정부가 세계 여러 곳의 기술자들을 초청형식으로 받아들였다. 1970년 1월 8일에 25세대의 120명이 상파울루 주의 깜삐나스 공항(현 Campinas)에 도착했으며 이 이민단이 첫 번째로 비행기타고 온 사람들이다. 그 이후 1971년부터 1972년까지 약 210세대의 1,200명 정도가 같은 경로를 통해 브라질에 입국하였다.

(9) 사면특혜

브라질은 불법거주자 한국이민자들에게 4차에 걸쳐 사면특혜를 주었다.

가. 제1차 특혜 : 1969년과 1970년 사이에 브라질정부가 베푼 사면 특혜의 혜택을 입은 수는 약 800세대의 4,200명

나. 제2차 특혜 : 1981년 12월부터 실행된 이 특혜는 임시등록 2년 이후 980세대의 4,810명

다. 제3차 특혜 : 1989년 6월에 있었던 약 500세대의 2,500명

라. 제4차 특혜 : 1998년 6월 20일 이전에 입국한 약 2,000명

총 대략 1만 4천 명 정도가 특혜를 받았다.

3) 현재 상황

브라질로 이민 온 한국인의 수는 1995년 브라질 한인회의 발표에 의하면 약 7,500세대의 38,000명으로 추정하고 있었다. 이 숫자는 이미 미국, 호주, 캐나다 등의 외국으로 다시 이민 간 사람들을 제외한 숫자이다.

2003년 현재로는 브라질에 있는 한국이민자의 수를 약 5만 명으로 추정하고 있으나 측정이 안 되는 후손들과 외국으로 다시 이민 간 사람들의 수를 무시할 수 없어 정확한 한인사회의 숫자는 알 수 없다.

4) 한인의 경제구조

거의 대다수의 한인이 상파울루에 집결되어 거주하고 있다. 60년대와 70년대 초기에는 리베르다지(Liberdade) 지역의 꼰지지사르제다스 가街(R. Conde de Sarzedas) 거리를 중심으로 한국촌이 형성되었는데 이유는 거주용 부동산의 임대료가 싸다는 것이었다. 이곳에서 한인사회의 의류제품업이 시작되었고, 당시 '세기', '나가자' 등의 회사들이 많은 한인여성들에게 옷을 제공해주었고 버스 마지막 정거장까지 가서 가가호호 방

문하며 팔던 '벤데(방문판매)' 시스템은 한국인들이 의류제품시장에 진출하는데 큰 역할을 했다.

80년대부터는 이곳 시장에 대해 눈이 뜨이면서 한국인의 의류 제품이 봉헤찌루(Bom Retiro) 지역과 브라스(Brás) 지역의 도매시장지역으로 진출하였다. 이 진출이 한인 의류발전의 기본이다. 이 두 도매지역에서 비싼 값의 경험을 치르며 의류생산과 판매시장에 주요 원동력이 되는 오늘에 이르렀다.

반면 이민 초기의 경제활동은 그 외 야채상, 꽃가게, 담배 가게, 잡화상, 바아, 빵집, 등등 매우 기본적이며 생존유지 목적의 상업에 치중되어 있었다.

오늘날 한인 경제는 의류 제품업, 제조업, 봉제공장, 의류소매상 등의 의류 중심의 사업뿐만 아니라 전자산업과 통신산업, 각종 전문 기술사업, 한국대기업의 진출, 그리고 여러 형태의 자유사업(변호사, 의사, 공인회계사, 식당, 식품점 등) 등의 형태로 다양화되고 있다.

5) 사회적 진출

이민초기의 겪는 언어장벽은 많은 젊은 학생으로 하여금 공대나 의대를 선택하게 하였다. 상대나 특히 법대는 언어가 걸림돌이었다. 적지 않은 수의 공대출신이 의류 제품업에 뛰어들어 가족단위의 생산업이었던 의류 제품업을 전문 경영화시키며 성공을 하였지만 전문기술을 버리는 역효과를 초래했고 후배들의 전문직업의 길을 열어주는 구실은 하지 못했다. 주로 70년대부터 왕성해진 대학진출은 '일류대학에 들어가려면 한국인을 죽여야한다'는 유머를 만들어 냈으나 사실 이런 현상은 유태인계(60년대) 이민학생들이나 중국계(80년대), 일본계(60, 70년대) 이민학생들 사이에서도 발생하였다. 70년대 초기에 한두 명에 불과하던 의사의 숫자는 현재 약 300명에 달하고 거의 없었던 변호사는 대략 수십 명이라 추정한다. 5명의 판사와 2명의 경찰서장, 1명의 검사 등이 활약하고 있으며, 약 50명 정도의 대학교 교수들이 배출됐으며 봉헤찌루 구역의 주치안국 소속의 지역치안위원장은 벌써 2대째 한국인이 위원장으로 활약하며 지역치안을 돌보고 있다. 한국모국과 지역사회의 소식은 4개의 일간지(동아, 중앙, 한국 조선)와 3개의 광고지, 인터넷신문(www.hanin.com.br), 크리스천 신문, 케이블 TV(TV-Coréia-Canal 81-Net) 등이 제공하고 있다.

6) 태권도

70년대 초기부터 시작된 한국태권도 사범들의 이민은 그야말로 무인들만이 해낼 수 있는 역경의 사업이었다. 다행히 세계적으로 붐을 일으키며 인정을 받기 시작한 한국태권도를 보급하기 위하여 수많은 태권도장이 생겼으며 또한 경찰이나 군에서 태권도를 가르치는 것도 허용되었다. 자기만의 피곤과 싸우며 태권도를 보급한 사범들의 노력으로 말미암아 브라질 내에서 널리 대중화되었고 군인과 경찰들과의 스승-제자의 관계가 변호사가 많지 않았고 군부독재가 심하던 이민초기 시절에 큰 역할을 하여 많은 교포들을 도와주었다. 또한 스승-제자에서 시작된 관계가 사업적 돌파구의 기회도 제공하곤 하였다.

7) 교육과 종교

이민 초기에 전혀 개의치 않았던 언어 문제가 2세와 3세가 출생하는 지금 부모와 자식간의 언어 소통마비 문제로 대등하고 있다. 이민 초기에는 교회나 성당에서 주로 한국어를 가르쳤고 예배나 미사가 한국어로 행해지기 때문에 자연적인 한국문화와의 접촉이 가능했으나, 지금은 포어 예배나 통역 예배를 준비해야 하는 것이 현실이다. 한인교포가 한브교육협회의 주최로 양국 정규교육과정을 하는 초 · 중등학교(Colégio Polilogos)를 봉헤찌루 지역에 건설하였다. 두 나라의 교육과정을 동시에

하는 것이 넘어야 할 과제이나 지금 4년째 접어드는 이 학교는 잘 진행해 나가고 있다.

한인사회는 약 45개의 개신교교회와 1개의 천주교회와 1개의 불교당(신각사)이 있다. 종교단체는 신앙의 문제뿐만 아니라 40년의 이민 과정 동안 한인사회의 집결체제와 안정체제의 역할을 해왔다. 교회나 성당이나 절에서 만나고 듣고 배우며 도움도 주고받으며 신앙뿐만이 아닌 봉사단체의 역할도 도맡아 했다.

8) 계

한인의 경제적 급속성장의 원동력은 여러 곳에서 찾을 수 있다. 가족단위의 공동노력, 장기간의 노동시간(약 하루 18시간, 월~토), 상대적으로 높은 교육수준, 공동단체에서 주고받은 빠른 생활정보 등인데 그중 한국전형의 금융시스템인 계를 빼놓을 수 없다. 이민 초기의 불가능했던 금융대출을 계로 충당할 수 있었던 것이 한인경제발전의 비밀이라 할 수 있다. 여럿이 잔돈을 모아 한사람에게 목돈을 주는 것, 이것이야말로 간단하고도 효과적인 융자방법이다. 이 운영의 기본은 신용이기 때문에 계만큼 또한 쉽게 손해를 볼 수 있는 것도 드물다. 하지만 이민 초기의 적은 규모의 자본충당이 더 이상 확장된 현재 경제규모를 만족시킬 수 없게 되었고 이민 1세들이 지켰던 신용거래가 시간이 지나며 무너지기 시작했고 지금은 벌써 하나의 추억으로 지나가고 있다.

X

브라질 음식문화

X 브라질 음식문화

브라질의 민속학자 페드루 아르깡주(Pedro Arcanju)는 "브라질의 음식 문화는 아프리카의 덴데(dendê), 브라질 인디오의 만지오까(mandioca), 포르투갈인의 올리브유로 이루어져 있다."고 말했다. 이 말은 브라질 음식 문화가 동양, 서양, 아프리카라는 세 대륙으로부터 영향 받았음을 잘 나타내 주는 말이다. 브라질 음식은 다양한 인종 구성이 반영하듯 그 역사도 길고 재료도 가지각색이다.

1. 브라질의 식관습

브라질의 식관습은 복잡하거나 까다롭지 않다. 식사는 가족들이 다 함께 모여 앉아 먹는다. 브라질 전통의 식관습은 우리와 비슷한 점도 있으며 재미있는 것도 있다. 미신적인 것도 있으며 현재에는 사라진 것도 있다.

옷을 벗은 채로 식사하는 것은 수호신을 모독하는 것이므로 식사할 때에는 반드시 옷을 입어야 한다. 식사할 때 모자를 쓰는 것은 사탄과 더불어 식사하는 것이므로 모자는 반드시 벗어야 한다. 음식을 입이나 포크에서 떨어뜨렸을 때에는 어려운 사람을 구제한 것으로 간주하여 다시 집어먹지 말아야 한다. 포도주를 흘리는 것은 기쁨이 되지만 소금을 흘리는 것은 저주가 된다. 처녀는 닭고기를 자르거나 이쑤시개를 사용해서는 안 된다. 처녀가 상석에 앉게 되면 결혼을 못하게 되므로 상석에 앉지 말아야 한다. 음식이 담긴 그릇을 받을 때에는 오른손으로 받고, 다 먹은 후 빈 그릇을 줄 때는 왼손으로 주어야 한다. 왜냐하면 오른손은 축복을 왼손은 저주를 나타내기 때문이다. 다른 사람이 남긴 포도주를 마시는 것은 남긴 사람의 비밀을 알게 되었다는 것을 뜻한다. 식사를 다 마쳤을 때에는 감사의 표시로 냅킨을 펼쳐 놓는다. 식사할 때 음식을 조금 남기는 것이 미덕이다. 빵을 밖에 버리면 안 된다. 왜냐하면 빵은 예수님의 몸을 상징하기 때문이다. 식사가 끝나기 전에 포크나 칼, 수저를 십자가로 놓아서는 안 된다. 식사 중에는 이야기를 하지 말아야 한다. 왜냐하면 식사하는 동안에 수호신이 함께 하기 때문이다. 이것도 우리나라의 옛날 식관습과 비슷하다. 닭, 칠면조 등 조류 음식이 나왔을 때는 꼬리 부분을 가장 윗사람에게 드린다. 여자가 남자보다 먼저 포도주를 마시면 안 된다. 식사시간에는 돈 얘기를 하지 않는다. 돈 얘기를 하면 가난해진다고 한다. 또 최근에 상을 당한 집에서는 날고기를 먹어서는 안 된다.

유럽이나 미국과 마찬가지로 잘 알려진 식사 예절 중의 하나는 식탁에 13명이 앉으면 안 된다는 것이다. 이는 예수님이 최후의 만찬 때 그의 12제자와 더불어 식사를 한 후 십자가에 못 박혀 돌아가셨기 때문이다. 13명이 한 식탁에서 식사를 하면 제일 먼저 일어난 사람이나 제일 나중에 일어난 사람에게 화가 미친다고 생각한다. 그것은 제일 먼저 일어나 나갔던 가롯 유다가 예수님을 배반한 후에 목매달아 자살했고, 제일 나중에 나간 예수님이 십자가에서 돌아가셨기 때문이다. 주인은 이것을 염두에 두고 사람을 초대해야 한다. 부득이 13명이 되었을 때는 식탁을 따로 하여 같은 자리에 앉지 않도록 한다는 것이다.(조이환. 1997. pp. 327~331)

2. 오늘날의 식관습

브라질 사람들은 커피를 즐겨 마신다. 아침 식사로는 까페지뉴(cafezinho) 한 잔에 빵이나 햄, 치즈, 계란 프라이, 과일 주스 등으로 간단하게 먹는다. 그러나 점심 식사는 보통 11시 30분부터 오후 2시까지 계속된다. 저녁 식사는 식당에서의 경우 7시부터, 가정에서는 저녁 8시

이후에 시작된다. 식사시간이 2~3시간 정도 걸리며 파티나 손님을 초대한 경우에는 7~8 시간까지 지속된다. 단순히 식사만 하는 것이 아니라 환담도 나누고 웃고 떠들며 천천히 식사를 하기 때문이다. 저녁 식사에 초대되었을 때에는 자정 이전에 나오는 것은 결례로 여긴다. 그리고 늦은 밤까지 춤을 추거나 대화를 하면서 즐긴다.

인디오 언어로 사람의 눈을 닮은 뜻의 구아라나

만지오까

손님을 초대했을 경우 처음부터 식사를 하는 것이 아니라 일반적으로 애피타이저를 마시면서 대화를 시작한다. 전통적인 애피타이저로는 '까이삐리냐(caipirinha)'를 마신다. 이것은 사탕수수를 발효시켜 만든 술인 카샤사(cachaça)에 레몬, 설탕, 각얼음을 넣어서 만든 칵테일이다. 술안주로는 얇게 썬 빵에 치즈가 곁들여 나온다. 이때 대화로는 영화, 스포츠, 시사성 있는 이야기, 정치 이야기 등을 나눈다. 애피타이저를 마시면서 대화가 무르익어 갈 때 수프가 나오면서 식사가 시작된다. 결코 서두르지 않고 여유를 가지고 한 가지씩 그 날 준비한 요리를 먹는다. 한 가지 음식을 다 먹으면 빈 그릇을 가져가고 다음 음식이 상에 오른다. 준비된 거의 모든 음식이 한꺼번에 상에 오르는 우리나라의 식사와는 다르다. 브라질은 항상 각자에게 제공된 조그만 그릇에 떠서 식사를 한다. 이 경우에 자기가 먹을 만큼 떠가며, 음식을 남기지 않는다. 물 컵이나 술잔도 각자의 것을 사용한다. 우리나라에서 하는 것처럼 술잔을 돌리는 일은 상상할 수 없다. 스파게티 등 국수류의 음식을 먹을 때는 입을 그릇 가까이까지 가져가지 않는다. 그리고 포크에 스파게티나 국수를 돌돌 말아서 입으로 가져간다.

브라질 사람들은 식사 중에 포도주 혹은 맥주 등을 마시는데, 어린이는 물보다는 콜라나 주스, 구아라나(guaraná) 음료를 주로 마신다. 식사가 끝난 후에는 반드시 후식이 있으며 파이, 푸딩, 혹은 과일 등이 있다. 마

슈하스꾸

지막으로 커피를 마시며 저녁 식사를 끝낸다.

그들은 주로 육류를 먹는다. 긴 해안선을 가지고 있으면서도 어업이 별로 발달하지 못해서 생선을 거의 먹지 않는다. 쇠고기의 소비량은 미국, 러시아에 이어 세계 3위이다. 인구 1억 8천만에 소는 1억 9천 마리가 사육된다. 브라질에서 가장 먼저 떠오르는 음식으로는 '슈하스꾸(churrasco)'이다. 슈하스꾸는 브라질식 바비큐로 원래 목동인 가우슈(gaúcho)들이 모닥불에 커다란 소고기를 덩이째 구워먹으며 즐겼던 것으로 유래한다. 오늘날에는 꼬치에 끼워 불에 구워먹는 모든 소고기 요리를 가리키는 의미로 사용된다. 이 바비큐를 전문으로 하는 식당을 슈하스까리아(churrascaria)라고 하는데 보통 종업원이 테이블을 옮겨 다니며 큰 고기 덩어리에서 원하는 양만큼 접시에 잘라준다. 가장 인기 있는 부위는 안심 고기인 필레 미뇽(filé mignon)과 등심인 삐까냐(picanha)이다. 브라질에서는 우리나라와는 정반대로 돼지고기가 더 비싸다. 값으로 볼 때 대략 쇠고기보다 2배 정도가 더 비싸다. 따라서 돼지고기 요리는 고급 요리에 속한다. 누구나 즐겨 먹는 파리냐(Farinha)는 녹말이 풍부한 만지오까(Mandioca) 뿌리의 가루로서 브라질 사람들이 즐겨먹는 음식이다. 17세기 초 포르투갈인이 아마존에 도착했을 때 그 지역 인디언들이 재배하던 남미원산의 식물로 인디오들의 주식이며 지금은 열대 지역을 중심으로 전 세계에 걸쳐서 재배되고 있다. 음식에 직접 넣어 요리를 만들기도 하고 가루로 음식에 뿌려먹기도 한다. 기름에 튀긴 가루는 파로파(Farofa)라고 하며 고기와 같이 먹기도 한다. 만지오까는 식물에 관해 다음과 같은 전설이 남아있다. 인디오 가정에 마니(Mani)라고 불리는 여자애가 태어났는데 그녀는 정상아에 비해 피부가 하얗고 말하기와 걷는 것을 금방 배웠다. 그러나 그녀는 갑자기 한살 만에 아무런 이유 없이 죽었다. 그런데 그녀의 집(인디언의 집을 오까(Oca)라고 함) 안에 한 식물이 자라났는데 인디언들은 그 것을 마니오까(Mani+oca, 마니의 집)라고 불렀으며 이것이 지금의 만지 오까가 되었다고 한다.

슈하스꾸 : 브라질에서 가장 즐겨 먹는 고기 뷔페의 일종으로 손님들은 식탁에 앉아서 대화를 즐기며 종업원들이 꼬챙이에 끼운 여러 가지 고기를 구워 손님들의 취향대로 제공해 준다. 브라질 인들은 대화하면서 야채와 과일을 함께 먹으며 여러 시간 동안 계속해서 식사를 한다.

브라질 사람으로부터 점심 혹은 저녁 식사에 초대되었을 때는 초대 시간 10분전쯤에 도착하는 것이 좋다. 사업상으로 만나거나 공식적인 모임일 경우 반드시 시간을 지켜야 한다. 단순히 사교적인 모임이라도 30분 이상 늦으면 안 된다. 사업상의 모임을 제외하고는 부부가 항상 같이 초대되며, 또 부부가 같이 참석하는 것이 좋다. 이 경우 부인이 상석으로 안내된다. 식사가 끝난 후 초대한 주인에게 구체적으로 어떤 음식이 맛있었다고 말하며 감사하는 것을 잊지 말아야 한다.

음식점으로 초대받았을 때는 초대한 사람이 음식 값을 지불해야 한다. 식사 값에 봉사료가 포함되어 있지만 종업원에게 약간의 팁을 주는 것이 관례로 되어 있다.

3. 지역으로 본 브라질의 전통 음식

브라질은 그 영토가 광활하고 음식도 매우 다양하기 때문에 한 마디로 주요 음식을 다 설명할 수는 없다. 따라서 두드러진 전통 음식의 특성에 따라 5개의 지역으로 나누어 그 지역의 전통 음식을 소개한다. 브라질 원주민과 아프리카의 흑인들의 영향을 받은 북부 지역 및 북동부 지역과 브라질의 대표적인 두 도시 상파울루와 히우지자네이루를 중심으로 소개하고자 한다.

1) 상파울루

상파울루는 포르투갈, 이탈리아, 독일 등 유럽에서 이민 온 백인들은 물론이고, 아프리카인, 동양의 한국, 일본, 중국인들이 각기 자기 나라의 타운을 형성하고 있다. 그래서 세계 각국에서 많은 사람들이 모여 있는 '세계 인종 시장'이라고 말할 수 있는 도시이다. 따라서 음식문화도 다양하다.

상파울루에는 엥빠다(empada), 삐가지뉴 꽁 아보보라(picadinho com abôbora - 호박파이) 및 브라질식 칠면조 요리 등 브라질 전통 음식이 있다.

엥빠다는 브라질 사람들이 가장 즐겨 먹는 파이의 일종으로 밀가루를 반죽하여 익힌 다음 토마토, 야자열매, 양파, 파슬리, 올리브 등을 넣어 쪄서 만든다. 호박파이는 밀가루를 반죽하여 얇게 썬 호박, 양파, 마늘, 올리브유를 넣어 만든 파이의 일종이다. 브라질에서 가장 대표적인 파이로는 엥빠다와 호박파이를 들 수 있다.

브라질식 칠면조 요리는 칠면조를 자르거나 통째로 굽기도 하고 찜통에 쪄서 만들기도 한다. 칠면조에 양파, 마늘, 당근, 월계수 잎, 말린 후추열매, 파슬리 등을 넣고 찜통에 찐 후 마늘, 올리브유, 백포도주, 카샤사를 넣어서 요리한다.

2) 히우지자네이루

히우시에는 대구 볼 요리(bolinho de bacalhau), 야자새순 새우요리(camarões com palmito)와 페이조아다(feijoada)를 대표적인 음식으로 꼽을 수 있다. 대구 볼 요리는 대구를 삶아 으깨고, 감자와 양파, 마늘 등 양념을 섞은 후 삶아 으깬 감자와 밀가루를 묻혀 끓는 기름에 튀긴 음식이다.

야자새순 새우 요리는 새우에 양파, 마늘, 당근, 월계수 등을 넣어 국물을 만들고 쌀밥과 함께 먹는다.

페이조아다

페이조아다 꽁쁠레따(feijoada completa)는 히우지자네이루의 대표 요리로 돼지의 꼬리, 귀, 코, 혀, 발 등을 찬물에 담가 냉장고에 보관했다가 소시지 등을 넣고 검은콩과 함께 푹 삶아서 먹는 음식으로 주로 흑인 노예들이 먹었다. 그러나 오늘날 만드는 방법이 발달하면서 브라질 서민들이 즐겨 먹는 가장 전통적인 브라질 음식 중의 하나가 되었다. 이 페이조아다는 히우지자네이루식과 상파울루식이 있는데 히우지자네이루식은 검은콩과 양파, 마늘을 재료로 쓰는 방면 상파울루식은 오렌지 주스, 미나리, 파 등이 재료로 들어간다. 좋은 페이조아다를 준비하기 위해서는 보통 3일 전부터 준비해야한다.

3) 바이아 주(州)

모께까

16세기 초 브라질은 사탕수수 농장에서 일할 노동력이 부족하자 아프리카 흑인들을 데려왔다. 북동부 지방은 가까이 있는 바다와 아프리카의 영향을 받았다. 바이아 지역의 주요음식인 야자열매 기름인 덴데(dendê)와 말라게따(Malagueta) 매운 고추는 아프리카 노예들이 브라질로 가져온 것이다. 특히 바나나, 닭고기, 생선요리의 다양함을 들 수 있다

바따빠(vatapá)는 생선, 닭고기, 야자즙, 새우, 땅콩, 까주와 덴데기름을 넣고 요리한 음식이다. 깡지까(canjica)는 푸른 옥수수, 설탕, 우유를 넣어 만든 죽이며, 싱싱 지 갈리냐(ximxim de

바이아 음식

바이아 전통의상

galinha)는 땅콩, 까주, 생강, 덴데, 새우로 만든 소스를 이용한 치킨요리이다.

모께까(Moqueca)는 야자즙과 덴데 기름으로 만든 계절요리로서 생선, 새우, 기타 해산물과 함께 바나나 잎에 싸서 만든다.

아까라제는 콩을 물에 불렸다가 껍질을 벗긴다. 소금과 후추 등을 넣어 간을 맞춘 후 덴데 기름을 넣어 살짝 구워 그 위에 말린 새우를 놓고 콩과 양파를 섞어 만든 묽은 즙으로 새우를 살짝 덮는다. 아까라제는 바이아 사람들이 가장 즐겨먹는 케이크의 일종이다.

까스끼냐 지 시리(Casquinha de siri)는 바이아 사람들이 많이 먹는 꽃게 요리이다. 먼저 게살을 발라낸 후 빵은 잘게 썰어 우유에 담가 게살은 버터를 발라 살짝 튀긴 후, 핫소스나 고추 소스를 발라 먹는다. 흑인 음식 중 가장 대표적인 것으로 '꾸스꾸스(cuscuz)'를 들 수 있다. 옥수수를 찧어 가루를 내어 반죽한 후 소금을 친 다음 삶아서 야자수 기름을 발라 먹는다.

페이조아다 : 돼지의 꼬리, 귀, 코, 혀, 발 등을 찬물에 담가 냉장고에 보관했다가 소시지 등을 넣고 콩과 함께 푹 삶아서 먹는 음식으로 주로 흑인 노예들이 먹었다. 오늘날에는 꾸스꾸스와 함께 브라질 서민들이 즐겨 먹는 가장 전통적인 브라질 음식이다.

4) 아마조나스 주

생선요리

아마존 지역은 과일이 풍부하며 아마존 강을 중심으로 수산물이 풍부하여 과일로 만든 요리와 생선 요리가 발달되어 있다.

아마존 지역의 대표적인 음식으로 '빠뚜 누 뚜꾸삐(pato no tucupi)'가 있다. 뚜꾸삐(tucupi)는 카사바 나무에서 추출한 즙을 끓여 그 물에 오리고기를 넣고 올리브유, 마늘, 소금, 후추, 월계수 잎 등을 넣고 푹 삶은 요리이다.

또 이외에도 꼬치에 꿰어서 구운 생선 요리(mikie grelhado)가 있다. 토마토, 양파, 고추 등으로 소스를 만들어 꼬치에 꽂아 구운 생선에 발라 먹는다. 아마존의 가장 맛있는 생선으로는 삐라루꾸(pirarucu), 뚜꾸나레(tucunaré), 수루빙(surubim), 땅바끼(tambaque), 도우라두(dourado), 빠꾸(pacu), 삐라냐(piranha) 등이 있다.

바바수(babaçu)는 수백 개의 대추야자 열매가 달린 일종의 야자수 열매이다. 금 초록빛의 겉껍질 안에는 유분과 분말이 있고 씨는 식용으로 쓴다.

아사이(açaí)는 일종의 야자수 열매로 그 맛은 초콜릿 맛과 비슷하다. 그 열매의 즙을 짜서 카사바 분말과 섞으면 그 맛이 더욱 독특해진다.

5) 미나스제라이스 주

이곳은 목축업이 발달된 곳이다. 이 지방에는 치즈가 유명하다. 그 영향으로 육류 요리 야채 요리가 함께 발달한 수 있었다. 대표적인 요리로서 '끼아부 닭고기 요리'(frango com quiabo)와 미네라이스식 콩 요리를 들 수 있다.

끼아부 닭고기 요리는 닭고기, 마늘, 소금, 후추를 프라이팬에 올리브유를 넣고 닭고기를 튀겨 낸다. 튀긴 닭고기에 양파와 소스를 넣고 익힌 후 프라이팬에 기름을 붓고 끼아부를 넣어 만든 음식이다. 보통 옥수수 죽과 함께 먹는다.

미네라이스식 콩 요리 뚜뚜 아 미네이라(tutu à mineira)는 돼지고기, 소시지, 그리고 뚜뚜콩으로 만든다.

4. 기타

1) 간식

간이식당은 거리에서 흔히 볼 수 있다. 브라질 사람들은 아무리 바빠도 식당에 잠깐 들려 간식을 먹는 여유를 즐긴다.

아까라제(acarajé)는 바이아 주에서 널리 먹는 간식이다. 바이아 지방의 전통적인 흰옷을 입은 여인들이 주로 거리 노점에서 판다. 아까라제는 바따빠 퓨레와 핫소스, 새우, 덴데 기름으로 만든 일종의 콩 요리다.

까쇼후 껜찌(cachorro quente)는 브라질식 핫도그로 북동부 지역에서는 빠사뽀르찌(passaporte)라고도 부른다. 치킨, 야자열매, 새우로 만든 조그만 파이 엥빠다(empada)도 즐겨먹는 간식이다. 살가지뉴(Salgadinho)는 일종의 샌드위치로 안에 들어가는 재료는 지역별로 다르다. 주로 햄, 치즈, 야채, 소시지, 새우 등이 들어간다.

빠모냐(Pamonha)는 중부 지역에서 매우 인기 있는 간식으로 옥수수 가루로 만든다. 옥수수 껍질로 싼 다음 뜨거운 물에서 삶아낸다. 거친 만지오까 가루(polvinho)와 치즈로 만든 작은 빵, 빵 지 께이주(pão de queijo)는 치즈로 만든 빵으로 하루 중 언제라도 어울리는 간식으로 보통 커피와 함께 먹는다.

께이주 껜찌(queijo quente)는 토마토를 얹어 구워 먹는 치즈 샌드위치, 치즈와 햄으로 만드는 샌드위치는 '미스뚜 껜찌(misto quente)'라고 부른다. 빠스뗄(pastel)은 우리나라의 일종의 군만두인 셈이다.

2) 음료

카페지뉴(cafezinho)는 작은 잔에 담아 마시는 강한 블랙커피로 설탕을 많이 넣는다. 아침에 일을 시작하기 전에 마시고, 회의 중에 마시고, 오후에 길거리에서 즐기는 카페지뉴는 브라질 사람들에게 없어서는 안 될 에너지원이다. 낮에는 앉아서 카페지뉴를 마시는 사람들이 거의 없다. 보통 즉시 다른 곳으로 이동할 수 있도록 서서 마신다. 카페지뉴는 브라질 사람들의 환대를 나타내는 상징으로 보통 집을 방문하는 손님이나 사업 파트너 또는 고객에게 정성껏 만들어 내놓는다.

브라질에서는 커피크림이 없다. 아침엔 커피에 우유를 탄 까페꽁레이찌(café com leite) 혹은 삥가두(pingado)라고도 한다. 그리고 밀크 크림을 올린 것은 꽁에스뿌마(com espuma)라 하고 연하게 뽑은 커피는 까리오까(carioca)라고 한다. 원두에서 뽑은 독한 까페 이스쁘레수(café expresso)는 낮에 마시며 하루를 커피향에 묻혀 산다.

브라질에서는 음료수를 만드는 재료인 과일의 종류가 엄청나게 많다. 비따미나(vitamina)라고 불리는 음료수는 일종의 과일혼합주스로 그 향과 색, 재료가 이루 말할 수 없을 정도로 다양하다. 흔히 바나나, 아바까찌, 파파야, 망고, 마라꾸자 등이 쓰이지만 이는 일부에 불과할 뿐이다. 해당 지역에서는 유명하지만 타 지역에는 잘 알려지지 않은 과일도 많다. 예를 들어 브라질 중부, 북동부 지역의 세하두에서 자라는 까주(caju)는 주스와 아이스크림을 만드는데 사용하지만, 다른 곳에서는 거의 사용하지 않는다. 한편 아카이(acai)라는 짙은 보라색 음료수는 아마존 열대나무의 열매로 만드는데 맛이 너무 좋아 한번 맛을 본 사람은 결코 이를 잊지 못한다고 한다. 브라질에서는 오렌지 생산이 풍부해서 어디를 가나 오렌지 주스(suco de laranja)를 마신다.

구아라나(guaraná)는 덩굴식물로 그 열매는 카페인과 비슷한 자극성을 갖고 있다. 원래 원주민들만 먹었으나 오늘날에는 몇 개 제조회사가 음료수로 만들어 대량생산하고 있다. 구아라나는 비따미나와 과일주스

쉬마헝 마시기

의 재료로 사용되지만 치료기능도 있는 것으로 알려져 건강 음식점에서 시럽의 형태로 팔리기도 한다. 원주민 신화에 의하면 과라나는 신이 내린 열매라고 한다. 마우에스(maués) 인디언 부부가 아들이 없자 뚜빵(tupã) 절대신에게 아들을 달라고 기도를 했다. 아들은 태어났고 너무나 영리하고 착해서 악령 주루빠리(jurupari)의 부러움을 받았다. 어느 날 구아라나 열매를 따러 갔다가 뱀에게 아이가 물려 죽었고 뚜빵 신은 아이를 묻을 때 눈을 별도로 분리해 묻으라고 말했다. 부부가 눈을 땅에 묻자마자 식물 하나가 자라났는데 씨가 인간의 눈을 닮아 있었다. 그래서 인디언이 붙인 이름이 구아라나로 이는 '살아 있는 사람을 닮은(guará: 인간 또는 사람, ná: 닮은 이란 뜻의 인디언 말)'이란 뜻이다.

깔두 지 까나(Caldo de cana)는 사탕수수에서 막 뽑아낸 즙으로 달콤한 주스이다. 북동부 해안에 있는 지역에서 인기가 많지만 브라질 어디에서나 맛볼 수 있다. 아구아 지 꼬꾸(água de coco)는 그린 코코넛으로 만드는 천연 음료수로 인기가 높다. 매일 아침 북동부 지역의 농장에서 트럭으로 실려 온 코코넛들이 시원한 음료수로 만들어져 갈증에 시달리는 도시인의 목을 축여준다. 전해질이 풍부해 해변에서 시간을 보낸 뒤 마시면 더욱 좋다.

쉬마헝(chimarrão)은 마테 허브로 만든 차로 브라질 남부의 가우슈 사람들이 즐기는 전통 음료다. 조롱박에 뜨거운 물을 부어 잠시 향이 깊이 배어들게 한 후 봉바(bomba)라는 빨대를 이용해 마신다. 모두 마시고 나면 조롱박을 주인에게 돌려주며 주인은 다시 뜨거운 물을 부어 다음 사람에게 건네준다. 향이 다 사라질 때까지 이렇게 계속 물을 부어 차를 대접한다. 그런데 다른 차와는 달리 마테는 손에서 손으로, 입에서 입으로 서로 돌려가면서 마셔서 약간은 비위생적이라는 생각이 들긴 하지만,

이러한 행위는 우정의 상징으로도 볼 수 있다. 만일 이를 마시기를 거절한다면 결례로 간주될 수도 있다.

3) 술

브라질 사람들은 맥주를 매우 좋아해서 술집, 고급 레스토랑, 해변 등 장소를 가리지 않고 맥주를 즐긴다. 브라질 맥주 시장은 몇몇 주류회사를 중심으로 움직이고 있는데 브라마(Brahma), 안따르찌까(Antártica), 스콜(Skol), 카이저(Kaiser) 맥주가 유명하며, 흑맥주(Stouts), 독일식 몰트 맥주, 필스너(Pilsner)도 물론 맛볼 수 있다. 브라질 사람들은 특히 쇼뻬(chope)라고도 알려진 드래프트 비어를 즐기는데 보통 얼음을 띄워 마신다. 독일 후예들이 사는 블루메나우(Blumenau)에서는 매년 10월 맥주 축제가 열린다.

까샤사(cachaça)는 사탕수수로 만드는 럼주로 아구아르덴찌(aguardente)라고도 불리며 삥가(pinga)라고도 하는데 41도의 독한 술이다. 한번만 증류하는 원액으로 강한 향을 내므로 다른 음료수에 섞어 마시는 것이 보통이다. 돈이 없는 가난한 사람들에게 1달러도 안 되는 까샤사 한 병은 밤새 취할 수 있는 고마운 음료수다.

까이삐리냐(caipirinha)는 카샤사, 으깬 레몬, 설탕, 얼음을 섞어 만드는데 브라질의 대표적인 음료수로 파티, 술집, 나이트클럽에서 인기가 좋다. 까이삐리냐는 달콤하고 기분 좋은 라임 향을 음미할 수 있는 칵테일이다.

브라질 사람들은 까이삐리냐 말고도 까샤사를 이용해 칵테일인 바찌다(batida)를 만들어 먹는다. 바찌다는 가지각색의 신선한 과일로 만드는 주스로 얼음을 띄워 낸다. 가장 인기 잇는 바찌다로는 코코넛 우유로 만든 바찌다 지 꼬꾸(batida de coco) 마라꾸자 과일로 만든 바찌다 지 마라꾸자(batida de maracuja), 까주로 만든 바찌다 지 까주(batida de caju)가 있다. 그 외 딸기 등도 함께 넣어 칵테일을 만들어 마신다.

포도주 저장소

4) 와인

브라질은 전통적으로 와인을 마시는 나라가 아니었다. 포도나무가 들어온 것은 19세기와 20세기 초 이탈리아 이민자들이 히우그란지두술주에 도입한 것이 최초였지만, 이후 포도주는 큰 인기를 얻어 오늘날에는 만찬이나 축제에 빠지지 않는 음료수가 되었다. 브라질 와인은 다른 나라의 유명한 와인보다 맛이 떨어지는 게 사실이지만 그 동안 품질향상에 노력을 기울인 덕에 포도주 부문에서 세계적으로 권위 있는 상을 타기도 했다. 남부 지방 벤뚜 공살베스(Bento Gonçalves)에 포도주 공장이 있으며 남부 지방에 포도 농장이 많다.

5) 후식

브라질 인들은 식사 중의 후식도 중요하게 생각해서 후식을 매우 즐기는 편이어서 종류가 매우 다양하다. 파이, 캔디, 푸딩, 아이스크림, 각종 과일, 커피나 차 등이 있다. 푸딩으로는 우유로 만든 푸딩(pudim de leite da angústia), 대구 푸딩(pudim de bacalhau) 및 고이아바 푸딩(pudim de goiaba) 등이 있다. 캔디로는 무화과 캔디(doce de figuinho), 호박 캔디(doce de abóbora), 망고 캔디(doce de manga), 파인애플 캔디(doce de abacaxi) 및 우유로 만든 캔디(doce de leite de Maria) 등이 있다. 아이스크림으로는 망고 아이스크림(sorvete de manga), 파인애플 아이스크림(sorvete de abacaxi) 및 까랑볼라 아이스크림(sorvete de carambola) 등이 있다.

6) 수프

브라질의 음식문화 중 샐러드는 별로 발달하지 않았지만 수프는 다양하다. 그중 대표적인 것으로는 밤으로 만든 수프(sopa de castanha de Pará), 검은 콩으로 만든 수프(sopa fria de feijão preto) 및 게로 만든 수프(sopa de caranguejo) 등이 유명하다.

XI

풍속과 생활양식

XI 풍속과 생활양식

1. 가족제도의 특징

브라질 사람들에게 가족은 강력하고 보수적인 사회제도로서 이어져 왔다. 개인주의 사회임에도 불구하고 한 개인의 이해관계 보다 가족에 대한 헌신과 가족의 이익을 위한 것이 우선시 된다. 그동안 브라질 사회가 여러 위기를 겪어왔음에도 가치관이나 전통의 단절 없이 유지되어 온 것은 가족이란 튼튼한 울타리 덕분이다.

전통적으로 브라질 사람들은 대가족 제도를 유지해 왔다. 대가족이 유지되는 이유는 경제적인 이유가 크다. 성인이 되어 다들 일터로 나가 경제적인 독립을 시도한다 해도 집세를 따로 내며 거처를 새로이 마련하느니 절약하며 부모님과 함께 사는 형국이다. 친척들과 같이 살거나 3세대가 함께 사는 경우도 흔하다. 하지만 빈곤층의 가족들은 일자리를 찾아 뿔뿔이 흩어져 사는 경우도 많다. 또한 최근엔 브라질에서도 변화가 일어 같은 도시에 살면서도 가족과 떨어져 독립생활을 하는 경우도 생기고 결혼하면 분가하는 경우가 늘고 있다. 하지만 가족에 대한 깊은 유대감과 믿음이 반영된 생각은 사회 전체에 뿌리내려져 있다.

브라질의 주요 기업들은 가족적인 곳이 많다. 친인척들이 높은 자리를 차지하고 이를 대대로 물려주는 시스템이다. 즉 사업가들도 기업의 이해관계보다 가족 간의 유대를 더 중요시하는 셈이다. 이는 단순한 가족 챙기기라기보다 가족 간의 유대에 의해 사업이 더 안전하고 위험요

브라질의 가족농장

소가 적다는 전통적 가족관을 보여준다고 할 수 있다. 이는 정치 분야에도 나타나 가족 중의 누군가가 영향력 있는 자리에 오르면 자신의 친인척을 요직에 불러다 쓰는 족벌주의의 잔재를 보인다. 한편 농촌의 대지주 계층에서는 장자상속제도가 아직 남아 있어 유산을 자식들에게 공평하게 분할하는 것이 아니라 장남에게 전부 물려주어 가문을 지키고 다른 형제들을 돌보도록 한다. 따라서 장남의 집에 형제들이 결혼해서도 함께 사는 경우들을 볼 수 있다.

흔한 파티 문화에서도 가족 간의 유대는 나타난다. 주말이나 휴가철, 혹은 생일 모임에서 모든 친척들이 모여 3대가 함께 시간을 즐기는 모습을 자주 볼 수 있다. 평상시 개인주의 경향이 강해 보이는 브라질 사람들이지만 가족 관계만큼은 확실히 챙기는 이러한 특징을 보면 정이 많아 보이고 왠지 모르게 우리나라 사람들의 깊은 정서와도 일맥상통하는 면을 갖고 있다.

2. 결혼

가톨릭 국가인 브라질에서 결혼은 종교적인 의식으로 성당에서 하는 일종의 축제이다. 서구의 결혼 문화와 그리 다르지 않은 화려한 결혼식 후엔 신혼여행을 떠난다. 물론 경제적인 여건에 따라 장소는 해외가 되기도 하고 가까운 해변이 되기도 하며 아예 생략하는 커플도 있다. 한편 이러한 종교적인 결혼식에 드는 엄청난 비용 때문에 행정기관에 가서

서류상으로만 신고하는 커플도 상당히 많다. 다른 개발도상국들에 비해 이혼율은 낮은 편이지만, 언제 헤어질지도 모른다는 열린 이혼관을 가지고 있는 그들이기에 나중에 이혼하기도 쉬운 서류상만의 결혼에도 쉽게 동의한다.

브라질엔 결혼 선물로 돈을 주는 관습이 없다. 어떤 신랑신부들은 필요한 선물 목록을 만들어 놓고 초대할 사람들에게 결혼식 초대장과 함께 그 목록을 보내 선물이 겹치지 않도록 미리 대처한다. 결혼식 이전엔 약혼반지를 서로 끼는 것이 일반적이고, 결혼 전날 신부의 친척과 친구들은 '샤 지 꼬지냐(Chá de cozinha: 주방의 차)'란 작은 파티를 열어 각각 가정용품을 하나씩 선물하며 새로운 삶에 대해 축복을 기원한다. 한편 신랑의 친구들은 술집에서 총각파티를 열어주기도 한다. 또한 친구들은 신랑신부 몰래 깜짝 파티를 열어 기쁨을 배가 시켜주기를 좋아한다.

브라질 사람들에게 나타나는 결혼에 대한 개념의 변화는 우리나라와 동일하다. 전통적으로는 일찍 결혼하여 자녀를 많이 두었으나 요즘은 일에 대한 욕심과 경제적인 안정 욕구가 강해 점점 늦게 결혼하는 경향을 보이고 있다. 이런 추세에 따라 동거는 해도 결혼은 하지 않거나, 결혼은 해도 아이는 바로 갖지 않으려한다.

3. 가정생활

결혼 후 남편은 한 가정의 가장으로서 권위를 갖고 중요한 결정을 내린다. 전통적인 가장은 가족을 부양하고 생계를 유지하도록 일을 하는 사람이었지만, 시대 변화의 흐름에 따라 요즘은 아내도 일을 하는 경우가 많다. 맞벌이를 하면서 가정 내의 전통적인 가부장적 요소가 축소되면서 가정불화도 많이 발생하고 있다.

하지만 아직도 부부간의 역할과 책임은 비교적 뚜렷하다. 아내가 밖에서 일하든 안하든 집안일은 전적으로 아내가 진다. 집안 청소와 빨래, 식사준비는 물론 집안의 장식, 분위기 결정, 손님 접대 등 모든 일을 관장한다. 남편이 집안일을 도와주는 경우는 매우 드물다. 그도 그럴 것이 전형적인 중산층에서는 가정부를 두어 집안일을 처리한다. 아내가 전문직에 종사할수록 가사에 대한 부담을 인건비가 싼 가정부에 맡기고 일에 전념하는 경우가 많다. 또한 육아문제도 아내의 몫인데 일 때문에 아이를 기르기가 여의치 않은 경우엔 흔히 바바(babá : 유모)를 두어 이를 보완한다.

부모와 자녀의 관계는 엄격하기 보다는 자유로운 편이다. 어려서부터 공부에 혹사당하는 우리나라의 아이들과는 전혀 달리 아이들은 아이처럼 즐겁고 명랑하게 뛰어논다. 물론 빈민촌의 아이들은 어려서부터 바로 구걸을 하고 물건을 팔러 돌아다니는 등 불쌍한 모습도 많이 보인다. 하지만 이들이 자유롭게 어우러져 사는 모습은 상당히 자연스러워 보이기까지 한다. 브라질 사람들은 자신의 아이든 아니든 애정을 갖고 관대하게 아이들을 대한다. 그래서 성장해 가면서도 부모자식관계는 친구처럼 아주 친근하다. 예를 들어, 자녀들이 다 커서 대학생 정도 되었을 때, 아빠와 딸이 축구장에 가서 함께 심판을 격렬히 욕하고 또 어깨동무하며 응원하는 모습, 엄마와 아들이 손을 꼭 잡고 거리를 걷는 모습, 심지어 엄마와 딸이 담배 하나를 정답게 나눠 피는 모습까지 부모와 자식 간에 보이는 그들의 모습은 부러울 정도여서 우리의 상상을 초월하기도 한다.

한편 요즘 도시의 젊은 부부들 사이에선 맞벌이에 가사 분담을 하는 경향도 늘어나고 있다. 이에 따라 아이를 갖는 데 대한 부담이 증가하여 늦게, 적게 낳으려는 추세를 보인다. 따라서 아이를 원하는 시어머니와 며느리의 갈등은 우리나라 이상이다. 그래서 소그라(sogra:시어머니)와는 절대 함께 살 수 없다는 것이 농담 속에도 나오는 실정이다.

4. 대부제도

브라질에서도 역시 아기의 탄생에 상당한 축복을 해준다. 아기에겐 인생의 첫 중요행사로서 세례가 기다린다. 부모는 자신에게 주요한 사람이나 친한 친구에게 빠드리뉴(padrinho : 대부)와 마드리냐(madrinha : 대모)를 부탁한다. 이러한 대부제도는 가톨릭 문화의 유산으로 자식의 영세와 혼인 때 친부모가 대부모를 선정하여 공동부모로서의 관계를 형성하는 것으로 이를 통해 의례적인 친족의 범위가 확대된다.

브라질에서 대부제도는 사회적으로 큰 의미를 갖기에 부모들은 각별히 주의하여 자식들의 대부모를 선정한다. 도시 중산층 이상에서는 주로 친지나 친구 사이에서 많이 선택하여 친부모와 대부모간의 친목 분위기가 강한 반면, 경제적으로 어려움이 있는 가정에서는 자식들에게 앞으로 조금이라도 도움이 될 수 있는 후견인을 선정하여 경제적인 혜택이나 영향력 있는 지위를 누릴 수 있도록 하려 한다.

대부와 대모는 대자나 대녀가 올바르게 성장하도록 관심을 갖고 도와주며, 생일이나 기념일 등에는 꼭 선물을 챙긴다. 대부모는 친부모가 능력이 없는 경우 대자녀의 양육과 교육도 책임진다. 대부제도는 서로 다른 사회계층에 따라 그 관계정도의 차이는 있으나 그 긴밀한 관계는 최대한의 예의를 갖춰 계속 이어져오고 있다. 또한 대자녀가 사망하더라도 친부모와 대부모의 끈끈한 유대는 단절되지 않고 지속된다. 공고한 대부관계는 지위와 권력이 필요한 곳이나 사업적인 협력과 이해가 필요한 곳에서도 적절히 사회적인 필요성을 충족시키며 대부제도는 가족 관계는 물론 사회적으로도 주요한 기능을 수행하고 있다.

5. 인사

브라질에서는 베이지뉴(beijinho)라 하는 인사법에서부터 친근함을 느끼게 된다. 이는 곧 남녀 간이나 여자끼리 하는 인사법으로 만나거나 헤어질 때 서로의 뺨 양쪽에 가벼운 키스를 하며 쪽쪽 소리를 내는 표현방식이다. 남녀 중 한쪽이 미혼이면 결혼의 행운을 바라는 의미에서 세 번 하기도 한다. 반면 남자끼리는 강하게 악수하며 서로의 어깨를 두드려주는 방식이 일반적이다.

이처럼 브라질 사람들은 인사에서부터 상대방이 반가워할 정도로 기분 좋은 느낌을 전해준다. 우리가 길가를 거닐다보면 자연스럽게 남녀가 포옹하고 있는 경우나 키스하고 있는 경우를 눈에 띄게 자주 볼 수 있다. 브라질들은 어느 나라보다 신체접촉을 좋아하고 많이 하는 편이다. 이러한 문화는 곧 상대방에 대한 관심의 표현이며 친밀함을 확인하는 것이다.

만났을 때 일반적으로 던지는 말로서는 '안녕'이란 의미의 "오이(Oi)", 이어서 "뚜두봉(Tudo bom)?"이 있다. 이는 '모든 일이 잘 돌아가느냐'의 의미로 상대방의 대답도 역시 같다. 브라질 사람들의 낙천적인 면을 우회적으로 설명해주는 말로서 아무리 어렵게 살아가더라도 긍정적인 사고로 만사에 대처하는 이들의 생활양식이 깊게 배어있는 말이다.

한편 브라질 사람들은 헤어질 때 내일 보자는 의미의 "아떼 아마냥(Até amanhã)."을 많이 사용하는데 이는 특히 공사간의 업무나 약속에서 습관화되어 있다. 경우에 따라 적당히 넘어가려는 의미로 브라질 사람들의 여유와 느긋함에서 비롯된다고 할 수 있다. 따라서 브라질 사람들을 이해하는 데 필수적인 용어 중 하나이다.

6. 호칭

브라질에서는 사회적 신분이 가족관계, 학력 등과 밀접하게 관련이 있기에 이에 대한 존경심을 표현하고 인정해 주는 것은 특히 비즈니스에서 매우 중요한 부분이다. 이처럼 예의적으로 상대를 부를 때는 직책을 사용한다. 예를 들어, 박사나 박사가 아니라도 권위 있는 사람의 경우는 남녀에 따라 "도우또르/도우또라(Doutor/Doutora)", 교수의 경우는 "쁘로페소르/쁘로페소라(Professor/Professora)"라는 호칭을 사용한다. 또한 잘 모르거나 나이가 많은 사람의 경우엔 "세뇨르/세뇨라(Senhor/Senhora)"처럼 격식을 갖춰 부르는 것이 무난하고, 결혼한 여성에게는 "도나(Dona)" 뒤에 성을 붙여 '~부인'으로 부르는 것도 자주 볼 수 있다.

한편 인칭대명사로 '당신'이나 '너'의 의미로 상대방을 부를 때는 "보세(você)"가 남녀노소, 지역에 상관없이 아주 광범위하게 사용된다. 또한 실제 포르투갈어에서 2인칭 '너'라는 의미의 "뚜(tu)"는 유럽이민자가 많았던 브라질 남부, 특히 히우그란지두술(Rio Grande do Sul)주에서 사용되는데 "보세"를 안 쓰고 "뚜"를 쓰는 이유는 친근감을 유지하기 위한 것이다.

이름을 안다면 일반적으로 상대방을 부를 때 이름을 부르는 것이 일반적이다. 실제로 교수를 부를 때도 친근하게 이름만 부르기도 한다. 또한 이름을 부를 때는, 가령 알베르뚜(Alberto)는 베뚜(Beto), 주제(José)는 제(Zé), 다니엘라(Daniela)는 다니(Dani), 줄리아나(Juliana)는 주(Jú), 레찌시아(Letícia)는 레(Lé) 등과 같이 이름을 줄여서 애칭으로 부른다. 이름이 아니라 그 사람의 특징을 따서 별명으로 부르는 경우도 허다하다. 예를 들면, 그 의미 그대로 키 작은 사람은 바이시뉴(Baixinho), 뚱뚱한 사람은 고르지뉴(Gordinho), 술주정뱅이는 베바두(Bêbado), 대머리 아저씨는 까레까(Careca) 등으로 부른다.

또한 부모가 자식을 부를 때는 아들, 딸의 의미인 "필류/필랴(filho/filha)"로 부르는 것을 많이 접할 수 있다. 또 식당이나 술집 등에서 종업원을 부를 땐 아저씨, 아가씨의 의미로 "모수/모사(moço/moça)"를 자주 사용한다.

7. 대화

대화할 때 서로간의 간격이 브라질에서는 15~30cm, 미국에서는 60cm 이상이라는 말이 있을 정도로 브라질 사람들은 친절하고 다정한 성품을 가지고 있다. 대화를 시작할 때는 축구나 날씨 등의 가벼운 주제로 분위기를 이끄는 것이 자연스럽고, 자녀문제나 애인문제 등에 관심을 보이면 대화가 따뜻해질 것이다. 비즈니스를 할 때도 바로 사업 얘기를 하는 것은 좋지 않고 이러한 얘기들을 곁들이며 친분적인 토대를 형성한 후에 본론에 들어가는 것이 좋은 결실을 얻기 위해 중요하다.

브라질 사람들은 남녀노소에 관계없이 각자 응원하는 '자기 팀'이 하나씩 있다. 특히 남자들은 경제력이나 교육수준을 떠나 축구 얘기에 관한한 각각 전문가적인 면모를 갖고 있을 정도로 관심이 지대하다. 따라서 축구와 관련하여 팀, 선수, 경기 등에 깊이 관심을 갖고 지내다보면 브라질 사람들과의 대화에 무리 없이 참여할 수 있다. 또 여자들은 가정 얘기 외에 TV 드라마에 대해서도 관심 있게 얘기한다. 또한 그들의 대화를 들여다보면, 브라질을 식민지로 만들었던 포르투갈 사람들이나 축구 라이벌인 아르헨티나 사람들, 혹은 특정지역 사람들의 특징에 관한 유머가 자주 등장하며 성적인 농담도 남녀 간에 거리낌 없이 나누는 편이다. 그들은 여럿이 대화를 하더라도 한 주제에 대해 함께 큰 소리로 웃고 떠들며 즐겁게 시간을 보낸다.

하지만, 인종차별에 대한 얘기를 하는 것은 절대 안 되며 그들의 열등의식을 자극하는 주제나 민감한 계파 간 정치문제, 종교문제 등은 피하는 것이 예의이다.

브라질 사람들은 포르투갈어를 할 줄 아는 외국인을 만나면 상당히 호의적인 모습을 띠며 어디에서 왔는지, 브라질에서 무엇을 배우는지 또는 무슨 일을 하는지 등을 물으며 관심을 보인다. 그리고 브라질을 어떻게 생각하는지, 브라질에서 살기 좋은지 등을 물으며 자신의 나라에 대한 자부심을 은근히 비치기도 한다.

8. 약속

브라질에서 어떤 파티에 초대를 받아 제 시간에 도착했다면 가장 먼저 도착한 경우가 대부분일 것이다. 우리의 경우는 약속시간에 늦지 않도록 하지만 브라질 사람들은 30분에서 1시간 정도 늦는 것이 습관화되어있다. 또 절대 약속시간 이전에는 도착하지 않도록 해야 한다. 만약 집에 초대를 받게 되면 빈손으로 가지 말고 마실 맥주, 포도주, 음료수 혹은 과일 등을 사가는 것이 좋다. 브라질 사람들은 가격에 관계없이 선물

받는 것을 참 좋아한다. 약속에 대한 그들의 개념은 그리 강하지 않지만 비즈니스 문제로 약속이 있다면 비교적 약속시간을 철저히 준수한다.

브라질 사람들은 파티를 상당히 좋아한다. 공식적인 행사가 아니더라도 어떤 명분이든 만들어 함께 즐길 궁리를 한다. 그래서 '파티'란 의미의 페스따(festa)란 단어는 아주 좋아하면서도 많이 사용하는 말이다. 그들은 금요일 저녁부터 일요일까지 철저히 주말을 즐긴다. 가족 친지와 함께 자그마한 수영장이 딸린 집에서 브라질식 바베큐인 슈하스꾸(churrasco)와 차가운 맥주만 있다면 아늑하고 편안한 파티로 손색이 없다. 따라서 주말약속을 피해주는 것이 좋으나 친한 친구라면 그 파티에 자주 초대받게 될 것이다.

9. 시간관념과 제이찌뉴(Jeitinho)

브라질 사람들은 시간관념이 별로 없다. 그런 브라질 사람들이 한국에 와서 특이하게 잘 기억하는 말 중에 하나가 '빨리빨리'이다. 이처럼 항상 빠른 일처리를 원하는 우리나라 사람들에게 브라질 사람들은 더더욱 느긋해 보인다. 급한 게 없어 보이는 이들의 모습은 관공서, 은행, 상점 등에서 확실히 느낄 수 있다. 기다리는 우리는 급한 데도 그들은 동료직원과 농담을 하며 천천히 일처리를 한다. 이로 인해 한 줄로 쭉 늘어서서 은행에 한 시간씩 기다리다보면 짜증이 나기 마련이지만 브라질 사람에게는 그들만의 여유가 있기에 불만이 없어 보인다. 평상시에 별로 스트레스가 없는 모습이다. 브라질에 오래 살다보면 자연스럽게 배워지는 것이 바로 인내심과 여유라 하겠다.

또한 브라질 사람들에겐 방법과 술수에 능한 태도가 있다. 이것을 바로 제이찌뉴(jeitinho)라 하는데, 이는 곧 '전체적인 규정을 어기고 비공식적인 방법을 사용함으로서 목적을 달성하려는 빠르고 능률적이고 임시방편적인 태도'이며 '부당함을 정당함으로, 불법적인 것을 합법적인 것으로, 불가능한 것을 가능하도록 만드는 천재적이고 교묘한 수법'이다. 이처럼 브라질 사람들은 관료주의와 공식적인 장애물들을 피해 'dar um jeitinho(편법을 찾아본다)'란 말을 자주 쓴다.

이러한 관습으로 인해 규정에 따르기보다는 쉽게 서로 상부상조할 수 있는 요령을 찾아 일처리를 하는데도 익숙하다. 예를 들면, 관공서에서 평상시 오래 걸리는 일에 대해 급하다고 사정하면 윗사람 직권으로 빨리 처리해주는 경우, 대출이나 면허, 일처리 순서에 있어 혜택을 받는 경우, 어려운 일에 봉착한 친구를 돕기 위해 그를 도와줄 수 있는 인맥을 활용하여 부탁하는 경우 등이 있다. 그래서 비즈니스를 할 때도 정부 관료, 친구, 지인들을 동원하여 문제를 빨리 해결하려 하는 것이 일반적인 관행이다.

사실 일상생활의 일부가 되어버린 이러한 특징은 브라질 사람들의 온정주의에 입각하여 다민족 사회의 구성원들 간에 상호협력관계가 비공식적으로 제도화된 것이라 볼 수 있다. 또한 처음 보는 사람에게도 거리낌 없이 아미구(amigo : 친구)라 부르는 브라질 사회의 '우리 모두가 동등하게 도움을 주고받는 친구'라는 의식도 깊이 깔려 있다. 한편 이러한 특성들 때문에 선진국과 비교해 낙후된 국가의 이미지를 갖기도 하나 이런 부분이 있기에 브라질 사회의 인간적인 면을 확실히 느낄 수 있다.

10. 옷차림

브라질 사람들은 일반적으로 가볍고 실용적인 캐주얼 차림을 즐긴다. 학교의 교수들이나 회사원들, 은행원들 모두 정장 입은 모습을 찾아보긴 힘들다. 서민들의 경우도 화려한 색상의 가벼운 차림으로 다닌다. 단지, 특별한 파티가 있는 경우엔 격식을 갖춰 입어야 할 때가 있고, 특히 비즈니스 관련 모임에선 정장을 차려입어야 한다. 이를 통해 사회적, 경제적 지위를 나타내고 상대방에게 신뢰도를 높이는 효과를 얻을 수 있다.

축구 경기가 있는 날은 한 가지 특징적인 모습을 볼 수 있는데 홈팀의 경기가 있는 날은 시내 곳곳에 그 팀의 유니폼을 입고 다니는 사람들을 많이 볼 수 있다. 또한 축구장에 갈 때는 자기가 응원하는 팀의 유니폼을 입고 가는 것이 이미 습관화되어 있다. 즉 모든 국민에게 자기가 응원하는 팀의 유니폼이 진짜든 가짜든 적어도 한 벌씩 있다고 해도 과언이 아니다. 소탈하고 타인을 의식하지 않는 그들은 축구에 대한 열정과 맞물려 똑같은 옷이라 할지라도 다함께 입는 생활습관을 가지고 있다. 경기에서 이겼다면 그 다음 날도 시내에서 유니폼의 물결은 계속된다.

한편 기후와 관련하여 브라질에선 대체로 반팔 옷에 바지를 입는 것이 보편적이다. 하지만 남부지방에선 추운 겨울을 느낄 수 있다. 대부분의 도시가 비록 영하로까지 내려가지는 않는다 하더라도 이들에게 겨울 추위는 두꺼운 코트와 머플러, 그리고 장갑까지 끼고 다니게 한다. 또한 많은 사람들, 특히 여성들은 유행에 민감한 면도 갖고 있다.

11. 주거

브라질에서도 집을 마련하기란 그리 쉽지 않아 세를 사는 사람이 많다. 특히 신문의 일요일판에는 따로 대대적인 신문광고가 실려 집을 얻고 사는데 많은 도움이 된다. 관심이 있는 집이 있으면 전화하여 집주인이나 부동산과 연락을 취하면 된다. 집의 형태는 크게 아파트와 단독주택으로 나눌 수 있고, 통상적으로 전세와 같은 계약을 하게 되면 주로 1년씩 한다. 계약기간이 끝나면 물가상승 폭을 감안하여 집값은 대부분 오르는 게 정상이며 세입자들은 집주인에게 잘 보여 집세를 올리지 않도록 매달린다. 집세는 전통적으로 부유층이 사는 지역이나 안전하고 교통 좋은 지역이 더 비싸다.

12. 기념일

브라질 연방 노동법에 근거한 국정공휴일은 1년에 6일이지만 카니발과 같은 지방공휴일과 선거일 등이 모두 합쳐져 달력에 빨간색으로 표시되는 공휴일이다.

1월 1일	새해
2~3월	카니발(매년 변동)
3~4월	부활절(매년 변동)
4월 21일	독립운동가 찌라덴찌스(Tiradentes)의 날
5월 1일	노동절
6월	성체일(매년 변동)
9월 7일	독립기념일
10월 12일	성모주현절
11월 2일	성묘일
11월 15일	공화국 선포일
12월 25일	성탄절

한편 우리나라엔 어버이날이 있지만 브라질엔 어머니날, 아버지날과 같이 분리되어 있고 일요일로 지정해 놓아 가족이 함께 모일 수 있도록 하였다. 어린이날은 성모 아빠레시다의 날과 겹쳐 공휴일이 되며 스승의 날도 존재한다. 또한 연인 사이를 기념하는 브라질식 발렌타인데이도 공식적으로 있다. 이러한 날들을 앞두곤 2~3주전부터 쇼핑센터의 선물 홍보가 대단하며 당일엔 선물을 주고받으며 기념일을 축하한다.

5월 둘째 주 일요일	어머니날
6월 12일	연인의 날
8월 둘째 주 일요일	아버지날
10월 12일	어린이날
10월 15일	스승의 날

13. 의료

의료시설의 상태나 이용가능 여부는 지역이나 소득에 따라 큰 편차를 보인다. 사립병원에서 만족할만한 서비스를 받는 사람들은 전체인구의 약 3분의 1인데 반해, 무료 공중보건소나 공중치과 등에서 진찰 받으려는 사람들은 길게 줄을 서야한다. 더구나 시골에 있는 의료기관엔 의사와 간호원의 수도 적고 약품과 장비도 기본적인 것만을 보유하고 있기에 어려움을 겪고 있다. 그러므로 그냥 약국을 찾아 해결하는 사람도 많다.

약국은 그나마 어느 곳에서나 쉽게 만날 수 있다. 도시에서는 휴일에도 동네 별로 한군데 이상은 돌아가면서 24시간 문을 열어 놓는다. 24시간 문을 여는 약국이 어디인지는 문 닫은 약국에 붙여 놓는다. 진통제, 해열제, 소화제 등 우리가 일반적으로 잘 아는 약들은 대부분 처방전 없이도 구입할 수 있다.

긴급한 경우가 발생했을 때는 가까운 응급실, 쁘론뚜소꼬후(Pronto socorro)에 가면 무료로 진료를 받을 수 있기에 외국에서 온 학생들이나 빈곤층이 많이 이용하고 있다.

14. 통신

통신이 워낙 발달한 우리나라에 비해 브라질의 통신 사정은 기대에 미치지 못한다. 1998년 브라질 국영전화회사 뗄레브라스(Telebrás)의 민영화 이후 많은 서비스 향상이 이루어지고 있으나 그 속도는 더딘 편이다. 하지만 90년대 중, 후반까지의 열악했던 상황에 비하면 민영화 이후 회선이 크게 늘어나며 엄청난 발전을 한 것이다. 예전에는 전화 설치하는데 수년이 걸렸지만 오늘날엔 적은 비용으로 금방 설치가 된다.

요금은 기본 통화 수에 근거한 통화료가 미리 책정되어 있다. 사용량이 기본 통화 수를 넘지 않으면 몇 통화든 항상 요금이 같고 초과되는 경우엔 초과량에 따라 추가 통화료가 첨가되며 장거리 전화와 휴대전화에 건 전화요금 내역은 아주 자세히 명시되어 나온다. 따라서 여럿이 함께 하숙이나 자취를 하는 경우에도 전화요금을 합리적으로 나눌 수 있다.

민영화된 이후, 장거리 전화를 이용할 때는 지역번호 앞에 통신회사 번호를 첨가해야 한다. 즉, 0+통신회사번호+지역번호를 먼저 누른 후에 전화번호를 눌러야 한다. 유명 통신회사들과 그 번호로는 엥브라뗄(Embratel) 21번, 인뗄리기(Intelig) 23번, 브라질뗄레꽁(Brasiltelecom) 14번 등이 있는데 그 경쟁도 대단하다.

여전히 서민층에 의해 자주 이용되는 공중전화는 전화박스의 모양이 귀를 닮았기 때문에 '거대한 귀'라는 의미의 오렐령(orelhão)이라 한다. 전화국이나 가까운 신문가판대에서 전화카드를 사서 이용하면 되고, 팩스는 전화국, 우체국, 고급호텔 등에서 이용할 수 있다.

휴대전화 시장은 최근 많은 발전을 보이고 있다. 요금 시스템은 두 가지가 있는데, 먼저 후불식은 마음대로 사용한 후 한 달마다 사용요금이 청구되는 우리나라와 같은 방식인데 반해 선불식은 휴대폰용 카드를 사서 카드 뒷면에 나와 있는 고유번호를 절차에 따라 핸드폰에 입력하면 정해진 금액이 입력되고 입력된 만큼만 사용할 수 있도록 되어 있어 경제적으로 요금을 통제할 수 있는 방식이다. 휴대폰 판매에 있어선 한국 기업들도 최신식 휴대폰을 공급하며 소비자를 유혹하고 있다.

15. 교통

브라질은 대중교통은 말 그대로 대중적이다. 특히 일반버스는 요금이 저렴하고 배차간격이 짧기에 서민의 발 역할을 하고 있다. 버스 안에는 요금을 징수하는 사람이 한명씩 앉아있고 요금을 내고 한명씩 밀고 지나가도록 둥글게 장치를 해 놓았으며 한명 통과할 때 마다 숫자가 하나씩 올라가 결국 종점에선 몇 명이 버스를 탔는지 따라서 요금 전체 수익이 얼마인지를 확인하도록 해 놓았다. 어린 아이들은 그 둥근 장치, 홀레따(roleta)를 밀지 않고 몸을 바닥에 뉘어서 아래의 작은 공간으로 빠져나오는 모습을 볼 수 있는데 이런 경우는 장치의 숫자가 올라가지 않으므로 요금 징수자의 묵인 하에 무임승차를 하는 것이다. 이 모든 것이 가능한 한 버스비조차 아끼려는 서민의 어려운 삶을 나타낸다 하겠다. 일반버스는 모든 정류장을 서기에 느린 관계로 미니버스나 밴이 좌석버스 개념으로 많은 대도시에서 활용되고 있다. 정류장이 적어 속도가 빠르고 좌석에 앉기에 요금은 일반버스보다 좀 더 비싸다.

VASP 항공

한편 택시는 아주 흔하게 볼 수 있다. 지나가는 택시를 잡아 탈 수도 있지만, 도로의 정해진 지점, 뽄뚜(ponto)마다 택시가 줄지어 서서 손님을 기다리고 있기에 가까운 뽄뚜를 찾아가서 타는 게 일반적이다. 최근에는 전화로 부르는 콜택시 개념의 뗄레딱시(Teletáxi)가 있어 아주 편하다. 콜 비용은 받지 않고 손님이 부른 장소에서부터 미터기를 올리며 택시기사에게 팁도 주지 않는다. 단지 거스름돈이 적을 때는 받지 않고 택시운전사 몫으로 주는 것이 관례이다.

지하철은 대도시라 해도 아직 노선이 별로 없어 우리나라처럼 효율적인 교통수단이 되지 못하고 있으나 새로운 노선이 건설되고 있는 도시가 있어 이러한 도시에선 가까운 미래에 훨씬 나아진 교통체계를 실감하게 될 것이다. 철도는 화물열차가 주로 운행될 뿐 도시와 도시를 연결해주는 여객열차는 드문 편이다. 단지 관광객 유치를 위한 단거리 기차가 몇몇 관광지에서 운행되고 있다.

장거리 버스는 비교적 요금이 저렴하고 뒤편에 화장실도 있고 커피, 물도 비치하는 등 시설도 잘 되어 있어 장거리 여행에 적격이다. 표를 구입할 때는 좌석도 지정할 수 있다. 가장 높은 수준은 레이뚜(leito)로 불리는 침대차로서 거의 누워서 갈 수 있을 정도로 편리하지만 비용이 다소 비싸다. 하지만 중간수준의 이제꾸찌부(executivo)만 해도 에어컨은 물론 비디오시청도 가능해 안락한 편이다.

브라질의 항공은 바리기(VARIG), 바스뻬(VASP), 땅(TAM) 등의 대표적인 회사가 있는데 워낙 항공료가 비싸다 보니 골(Gol)과 베에히아(BRA) 등의 후발 주자들은 몇몇 파트에서 비용을 절감해 좀 더 싼 가격의 노선이 등장하고 있다. 베에히아의 경우는 항공권 요금이 싼 대신에 좌석지정을 하지 않고 선착순으로 아무 자리나 앉도록 하는 제도를 도입했다.

육로가 없는 아마존 지역으로 들어가기 위해선 배를 이용할 수도 있는데 시간이 오래 걸리고 식사나 배의 환경이 별로 좋지 않다. 배 안에서 별로 할 게 없기에 헤지(rede)라 불리는 그물침대에 누워 대다수의 시간을 자연감상이나 자면서 보내야 한다. 따라서 아마존 여행을 위해 마나우스(Manaus)로 들어가려면 비행기를 이용하는 편이 여러모로 낫다.

16. 치안

브라질 하면 떠오르는 부정적 이미지는 치안 상태가 안 좋다는 것이다. 실제로 대도시에선 강도나 절도, 소매치기 등 크고 작은 범죄가 발생하고 있다. 빈민층도 많은데다 나라가 워낙 크다보니 TV에 고정적으로 사건, 사고 소식을 전하는 프로가 있을 정도이다. 히우지자네이루는 거대한 빈민촌이 있는데다 관광도시다 보니 범죄발생률이 매우 높다. 전세계로 방송되었던 대표적인 뉴스 중 하나가 이 도시의 해변에서 외국의 한 가족이 일광욕을 즐기다 한 떼거리의 빈곤층 소년들에게 털리는 장면이었다. 외국인은 말이나 복장에서 눈에 띄기 때문에 브라질 사람들과 비슷하게 행동하며 조심할 필요가 있는데 가능한 혼자 밤에 돌아다니지 말고 귀중품을 휴대하지 않은 채 간편한 복장으로 그들처럼 다니는 것이 바람직하다.

그렇다고 브라질 사람들이라고 해서 안전한 것은 아니다. 특히 상파울루나 히우지자네이루와 같은 대도시는 치안 문제로 골머리를 앓고 있

경계근무를 서고있는 경찰

다. 조심하기 위해 많이 듣는 말은 가방을 앞으로 매라거나 지갑을 뒷주머니에 넣고 다니지 말라는 것, 운전할 때 창문을 올리고 문을 잠그라는 것, 또 운전하다 혹시 당할지 모르는 상황에 대비하여 진짜 지갑 외에 약간의 돈만을 넣어둔 예비 지갑을 준비해 두라는 것 등이다. 방탄차가 가장 많이 팔리는 나라도 브라질이다. 실제로 어떤 사고를 당하면 브라질 사람들은 위로를 전하기 이전에 왜 이리저리 하여 조심하지 않았느냐고 할 정도로 나름대로의 자기 방어법을 터득하여 미리미리 조심하며 다닌다.

하지만 브라질도 결국은 사람들이 사는 곳이고 대다수의 사람은 친절한 친구 같다. 그러나 위험요소가 존재하니 위험지역이나 요소들을 피해 평소에 조심하자는 것이다. 치안 문제로 지레 겁을 먹고 브라질에 가길 꺼려할 필요는 없다. 대다수의 유학생, 주재원, 교포 등 우리나라 국민들은 오늘도 브라질의 매력에 푹 빠져 잘 지내고 있으며, 이미 다녀온 사람도 꼭 다시 기회를 만들어 다시 가고픈 나라가 브라질임을 알아야 한다.

17. 축제

브라질하면 떠올리는 대표적인 것 중 하나는 바로 열정적인 무희들의 오색찬란한 카니발이다. 16세기에 시작되어 수백 년에 걸쳐 형식이 변화되었고 19세기 들어 그 형식이 정착되었다. 포르투갈에서 사순절 전에 사람들이 뒤엉켜 밀가루, 물 등을 던지며 술과 음식을 즐기던 엔뜨루두(Entrudo)란 행사에서 유래한 것으로 브라질로 건너왔다. 이 축제를 이끄는 대표적인 리듬 삼바는 아프리카 흑인들이 노예로 끌려와 노동에 혹사

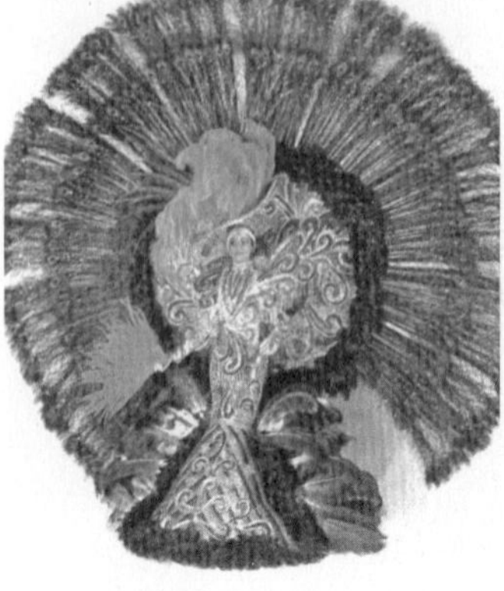
축제

당하던 시절 고통을 잊으려고 그들 특유의 가락에 맞추어 추던 것으로 집단적 댄스리듬이었던 삼바는 20세기 초반 도시화되면서 현대적인 정체성을 확립하며 히우지자네이루의 카니발을 통해 세계적으로 인기를 끌게 된다.

1928년 최초의 삼바학교가 설립되며 몇 년 후 삼바학교들의 경쟁형태로서 첫 공식 퍼레이드를 가지며 1960년대엔 관객에게 입장권을 파는 상업적 형태를 갖춘다. 1984년부터는 삼바학교의 행진만을 위해 지어진 야외무대, 상보드로무(Sambodromo)에서 카니발이 벌어지며 이 형태가 바로 우리가 언론을 통해 접하는 그 화려한 히우지자네이루의 명물이다. 이러한 삼바학교의 경쟁은 행진의 조직성, 이야기의 짜임새, 음악성 등의 각 요소에 대한 심판들의 점수를 종합해 며칠 후에 결과를 발표한다. 결과를 발표하는 그 한마디 한마디에 삼바학교 관계자와 참여자들은 환성을 지른다. 우승한 삼바학교는 그 즐거움에 그들만의 카니발을 또 즐기게 된다.

히우지자네이루 카니발의 대성공과 함께 삼바학교는 브라질 전역으로 퍼져 나가게 되었다. 이제 상파울루 카니발도 어느 정도 궤도에 올라있다. 또한 살바도르에서는 스피커를 장착한 거대한 크기의 트럭 위에서 유명 가수 및 밴드가 공연하며 그 지역에서 유명한 아쉐(Axé)나 포호(Forró), 올로둥(Olodum)의 음악들과 함께 천천히 움직이는 그 트럭의 뒤를 국민들은 맥주를 마시며 춤을 추며 서로 엉겨서 뒤따른다. 헤시피에선 폴카에서 유래한 프레부(frevo) 리듬이 유명하다. 그밖에 대규모가 아니더라도 각 지역의 특성을 간직한 카니발이 곳곳에서 펼쳐지며, 각 도시의 유명 클럽이나 바에서는 속옷을 내던져버리고 춤을 추는 등 그들만의 화끈하고 정열적인 파티가 벌어진다. 축제는 지역별로 다양하지만 그 밑에 내재한 먹고 마시고 춤추며 미친 듯이 실컷 노는 사고방식은 같다.

매년 기간은 변동되나 보통 브라질의 여름인 2, 3월에 열리는 카니발 기간을 앞두고 TV는 물론 브라질 전역이 그 준비로 들썩들썩 한다. 카니발 기간이 되면 모든 회사와 상점이 문을 닫고 카니발의 분위기에 푹 빠져든다. 또한 이때가 되면 세계 각지에서 온 관광객들로 붐벼 카니발은 그야말로 브라질만의 축제가 아닌 세계적 축제로 변모한다.

카니발의 긍정적인 효과로는 이 기간 동안 인종, 종교, 성별의 구분 없이 또 빈부의 격차를 뛰어 넘어 일상의 스트레스를 잊고 한데 어우러져 즐김으로써 사회적 욕구불만을 분출하고 브라질 사회의 불평등과 왜곡된 계급구조를 안정적으로 지속시키는 역할을 하며, 세계의 관광객을 불러 모으고 TV 생중계를 통한 중계권료나 축제장면의 비디오, DVD 제작 등을 통한 엄청난 수익 등을 들 수 있다.

하지만 부정적 효과로는 사회 전체의 들뜬 분위기 속에 총기 소지나 마약 복용 등으로 인해 사상자가 발생하고 치안이 불안해져 우발적인 사고들도 많이 일어난다. 또한 전라로 바디페인팅을 하거나 가슴을 노출한 무희들이 거리는 물론 TV에서도 등장하므로 선정성의 문제가 불거지고 있다. 그럼에도 불구하고 언론의 상업주의는 자극적인 볼거리를 제공하기 위해 더욱 많은 선정적인 장면을 화면에 담아 시청률을 높이고 광고수입을 챙기려하고 있다.

카니발은 포르투갈을 통해 들어온 가톨릭 문화와 원주민 문화, 그리고 아프리카에서 유입된 흑인 문화가 합쳐져 탄생된 것으로, 인종 전시장이라 할 만큼 수많은 인종이 모여 사는 브라질 국민들의 일체감과 국가 통합의식을 나타내는 초국가적인 의미 있는 행사라 할 수 있다.

한편, 브라질의 널리 알려진 성대한 축제들은 종교와 밀접한 관계를 가지고 있다. 가톨릭 및 깐동블레(Candomblé) 종교와 관련된 바이아(Bahia)주의 봉핑(Bonfim) 축제, 상파울루, 미나스제라이스(Minas Gerais), 마라녕(Maranhão) 주 등에서 벌어지는 지비누(Divino) 축제, 항구가 있는 대다수 도시에서 1월 1일 열리는 보아비아젱(Boa Viagem) 축제, 브라질의 수호신 노사세뇨라아빠레시다(Nossa Senhora Aparecida)

축제 등이 있으며, 성안또니우(São Antônio), 성주엉(São João), 성뻬드루(São Pedro)의 축일이 몰려 있는 6월에 벌어지는 6월 축제(Festa Junina)에선 포도주에 사탕수수 증류수인 까샤사(cachaça)를 첨가하여 끓인 껜떵(quentão)이라는 술을 마시는 것으로 유명하다. 12월 31일은 해가 바뀜을 축하하는 헤베이옹(Réveillon)이라 하여 보통 가족이나 친구와 함께 저녁을 먹고 춤과 음악을 곁들여 한해를 보내며 새해를 활기차게 맞이한다.

18. 관습

브라질 사람들의 특성을 잘 나타내주는 요소들이 몇 가지 있다. 브라질 사람들은 길에서, 버스에서 혹은 엘리베이터에서 모르는 사람일지라도 이런저런 얘기로 부담 없이 대화를 즐기는 편이다. 그래서 외국인이라 할지라도 브라질 사람과 쉽게 말을 걸고 빨리 친해질 수 있다. 게다가 어려운 일이 있으면 연락하라고 명함을 준다거나 전화번호를 알려 줄 만큼 외국인에게 관대하다.

어떤 모임이나 파티에서 다 함께 건배를 할 때에는 '건강'이라는 의미의 '사우지(saúde)'를 외치는데, 이 말은 이런 상황 외에도 옆에 있는 사람이 기침이나 재채기를 했을 때도 해 주는 말이다. 이렇듯 말 한마디라도 상대방의 건강을 걱정해 주는 따뜻한 마음이 담겨 있다.

그리고 브라질 사람들의 자연스러움과 낙천적인 면 안에는 유머러스한 부분을 빼놓을 수 없다. 그들은 친목 모임에서 '삐아다(piada : 웃긴 얘기)'를 서로 주고받기 좋아한다. 그리하여 '삐아다'를 잘 하고 잘 이해하여 웃는 것이 브라질 사람들과 좋은 관계를 유지하기 위해 상당히 중요하다. 실례로, 어떤 사람 A가 B에게 "당신 시계 참 예쁘네, 얼마 주고 샀어?"라 묻자, B는 "사지 않았어, 한 달리기 대회에서 얻었지."라 하였다. A는 "잘 했네, 그 대회에 많은 사람들이 참가했나?"라고 되묻자 B가 한 말은 "아니, 딱 세 명의 경쟁자만 있었다네. 시계주인과 두 명의 경찰."이었다. 이런 식의 '삐아다'는 듣는 사람들이 다 함께 즐겁게 웃을 수 있는 내용이외에도 브라질의 치안 상태를 우회적으로 비꼬아 표현한 것이다.

XII

예술

XII 예술

1. 브라질의 음악

1) 고전음악의 발전

까를루스 고메스

브라질의 고전음악은 19세기 초 이후 밀려들기 시작한 서구의 영향을 많이 받았다. 특히 1808년 나폴레옹의 이베리아 반도 침공으로 포르투갈 왕실이 히우지자네이루(Rio de Janeiro : 영어식 표기인 '리우 데 자네이로'로 많이 알려져 있으나 실제 발음은 '히우지자네이루'이며 줄여서 '히우'라고도 함)로 피난하게 됨에 따라, 포르투갈 및 여타 유럽지역의 음악들이 식민지로 활발히 유입되면서 브라질의 고전음악은 유럽음악과 밀접한 관계를 유지하게 되었다.

독립 이후에는 프랑스에서 들어온 낭만주의와 함께 민족주의적 경향의 음악과 '민족오페라(ópera nacional)'가 눈에 띄게 발전하였는데, 국제적인 명성을 얻은 최초의 작곡가는 까를루스 고메스(Carlos Gomes, 1836~1896)이다. 그는 베르디의 영향을 받아 9개의 오페라를 작곡했는데, 가장 잘 알려진 작품은 주제 지 알렝까르(José de Alencar)의 소설 〈구아라니(O Guarani)〉를 바탕으로 작곡한 〈구아라니(Il Guarany)〉로 브라질의 대중적이고 민속적인 주제와 민족주의적인 특징을 강하게 반영하고 있으며, 오늘날까지도 널리 연주되고 있다.

이러한 민족주의적 경향은 20세기 초반에 이르러 더욱 활발해졌고, 대표적인 작곡가로는 알베르뚜 니뽀무세누(Alberto Nepomuceno, 1864~1920)와 에이또르 빌라-로부스(Heitor Villa-Lobos, 1887~1959)가 있다. 특히 1922년 상파울루(São Paulo)의 '현대예술주간(A Semana de Arte Moderna)'에도 참여한 바 있는 빌라-로부스는 모더니스트 운동에 참여했던 다른 동료들과 마찬가지로, 브라질 음악의 전형적인 특성을 그의 작품에 담고자 노력했다. 가장 잘 알려진 빌라-로부스의 작품은 〈브라질풍의 바흐(Bachianas Brasileiras)〉로 바흐의 대위법에 브라질의 아프리카 및 원주민 인디오 음악에서 나온 민속적 선율을 도입하여 민속적인 주제를 표현한 곡이다. 주요 교향곡으로는 〈아마존 밀림(Floresta do Amazonas)〉, 발레곡인 〈굴뚝새(Uirapuru)〉 등이 있다.

현대에 들어와 브라질의 고전음악은 민족주의와 세계화라는 두 가지 노선을 동시에 걸어가고 있다. 1939년, 통상적 음의 조성(調聲)을 부정하고 이전에 사용된 일이 없던 12개 반음의 자유로운 사용에 기초한 무조음(無調音) 작곡 체계－일명 '무조주의(無調主意, dodecafonismo : '도데까포니즈무')'－를 브라질에 도입한 독일 작곡가 한스 요하임 케엘로이터(Hans Joachim Koellreuter)가 주도한 '생음악운동(生音樂運動, O Movimento Música Viva)'은 민족주의에 반대하며 일종의 아방가르드 미학을 추구하고 나섰다. 반면, 1962년 질베르뚜 멘지스(Gilberto Mendes, 1922~)가 주도한 '신음악운동(O Movimento Música Nova)'은 문학의 구체주의(具體主意, concretismo) 경향을 음악에 도입, 발전시켜 브라질 음악의 세계화를 추구하였다.

또한, 1973년부터는 히우지자네이루에서 '브라질 현대 음악 비엔날레(Bienal de Música Brasileira Contemporânea)'가 개최되기 시작하여, '신음악 축제(Festival Música Nova)'와 더불어 브라질의 유일한 고전음악 축제로 오랫동안 그 이름을 떨쳤다.

2) 대중음악의 발전과 그 양상

브라질 문화를 한마디로 정의하라면, 정복자의 이름으로 신대륙에 첫발을 디뎠던 포르투갈과 이 땅에 이미 뿌리내려 살고 있던 원주민 인디오 문화, 그리고 유럽인들에 의해 노예의 신분으로 신대륙에서의 삶을 시작했던 흑인 문화가 혼합된 형태라고 할 수 있을 것이다. 19세기 중반에 들어서면서, 본격적으로 자리를 잡기 시작한 브라질의 대중음악 또한 포르투갈과 원주민 음악에 흑인 음악이 강한 영향을 미치면서 형성되었다.

(1) 다양한 음악의 뿌리

식민시대 초기부터 예수회 선교사들은 원주민을 개종하기 위해 종교음악에 아메리카 원주민의 음악, 리듬 그리고 악기를 포함시켰고, 이렇게 일찍부터 여러 음악 요소가 뒤섞이게 된 브라질음악은 후에 아프리카 노예들의 음악과 리듬까지 추가되면서 그 복합적이고도 다양한 표현양식의 바탕을 갖추게 되었다. 특히 18세기에 들어와 대중적인 아프리카 음악과 포르투갈 음악이 점차 서로 동화되기 시작하면서, 아프리카 기원의 관능적인 춤과 노래인 '룬두(lundu)'라는 장르가 대중 속으로 퍼져 나갔고, 포르투갈의 궁중무곡에 기원을 두고 유럽 오페라 아리아의 형식을 빌어 형성된 일명 '소가(小歌, modinha : '모지냐')'도 그 시기의 대중적인 음악 형식으로 자리 잡았다. 그중 '룬두'는 교회에서 거행된 예배의식을 위해 연주된 기악곡에서 그 기원을 찾을 수 있다. 포르투갈 교회는 흑인들을 교화시킬 목적으로 아프리카의 음악인 '바뚜끼(batuque)' 리듬을 받아들여 연주했는데, 결국 이 리듬은 시간이 흐르면서 브라질 음악과 춤의 기본이 되었다. '소가'는 포르투갈의 민속적 궁중음악의 대표적인 형태인 '모다(moda)'가 브라질에 들어와 다소 변형된 형태로 나타난 서정적이며 감성적인 노래의 일종이다. 당시 브라질 사탕수수 농장의 노동력을 담당했던, 지금의 앙골라와 콩고 지방에서 끌려온 흑인 노예들은 이 음악장르로 자신들의 슬픈 현실을 노래했다고 한다. 아주 구슬프고

애조를 띤 것이 특징인 '소가'는 브라질과 포르투갈에서 거의 같은 시기에 나타난 음악장르로, 후에 포르투갈의 대표적인 민속음악으로 부상한 '파두(fado)'에 막대한 영향을 끼치기도 했다. 이처럼 브라질의 '룬두'와 '소가'는 일반 대중적인 성향과 상류 계급의 지적 성향이 합쳐져 탄생되었다고 볼 수 있는데, 전자는 서정적이면서도 빠른 리듬으로 유머러스하고 경쾌한 느낌을 주는 반면, 후자는 싱코페이션(당김음)을 많이 써서 나른하고도 섬세한 선율의 감성적인 발라드의 느낌을 주는 것이 특징이다.

(2) 쇼루(choro)와 마쉬쉬(maxixe)

1870년경에는 브라질의 사교모임인 살롱에 소개된 유럽계의 무곡인 폴카가 다른 전통음악과 융합되면서 도시음악이라는 새로운 장르를 탄생시키게 되었는데, 19세기 말 히우지자네이루의 도시 중산층 사이에 크게 유행했던 '쇼루(choro)'와 '마쉬쉬(maxixe)'가 바로 그것이다. 초기의 '쇼루'는 하나의 정형화된 음악장르라기보다는 당시의 작곡가들이 폴카와 마주르카 그리고 왈츠와 같은 유럽음악을 대중적인 성향에 맞춰 '바뚜끼(batuque)'와 '룬두'의 리듬과 함께 재구성하여 살롱 등에서 즉흥적으로 연주했던 음악이었다. 주로 플루트, 클라리넷, 트롬본 등과 같은 관악기, 혹은 만돌린, 브라질 악기 '까바끼뉴(cavaquinho : 4현의 작은 기타)', 그 밖의 두 대의 기타로 구성된 현악기, 그리고 타악기인 탬버린이 적절히 어우러진 다분히 감성적이고 애절한(choroso) 선율을 지니고 있어 '쇼루(choro)'라는 이름으로 불려지게 되었다. 이러한 '쇼루'는 당시 브라질 대중으로부터 큰 사랑을 받았는데, '쇼루'음악의 연주가들은 '쇼롱이스(chorões : '쇼루의 거장들')'라 불리기도 했다. 이들 중 대표적인 작곡가이자 연주가는 '쇼루의 어머니'라 불리는 쉬끼냐 공자가(Chiquinha Gonzaga, 1847-1935)로 1877년 〈유혹(Atraente)〉이라는 곡을 발표하면서 작곡가로 데뷔하여 1899년 브라질 최초의 여성 '삐아네이라(pianeira : 전문적인 음악교육을 받지 않은 당시의 대중음악에 종사하는 직업 피아니스트를 지칭)'로 활동하면서 '쇼루' 음악을 탄생시켰고,

후에 최초의 카니발 행진음악인 〈길을 열어라(Ó Abre-Alas, 1899, 동음이의어로 카니발 행진 시 선두에서 각 삼바학교를 상징하는 마차를 지칭하는 고유명사의 뜻을 지니기도 함)〉를 발표하였다. 또한 1885년에는 브라질 시골 마을의 풍습을 다룬 오페레타 〈농촌의 추수(A Corte na Roça)〉에서 여성으로서는 최초로 오케스트라의 지휘를 맡기도 했다.

바로 이 오페레타에서 배우들이 선보인 무용이 '마쉬쉬'였는데, 남녀가 서로 배를 밀착하고 앞뒤로 움직이며 추는 이 춤은 마치 '하바네라의 리듬과, 폴카의 스텝, 아프리카 음악의 분절음을 융화'시켜 놓은 듯한 그 복잡하고 현란한 선율 탓에 당시 일부 도덕주의자들로부터 비판을 받기도 했지만, 관객들의 큰 호응을 불러일으키며 본격적으로 대중 사이로 퍼져나가 19세기 말의 대표적인 무곡으로 자리 잡았다.

20세기에 들어와 '쇼루'는 단순한 연주곡의 형태에서 가사가 있는 노래의 형태로 발전하여 '마쉬쉬', '삼바(samba)'와 융합, 보다 빠르고 정열적이며 활기찬 리듬과 섬세한 선율이 어우러진 '쇼리뉴(chorinho)'와 '삼바-쇼루(samba-choro)' 등의 변형된 음악을 선보이게 된다. '쇼루'의 발전에 지대한 영향을 끼친 대표적인 음악가로는 삐싱기냐(Pixinguinha, 1897~1973)가 있으며, 그는 브라질 대중음악 발전의 발판을 마련했다는 평가를 받고 있다.

(3) 삼바(samba)

오늘날 '삼바'라는 말은 브라질만의 독특한 정서를 상징적으로 나타내는 대표적인 은유의 표현으로 쓰이고 있다. 그만큼 브라질의 정서를 가장 잘 표현해주는 예술 형태는 의심의 여지없이 '삼바'음악이라 할 수 있을 것이다. 실제로 '삼바'는 많은 브라질 사람들의 일상의 기쁨과 행복 이외에도 애환, 슬픔, 희망이라는 정서를 결합해 담아낸다. 브라질의 시인이자 외교관이었던 비니시우스 지 모라이스(Vinícius de Moraes, 1913~1980)는 자신이 작사한 〈축복의 삼바(Samba da Benção 1966)〉라는 곡의 첫 소절에서 '삼바'음악에 필요한 구성 요소를 다음과 같이 묘사하고 있다.

슬픈 것 보다는 기쁜 것이 낫다
기쁨은 세상에 존재하는 그 무엇보다 가장 좋은 것으로
우리 마음에 있는 빛과 같다
그러나 삼바를 아름답게 연주하기 위해서는
슬픔을 머금고 있어야 한다
그렇지 않다면 삼바를 제대로 연주했다고 볼 수 없다
(이하 생략)[6)]

2/4박자 형식의 '까바끼뉴'와 일반기타를 기본으로 한 타악기의 강한 선율을 지닌 '삼바'는 때로는 천진난만한 어린아이와 같기도 하고 때로는 현자(賢者)와도 같은 브라질 국민들의 낙천적이고도 내성적인 면을 시적으로 표현하는데 이상적인 수단이 되어왔다. 그러나 '삼바'가 이렇게 브라질의 정서를 상징하는 매개체로 부상하게 된 것은 그리 오래지 않다.

19세기 초 아프리카 흑인노예들이 춤곡의 형태로 들여온 '삼바'는 브라질의 북동부 바이아(Bahia)지방에서 처음 선보였는데, 흑인노예들의 삶과 애환을 그들만의 재치가 넘치는 유머와 삶에 대한 열정으로 극복하고가 하는 노력에서 풍자적으로 그려낸 음악이었다. '삼바'라는 용어는 아프리카 반투족의 일원인 '낌분두(quimbundo)'족의 언어 '셈바(semba)'에 그 기원을 두고 있으며, 이는 원을 그려 춤을 추는 사람들이 서로 배꼽을 들어 올려 부딪치는 춤의 형태를 의미하고 있다.

19세기 후반이 되어서야 히우지자네이루 지방에서 크게 유행하게 되

6) É melhor ser alegre que ser triste
Alegria é a melhor coisa que existe
É assim como a luz no coração
É Mas pra fazer um samba com beleza
preciso um bocado de tristeza
Senão, não se faz um samba não (이하 생략)

면서 '룬두'와 '마쉬쉬' 그리고 바이아 음악의 영향을 받으며 발전하기 시작한 '삼바'는 초기에는 대부분 유머러스한 가사를 지닌 패러디 작품으로 카니발 축제 기간 동안 연주되는 데에 그치곤 했다. 그러나 1917년 에르네스뚜 두스 산뚜스(Ernesto dos Santos : 일명 '동가'(donga))의 〈전화로(Pelo Telefone)〉란 곡이 '삼바'음악으로서는 최초로 녹음되어 큰 인기를 끌면서, '삼바'는 브라질 대중음악의 대표적인 음악양식으로 인정받기 시작했고, 이후 몇 가지 장르로 세분화되었다.

'삼바'음악의 황금기라 불렸던 1928년부터 1946년 사이 가장 잘 알려진 '삼바' 음악인으로는 살바도르(Salvador) 출신의 도리발 까잉미(Dorival Caymmi, 1914~)가 있는데, 작곡가이자 가수로 큰 활약을 펼쳤던 그는, 당시 브라질뿐만 아니라 할리우드 영화에 출연하기도 하여 국제적인 대중스타로 이름을 떨치고 있던 전설적인 브라질 여가수 까르멩 미란다(Carmen Miranda, 1909~1955)를 위해 많은 곡을 썼다. 또한 오늘날에도 여전히 영향력 있는 음악인으로, 많은 브라질 가수들이 그의 노래를 리메이크하여 부르고 있다. 그 밖의 유명한 '삼바' 음악인으로는 노엘 호자(Noel Rosa, 1910~1937)가 있는데, 그는 브라질 대중 음악사를 통틀어 가장 위대한 음악가로 평가 받고 있다.

(4) 보사노바(bossa nova)

톰 조빙

20세기 초 '삼바'의 세분화 과정에서 나타난 느린 템포의 리듬을 지닌 '삼바-깡성'(samba-canção)은 2차 세계대전 종전 이후 당시 감성적인 시대정서의 흐름과 맞물려 대중에게 큰 호응을 얻기 시작하면서, 1950년대 말 히우지자네이루의 중류 계층의 음악인(예 : 톰 조빙, 주엉 질베르뚜)들을 중심으로 '보사노바(bossa nova)'라는 새로운 음악장르를 탄생시켰다. '보사노바'는 '삼바'의 리듬과 재즈의 감미로운 선율이 어우러진 듯한 하모니 탓에, 미국의 쿨 재즈(cool jazz)가 가미되어 발전된 것으로 보기도 하여 '재즈 보사' 혹은 '재즈 삼바'라고 불리

브라질의 유명 가수들

기도 하는데, 그 의미 그대로 해석하자면, '새로운 경향'이라는 뜻을 지니고 있다. 그 이름처럼, '보사노바'는 20세기 초 브라질 문화 전반에 걸쳐 일어났던 근대화 운동과 관련하여 나타난 장르로, 브라질의 문화적 정체성을 현대적으로 재해석하려는 움직임의 일환으로 볼 수 있다.

(5) 열대주의 음악(Tropicalismo : '뜨로삐깔리즈무')

'보사노바'가 브라질의 자연과 일상의 삶이라는 다소 즉흥적이고 낙관적인 주제의 가사와 재즈풍의 화음에 중점을 두었던 반면, 탱고풍의 신파조(tango-dramalhão) 리듬과 기존 '보사노바'에서 좀 더 정화된 느낌의 섬세한 선율로, 듣는 이로 하여금 소박한 서민들의 대중문화와 아프리카계 브라질(afro-brasileira) 문화를 절로 그리게 하는, 1960년대 후반에 등장한 '열대주의 음악'(Tropicalismo)은 당시 군사정권으로부터 억압받던 젊은 세대의 항변을 담아낸 보다 의식 있는 음악이었다. 까에따누 벨로주(Caetano Veloso, 1942~)와 현 룰라 정권의 문화부 장관직을 맡고 있기도 한 질베르뚜 질 (Gilberto Gil, 1942~) 등이 주도한 '열대주의 음악'은 1967년 열린 대중음악축제 (3º Festival da MPB da TV Record)에서, 이 두 사람이 브라질 리듬에 록큰롤 요소를 가미한 〈환희(Alegria, Alegria)〉와 〈공원에서의 일요일(Domingo no Parque)〉을 각각 발표하면서 시작되었고, 당시 군사독재에 저항하는 내용으로 문화 전반에 걸쳐 큰 반향을 일으켰다. 이처럼 '열대주의 음악'은 당시 정치적으로 혼란했던 브라질의 시대상에 맞추어 짙은 정치색을 띠거나, 깊은 내면세계에 대한 이야기를 가사에 담아냈고, 강렬한 아프리카의 비트, 좀 더 세련된 '보사노바' 리듬 등으로 기존 '보사노바' 장르에서는 볼 수 없었던 새로운 형태의 음악을 선보였다.

후에 이 운동에 참여했던 쉬꾸 부아르끼(Chico Buarque, 1944~)는 브라질에서 가장 인정받는 작곡가 중 한 사람으로 입지를 굳히는데, 그가 만든 〈깔리시(Cálice : 브라질 발음으로 '입 닥쳐'라는 뜻을 지님)〉란 곡은 군사독재시절 자행되었던 정부의 검열을 우회적으로 표현한 것이었다. 이후 '열대주의 음악'은 1968년 정부의 금지법령과 함께 주창자 까에따누 벨로주와 질베르뚜 질마저도 영국으로 유배당하기에 이르면서 그 명맥을 잃게 되었지만, 이른바 MPB(Música Popular Brasileira : 브라질 대중음악)[7]로 알려진 새로운 음악 세대에게 깊은 영감을 안겨주었다.

이처럼 '열대주의 음악'은 단순한 음악운동이라기보다는, 당시 브라질 문화 전반에 걸쳐 전개됐던 일종의 민족주의 운동의 일환인 반(反) 제국주의 운동의 기폭제 역할을 하기도 했으며, 브라질 문화에 있어서 외국문화의 비판적인 수용을 거쳐, 자신들만의 차별화된 창작 스타일과 국가의 다양한 현실, 특히 정치, 경제적 상황에 대한 문제의식을 담아 자국문화의 정체성 확립을 추구하려 했다. 동시에 지역주의에 사로잡힌 사고가 아닌 세계 보편성을 지향하는 열린 사고로 오늘날까지도 브라질 대중음악의 큰 축으로 자리매김하게 된다.

이러한 '열대주의 음악'의 사상은 브라질의 여류화가 따르실라 두 아마랄(Tarsila do Amaral, 1890~1973)이 제안하여 시인이자 소설가인 오스발두 지 안드라지(Oswald de Andrade, 1890~1954)가 발전시킨 '식인주의'(Antropofagia)[8]의 영향을 받은 것으로, 이 '열대주의 음악' 운동을 통해 '식인주의' 사상은 브라질 문화 전반으로 확산되었다.

2. 브라질의 미술과 건축

1) 브라질 미술의 발전과 그 양상

브라질의 미술은 포르투갈의 신대륙 발견 이전 원주민 인디오의 미술－뼈, 나무 등의 조각, 깃털장식, 장신구와 몸의 색 치장 등－에 그 기원을 두고 있으나, 도자기나 암벽화를 제외하면 그 보존유지 정책의 미

7) 브라질 대중음악(MPB: Música Popular Brasileira)은 브라질에서 유행하는 대중음악 전체를 의미하기도 하지만, '열대주의 음악' 의 맥을 잇는 후속 장르로서의 MPB라는 독립 장르로 인정되기도 한다.

8) 브라질에 들어온 외래의 이질적인 요소를 응용하고, 이를 브라질 문화에 접목하여 자신들만의 독창적인 문화적 정체성을 추구하려 했던 근대문예사조.

비 등으로 오늘날까지 남아있는 인디오의 예술작품은 거의 없다. 실제로 브라질 미술은 오히려 자국의 원주민 예술보다는 포르투갈인의 도착과 함께 유입되기 시작한 유럽 예술의 강한 영향을 받아 만들어지게 된다.

식민시대 최초의 예술작품은, 당시 예술 사조였던 르네상스 및 바로크 양식의 영향을 받아, 16세기에 브라질 북동부 해안도시를 따라 세워졌던 교회나 회당을 장식하기 위해 만들어졌고, 자연히 그 형태 또한 예술 그 자체를 위해서라기보다는 조각은 성인(聖人)들을 표현한 것이 전부였으며, 그림 역시 성경의 내용을 담은 장식화에 불과했다. 이처럼 해안도시에 집중되어 있던 모든 예술 활동은 18세기에 미나스제라이스(Minas Gerais)주 지역으로 옮겨가게 되는데, 당시 이 지역의 금광 발견이 내륙도시 발전으로 이어지면서 도시를 따라 교회들이 세워지기 시작했고, 이들의 장식을 위해 수많은 예술가들과 장인들이 내륙으로 몰려들게 되었다.

(1) 18세기의 미술

18세기 브라질의 미술은 '금의 경제주기(ciclo do ouro)'라 불렸던 이 시기의 금광산업의 부흥에 힘입어 미나스제라이스 주 지역을 중심으로 바로크 풍의 건축과 조각이 활발하게 제작되면서 시작되었다. 브라질 조각의 초기 선두주자는 프랑시스꾸 샤비에르 지 브리뚜(Francisco Xavier de Brito, ?~1751)라는 포르투갈 사람이었다. 그는 히우지자네이루에서 활동하다가 후에 미나스제라이스 주의 오우루쁘레뚜(Ouro Preto : 당시에는 '부촌(富村)'이라는 뜻의 '빌라히까(Vila Rica로 불리워짐)'로 옮겨 그곳에 있는 여러 교회 건축물들의 내부조각을 맡아 작품 활동을 펼쳤다.

또 다른 조각가로는 오우루쁘레뚜 출신의 안또니우 프랑시스꾸 리스보아(Antônio Francisco Lisboa, 1730~1814)가 있는데, 그는 20세기 초까지는 역사 속에 묻혀 대중에게 잘 알려지지 않았지만, 이후 바로크 예술에 대한 재평가 작업이 이루어지면서 현재는 브라질 최고의 바로크 예술가로 평가 받고 있다. 40세경에 나병을 앓아 수족이 불편했던 그는

오우루쁘레뚜 전경

알레이자지뉴

'절름발이'라는 뜻의 '알레이자지뉴(Aleijadinho)'라는 별명으로 더 잘 알려져 있기도 한데, 조각가였던 포르투갈인 아버지와 흑인노예였던 어머니 사이에서 태어나 아버지의 뒤를 이어 어릴 적부터 예술적 자질을 보여 조각가의 길을 걷기 시작했고, 미나스제라이스 주를 무대로 활동했다. 알레이자지뉴는 당시의 전통적인 조각예술 기법을 소화해내는데 그치지 않고, 여기서 한발 더 나아가 사실성이 강조된 표현주의 기법을 사용, 실제 사람 크기만 한 조각상을 만들었다. 대표작으로는 미나스제라이스주의 꽁고냐스 두 깡뿌(Congonhas do Campo)에 있는 '가시 면류관을 쓰신 예수 그리스도(Bom Jesus de Matosinhos)' 성당의 66개의 목각으로 이루어진 〈십자가의 길(Os Passos da Paixão, 1796~1799)〉과 12개의 인물 석상 〈열두 제자(Os Doze Profetas, 1800~1805)〉가 있다.

이밖에 유명한 예술가로는 마누엘 다 꼬스따 아따이지(Manuel da Costa Ataíde, 1762-1830)가 있으며, 그는 알레이자지뉴와 함께 여러 프로젝트를 공동으로 진행했다. 오우루쁘레뚜에 있는 상프란시스코지아시스(São Francisco de Assis) 성당의 물라토 성모 천정화(1801~1812)와 〈최후의 만찬(A Santa Ceia, 1828)〉이 그의 최고 걸작으로 평가된다.

(2)19세기의 미술

19세기 히우지자네이루에 포르투갈 왕정이 들어오면서 브라질의 시각예술은 새로운 추진력을 얻게 된다. 1816년 나폴레옹이 유럽에서 패하자 동 주엉(Dom João) 6세는 브라질 예술 발전의 기초를 닦고자 일단의 프랑스 예술가들(Missão Artística Francesa)을 초청했는데, 이들 중에는 유명한 니콜라스-앙뜨완느 터우니(Nicolas-Antoine Taunay, 1755~1830), 오귀스트-마리 터우니(Auguste-Marie Taunay, 1768~1824), 장-밥티스트 데브레(Jean-Baptiste Debret, 1768~1848) 등이 포함되어 있었다. 오늘날 니콜라스-앙뚜완느의 유화와 장-밥티스트의 수채화는 브라질 식민시대의 사회상을 반영하는 소중한 문화예술 자료로서 평가받고 있다.

이처럼 프랑스의 강한 영향을 받은 브라질의 예술가들은 19세기 내내 신고전주의 양식에 몰두했고, 1826년에는 히우지자네이루에 '왕립미술아카데미(Academia Imperial de Belas-Artes)'가 설립되어 낭만주의와 민족주의 등 당시 유럽의 다양한 예술사조들이 이곳을 중심으로 퍼져나갔다. 빅또르 메이렐리스(Victor Meirelles, 1832~1903)는 이 시대 최고의 브라질 화가로, 주로 역사적인 사건과 전투에서의 승리를 주제로 한 그림을 그렸다. 그의 가장 유명한 작품은 〈첫 미사(A Primeira Missa no Brasil, 1860)〉라는 그림인데, 1500년에 브라질을 발견한 포르투갈 항해사 뻬드루 알바레스 까브랄(Pedro Ávares Cabral, 1467?~1520?)이 그의 부하들과 함께 신대륙 발견을 기념하는 첫 미사를 드리는 장면을 묘사하고 있다. 메이렐리스의 주요 작품은 히우지자네이루의 국립박물관(Museu Nacional de Belas-Artes)에 보관되어 있다.

19세기 후반과 20세기 초의 브라질 화가 및 조각가들 역시 인상주의라든지 아르누보(art nouveau), 상징주의 등의 프랑스 사조를 따랐다. 이 시대의 유명한 화가인 이탈리아 출신의 엘리제우 비스꼰찌(Eliseu Visconti, 1866~1944)는 1909년에 지어진 히우지자네이루 시립극장의 소벽과 천장에 문학 및 연극 예술사를 빛낸 베르디, 바그너, 까몽이스, 까를루스 고메스 등 200명의 국내외 예술가들을 그리기도 했다.

(3) 근대미술

브라질의 모더니즘은 리투아니아 출신 화가인 라자르 세갈(Lasar Segall, 1891~1957)과 상파울루 출신 아니따 말파찌(Anita Malfatti, 1896~1964)에서부터 시작되었고, 두 사람 모두 유럽 아방가르드 미학의 영향을 받아, 브라질 최초로 표현주의 기법을 화폭에 담아 대중 앞에 선보였다. 특히 두 차례의 개인전을 통하여 표현주의 기법과 단순화된 입체파 기법을 혼합한, 당시로서는 획기적인 화풍을 지닌 〈일본인(O Japonês, 1915)〉과 〈황인종(O Homem Amarelo, 1915)〉을 선보인 아니따 말파찌는 오늘날에는 브라질 모더니즘의 진정한 선구자로 손꼽히고 있으나, 시대를 앞서간 그녀의 화풍은 당시 미술계에서 19세기 아카데미즘의 반항아로 몰리면서 대중들과 비평가들의 혹평을 겪게 되었고, 그 후 오히려 퇴보의 길을 걷게 되면서 더 이상의 성과를 만들어내지는 못했다.

본격적인 브라질 모더니즘의 발전은 1922년 상파울루에서 열린 '현대예술주간(A Semana de Arte Moderna)'에서 정점에 달했다. 일주일간 계속된 이 행사는 일단의 젊은 브라질 예술가들이 새로운 예술적 정체성을 모색하고자 개최한 모임이었다. 비록 이들 예술가들이 유럽의 표현주의, 입체파, 미래파, 다다이즘 그리고 초현실주의 등의 아방가르드 미학에 영향을 받은 것은 사실이었지만, 이에 그치지 않고 브라질의 문화유산을 자신들의 예술적 주제와 영감으로 승화시키고자 하는 노력을 통해 자국 미술과 서구 미술과의 격차를 한층 줄이는 계기를 만들었다는 데에 큰 의의가 있다고 할 수 있다. 이처럼 브라질의 '모던 아트 위크'는 자국 예술에 있어 매우 중요한 사건이 되었으며, 1920년대와 30년대에 걸쳐 예술과 문화의 국가적 정체성을 강렬하게 추구하는 발단이 되었다. 이 모임에 참가했던 주목할 만한 예술가로는 아니따 말파찌, 에밀리아누 지 까발깐찌(Emiliano Di Cavalcanti, 1897~1976), 오스발두 고엘디(Osvaldo Goeldi, 1895~1961) 그리고 조각가인 빅또르 브레쉐레찌(Victor Brecheret, 1894~1955)가 있다. 이 모임 후에도, 에밀리아누 지 까발깐찌는 견고한 구성의 작품들을 통해, 물라토 여인, 카니발 축제, 열대풍경 등 브라질 특유의 다양한 모습을 상징, 표현주의적 기법을 혼합하여 화폭에 담아냈고 빅또르 브레쉐레찌는 1936년과 1952년 사이에 〈내륙개척단 기념비(Monumento às Bandeiras)〉를 제작하여 브라질 식민시대 초기 내륙개척단의 모습을 재현해냈다. 특히 이 거대한 조각상은 1951년 제1회 상파울루 비엔날레에서 국내 조각 부문 최우수상을 받기도 했는데, 오늘날에는 상파울루 시 외곽의 이비라뿌에라 공원(Parque do Ibirapuera)에 위치하면서 시의 자랑스러운 상징물 역할을 하고 있다.

까발깐찌의 작품(과다찡게따의 다섯 아가씨들)

이밖에 '현대예술주간'에는 참여하지 않았지만, 브라질의 모더니스트 화가 중 빼놓을 수 없는 인물로 따르실라 두 아마랄(Tarsila do Amaral, 1886~1973)을 들 수 있는데, 가장 브라질적인 색채를 가진 화가로 평가받고 있는 그녀는 당시 파리의 유행사조였던 분석적 입체파의 영향을 받아 기하학적 도형의 형태를 띤 인물, 풍경화에 브라질 특유의 강렬한 원색의 색상들을 접목시켜 자신만의 독특한 작품세계를 그려냈다. 대표작으로는 〈흑인 여인(A Negra, 1923)〉, 〈아바뽀루(Abaporu : 원주민 인디오 뚜삐-과라니어로 '먹는 사람'이라는 뜻을 지님, 1928)〉, 〈식인주의(Antropofagia, 1929)〉가 있는데, 몸에 비해 지나치게 작은 머리와 큰 발을 가진 기괴한 겉모습의 나체의 사람, 바나나 나무, 태양 등이 어린아이의 그림을 보는 듯한 밝은 색감과 붓 터치로 단순하게 구성되어 있는 이 세 그림들은, 나신의 인물화에서 흔히 나타나는 대담한 에로티즘보다는 보는 이들로 하여금 스스로 작품이 그려내는 주제에 대한 본질적인 의문

까를루스 드루몽 지 안드라지

을 갖게 만든다. 대농장주의 딸로 어린시절 농장에서 흑인유모의 손에 자란 작가의 자전적인 경험을 바탕으로 한 이 세 작품은, 원시주의적 환상(fantasia primitivista)[9]을 그려냈던 기존의 식민지적 예술관에서 탈피하여 '식인주의' 이론을 통해 자국의 문화적 정체성 추구뿐만 아니라 제3세계 여성예술가로서의 자신의 위치를 반영, 자주적이면서도 주체적인 예술형식을 고안해내고자 했던 작가의 예술관을 아주 잘 그려내고 있다. 시인 까를루스 드루몽 지 안드라지(Carlos Drummond de Andrade, 1902~ 1987)는 〈브라질 / 따르실라(Brasil / Tarsila, 1973)〉라는 시에서 따르실라와 그녀만의 독특한 색감에 대해서 다음과 같이 찬양했다.

(중략)
따르실라
브라질의 이름, 빛나는 뮤즈
소멸(燒滅)하지 않는 뮤즈, 생명력 강한 달리아
낙엽이 흩날리며 떨어지는 뜰에서도,

9) 원시주의(Primitivismo)는, 19세기말 당시 유럽 미술계의 지나친 기교적 집착에 대한 비판적인 시각에서 아프리카 문화 등의 원시적 생명력에 대한 동경에 따라 강하고 자극적인 색채 감각을 내세웠던 근대문예사조 중 하나이다. 그러나 자칫 실제 원시주의 미술이 지녀야 할 개념적인 성격이나 서사적인 내용, 그리고 상징적인 의미를 간파하지 못해 그 미술이 지니는 특성(identity)을 놓침으로서 원시주의 문화를 유럽의 백인 중심 문화의 하위개념으로 치부해 버릴 수 있는 함정을 지니고 있음을 지칭하는 뜻으로 '원시주의 환상'이라는 말이 생겨났다.

여전히 그 생명력을 품고 있는 달리아처럼
국모(國母)와 같은 그윽한 자태의
부드러움을 간직한,
따르실라
사랑스러운 산딸기를 떠올리게 하는 너
너를 바라보는 나의 눈에 기쁨이 반짝이고
하늘, 분홍, 초록빛이 그칠 줄 모르는구나.[10)]

이처럼 브라질의 근대미술은 유럽 아방가르드 미학의 단순한 수용 차원에서 한발자국 더 나아가 자국의 고유한 현실을 반영하기 위한 표현의 자유를 획득하고, 과거의 전형과 규범에서 벗어나 보다 자유분방한 미술을 선보이는 전기를 마련하게 된다.

(4) 현대미술

1930년대 이후에는 엘리트주의의 아방가르드적 미학에서 벗어나 어떠한 기술적인 이론의 정립 없이 대중적이면서도 사회비판적인 주제를 담아내고자 하는 좌파 미술의 경향이 두드러졌고, 이를 통해 미술이 좀 더 대중에게 가까이 다가갈 수 있는 계기가 마련되었다. 이 시대의 대표

10) (중략)
Tarsila
nome brasil, musa radiante
que não queima, dália sobrevivente
no jardim desfolhado, mas constante
em serena presença nacional
fixada com doçura,
Tarsila
amora amorável d'amaral
prazer dos olhos meus onde te encontres
azul e rosa e verde para sempre.

상파울루 현대미술관

적인 미술가로는 이탈리아 이민 2세로 국제적으로도 큰 명성을 떨쳤던 깐지두 뽀르찌나리(Candido Portinari, 1903~1962)를 들 수 있는데, 그는 주로 사회 비판적인 시각으로 조명한 브라질 각 지방의 경치와 풍습 등의 토속적인 주제를 표현주의 기법을 통하여 심도 있게 재현하고자 노력했다. 그중, 가장 유명한 작품으로 〈피난민(Os Retirantes, 1944)〉를 들 수 있는데, 이 그림은 잦은 가뭄에 시달려 땅을 버리고 도시로 이주할 수밖에 없었던 브라질 북동부 지역의 소농 가족들의 모습을 생생하게 그려낸 작품이다. 그림에 등장하는 수척한 주인공들은 유령과 같은 비참한 모습을 하고 있고, 그만의 독특한 표현주의 스타일로 메마른 땅의 색감을 잘 드러내고 있어 마치 그림 자체가 사나운 태양에 마구 그을린 듯한 착각마저 안겨준다.

1940년대 브라질의 시각예술은 내부로부터 새로운 추진력을 얻게 된다. 상파울루 미술박물관(MASP : Museu de Arte de São Paulo)이 1947년, 상파울루 현대미술관(MAM-SP : Museu de Arte Moderna de São Paulo)이 1948년, 히우지자네이루 현대미술박물관(MAM-RJ : Museu de Arte Moderna do Rio de Janeiro)이 1949년에 잇달아 세워졌다. 또한 1951년부터 격년으로 열리고 있는 상파울루 비엔날레는 오늘날 라틴 아메리카 최대의 미술박람회로 인정받고 있다. 히우지자네이루와 상파울루는 많은 화랑, 전시회, 미술 관련 행사 등을 개최하며 브라질 미술계를 주도하고 있고, 기타 도시의 문화센터와 화랑들도 각 지방의 기존 작가 및 새롭게 떠오르는 신예작가들의 작품을 정기적으로 전시하고 있다.

2) 브라질의 건축

다른 라틴 아메리카 국가들과는 달리 콜럼버스 시대 이전에는 브라질에서 사원이나 궁전은 찾아보기 힘들었다. 1500년에 포르투갈인들이 브라질에 왔을 때, 원주민들은 주로 유목생활을 하고 있었기 때문에 건물은 매우 간단한 구조였고, 대부분의 건물이 풀로 지붕을 이어 만든 초가집뿐이었다. 브라질에 들어선 현대적인 의미의 최초의 건물다운 건물은 포르투갈인들이 지은 요새와 1500년대 중반에 지어진 매너리즘양식과 바로크양식의 행정관청 정도였다. 기타 건물들로는 해안을 따라 지어진 교회와 회당이 있는데, 특히 브라질의 북동부 살바도르(Salvador)와 올린다(Olinda)에서는 브라질에서 가장 오래된 건물들을 만나볼 수 있다.

이처럼 식민시대에 세워진 브라질 최초의 건축물들은 당초 포르투갈의 식민 지배를 확고히 함과 동시에 외세의 침입을 방어하려는 목적에서 만들어졌으며, 이후의 건축물들은 각 시대별 사회상황에 따라 다양한 양식을 선보이게 된다.

바로크 건축

성당 내부

(1) 18~19세기의 건축

18세기에 불어 닥친 골드러쉬로 식민지에 새로운 부가 쌓이게 되자 내륙의 광산지역이나 히우지자네이루 같은 항구도시에 많은 건물이 세워졌다. 정부 및 행정기관 건물이 새로 지어졌고, 교회의 신도들은 크고 화려한 교회 건물을 세웠다. 18세기의 유명한 건축가로는 앞서도 언급했던 알레이자지뉴를 들 수 있는데, 그는 조각물과 더불어 건축물도 함께 만들었다. 알레이자지뉴는 당시 유행하던 바로크양식과 로코코양식을 따르면서도 육중하고 딱딱한 직사각형이나 직선 스타일 대신 부드럽고 자유로운 스타일을 가미했던 최초의 건축가였다. 특히 그가 지은 건물들의 현관, 제단, 계단 난간 등에서 이러한 특징이 두드러진다. 또한 그의 조각품에서 보듯, 대부분의 건축물 내부는 마치 당시의 영광을 재현이나 하듯 전부 금으로 화려하게 조각, 장식되어 있다. 알레이자지뉴의 건축과 조각은 오우루쁘레뚜, 꽁고냐스두깡뿌, 사바라(Sabará) 등 미나스제라이스 주 모든 곳에서 오늘날에도 여전히 찬사를 받고 있다.

1816년, 동 주엉 왕이 프랑스 예술 사절단을 브라질에 초청하면서 브라질 미술뿐만 아니라, 건축에도 새로운 변화가 일기 시작했고, 도시를 중심으로 신고전주의적 경향의 웅장하고 기념비적인 건축물들이 많이 건설되었다. 이들 중 특기할 만한 건축물은 하무스 지 아제베두(Ramos de Azevedo, 1851~1928)가 세운 상파울루 시립극장(Teatro Municipal de São Paulo)을 꼽을 수 있다. 또한, 1898년에는 벨루오리존찌(Belo Horizonte)가 브라질의 첫 번째 계획도시로 선정되면서, 이 도시의 많은 건물들이 신고전주의양식으로 지어졌고, 1906년에는 히우지자네이루가 그 바통을 이어받아 시범거리로 지정된 히우브랑꾸(Rio Branco) 거리에 신고전주의양식의 국립박물관, 시립극장, 정부건물 등을 새로이 건설하기도 하였다.

(2) 현대건축

20세기 들어와 브라질의 건축은 다양한 양식을 보여주고 있는데, 자

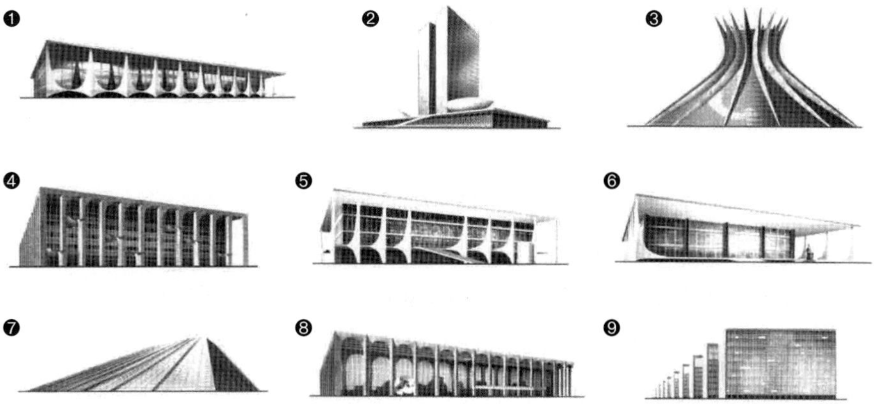

브라질리아 현대건축

❶ 대통령 관저 ❷ 국회의사당 ❸ 대성당 ❹ 법무부
❺ 대통령 집무실 ❻ 연방대법원 ❼ 시립극장 ❽ 외무부
❾ 정부종합청사 ❿ 쿠비체크 기념비

연스러운 분위기를 살린 '아르누보'적 특징과 브라질의 고유한 특징이 가미된 건축물이 나타나게 된다. 특히 1920년대 상파울루가 주요 도심을 단장하고 나서면서 브라질 건축의 현대화의 발판이 마련되었는데, 식민 시대부터 존재해 온 낮은 건물들 사이를 비집고 마천루가 들어서기 시작했고, 도시계획에 따라 도시 전체가 현대적으로 바뀌기 시작했다. 1929년에 세워진 마르찌넬리(Martinelli)빌딩은 당시 라틴 아메리카에서 가장 높은 건물이었으며, 동시에 급속히 성장하고 있던 상파울루 경제를 상징하는 기념탑이이기도 했다.

그러나 현대적인 건축물이 본격적으로 자리를 잡기 시작한 것은 1930년대에 들어와 제뚤리우 바르가스(Getúlio Vargas, 1882~1954) 정부가 현대화 계획을 내세우면서부터였다. 특히 루시우 꼬스따((Lúcio Costa, 1902~1998)와 오스까르 니에메이어(Oscar Niemeyer, 1907~)가 프랑스

건축가 르 코르뷔지에(Le Corbusier, 1887~1965)의 영향을 받아 브라질 최초의 현대적 건물을 구상해내면서 브라질 건축의 수준을 국제수준으로 한층 올려놓는데 크게 공헌하게 된다. 이들은 1940년대 당시 벨루오리존찌 시장이었던 주셀리누 쿠비체크(Juscelino Kubitscheck, 1902~1976)의 위임을 받아 벨루오리존찌 시 외곽에 관광레저 타운에 해당하는 빵뿔랴(Pampulha) 공원 지역을 조성하기도 했을 뿐 아니라, 이후 1956년 쿠비체크가 대통령 자리에 올라 오늘날의 브라질리아로 행정수도 이전 계획을 추진하게 되자, 이 계획을 맡아 진행하기도 하였다. 오늘날 이들의 건축물은 브라질 현대건축의 최대 역작으로 꼽히고 있다.

3. 브라질의 영화와 연극

1) 브라질의 영화

브라질 최초로 대중에게 소개된 영화는 1896년 프랑스의 뤼미에르 형제가 파리에서 만든 기록영화였다. 이후 이 영화를 본떠 1898년 히우지자네이루에서 증기선으로 구아나바라(Guanabara) 만으로 접근하면서 찍은 슬로우 팬(slow pan : 어떤 피사체에서 다른 피사체로 천천히 움직이는 방법) 형식의 영화가 등장하게 되는데, 그 내용은 히우시 주민들의 삶과 주요 명승지를 필름에 담아 만든 것이었다. 이 새로운 예술형식은 곧 커다란 인기를 얻어 1907년 히우지자네이루에는 극장이 22개나 들어서기에 이르렀고, 당시에 만들어진 웅베르뚜 마우루(Humberto Mauro, 1897~1983)의 무성영화는 오늘날에도 영화축제가 열릴 때마다 상영되곤 하는 고전중의 고전으로 손꼽히고 있다.

(1) 초창기의 브라질 영화

1907년 전력공급을 위해 세워진 히베이렁 다스 라지스 발전소(Usina Ribeirão das Lages)의 건설과 함께 상파울루와 히우지자네이루에 더 많은 극장들이 설립되기 시작했는데, 1908년에는 포르투갈 감독 안또니우 레알(Antônio Leal)이 브라질에서 최초의 장편 실화 〈교살자(絞殺者, Os Estranguladores)〉를 제작, 상영하였다. 1908년과 1911년 사이에는 무려 100여 편 이상의 영화가 만들어질 정도로 브라질의 영화 산업이 한층 발전하게 되었는데, 이 시기에 제작된 영화는 주로 단편으로 탐정물과 전통적인 멜로드라마, 역사물 그리고 종교적 작품이 주류를 이루고 있으며, 특히 히우지자네이루는 당시 브라질 영화의 메카 역할을 하였다.

그러나 1923년부터는 상파울루와 히우지자네이루에 국한되었던 브라질의 영화 산업이 뻬르낭부꾸(Pernambuco)주와 미나스제라이스 주 그리고 히우그란지두술(Rio Grande do Sul)주 등지로 확산되어 발전하면서 본격적으로 향토주의 영화의 붐을 일으키게 된다. 하지만 당시의 영화는 주로 프랑스를 비롯한 유럽 영화의 영향을 강하게 받았다.

(2) 근대의 영화산업

1930년대에 들어서면서 브라질의 영화산업은 대규모 스튜디오의 건설과 함께 새로운 전기를 마련하게 되는데, 브라질 최초의 스튜디오인 시네지아(Cinédia)가 1930년 히우지자네이루에 만들어졌다. 이 때부터 영화산업에서 기업단위의 대규모 투자가 가능해지면서, 외국의 선진 영화기술을 도입, 보다 발전된 면모를 갖추게 되었다.

1950년대에 들어와 브라질의 영화는, 아뜰란찌다(Atlântida)와 베라끄루스(Vera Cruz)라는 대규모 영화스튜디오를 중심으로 대중적인 드라마와 뮤지컬 코미디 형식을 취하는, 당시 할리우드 영화의 모방 장르라 할 수 있는 '샹샤다(chanchada)'라는 장르의 영화를 주로 제작했는데, 당시 비평가들과 지식인층으로부터 지나치게 저급한 상업영화의 남발을 조장한다는 혹평을 받기도 했다. 하지만 오히려 이 때문에 당시 영화의 사회적 역할에 대한 새로운 접근을 요구하게 되는 계기를 마련하기도 했는데, 그 새로운 접근 방법의 시도로 나타난 것이 영화를 하나의 사회변화의 도구로 보는 신사실주의 경향의 영화들이었다. 이들은 이탈리아의 네

오리얼리즘의 깊은 영향을 받았다.

이러한 시도에서 제작된 첫 장편영화가 바로 1953년, 비또르 리마 바헤뚜(Vítor Lima Barreto, 1905~1982)의 〈산적(O Cangaceiro)〉이었는데, 이 영화는 19세기 말부터 20세기 초 당시 브라질 북동부 지역의 유명한 약탈자였던 랑삐엉(Lampião, 본명 'Virgulino Ferreira da Silva')이라는 실존인물을 소재로 그가 이끌었던 약탈집단인 '깡가쎄이루스(cangaceiros)'조직의 이야기를 다룬 작품으로, 그 해 칸영화제에서 상을 받으면서 브라질 영화로서는 최초로 국제무대에서 인정을 받기도 했다. 이후 제작된 작품 중 주목할 만한 것들은 〈히우 40도(Rio 40 Graus, 1954)〉, 〈히우 북쪽 지역(Rio Zona Norte, 1957)〉, 〈황폐한 삶(Vidas Secas, 1963)〉 등이 있는데, 이들 모두 넬손 뻬레이라 두스 산뚜스(Nelson Pereira dos Santos, 1928-)의 작품으로 가난, 가뭄, 인종차별을 그린 영화들이었다. 특히 그의 〈황폐한 삶〉은 브라질의 소설가 그라실리아누 하무스(Graciliano Ramos, 1892~1953)의 동명소설 〈황폐한 삶(Vidas Secas)〉을 영화로 각색한 것이었는데, 오늘날 당시의 시대상을 조명한 역작으로 손꼽히고 있을 뿐 아니라, 후에 전개된 '신영화 운동(Cinema Novo - 시네마 노부)'의 첫 테이트를 끊은 중요한 작품으로 평가되고 있다.

(3) 신영화 운동(Cinema Novo)

1960년대 초, 넬손 뻬레이라 두스 산뚜스의 〈황폐한 삶(Vidas Secas)〉 이후, 브라질 문화의 뿌리 찾기와 사회 현실을 조명하고자 하는 움직임이 브라질의 젊은 감독들 사이에 활발히 전개되면서 '신영화 운동(Cinema Novo)'이 펼쳐졌다. 저(低)예산의 감독 중심의 기록영화 형태를 띠었던 이들 영화의 대부분은 정지된 동작, 긴 대화 그리고 단순한 장면처리 등이 그 특징으로 손꼽히고 있다. 또한 대부분의 영상이 흑백으로 처리되어 있는데, 이는 가난함을 대변하기 위한 것으로, 사회문제에 집중적인 관심을 보이며, 정치적 토론의 근거를 제공해 주기도 하였다. 이에 따라, 초기 '신영화 운동'은 주로 농촌 문제와 농민, 그리고 북동부 지역의 빈곤 등에 대해 다루었으나, 후에는 도시 중산계층의 삶에 더 많은 관심을 가지게 되었다.

'신영화 운동'의 작품들 중 국제적으로 인정받은 최초의 작품은 1962년에 칸 영화제에서 최우수상을 수상한 앙셀무 두아르찌(Anselmo Duarte, 1920~)의 〈약속 이행자(O Pagador de Promessas)〉란 영화였다. 또한 '신영화 운동'의 선두주자로는 글라우베르 호샤(Glauber Rocha, 1939-1981)를 꼽을 수 있는데, 그의 영화는 신비주의 정치적인 메시지를 담고 있다. 그는 영화를 통해 세상을 바꾸고자 했는데, 이는 '머리에는 이상을, 손에는 카메라를'이라는 그의 모토에도 잘 드러난다. 1963년에 만들어진 그의 걸작 〈태양의 땅의 신과 악마(Deus e o Diabo na Terra do Sol)〉는 빈곤한 농부, 구세주를 부르짖는 예언자, 가뭄에 찌든 '세르떵(sertão : 브라질 북동부 지역의 오지(奧地)를 지칭)'의 폭도들을 주인공으로 한 영화이다.

(4) 현대영화

조르지 아마두

1964년에 일어난 쿠데타 이후, 문화예술 분야의 검열이 강화되어 사회적이고 정치적인 영화를 만드는 것이 더 이상 불가능해졌다. 그 결과, 1970년대에는 비정치적인 주제를 담은 영화들이 대거 만들어졌는데, 브루누 바헤뚜(Bruno Barreto, 1955~) 감독의 〈플로르 부인과 두 남편(Dona Flor e Seus Dois Maridos, 1976)〉은 브라질의 유명한 소설가 조르지 아마두(Jorge Amado, 1912~2001)의 동명소설을 영화화한 것으로, 당시 공전의 히트를 기록했다. 이 영화는 오늘날까지도 역대 영화 흥행 성적에서 수위를 달리고 있는데, 무려 1,200만 명의 관객이 이 영화를 관람했다.

1980년대에 접어들면서 검열이 완화되자 브라질의 정치적, 사회적 현실을 다룬 영화들이 다시 만들어지기 시작했는데, 까까 지에게스(Cacá Diegues, 본명 'Carlos Diegues', 1940~) 감독의 〈바이 바이 브라질(Bye Bye Brasil, 1979)〉은 당시 국제적으로도 명성을 얻은 작품이다. 이 영화는 일단의 예술가들이 브라질 전역을 돌며 벌이는 모험을 그 줄거리로 하고 있다. 또 다른 유명한 작품으로는 아르헨티나 사람인 엑또르 바벵꾸(Hector Babenco, 1946)가 상파울루의 거리의 아이들을 주제로 만든 〈삐쇼찌, 약자의 법(Pixote, a Lei do Mais Fraco, 1981)〉이 있다.

그러나, 1991년 국영영화사인 엠브라필미(Embrafilme)가 문을 닫으면서 영화산업에 대한 정부의 지원이 중단되자, 브라질 영화는 암흑의 시대로 접어들었다. 이 때문에 1990년대 초기에 만들어진 브라질 영화는 극소수에 불과했지만, 90년대 중반 이후 정부가 영화산업 투자에 세금감면 혜택을 부여하면서 브라질 영화는 다시 부흥의 움직임을 보이고 있다. 이제 '신영화 운동'의 영향에서 벗어나 좀 더 다양한 주제와 표현양식을 모색하고 있는 현대의 브라질 영화는 최근 들어 다시 국제적인 이목을 끌고 있는데, 그중 중요한 작품으로는 브루누 바헤뚜 감독의 1997년 작으로 1969년에 있었던 미국대사 유괴사건을 다루고 있는 〈9월의 그 4일(O Que é Isso Companheiro)〉; 늙고 쇠락한 전직 교사와 한 소년이 힘을 합쳐 소년의 아버지를 찾는 과정을 그린, 발떼르 살리스(Walter Salles, 1956~) 감독의 1998년 작, 〈중앙역(Central do Brasil)〉; 브라질 히우시의 빈민촌 지역인 '신들의 도시(Cidade de Deus - 시다지 지데우스)'의 이야기를 다룬 빠울루 링스(Paulo Lins, 1958~)의 자전적 소설 〈신들의 도시(Cidade de Deus, 2002)〉를 영화화한, 페르난두 메이렐리스(Fernando Meirelles, 1951~) 감독의 2002년 작, 〈신들의 도시(Cidade de Deus)〉; 의사인 드라우지우 바렐라(Drauzio Varella, 1943~)의 까랑지루 교도소 근무 시절을 회상한 소설 〈까랑지루 시절(Estação Carandiru, 2001)〉을 각색한 엑또르 바벵꾸 감독의 2003년 작품으로, 1992년에 남미 최대의 교도소 까랑지루(Carandiru)에서 일어났던 폭동

우리나라에 상영된 중앙역

사건을 그린 〈까랑지루(Carandiru : '카란디루(블랙하우스)'라는 제목으로 국내 출시)〉 등을 들 수 있다.

이들 중, 가장 유명한 작품을 꼽으라면, 아마도 살리스 감독의 〈중앙역〉일 텐데, 영화는 히우 시내 중앙역 한구석에서 문맹자들에게 편지를 써주는 일로 생계를 유지하는, 괴팍하고 이기적인 노처녀 전직교사 도라가 편지 손님 중 한 사람이었던 소년 조주에를 만나면서 벌어지는 이야기를 담고 있다. 20세기 중반 이후의 브라질 가족제도의 변화를 다루고 있기도 한 이 영화는, 가난한 북동부 지역에 살던 수백만 명의 농민들이 경제적 빈곤 때문에 일자리를 찾아 브라질 남동부 지역의 도시로 옮겨가게 되면서 생겨났던 한 가족의 이별을 모티브로 한다. 조주에는 엄마를 잃은 후, 도라와 함께 아빠를 찾아 나서는데, 이는 조주에 뿐만 아니라 빈곤 때문에 헤어질 수밖에 없었던 많은 가족들의 이야기인 것이다.

실제 거리의 소년을 주인공으로 캐스팅해 영화화했다고 해서 화제가 되기도 했던 이 영화는 각박한 현대사회에서의 따뜻한 인간미의 중요성을 잔잔하게 그려냄으로써, 실제로 대중과 많은 공감대를 형성해 냈던 작품이었다. 이 때문인지 〈중앙역〉은 1998년에는 베를린 영화제 금곰상을 수상했고, 오스카상 후보에도 오르는 등 전 세계적으로 약 50여 개의 상을 수상하기도 했으며, 오늘날 브라질 현대영화 중 최고의 걸작으로 손꼽히고 있다.

2) 브라질의 연극

브라질의 연극은 다른 예술의 경우처럼 16세기에 브라질로 건너온 예수회 선교사들이 원주민 인디오들을 개종시키고자 하는 의도에서 직접 희곡을 써서 교리강의의 일환으로 쓰기 시작하면서부터였다. 그 후 본격적으로 연극이 널리 퍼지게 된 것은 골드러시가 한창이던 18세기에 들어서였다. 당시 광산을 통해 부를 축적하면서 새로이 등장했던 부르주아 계층이 연극에 관심을 나타냈고, 이에 따라 극장도 함께 세워졌다. 오우루쁘레뚜의 '오페라 극장(Casa de Ópera)'은 1769년에 지어진 것으로 현재까지도 연극이 상연되는 공연장으로 사용되고 있으며, 라틴 아메리카에서 가장 오래된 건물이기도 하다.

1822년, 브라질 독립 이후 최초의 브라질 연극단이 생겨났고, 작가들은 브라질 고유의 연극 전통을 쌓아가기 시작했다. 시인이자 작가인 공살베스 지아스(Gonçalves Dias, 1823~1864)는 연극배우로도 활동하면서 브라질 낭만주의 연극을 대표하는 뛰어난 작품들을 무대에 올렸다. 왕정 후기 그리고 공화국 초기에는 주제 지 알렝까르, 마샤두 지 아시스(Machado de Assis, 1839~1908), 아르뚜르 아제베두(Arthur Azevedo, 1855~1908) 등이 활약했다.

20세기에 들어서면서는 유럽의 상징주의 연극을 모방한 연극과 뒤이어 민족주의적이면서 향토주의적인 성격의 연극이 발전하기도 했지만,

1922년의 '현대예술주간' 행사 이후의 근대 연극에 와서야 브라질의 연극은 비로소 자국문화의 특성을 잘 살리면서도 연극 본연의 요건인 대중성까지 갖추게 되면서 일반 대중에게 좀더 가까이 다가갈 수 있는 발판을 마련하게 되었다.

(1) 현대연극

1938년 빠스쇼알 까를루스 마기누(Paschoal Carlos Magno, 1906~1980)에 의해 히우시에 최초로 '학생연극학교(Teatro do Estudante do Brasil)'가 설립된 것을 기점으로, 여러 장르의 연극학교들이 설립되기 시작하면서 다양한 연극 장르의 발전에 기여하게 되었는데, 1940년대에 들어서면서는 연극계에 동유럽 배우들도 많이 유입됨으로써, 브라질의 연극은 새로운 국면을 맞이하게 된다. 특히 당시 유명한 극작가였던 넬송 호드리게스(Nelson Rodrigues, 1912~1980)의 〈웨딩드레스(Vestido de Noiva, 1943)〉라는 연극은 브라질 연극에 있어서 연출자의 역할을 재고하게 만드는 계기를 마련했을 뿐 아니라 브라질 희곡의 수준을 한층 높여주는 기폭제 역할을 하기도 하였다. 그 후에도 넬손 호드리게스는 브라질 가족사회의 도덕적인 위선을 폭로하는 작품들을 주로 발표하면서 브라질 연극계이 나아갈 길을 제시했으며, 오늘날에도 브라질의 주요 도시에서는 그의 작품이 계속 상연되고 있다.

1950년대는 브라질 연극에 있어서 다양한 실험이 진행되던 시기로, 사회변화에 대한 의식과 사회적 삶에 대한 성찰이 주로 그 주제로 다루어졌다. 대표적인 인물들로 지앙프랑꾸 과르니에리(Gianfranco Guarnieri), 조르지 안드라지(Jorge Andrade), 아리아누 수아수나(Ariano Suassuna) 같은 극작가들이 있는데, 이들은 히우지자네이루와 상파울루에서 의욕적인 신세대 극단들과 함께 새로운 실험극들을 무대에 올리기도 했다.

그러나 쿠데타가 일어난 1964년 이후부터 1979년까지 검열의 시대가 시작되면서 브라질 극작가들의 창의적인 노력이 말살되기에 이르렀다. 이후 민주주의가 회복되어 검열이 사라지게 되면서부터 비로소 브라질 연극계도 다시 활기를 되찾기 시작했고, 혁신적인 감독 및 극단들이 활기차고 창의적인 예술을 선보이고 있다. 또 젊은 신예작가들의 새로운 작품뿐만 아니라 넬송 호드리게스의 작품과 같은 고전 작품들도 다시 재해석되어 무대에 오르고 있다. 특히 상파울루와 히우지자네이루에서 다양한 연극을 감상할 수 있으며, 꾸리찌바(Curitiba)에서 벌어지는 연극 축제는 매년 많은 연극 팬들을 끌어 모으며 성황을 이루고 있다.

4. 브라질의 언론

브라질의 언론은 과거 군사독재정권으로부터 국민의 자유를 쟁취하는데 지대한 공헌을 해왔으며, 국가재건 및 국민단결과 사기진작, 민주주의의 실현 등에 중요한 역할을 수행해 오고 있다. 브라질은 다른 라틴아메리카 국가들에 비해 비교적 대중매체가 발달한 편이고, 언론의 자유 또한 비교적 보장받고 있는 편이다. 과거에는 언론에 대한 정부검열 등의 통제가 강화되곤 했으나, 1988년 새롭게 헌법이 개정되면서 대부분의 언론 매체들은 언론의 자유를 누리게 되었다.

1) 신문

브라질 인쇄매체의 역사는 궁정신문이 발행되었던 1808년으로 거슬러 올라간다. 1825년 헤시피(Recife)에서 발행된 〈지아리우 지 뻬르낭부꾸(Diário de Pernambuco)〉는 남미에서 가장 오랜 역사를 지닌 신문이다. 오늘날 브라질에서 발간되는 신문은 총 2,993개에 달하며, 이들 중 529개가 일간신문이고, 일간지의 하루 평균 총판매부수만 약 800만 부에 달한다. 〈엑스뜨라(Extra)〉, 〈글로부(O Globo)〉, 〈폴랴 지 상파울루(Folha de São Paulo)〉, 〈이스따두 지 상파울루(O Estado de São Paulo)〉이 주요 신문이다. 최대 경제 일간지는 상파울루의 〈가제따 메르깐찔(Gazeta Mercantil)〉인데, 이 신문은 전국을 대상으로 발행되며, 대부분의 주도에서 구입할 수 있다. 반면 각 지역의 지역신문은 전국뉴스 뿐만 아니라 해당 도시, 지역 또는 주 소식을 상세히 보도한다.

2) 잡지

가장 최근 통계로 2004년 당시 주간잡지의 종류는 백십만 가지가 넘으며, 그 내용도 간단한 읽을거리에서부터 건강, 패션, 포르노, 스포츠에 이르기까지 다양하다. 주간 뉴스 잡지로는 해외 및 국내 사건을 심층 보도하는 〈베자(Veja)〉, 〈에뽀까(Época)〉, 〈이스뚜 에(Isto é)〉 등이 있다.

"한국교육"을 소개한 Veja 표지

3) 라디오

1936년 히우지자네이루에 국영 라디오 방송이 생기면서 브라질 라디오의 역사가 시작되었다. 오늘날 브라질 전역에는 모두 2,900개의 지역 방송국이 활동하고 있으며, 전국 국영 방송국으로는 하지우 브라스(Rádio Brás)가 있으며, 국영라디오의 재원은 국고교부금이지만, 일부는 광고방송수입을 통해 해결하고 있다.

4) TV

1950년에 처음 소개된 이후 이제 텔레비전은 브라질 사람들의 일상에서 떼려야 뗄 수 없는 삶의 일부가 되었다. 텔레비전은 가장 강력한 힘을 가진 대중매체로 인쇄매체보다 더 많은 인기를 누리고 있으며 여론형성이라는 중요한 역할을 수행하고 있다. 가장 인기 있는 텔레비전 프로그램은 연속극인데, 때로 시청률이 80%에 육박할 정도로 인기가 많으며, 브라질 사람들의 패션, 사고방식, 생활습관에 큰 영향을 미치고 있다. 멜로드라마 외에도 주요 방송사가 전하는 뉴스, 토크쇼도 인기가 높다.

헤지 글로부(Rede Globo)방송은 브라질에서 가장 큰 방송국이다. 1965년 호베르뚜 마리뉴(Roberto Marinho, 1904~2003)가 설립한 이후 헤지 글로부는 거대한 미디어 제국으로 성장했다. 다른 방송국으로는 SBT(Sistema Brasileiro de Televisão), 헤지TV(Rede TV), 반데이란찌스(Bandeirantes) 그리고 국영방송인 문화TV(TV Cultura), 교육TV(TV Educativa)가 있다. 국영방송은 민영방송에서 기대하기 힘든 교육적이고 문화적인 프로그램을 내보낸다. 모든 TV는 PAL-M 방식을 취하고 있으며, 인공위성을 통해 전 세계 네트워크와 연결되어 있다.

5. 까뽀에이라(Capoeira)

까뽀에이라는 15~16세기 경 아프리카에서 브라질로 끌려온 흑인노예들에 의해 탄생한 발기술 중심(노예들의 손이 묶여 있어 자유롭지 못했기 때문)의 브라질의 전통무술로 알려져 있다. 원래 아프리카에 전래되어 오는 토착무술이 브라질에서의 정착과정을 통해 적절히 변형, 발전되면서 오늘날의 까뽀에이라로 자리잡게 된 것이다. 큰 범주 안에서 무술로 정의되고 있지만, 음악적 요소(악기와 노래), 춤사위적 요소(악기의 연주에 맞춰 마치 춤을 추는 듯한 모습)와 의식적 요소(메시지와 철학을 내포)도 상당히 강하기 때문에 이 무술을 처음 접하는 이들은 까뽀에이라가 도대체 무술인지, 의식적 행위인지, 아니면 춤을 추고 있는 것인지 쉽사리 가늠하기 힘들 것이다. 그만큼 까뽀에이라에는 다양한 요소가 혼재하고 있다.

까뽀에이라는 두 가지 종류가 있는데 바로 Tipo de Angola(앙골라 타입)과 Tipo de Regional(지역-브라질 타입)이 있는데, 원래 까뽀에이라는 아프리카의 앙골라 지방에서 전래되었다고 한다.

까뽀에이라

	Tipo de Angola	Tipo de Regional
성격	아프리카적 요소 강함	브라질, 아프리카 요소혼합
음악	악기의 수 : 많음 음악속도 : 느림 가사내용: 고된 노예생활, 고향에 대한 그리움	악기의 수 : 적음 음악속도 : 빠름 가사내용 : 동작의 기술적인 내용, Mestre(사범)찬양
동작	느리고 바닥 동작이 많음	빠르고 공중 동작이 많음

1) 역사

식민지시대에 까뽀에이라는 흑인노예들에 의해 비밀리에 노예들 사이에서 백인 지배자들의 눈을 피해 점차 발전하고 그 형태를 잡아가고 있었다. 그러나 포르투갈의 왕 Dom João 6세가 브라질을 방문하면서 까뽀에이라의 위기가 닥친다. Dom João 6세는 사람들을 지배하기 위해서는 그들의 문화를 이해시킬 필요가 있다고 생각했다. 그리곤 법으론 통제하기 힘든 상태가 된 1892년에 그 절정에 달했던 까뽀에이라와 다른 형태의 아프리카 문화를 억압하였고, 까뽀에이라는 농장주들에 의해 금지되었다. 까뽀에이라가 억압받을 수밖에 없었던 이유는 아프리카인에게 내셔널리즘을 갖게 할 수 있으며, 소집단을 형성하고 아프리카인을 단결시킬 위험요소를 안고 있으며, 까뽀에이라를 하는 사람들에게 자신감을 가지게 하여 위험인물이 많이 배출될 수 있다는 점과 연습 중 부상자가 속출할 수 있어서인데 이는 곧 지배자에게 막대한 경제적 손실을 초래할 수 있었다.

하지만 그러한 억압 속에서도 노예들은 까뽀에이라를 은밀하게 계속 발전시켜 나간다. 마침내 1888년 노예제 폐지에 대한 아우레아법(Lei Áurea - 황금법)이 재정되었다. 처음으로 자유의 몸이 된 흑인들은 사회적, 경제적 계급이 존재하는 사회 속에서 자신의 위치를 찾지 못했다. 격투기술을 습득한, 자부심과 개성이 있는 까뽀에이라를 익힌 그들은 곧 범죄에 빠져들게 되고 이로 인해 까뽀에이라는 그들과 함께 하게 된다.

까뽀에이라는 히우지자네이루에서 격투의 형태로서 따로 발전하였고, 범죄인들은 일반 시민들을 공포에 떨게 하였다. 그 후 1890년 브라질 제국에서 브라질 공화국으로의 전환 시기에, 군주들과 공화당원들은 적의 동맹군을 붕괴시키고 압력을 가하고자 이런 범죄인들을 이용하였다.

반대로 바이아에서는 까뽀에이라가 의식적 춤과 격투 경기로 계속 발전하였고 베링바우는 은밀한 장소인 원형경기장에서 사용되는 중요한 악기가 되었다. 까뽀에이라가 은밀한 장소에서 행해진 이유는 까뽀에이라 수련이 브라질 공화국시대(1892)에 첫 헌법에 위배되었기 때문이다.

1900년대에 접어들면서 히우에서 까뽀에이라인들은 건달이나 범죄자들이었다. 그가 백인, 흑인과 백인의 혼혈아, 혹은 흑인이건 간에 그들은 검을 사용하는 것과 발차기(golpe), 박치기(cabeçada) 등에 전문가들이었다. 세기가 바뀌는 바이아에서 또한 까뽀에이라는 범죄로서 종종 여겨졌다. 항상 경찰의 박해와 충돌이 있었다. 까뽀에이라는 바이아에만 살아남은 채 히우와 헤시피에서는 점점 사라져갔다.

이렇듯 노예시대부터 1930년대까지 까뽀에이라에 대한 박해는 계속되었지만, 드디어 1932년에 살바도르에서 빙바(Bimba, 1900-1974)사범은 최초의 까뽀에이라 학원을 열었다. 그 일이 가능했던 것은 브라질의 모더니즘 운동의 일환으로 까뽀에이라를 브라질적인 브라질의 대표 스포츠로 활성화시키고자 했던 제뚤리우 바르가스(Getúlio Vargas)의 국가적인 정책의 힘이었다. 그 이후로 빙바는 그의 학원에서 까뽀에이라를 가르치기 시작하면서 대성공을 거두었고 많은 제자를 두었다.

1970년대와 1980년대에 까뽀에이라는 브라질 전 지역에서 큰 성장을 겪었으며, 처음으로 브라질의 접경을 넘나들며 확장하기 시작했다. 브라질 중류사회 출신의 까뽀에이라 사범들은 돈, 학생 수, 입지, 대중매체의 지원에서 굉장한 성공을 가졌다.

이와 함께 현재 까뽀에이라는 세계 각국으로 그 입지를 굳혀가고 있다. 세계 각국에서 까뽀에이라는 다른 무술과 전혀 다른 형태의 무술로 세계인의 관심을 모으고 있고 사랑받고 있다.

2) 음악과 까뽀에이라

까뽀에이라와 음악은 뗄래야 뗄 수 없는 관계에 놓여 있다. 까뽀에이라가 언제부터 음악과 연결되었는지는 지금으로서는 정확히 그 근원을 찾아볼 수 없지만, 이미 음악과 더불어 친근해져버린 오늘날의 까뽀에이라에서 음악을 떼어버린다는 것은 상상조차 불가능한 것이다. 까뽀에이라의 동작은 연주하는 음악의 리듬과 속도에 따라 크게 좌우된다. 즉, 템포가 빠른 음악에는 이에 대응해 동작도 빨라지고, 템포가 느린 음악에는 동작도 그에 따라 느려지게 된다. 한편, 까뽀에이라에 쓰이는 음악은 음악 재생기를 통해 흘러나오는 단조로운 배경음악이 아닌, 실제의 악기를 사용하고 있으며, 까뽀에이리스따들의 투쟁심을 불태우는 빠른 템포의 연주 음악들이 주로 사용되고 있다.

앞에서 언급했던 바와 마찬가지로 까뽀에이라에 있어서 노래와 연주음악은 아주 중요한 수단이며, 동시에 목적이라 할 수 있다.

베링바우(Berimbau) - 까뽀에이라 시연시 가장 중요한 역할을 담당하는 악기, 활 모양으로 구부러진 형태를 하고 있으며 짧은 막대기로 현을 가볍게 두드려서 소리를 낸다. 베링바우는 아프리카에서 전래되었는데, 이를 뒷받침하는 데도 별다른 어려움은 없어 보인다. 모양과 형태가 완벽하게 동일한, 이름만 다른 악기 '우루쿵고'가 아프리카에 지금도 현존하고 있기 때문이다. 베링바우는 게임(Jogo - 조구)의 시작과 끝 그리

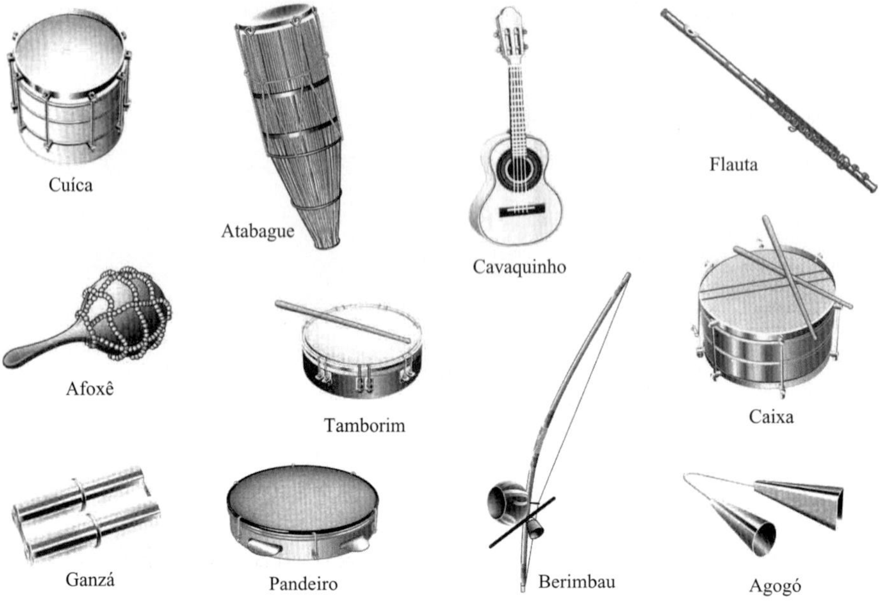

브라질 전통악기들

고 속도를 결정한다. 이 악기도 세분하면 크게 세 가지로 나눌 수 있다.

궁가(Gunga) - 메지우, 비올라와 더불어 연주될 때 리듬을 유지하는 역할을 맡는다. 보통 약한 진동을 동반한 비트 연주 시 사용된다.

메지우(Medio) - 일반적으로 까뽀에이라에서 가장 많이 사용되는 것으로, 보통 일반적으로 베링바우로 통하는 악기. 궁가, 비올라와 함께 연주될 때는 리듬 기타와 비슷한 역할을 한다.

비올라(Viola) - 베링바우 중에서 가장 높은 음을 낼 수 있는 악기. 궁가, 메지우와 함께 연주될 때는 음을 낼 때나 리듬에 있어서 상당한 융통성을 확보하고 있으며, 즉흥적이고, 독창적인 연주도 가능하다. 리드 기타의 '솔로'의 쓰임새와 비슷하다.

아따바끼(Atabaque) - 아따바끼는 콩고 드럼과 비슷한 모양의 큰 북이다. 아따바끼는 기본적인 비트는 4박자로, 3박자 째에 악센트(강조)를 둔다고 한다. 전형적인 타악법으로는 '오른손-왼손-오른손-왼손'의 순으로 번갈아가며 손으로 두드려 소리를 낸다.

빤데이루(Pandeiro) - 빤데이루는 탬버린을 상상하면 된다. 원래 아랍지방에서 제조되어 사용되던 악기로, 동아시아 지역으로 전래되면서 '탬버린'이란 이름이 되었고, 유럽에서 아프리카로 전래되어, 이것이 다시 남아메리카로 전래되면서 빤데이루라는 이름을 갖게 되었다. 빤데이루는 다양한 타악법이 존재하지만(실제로, 삼바 축제 때에도 동원되어 다양한 용도로 쓰인다). 까뽀에이라에서는 아따바끼와 마찬가지로 4박자로 두드려 소리를 내는 것이 일반적이며, 간결한 리듬연주에 주로 사용되고 있다.

노래 – '호다(Roda)'를 이루어서 까뽀에이라를 시연할 때 악기의 연주와 리듬에 맞춰, 손바닥을 치면서 다양한 노래가 불려진다. 이때 불리어지는 노래는 다양한 소재를 그 가사로 하고 비트가 빠르고 경쾌한 곡, 비트가 느리고 차분한 곡이 있다. 가사 내용을 살펴보면 까뽀에이라의 음악이 정말 다양한 내용을 주제로 하고 있다는 것을 알 수 있다.

식민지 시대에 대부분의 까뽀에이라 노래의 가사는 주로 흑인노예들의 고단하고 비참한 삶, 자유와 노예해방에 대한 동경, 그들의 고향인 아프리카에 대한 그리움 등을 그 주 내용으로 담고 있었다. 하지만 노예가 해방되면서 다른 소재들이 까뽀에이라 노래의 가사로 사용된다. 예를 들어 지난 날 백인들의 잘못을 용서하고 그들과 형제가 되자는 내용, 하나님, 성모 마리아, 예수를 찬양하는 내용, 까뽀에이라의 위대한 사범들을 그리워하고 찬양하는 내용, 노예제가 폐지되었음에도 불구하고 계속되는 흑인들에 대한 차별을 비판하고 풍자하는 내용, 순수하게 까뽀에이라를 찬양하는 내용 등 정말 다양한 소재가 까뽀에이라 노래의 가사로 사용된다. 이처럼 까뽀에이라의 노래 가사에는 브라질의 역사, 사회, 전통, 문화, 생활상 등 많은 요소들이 담겨있다. 가히 까뽀에이라의 음악 속에는 메시지와 철학이 담겨져 있다고 할 수 있겠다.

3) 경기

브라질 내 여러 장소(관광지, 해변, 거리, 시장, 광장 등)에서 까뽀에이라 경기 혹은 시연 아니 유희에 가까운 그들의 대련은 장소에 구애를 받지 않고 언제 어디에서나 열린다.

까뽀에이리스따들은 악기 연주자, 특히 베링바우 연주자를 중심으로 '호다(Roda : 사람이 만드는 원)'를 만든다. 곧 베링바우 연주자는 노래와 함께 연주를 시작하고, 뒤따라 다른 악기들도 차례로 연주된다. 다음으로 원을 만들고 서 있는 까뽀에이리스따들은 악기의 리듬에 맞추어 베링바우 연주자의 선가에 답가를 하는 방식으로 노래를 부르기 시작한다. 이 모든 과정은 동시에 일어나지 않고 어느 정도의 시간(약 5초)후에 각각 순차적으로 진행된다. 첫 번째로 조구(Jogo - Capoeira의 겨루기 시연)를 하는 2명의 까뽀에이리스따들은 베링바우 연주자의 신호(베링바우 연주자는 호다(Roda)가 시작되면 베링바우를 밑으로 약간 내린다)와 함께 서로 악수를 하거나, 두 손을 맞잡는 등의 인사행위를 하고 조구(Jogo)를 시작한다. 많은 브라질 까뽀에이리스따들은 호다(Roda)를 시작하기 전에 바닥과 자신의 가슴에 성호를 긋는데 이것은 브라질의 국교인 가톨릭 문화를 잘 나타내준다. 조구가 끝나면 서로 악수를 하거나 손바닥을 치거나, 포옹을 하는 등의 인사를 나누고 호다의 끝부분에 다시 자리를 잡고 박수를 치고 노래를 부르면 다음 2명의 까뽀에이리스따들이 호다에 들어온다. 까뽀에이라의 동작은 공격, 피하기, 공중제비 동작으로 나누어진다. 공격은 주로 발차기 동작이고 손을 쓰진 않지만, 머리박치기, 밀어서 넘어뜨리기 등의 동작도 있다. 피하기 동작은 주로 몸을 많이 숙이고 바닥에 손을 짚고 회전하는 동작들이다. 공중제비 동작은 체조의 마루운동 종목의 동작들과 거의 흡사하다. 또한 까뽀에이라의 동작들은 사전에 약속이 된 것이 아니고, 즉흥적인 동작들이기 때문에 항상 상대와 눈을 맞추고 상대의 동작을 예상할 수 있어야 한다.

이러한 특징을 가진 까뽀에이라의 동작은 악기에서 연주되는 빠른 리듬과 노래에 맞추어 온몸을 불사르듯 격렬하고 강한 동작이 있는가 하면, 느린 템포로 물 흐르듯 부드럽고 유연한 몸동작도 존재한다. 또한 까뽀에이라 조구 시 주의점이 있는데 그것은 자신이 펼친 기술이 상대의 신체에 닿지 않아야 한다는 것이다. 조구는 승부의 결정이 목적이 아닌 악기의 리듬과 노래에 맞춰 시연하고 상대와 아름다운 신체 하모니를 연출하는데 그 목적이 있다. 미세한 컨트롤로 자신의 움직임을 제어하고, 그 동작을 상대의 신체 직전에서 멈추게 하는 고도의 기술 구사 여부가 까뽀에이라의 숙련도를 판가름하는 중요한 요소로 작용된다.

4) 까뽀에이라의 정신

초기 까뽀에이라의 정신은 식민지 시대에 백인 지배자의 탄압에 저항하기 위한 아프리카 흑인노예들의 영혼의 울부짖음과 처절한 몸짓으로 표현되기도 한다. 이와 같이 까뽀에이라에는 저항정신이 담겨져 있다. 하지만 현재의 까뽀에이라 정신은 다른 요소들 역시 내포하고 있는데 그것은 바로 사랑과 평화의 정신이다. 세계의 모든 인종의 사람들은 피부색, 빈부의 격차 등의 장벽을 뛰어넘어 서로 사랑하고 평화롭게 살아가야 한다는 것이다. 이는 까뽀에이라 노래의 가사내용에서 쉽게 찾아볼 수 있다.

XIII

브라질의 종교

XIII 브라질의 종교

포르투갈의 영토 확장에는 그들 자신이 부여한 종교적인 의미, 즉 '영토 확장과 신앙의 전파를 위해서'라는 가톨릭 정신이었다. 그들은 포르투갈 왕국을 확장함과 동시에 미신과 이교의 어둠 속에 있는 그 주민들을 교화시킴으로써 하나님으로부터 받은 소명을 수행한다고 생각하였다.

브라질에 온 예수회 회원들은 원주민의 교육과 교화를 위해 목숨을 걸고 헌신적으로 노력하였다. 그들은 먼저 학교를 세워 포르투갈어를 가르쳤고 뚜삐어를 배워 이 언어를 통하여 교리문답을 가르쳤다. 이때까지 가톨릭은 유일한 종교였고 브라질 문화와 사회에 많은 영향을 끼쳤으며 그 강한 소명의식과 선교정신이 브라질 인들의 정신세계를 이끌고 있었다. 이제 가톨릭은 브라질인들의 영세, 혼인성사, 종부성사와 같은 모든 사회 통과의례 의식의 중심의식이 되었다.

또한 문화가 가톨릭에 기반을 두고 있는 까닭에 종교의 축일이 곧 국가의 기념일이 되고 가톨릭의 성인이 각 지역의 수호신인 경우가 많다. 이러한 축일에는 전 주민이 참가하여 성대한 행사를 치르며 이러한 행사들은 주민들 간의 유대와 단합을 도모하는 계기가 되는 동시에 브라질인들에게 정체성을 확립시켜 주는 중요한 요소로 작용하기도 한다. 그러나 대다수가 가톨릭 신자인 브라질은 최근 복음주의(Evangelical), 오순절파(Pentecostal), 조합교회(Christian Congregation)와 같은 신교세력의 확산 그리고 원주민 토속신앙, 아프리카 흑인종교와 그 밖에도 혼합종교들의 빠른 성장으로 가톨릭이 크게 위협받고 있는 실정이다.

실제로 원주민의 문화전통이 강한 지역이나 가톨릭의 전통이 확실히 뿌리내리지 못한 농촌지역, 그리고 흑인에 가까운 혼혈인 물라뚜가 비교적 많이 모여 사는 지역에서는 원주민 인디오의 전통요소와 흑인들의 종교 요소가 가톨릭과 혼합하여 깐동블레(Candomblé)나 웅반다(Umbanda)와 같은 브라질 특유의 아프리카계 브라질(Afro-brasil - 아프로브라질) 종교를 만들어냈다.

아프로브라질 종교는 최근에 이주해 온 독일계, 이탈리아계, 일본계 이민사회에도 많은 신도를 확보하고 있다. 또한 빈자들에서 중산지식계층과 정부의 고위관료들에 이르기까지 다양하다. 깐동블레(Candomblé)나 웅반다(Umbanda)같은 아프리카에서 전래한 신앙들은 낮은 형태의 강신술(espiritismo)로 저평가되기도 하지만 신자들은 영적인 치유뿐만 아니라 육신의 치유까지도 기대한다. 브라질 인들은 불확실한 미래에 대한 큰 위안이 되기 때문에 초자연의 힘에 의존하기를 좋아한다. 신도들은 예배 중 무아지경에 이르고, 신들린 상태가 되면 그들을 괴롭혔던 온갖 고통도 잊고, 신과 혼연일체가 된다. 이때 흑인들은 인종차별에서 오는 열등감도 말끔히 씻어버린다. 백인 하층민 역시 빈곤의 고통을 잊고, 재정적으로나 사생활의 많은 면에서 위협받는 중산층도 이 종교의 도움으로 위안을 삼는다.

오늘날 가톨릭 교단은 신교세력과 아프리카 종교의 확산을 우려하며 그 원인을 해방신학에서 찾으려 한다. 브라질 빈자들은 항상 정신적, 신비적 그리고 마술적인 요소들에 매료된다. 보프신부는 "브라질 인구의 40%가 만성적 기아에 허덕이는데 이들 중 1천만 명이 정신질환, 8백만은 기형, 6백만의 말라리아, 650만 명의 폐결핵, 2만 5천의 나환자들이다. 따라서 이러한 절박한 상황에 처한 사람들을 구제하기 위해 바로 지금이 교회가 새롭게 태어나야 할 때이고, 기독교인의 사명을 수행할 때이다"라고 강조한다.

삶에 지쳐 인내심마저 다 소진해버린 사람들은 해방신학이 사회, 정치적 개혁을 위해 집단행동을 강조하지만 개신교는 개개인의 변화를 통한 구원을 강조하고, 아프리카 종교는 고통과 불안에 빠진 인간을 일시적으로 나마 위로하고 미래에 대한 꿈을 주는 역할을 한다.

비록 개혁교회와 해방신학, 아프리카 종교와 원시 샤머니즘으로 많은 어려움을 겪고 있지만 브라질 사회는 여전히 가톨릭이 우위에 있다. 그러나 "가톨릭은 빈자를 택했고, 빈자는 복음주의 신교파를 택했다"는 말이나, 다양한 계층에 파고들어 신과 교류하는 아프리카 종교의식은 오늘날 브라질 인들의 복합적이고 강한 종교적 심성의 좋은 예가 된다고 할 수 있겠다.(최영수. 2004. pp. 141~145)

1. 가톨릭(73.6%)

16세기 이후 브라질의 주 종교는 가톨릭이었고, 특히 로마 가톨릭이 오랜 세기동안 국교로 정치와 문화계를 지배해왔다. 브라질 땅에 가톨릭이 유입된 것은 식민 초기 개척자들과 식민통치자들과 같이 들어온 선교사들에 의해서였다. 브라질은 세계 최대의 가톨릭 국가로, 인구의 약 74%가 가톨릭 신자이다.

가톨릭이 지금과 같이 브라질에서 광범위한 영향을 끼치게 된 데는 식민지 초기 예수회의 역할이 컸다. 예수회의 활동은 초기 식민지에서 교회의 입지를 보장하여, 다양한 분야에서 식민지 브라질에서의 교회의 영향력을 강화시켰다. 특히, 당시 교회가 '경찰력'보다 더한 사회지배 헤게모니를 갖게 된 점을 감안한다면 더더욱 그렇다고 볼 수 있다. 정치뿐만 아니라 교회는 대중적인 장이나 축제 등을 조직하고 집단의 행동에 크게 영향을 끼쳤으며, 그 가치 판단을 떠나서, 결과적으로는 완전한 이교도인 식민지 브라질 땅에 완전히 새로운 문화를 이식하는 데 성공하였다.

1) 식민시대 가톨릭

예수회는 15, 16세기 무렵 종교개혁과 개신교 확산으로 가톨릭이 유럽

주제 지 앙쉬에따

에서 힘을 잃어가던 때, 가톨릭교회의 권익 보호를 위해 군인 이나시우 지 로욜라(Inácio de Loyola)가 1534년에 조직하였으며 유럽 밖, 아시아, 아메리카, 아프리카의 여러 식민지에서 교리문답 교육을 통해 또 다른 가톨릭 국가를 만들어내고 복음전파를 통해 정부의 식민 사업을 용이하게 함과 동시에 프로테스탄트 사상이 식민지에 보급되지 않도록 하는 데 주 목표를 두고 있었다.

예수회 회원들은 마누엘 다 노브레가(José Manuel da Nóbrega)신부와 총독 또메 지 소우자(Tomé de Souza)와 함께 브라질에 상륙한 것은 1549년이었다. 노브레가 신부는 주제 지 앙쉬에따(José de Anchieta)신부와 함께, 후에 미션(mission)으로 알려지게 된 브라질 인디오들의 부락형성에 주력했는데, 이러한 과정은 당시에는 포르투갈에 속했던 광대한 브라질 영토를 식민화하는 데 유리한 토대가 되었다는 점에서 매우 중요한 의미를 지닌다. 미션의 조직 배경은 식민 통치자들과 예수회와의 갈등을 야기 시켰다. 브라질 식민 초기 노동력부족은 식민자들로 하여금 인디오들을 노예화했고, 인디오들은 강도 높은 노동에 길들여지지 않아 이를 견디지 못하고 숲으로 도망하거나 자살을 택하는 일이 빈번히 발생했다. 이는 예수회의 평화적 복음전파와 극렬하게 배치되는 것으로, 식민자들과의 갈등은 예수회 회원들로 하여금 도시의 중심과는 멀리 떨어진 지역에 미션을 조직하게끔 하였다. 예수회의 주장에 따르면, 백인들과의 접촉은 원주민들에게는 명백히 재앙과도 같은 것이었다. 백인들은 오로지 이들의 땅과 여자들을 취하고 이들을 노예화할 생각만 하기 때문이었다. 그래서 예수회 회원들이 인디오들을 격리하여 백인들의 간섭 없이 이들에게 교리문답 교육을 실행할 수 있는 구역을 만들 필요성을 절감하였고, 그래서 탄생한 것이 미션이다. 예수회 회원들은 인디오들을 노예화함으로써가 아니라 이들에게 교리교육을 실시하고 복음을 전함으로써 평화적인 방법으로 개종과 결국에는 정복을 이끌어내려고 했고, 미션의 설립은 이를 위한 이상적인 조직인 것처럼 보였다. 이러한 상황에서 예수회 회원들의 주요 임무는 이 같은 폭력으로부터 인디오들을 보호하고 부락 단위로 이들의 삶을 조직하여 개종은 물론이고, 아이들의 문자 교육, 성인들을 대상으로 한 새로운 작업 방식의 훈련, 심지어는 식민자들의 폭력으로부터의 방어를 위한 자치 방어군을 조직하는 것으로 이루어졌다.

올린다 성당

2) 예수회와 교육

예수회가 브라질 땅에 들어올 때 인디오들의 교육을 통한 가톨릭 개종이라는 뚜렷한 목표를 가지고 왔다. 브라질에서 예수회 회원들은 교육면에 있어서 식민화 사업의 매우 효율적인 주체의 기능을 했고 이렇게 하여 신 국가의 틀을 확립하는 과정에 중요한 첫걸음을 내디뎠다. 1550년에 상비센찌(São Vicente)와 살바도르(Salvador)에 고아 소년들을 대상으로 한 최초의 학교를 세운 것도 이들로서, 이 둘은 무엇보다도 교리문답 교육에 있어서 예수회 신부들과 힘을 합할 수 있는 사제 양성을 목표로 하고 있었으며, 시간이 흐르면서 이들 학교들은 식민자들과 그 자녀들까지도 받아들여 브라질에 존재하는 유일한 학교로서 기능하게 되었다.

중앙성당

예수회의 교육은 2개의 과정으로 구성되어 있었다. 우선 6년간의 기초 수업은 수사학, 인류학, 문법으로 구성되었고, 3년간의 상위 과정에서는 논리, 도덕, 물리, 수학, 형이상학을 가르쳤다. 수업에 사용된 언어를 그리스어, 라틴어, 포르투갈어였다. 그러나 식민지에서는 고등교육이 금지되어 있었으므로, 대학에 진학해 공부를 계속하길 원하는 사람은 유럽으로 가야 했다.

사실 이들 학교들은 애초에 국가의 재정지원으로 유지되어야 했으나, 결국 그 같은 기대는 현실로 이뤄지지 않았고 예수회는 나름대로의 재정의 원천을 마련해야만 했다. 그래서 교리문답과 그 외 교육을 실행함과 더불어 미션 내의 인디오들을 노동력으로 하여 경제를 꾸려나가는 자급자족 경제 구역으로 변모하게 되었다. 예수회 회원들은 인디오들을 노예화하는 것이 아니라, 교육과 교리문답 교육을 통해 이들이 스스로 노동의 가치를 깨닫게 함으로써 평화적으로 협조하게 만들었다.

3) 예수회와 교리문답

미션

미션에서 예수회 회원들은 기존의 종족 조직의 토대를 존중하려 노력했으며, 차차 종교적인 개념들과 새로운 작업 기술 등을 도입해 나가는 것과 동시에 자급자족 단위로 변화해 갔고 잉여생산물로 상거래를 하기도 하였다.

공동으로 경작하는 토지가 존재했고 작업구역도 따로 있었다. 다양한 직업이 있었고 일의 종류에 따라 각기 다른 삶을 영위했으나, 그 어떠한 범주의 직업에도 특권 또는 그에 따른 보다 나은 소득을 보장하는 것이 좋다고는 생각지 않았다. 모두 공동의 재산이라는 개념 하에 동일하게 일하고 그 노동의 결과물을 취하였다.

교리문답은 필수 기초과목으로서 한 미션의 일상을 구성했다.

4) 예수회의 영향력 증가와 축출

식민지 사회 질서에 있어 예수회 회원들의 영향력과 그 경제력이 성장함에 따라, 예수회 회원들은 국가와의 관계뿐 아니라 그 본부인 가톨릭교회와의 관계에 있어서 점점 더 자치적이 되어갔다. 이러한 이유로, 포르투갈 왕실은 이들에게서 자신의 권력에 대한 위협을 느끼게 된다. 갈등은 점차 첨예해져 갔고 식민 정부 측은 강력한 대응을 하기 시작했다. 이렇게 예수회 회원들은 정치적으로, 사상적으로 고립되기에 이르렀다.

결국 포르투갈의 재상 마르께스 지 뽐발(Marquês de Pombal)은 예수회가 포르투갈이라는 국가 안에 존재하는 또 다른 국가로 변모했다는 명목 하에 1759년 포르투갈과 그 식민지로부터 이들을 추방하는 조치를 취하게 된다. 뽐발은 당시 왕권의 절대적 정치력 행사를 강력히 옹호하고, 그때 막 싹트던 민주주의 사상에 반대하던 인물이었다. 왕실 측의 예수회가 항상 인디오의 노예화를 방해하고 인디오를 보호하기만 함으로써 식민 사업에 방해가 된다는 실질적 이유를 본인 자신도 납득한 뽐발 재상의 조치로, 결국 1759년, 이들이 브라질에 도착한 지 210년이 지난 후, 600명이 예수회 회원들이 브라질에서 추방되었다. 곧 그는 예수회를 폐쇄함과 동시에 식민지의 예수회 학교와 미션의 규정을 바꾸어 민간인이 운영하도록 하였다. 뽐발에 의한 식민지 영토에서의 예수회 회원들의 추방은 브라질에서 예수회의 질서를 완전히 무너뜨리고 말았으며, 결국 인디오들의 부락은 물론, 식민지의 교육에 지대한 손실을 초래하게 되었다.

5) 독립 이후 20세기 중반까지의 가톨릭

1820년대에 신생 중남미 독립 국가에서는 사회에서의 종교의 역할에 대한 급격한 개혁을 요구하는 지식층 및 정치계의 목소리가 높아진다. 이들은 유럽 계몽주의 사상의 영향을 받았던 자유주의자들로 정치적으로는 공화정 체제를 옹호했고, 경제적으로는 자유방임적 자본주의와 자유무역을 주장하는 세력들이었다. 그들은 교회가 가지고 있던 많은 재산을 몰수하여 보다 더 생산적인 곳에 사용하려 했고 일반 법원이 아닌 교회 관할 재판소에서 재판을 받을 수 있도록 한 성직자들의 특권을 폐지하는 데 많은 관심을 보였다. 이렇듯 신생 독립국가의 정치지도자들은 교회의 영향력을 억제하려고 하는 반면, 교회는 그에 대항해서 전통적인 상류층을 대변하는 보수주의자들과 결탁하여 자신의 이익을 지키려 했다.

자유주의자들 내부에도 몇 가지 문제에 있어서는 서로 의견이 달랐다. 일부는 미국식 모델을 따라 정교의 분리를 주장했고, 다른 일부는 정부의 통제를 받는다는 조건 하게 가톨릭을 공식적인 종교로 인정하기를 원했다. 또 다른 일부는 가톨릭을 전적으로 반대하여 결국에는 폐지하기를 원했으며, 교육에 있어서도 종교 계통의 교육기관을 폐지하여 일반 교육기관으로 대체하려 했다. 한편, 일부는 교회와 타협하기를 원했으며 그들은 가톨릭을 사회 화합과 안녕을 가능케 하는 단합과 가치관을 제공하는 사회제도로까지 간주하기도 했다. 또한 교육에 있어서도 공립학교와 가톨릭 계통의 학교를 병행시키기를 원했고, 공립학교에서의 종교교육을 인정하려 했다. 당시 브라질을 비롯한 중남미 거의 대부분의 국가에서는 종교와 정부의 관계를 놓고 두 개의 정치 세력이 형성된다. 즉, 교회의 이익을 옹호하는 보수주의당과 반 교회세력을 대표하는 자유주의당이 그것이다. 따라서 교회 문제가 이 두 정치세력을 가르는 주요 이슈였고 이들 두 세력 간의 정치적 싸움은 19세기 중남미의 주된 정쟁이 되었다.

1890년 공화정 선포를 기점으로 결국 브라질에서는 정교분리가 공식화되고 종교의 자유를 허용한다. 이후 1920년대에 들어서면서부터는 브라질을 비롯한 기타 라틴 아메리카 국가들에서도 종교와 정부 간의 관계가 어느 정도 정립이 되어 거의 대부분의 국가에서 자유주의자들의 주장이 수용되어 정교 분리 원칙이 세워졌다. 이에 따라 가톨릭교회의 특권이 급격한 제한을 받게 되고, 타 종교를 믿을 자유가 보장되었으며, 공교육 체제가 확립되었다.

1930년대부터 시작된 제뚤리우 바르가스(Getúlio Vargas)의 국수주의적 성향의 발전주의는 브라질 문화의 정체성에 가치를 부여한다는 맥락에서 교회에 영향을 끼친다. 이렇게, 교회는 엘리트 이외에도 사회 전반적으로 그 기반을 확장하여 중산층 및 일반 민중에게까지 개방하기 시작한다. 1934년의 헌법은 교회와 국가의 협력을 시사하고 있다. 공립학교에서의 종교 교육을 인정하고 헌법에 하나님의 이름을 명시하는 등의 조치로 가톨릭 가치는 다시 한번 브라질에서 인정받게 되었다. 이 시기에, 좌파의 상승에 반대하여, 가톨릭교회는 1937년 신국가 체제(Estado Novo)의 독재를 후원하는 정치적 선택을 한다.

1952년에는 브라질 주교회의(Conferência Nacional dos Bispos do Brasil, CNBB)가 설립되었는데, CNBB는 브라질에서의 교회의 행동을 결정하는 단체였다. 50년대 말, 교회는 브라질에 유입된 자본주의 모델로 인해 발생한 기아, 실업과 같은 사회문제들에 대해 고민하게 된다. 1960년에는 가톨릭 대학청년회(Juventude Universitária Católica, JUC)가 쿠바혁명에 영향을 받아 공식적으로 사회주의 노선을 선택하게 된다. 당시 교회는 주엉 굴라르(João Goulart) 대통령의 기초 개혁 제의를 놓고 두 파로 나뉘게 된다.

1964년 군사정부(Regime Militar)가 들어서면서 국가와 교회 간의갈등은 점점 첨예해진다. 1968년부터 제5차 제도법(Ato Institucional n° 5 AI-5)이 공표되면서, 브라질에는 온갖 폭력이 만연하게 되어 학생 및 직장인, 신부, 사제들의 구금, 고문, 박해가 당시 대표적인 사회상으로 자리잡는다. 당시, 교회는 기초공동체와 협력하여 민중과 함께 이에 대항해 활동한다. 해방신학에서 영감을 얻은 이들은 그리스도의 약속을 붙들고 사회정의를 위해 투쟁한다. 70년대 사법권의 남용과 인권유린은 교회로 하여금 시민단체와 함께 민주화를 위해 앞장서서 투쟁하게끔 만들었다.

6) 해방신학과 기초공동체

20세기 들어 양 대전을 겪으면서 중남미 사회는 전 세계 다른 국가들과 마찬가지로 엄청난 사회, 정치적 변화를 겪게 된다. 기존에는 세계의 패권을 쥔 국가들 대부분에서 정교가 유착되어 가톨릭이 체제의 유지에 권력을 행사해 왔으나, 이후 많은 국가의 정교분리 확립으로 가톨릭교회 역시 심각한 위기를 맞는다. 중남미 대부분의 국가에서 통계적으로는 인구 대다수가 가톨릭으로 집계되지만 실제로는 대부분 신자들의 교리 이해 수준이 매우 낮았고, 신자수 대 성직자수의 비율이 지나치게 높았으며, 대부분의 주교들이 유럽 출신이었다. 그리고 가톨릭교회가 지리적으로나 메시지의 대상 면에서나 중상류층에 집중해 당시 급속한 도시화로 인해 증가하는 도시 빈민의 필요에 부응하지 못했다.

이러한 배경 속에서 1962년 당시 교황 요한 13세가 소집한 제2차 바티칸 공의회는 중남미 교회가 가난, 불평등, 정치적 억압과 같은 사회 문제에 보다 많은 관심을 갖게 하는 계기가 되었다. 이 회의에서 중남미 주교들은 주도적인 역할을 담당하게 된다.

제2차 바티칸 공의회에서는 가톨릭 교리 및 실천에 있어서 대대적인 개혁을 추진하였다. 그중 눈에 띄는 것은 교회가 교회 내부의 민주화를 위해 고위 성직자뿐 아니라 하위 성직자 및 평신도들도 의사 결정과정에 참여해야 한다고 주장한 것이다.

이어 1968년 콜롬비아의 메데인에서 열린 주교회의가 제2차 바티칸 공의회에서 도출된 결론을 적용하기 위해 열렸다. 여기서는 가난이 극에 이르고, 불평등이 만연되어 있고, 무자비한 억압이 계속되고 있는 지역에서는 교회가 적극적으로 나서고 가난하고 수탈당하고 억압받는 자들을 변호해야 한다고 하면서 '가난한 자들에 대한 우선적 배려'를 결의한다. 또 한 가지 중요한 사실은 이 회의가 제도화된 폭력의 대항 수단으로 게릴라전과 같은 무장투쟁이 정당화될 수 있다는 것까지도 내비치고 있다는 것이다.

카톨릭 미사중

이러한 배경 속에서 60년대 해방신학이 탄생하는데 이 운동은 주로 라틴 아메리카에서 시작된 것으로, 기독교를 사회 및 정치적인 문제와 연결시켰다는 점에서 가톨릭교회 지도자들에게 큰 논쟁을 불러일으킨다. 해방신학을 옹호하는 신부나 사제들은 그리스도의 약속으로서의 사회정의를 위해서라면 무장투쟁도 불사하겠다는 의사를 표명했다. 브라질의 신학자이자 전 프란시스코회 사제인 레오나르두 보프(Leonardo Boff)신부는 해방신학의 주창자 중의 한 명으로, 그의 저서 『해방자 예수 그리스도(Jesus Cristo Libertador, 1972)』에서는 제3세계 국가들의 발전 지체 요인에 대한 분석에서 마르크스 이론을 도입해 설명하였으며, 이로 인해 보프신부와 이에 동의하는 라틴 아메리카 성직자들은 가톨릭교회 지도부와 갈등 국면을 맞게 되었다.

7) 현재의 가톨릭

위기를 인식한 이후 위와 같은 교회 내의 개혁과 노력이 있어왔으나, 이러한 위기는 최근 10년간 줄어든 것 같지 않다. 2003년 5월 초 소집된 CNBB 총회에서 줄어드는 가톨릭 신자에 대한 통계 결과를 접한 주교들은 사태의 심각성을 전에 없이 통렬히 인식하였다. 가톨릭교회가 세례받은 신자들을 효과적으로 복음화하는 데 성공하지 못했다는 것은 명백한 사실이었고, 이는 중세의 기독교 왕국에서는 그다지 중대한 문제가 아니었으나 오늘날과 같이 도시화, 다원화, 세속화된 사회에서는 아주 근본적인 신앙까지도 버리게 되는 결과를 낳는다는 점에서 교회의 각성을 촉구하고 있다.

8) 가톨릭의 위기

늘어만 가는 빈곤과 국민들의 사회적 불균형과 관련해, 가톨릭 지도자들은 사회, 정치 문제에 강력하게 개입하게 되었다. 그들의 설교는 점점 더 철학적이 되어 갔으며, 하나님의 말씀은 더 이상 등장하지 않게 되었다. 당시 매우 잘 알려져 있던 '가난한 자를 위한 우선적 선택'이라는 모토는 국가의 사회적 요구에 대한 가톨릭 지도자들의 노력을 강조한 것이었다. 그러나 강단에서의 정치 및 사상적 논의는 민중의 마음을 채워줄 수 없었다. 수많은 사람들이 매년 교회를 떠나 강신술, 뉴 에이지, 기타 종교로 개종하기 시작했다.

20세기에 들어 전통적인 형태의 종교적 실천에 대한 관심이 줄어드는 현상이 눈에 띄게 나타났다. 이를 반영하는 것 중의 하나가 스스로를 가톨릭 신자라고 칭하지만 실제로는 성당 출입을 하지 않는 자들(Católicos não-praticantes)의 증가로 그 숫자는 매우 큰 편에 속한다. 이 같은 명목상의 가톨릭 신자들은 교회의 가르침이나 이론이 도덕적 상대주의, 성의 자유 등과 같은 동시대의 가치 또는 경향과 조화를 이루지 못할 때에는 그 같은 도덕 윤리적 교육들에 반대하는 경우가 많다. 2000년 브라질지리통계원(IBGE)의 조사에서, 자신이 가톨릭 신자라 답한 이의 40%가 'católicos não-praticantes'라 말했으며, 브라질 인구의 단지 20%만이 미사에 정기적으로 참석하는 것으로 평가되었다.

학자들은 가톨릭의 지위 상실에 대한 이유로 여러 가지를 들고 있는데, 그중 주된 것은 종교 다양성과 선택폭의 증가로 인한 것이다. 가톨릭은 전통적으로 시골 지역에 광범위하게 침투해 있었는데 20세기 중반 이후 급속한 도시화와 함께 인구의 도시 이주가 일어났고, 도시에서 더욱 다양한 종교와의 접촉을 경험하게 된 이들은 큰 어려움 없이 자신의 종교관습을—정체성까진 아니라 하더라도—바꾸게 된다. 이에 대해 학자들은 이 같은 현상의 더욱 근본적인 이유로 가톨릭교회의 고도로 서열화된 위계질서와, 증가하는 사회문제에 해결책을 제시하지 못했다는 점을 들고

브라질리아 대성당

있다. 많은 가톨릭 신자들이 상류층 친화적인 교회 시스템에 불만 내지 회의를 품게 되었을 것이라는 사실은 자연스러운 결론이다. 20세기 초반부터 그 모습을 드러내 서서히 성장하던 개신교의 다양한 지파들이 이때에 와서 더욱 확고하고 단호한 메시지를 중심으로 하는 사역을 펼침으로 새로운 신자들을 확보하게 된 것이다. 1999년 통계조사에서 가톨릭교회는 브라질에서 가장 많은 신자수, 1억 1천 9백 7십만 명(인구의 73%)을 가지고 있었으나 이 점유율은 점점 떨어지고 있는 것으로 나타났고, 평균적으로 매년 60만 명의 신자가 교회를 떠나는 것으로 추정된다.

2. 개신교(15.4%)

개신교는 20세기 중반 이후 급속하게 성장해 왔으며 이제 개신교 신자의 전체 인구 대 비율이 약 17%에 이르렀다. 개신교가 브라질에서 특히 독보적인 이유는 최근의 눈에 띄는 성장에도 있지만, 개신교가 브라질에서 종교 혼합주의로부터 자유로운 유일한 종교에 속한다는 데 있다. 최근 반세기동안 이들 개신교 교회들은 많은 신자들을 확보해왔고 현재는 교파를 통틀어 개신교 전체로 볼 때, 두 번째로 가장 많은 신자를 가진 종교이다. 이러한 인기는 특히 오순절 교파가 큰 몫을 하고 있지만, 전통적인 개신교 교회들 역시 상당한 신자수를 확보하고 있는 것이 여전히 사실이다.

1) 전통 개신교의 브라질 유입

복음주의라고도 불리는 프로테스탄트 신자는 IBGE 통계에 의하면 1991년 전체 인구의 9%인 1,260만 명이던 것이 1999년에는 13%로 증가했다. 라틴 아메리카에서 'evangelic'이란 용어는 16세기 유럽의 프로테스탄트 혁명으로부터 유래한 기독교를 지칭하는 것으로, 브라질에서 최초의 프로테스탄트 교회가 세워진 것은 1555년과 1560년 사이 프랑스 칼뱅주의자들이 종교의 자유를 찾아 히우(Rio de Janeiro)로 이주해 온 것과도 관련이 있다. 그러나 이들은 성공적으로 교회를 세워 정착시키지는 못하고 이내 포르투갈 인들에 의해 추방되고 말았고, 19세기에 와서야 프로테스탄티즘이 브라질에 정착하기 시작한다. 이렇듯, 브라질에서의 전통적인 개신교 교파들은 이민자들과 외국인 선교사들이라는 양대 축에 의해서 확립, 전파 되었다. 현재, 개신교는 크게 전통 개신교, 오순절교회, 신오순절교회 이렇게 3개의 줄기로 나뉘며, 최근의 괄목할 만한 개신교도 인구 비중의 증가는 주로 오순절교파의 성장에 기인한다고 볼 수 있다.

지금과 같은 형태의 개신교, 즉 개혁교회가 브라질에 들어온 것은 약 140년쯤 전으로서 초기에는 장로교, 침례교 및 감리교 등 정통교파가 브라질 개혁교회의 모습을 확립했다. 가장 먼저는 1811년 성공회가 들어왔고, 이어 1824년부터 이주해 온 독일인들에 의해 루터교가 소개되었다. 1835년에 감리 교인들이 히우에 이주해와 정착을 시도하지만 실패하고, 1876년에 최초의 감리교회가 히우에 세워진다. 장로교는, 1863년에는 미국선교사에 의해서 히우에 교회가 세워진 것이 시초로 현재 다양한 줄기가 있으며, 상파울루에 브라질의 가장 주요한 사립대학 중 하나인 맥켄지(Mackenzie)대학을 소유하고 있기도 하다. 미국 시민전쟁이 벌어진 후에는 미국의 침례 교인들이 1871년 영어로 예배를 드리는 침례교회가 세워지고 드디어 1881년에 와서는 최초의 침례교 선교사가 브라질에 파견되어 최초의 브라질 침례교회가 세워졌다.

2) 오순절 교파의 성장

1910년 브라질은 브라질 크리스천 연합(Congregação Cristã no Brasil)과 갓어셈블리(Assembléia de Deus)의 상륙과 함께, 브라질에서 폭발적인 성공을 거두게 되는 오순절 교파를 맞아들이게 된다. 1900년대 미국의 아주자 스트리트(Azuza Street)에서 시작된 오순절 운동은 성령의 활동과 이의 결과의 하나인 '방언'을 말하는 것은 중시하며, 근본주의라고도 평가를 받는 강력한 메시지, 빈민들에 대한 강한 호소력 등을 그 주요 특징으로 하며, 특히 방언의 강조는 전통 개신교와 크게 구별되는 특징 중 하나에 속한다. 특히 집단보다는 개인의 변화와 의식 고취에 중점을 두고 과거의 내적, 외적인 악습을 철폐할 것을 엄격히 요구하는 사역으로, 결과적으로 브라질 전체 인구의 70%이상을 차지하는 빈민들에게 큰 호응을 얻고 있다. 그리하여 50, 60년대에 이르러서는 오순절 붐(Pentecostal Boom)이라고 할 만한 급성장이 일어 더욱 다변화된 오순절 교파 또는 오순절 운동의 영향을 받은 교회들이 생기게 되었다. Assembléia de Deus(1911), Quadrangular(1950), Brasil para Cristo (1955), Deus é Amor(1962).

1970년대에는 소위 신 오순절 움직임이 일어난다. 신 오순절 교파는 대체로 오순절 교파의 범주에 머물면서도 몇 가지 중요한 부분에서 전통 오순절과는 사역의 특징을 달리한다. 찬양에 크게 주안점을 두고 신학적으로는 전통 오순절보다 유연한 모습을 보이며, 브라질 국민의 관습과 생활상을 잘 살려 사람들에게 다가감으로써 많은 신자수를 확보하고 있다. 여기에 속하는 교회들은 특히 물질적 번영을 강조하는데 이 교파의 독보적인 존재라고도 할 수 있을 만큼 여러 면에서 상장한 교회로 Igreja Universal do Reino de Deus를 들지 않을 수 없다. IURD는 독자적인 TV 및 라디오 방송국을 소유하여 다양한 프로그램을 제작, 방송하는 등 미디어에 충분한 투자를 함으로써, 현재 브라질에서 가장 크게 성장한 교회라 할 수 있다. 가장 최근에는 기존에 비해 중산층 및 상류층에 보다 초점을 맞추고 관습에 관해 좀 더 자유로운 논쟁을 허용하고 오순절 성향을 띤 발현에의 강조를 다소 약화시킨 신오순절 교회들이 성장하였다. 이들 교회의 치유사역(cura divina)활동으로 인해 신 오순절은 '자치적 오순절교(Pentecostal Autónomo)' 혹은 '치유사역센터(Agências de cura divina)'라고도 불린다. 오순절교회(Igreja Pentecostal) 'O Brasil para Cristo'는 이때 생겨난 새롭고 다양한 교파들 중 하나이다. IURD의 경우에서처럼, 이와 때를 같이 한 산업화에 힘입은 대중매체의 효과적 이용은 후반기 오순절 교회의 폭발적인 성장에 결정적인 역할을 한 것으로 보인다.

이와 같은 시기에 영적각성운동이라든가 은사주의 운동이 일어 전통적인 개신교 교회들 내에서도 전통적인 특징에 오순절의 특징을 가미한 사역을 펼치기 시작한 것도 특기할 만한 사실이다. 대표적인 것으로는 70년대 등장한 Igreja Cristã Presbiteriana, Igreja Presbiteriana Renovada, Igreja Cristã Reformada가 있다. 이러한 현상은 비단 개신교뿐 아니라 가톨릭 교회 내에서도 일어나 마치 신교의 예배를 보는 듯한 인상을 받게 하는 자유롭고 활기찬 미사를 발견할 수 있을 정도이다.

그 밖에 이른 바 독립교회로 분류되는 부류로는 안식교, 몰몬교, 여호와의 증인이 있다. 앞부분 가톨릭교회의 쇠퇴에 대하여 말할 때도 지적했듯이, 개신교로 개종한 빈민의 대부분이 가톨릭교회를 떠난 이들이었다는 사실이 시사하는 바는 크다. 특히 500년 동안 세계 최대 가톨릭 국가로 규정되어 온 브라질이지만 가톨릭이 이 빈민 문제에 효과적으로 대응하지 못한 공백을 신교, 그중에서도 오순절이 채우고 있다는 점에서 이는 브라질 국민의 가톨릭 정체성이 이제는 통계상으로도 흔들리게 되지 않을까 예상된다.

이 외에도 브라질에는
그리스정교 : 38,000
루터교 : 1,000,000
감리교 : 340,900
장로교 : 981,000
침례교회 : 3,100,000
오순절교도 : 2,400,000
하나님성회 : 8,400,000
하나님은사랑 : 774,000
몰몬교 : 200,000
안식교 : 1,200,000
여호와증인 : 1,100,000
유대교 : 86,000
이슬람교 : 27,000
불교 : 214,000명 등의 신자들이 있다.(2005년)

3. 주요 민간 신앙

1) 깐동블레(Candomblé)

아프리카 반뚜 족과 이오루바 족의 종교에 그 뿌리를 두고 있다. 아프리카에서 수입된 흑인 노예에 의해서 들어온 이 종교는 아프리카 종교 형식에 가톨릭 예배 형식과 가톨릭 성인을 혼합하고 있어 아프로-브라질 종교의 특성을 가장 잘 나타내 주고 있다. 그 예로 깐동블레의 이에망자(Iemanja)는 가톨릭의 성모 마리아를 지칭하고 있다. 깐동블레의 최고

깐동블레

엑슈

오궁

샹고

라구네지

이에망자

부르꾸

이앙사

오바

오싸잉

오쇼시

의 신은 올로룸(Olorum)이며 인간의 감정을 그대로 지니고 있는 오리샤(Orixa)를 숭배한다.

깐동블레는 바이아를 비롯한 북동부 지방을 중심으로 유지되었지만, 북동부인들이 산업화와 함께 남동부의 산업 지역으로 이주하면서 브라질 문화로 성장하게 되었다. 남동부 지역에서 깐동블레가 확대될 수 있었던 것은 정치적 기반을 상실한 웅반다가 쇠퇴하면서 새로운 민간 신앙의 출현을 희망하던 도시 하층민과 중산층이 이를 수용했기 때문이었다. 특히, 웅반다의 신도들이 깐동블레로 개종하면서 빠르게 성장했다.

라바젱 두 봉핑

(1) 의식

깐동블레 의식은 고도로 체계화되어 신성한 음식, 춤, 드럼, 희생의식으로 구성된 복합적 성격의 축제를 거행한다. 깐동블레 의식의 목적은 병이나 다른 곤란한 지경에 빠졌을 때, 도움을 주는 오리샤를 만나는 데 있다. 오리샤가 신도의 몸에 들어오면 그 신도는 정신을 잃고 쓰러진다고 한다. 의식은 떼헤이루스(terreiros)라는 사원에서 거행되며 아프리카 토속어로 노래와 북의 리듬에 맞춰 진행되는데 작은 동물을 희생물로 바치는 예식과 함께 나이든 여자나 남자의 영적인 지도 하에 의식이 치러진다.

깐동블레 사원은 수많은 오리샤로 구성되어 있다. 바이아에 있는 깐동블레의 예를 들면 27명의 신을 받들고 있고 이 신들은 모두 가톨릭 이름을 갖고 있다. 각 신도마다 한 명의 신을 영적인 지도자로 모시는데 해당하는 신의 축제일에 그 신이 좋아하는 색의 옷을 입거나 혹은 음식을 바침으로써 감사를 표한다. 주요 오리샤는 다음과 같다.

엑수(Exu)는 전령의 신으로 인간의 소망을 오리샤에게 전달하며 이앙사(Iançã)는 사랑과 죽음의 여신으로 동시에 폭풍과 바람의 여신이기도 하다. 이앙사는 성 바르바라와 관련이 깊어 깐동블레의 축일도 12월 4일인 가톨릭의 성 바르바라 축일과 일치한다. 바다의 여신인 이에망자는 오샬라(Oxalá)의 아내이면서 오리샤의 어머니로 성모 마리아와 관련이

봉핑 성당

바다의 신 이에망자

있다. 전쟁, 철, 칼의 신인 오궁(Ogum)은 장인의 수호신이며, 성 조르지(São Jorge)나 성 안또니우(São António)와 관련이 있다.

올로룸(Olorum)은 우주의 창조자이며 오리샤 위의 절대적 존재이다. 가장 무서운 신으로 건강과 병을 관할하는 오물루(Omulú)는 죽음에서 다시 살아난 성 나라루스(São Nararus)와 연관이 있다. 오샬라는 오리샤의 아버지이자 천국의 표상이며, 예수와 관련이 있다. 불, 번개, 천둥의 신인 샹고(Xangô)는 성 베드로, 세례자 성 요한과 관련이 있으며 축일은 9월 30일이다.

브라질의 큰 축제들은 깐동블레 신과 연관이 깊다. 깐동블레에서 가장 유명한 축제는 매년 1월 1일 히우지자네이루에서 벌어지는 이에망자 축제다. 이때에는 약 100만 명의 사람들이 꼬빠까바나 해변에 모여 바다와 대양을 지배하는 이에망자 신에게 공물을 바치는 축제이며 이때 바다에서 파도를 가르며 나타난 '이에망자' 신이 신도들이 바친 희생물을 거두어 바다로 갖고 간다고 한다. 살바도르에서도 2월 2일에 이와 비슷한 축제가 벌어진다. 다른 유명한 축제인 라바젱 두 봉핑(Lavagem do Bonfim)이 1월 둘째 목요일에 거행된다. 도시 전체에 걸쳐 긴 행렬이 이어지며 노수 시뇨르 두 봉핑(Nosso Senhor do Bonfim) 성당 앞에 있는 계단을 닦는 상징적인 의식이 거행된다. 어부와 선원의 수호신에게 바쳐진 이 성당은 깐동블레의 성지 중 하나인데 오샬라에게 바쳐진 성당이기도 하다. 이 외에도 다른 깐동블레 축제가 있으며 대부분 가톨릭 축일과 일치한다.

(2) 신자수 및 성부와 성모

가톨릭과는 달리 '깐동블레' 사원의 장인 '성부(pai-de-santo)'와 '성모(mãe-de-santo)'가 되기 위해서는 의식이 진행되는 동안 성인인 오리샤의 지명이 있어야 하며, 이때 선출된 후보자는 사원에서 거처하며 머리를 풀어헤친 채 희생물로 바친 동물의 피로 목욕을 하여 거의 한달 후 비로소 성자(filho-de-santo : 토속어로는 '이아우', iao로 불림)혹은 '오리샤의 사제'의 자리에 오르게 된다. 이 단계를 거치고 난 후에는 수년의 세월의 준비기간으로 보내고 나서야 비로소 '성부' 혹은 '성모' 자리에 오르게 된다. 신자 수는 1991년에 약 107,000명이었고 2000년에는 약 128,000명이었으며 20%의 성장을 나타내고 있다.

2) 웅반다(Umbanda)

1920~30년대에 걸쳐 히우에서 생겨난 웅반다는 깐동블레에서 파생되었다. 웅반다의 신들은 깐동블레와 샹고의 신들이었으며, 정령숭배주의 전통에 따라 죽은 사람들의 정신을 체화시켰다. 또한 담배와 술을 이용하는 인디오 종교의 예배 형식들을 수용했으며, 까보끌루, 목자, 노예출신의 흑인 노인들(Pretos Velhos), 집시, 무속인들(Pombagiras), 뱃사람 등의 정령을 숭배했다.

웅반다는 가톨릭 전통, 유럽의 정령주의, 아프로-브라질 종교와 인디오의 무속이 혼합되어 생겨난 것으로 브라질 문화의 잡종성을 가장 극명하게 보여준다. 웅반다는 이런 특성 때문에 1950년대 인종, 사회 계층과 지리적인 구분 없이 모두에게 개방된 종교로 발전할 수 있었으며 유럽-아프리카-인디오적인 특징으로 인해 가톨릭을 대체할 수 있는 새로운 종교로 인식되었다. 또한 웅반다는 히우지자네이루와 상파울루에서 종교적인 기반을 확보한 이후 30년간 빠르게 브라질 전역으로 확산되었으며 포르투갈을 포함한 아르헨티나와 우루과이로 교세를 확대했다.

(1) 의식

웅반다의 제단은 꽁가(Conga)라고 하는데 여러 종교가 뒤섞인 특징을 보여주듯이 기독교, 아메리카 인디언, 아프리카의 신들을 형상화한 조각품으로 장식되어 있다. 웅반다 신도들은 의식을 진행할 때 흰 옷을 입으며 원을 그린 채 춤과 드럼을 동반한 음악을 곁들여 진행한다. 신들린 신도들은 영적 지도자들의 지도 아래 스스로 신의 도구가 된다. 웅반다의 지도자들은 신도들을 불가사의한 힘의 공격으로부터 보호해주며 일상생활에서 부딪히는 문제들을 해결할 수 있도록 도와주고 악마와 불운을 막아 준다.

새해 전날은 웅반다 신도들에게 매우 중요한 날이다. 이 날이 되면 웅반다 신도들은 꼬빠까바나 해변에 제단을 차리고 바다의 신인 이에망자 신을 기념한다. 또 종이배를 만들어 바다에 띄우는데 만약 종이배가 바다로 나가면 소원이 성취되고, 다시 해변으로 돌아오면 소원이 성취되지 않는다고 믿는다.

(2) 조직과 신자수

웅반다를 대표하는 주요 인물은 깐동블레와 마찬가지로 성부와 성모이며 이들은 조직을 총괄하고 사원에서의 의식을 인도하며 이들 아래에는 이들을 보좌하는 성자(filho de santo) 또는 성녀(filha de santo)가 있다.

1991년에 542,000명이던 신자는 2000년에는 397,000명으로 26.8%가 감소했다.

3) 강신술(Espiritismo, 1.3%)

강신술은 브라질에서 성장해 온 종교들 중 하나이다. 2005년 현재 전 세계에 1천만 명의 강신술사들이 존재하는 것으로 추정된다. 이 중 대략 3백만 명이 브라질에 거주하여 지구상 가장 큰 강신술사들의 나라를 이루고 있다고 평가된다.

강신술

프랑스인 알랑 카르덱(Allan Kardec)에 의해 1857년 출판된 『영에 관한 책(Livro dos Espíritos)』에 의해 최초로 소개 및 체계적으로 알려졌으며 19세기 후반에 이르러 브라질 전역에서 중산층으로부터 큰 지지를 받았다. 이 종교는 철학, 과학, 영적인 종교가 혼재되어 있으며, 육화 및 영혼과 교통할 수 있는 능력에 그 기본적인 토대를 두고 있다. 의식은 간단하며 어두운 방에서 거행된다. 신도가 되는데 특별한 훈련이나 과정은 필요 없다.

가장 유명한 강신술 지도자는 프랑시스꾸 깐지두 샤비에르(Francisco Cândido Xavier)가 있다. 그는 브라질 내에서뿐만 아니라 전 세계적으로 알려져 많은 추종자들을 얻었고 세계적인 강신술사 커뮤니티로 더욱 널리 알려져 있다. 강신술에서 가장 중요하게 생각하는 행위는 자선으로 이 종교는 업(karma)을 강조한다. 교리에 따르면 인간의 선하고 악한 행위는 보다 높은 존재로 발전할 수 있는 개인의 영혼에 영향을 끼친다고 한다. 그러므로 자선 행위는 강신술의 가장 중요한 구성요소로 대부분의 교단에서 보육시설, 병원, 음식제공 시설, 정신병원 등 대중들에게 도움이 되는 단체나 기관을 운영하고 있다. 오늘날 브라질 전역에 걸쳐 수백만 명의 신도들이 강신술을 믿고 있다. 2002년 6월 세상을 떠난 샤비에르의 죽음은 당시 세계를 뒤흔들 정도로 화제가 되기도 했다.

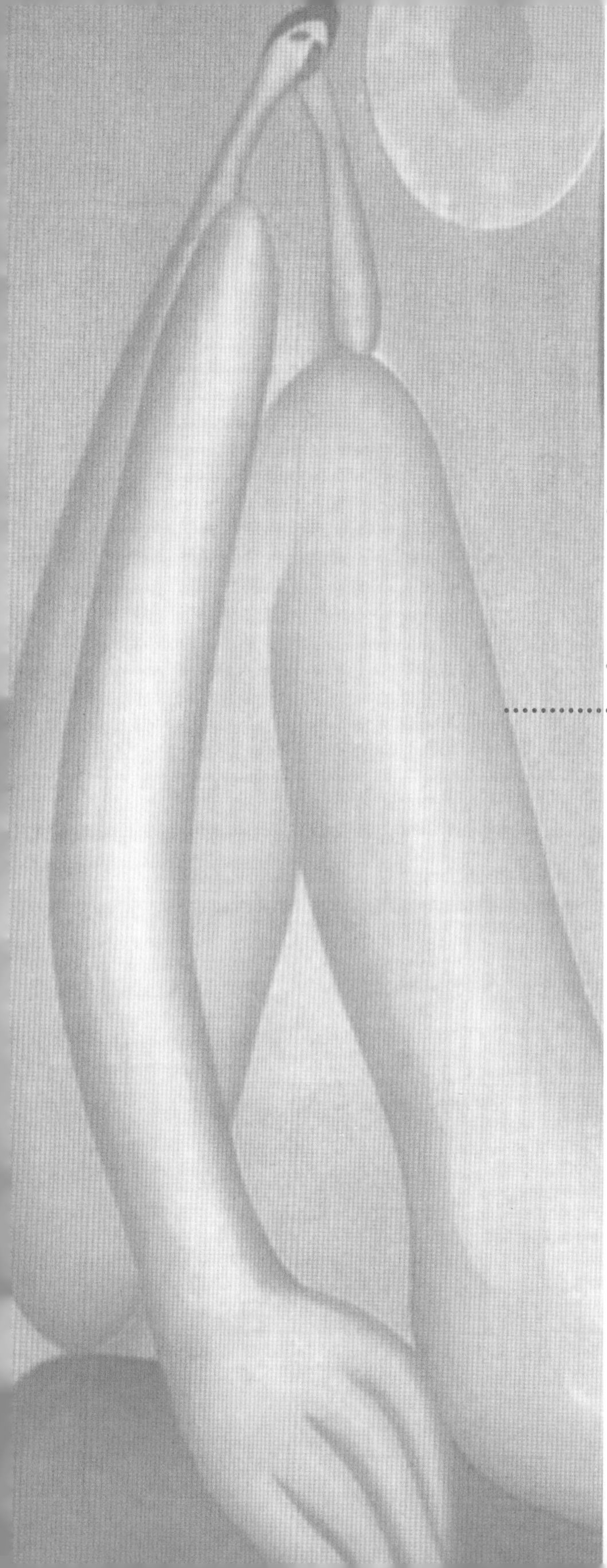

XIV

문학

XIV 문학

1. 시기 구분

1500~1601 기독교 신부들의 브라질 원주민 교호 및 접촉에 관한 문학
1601~1753 바로크
1768~1836 신고전주의와 전원주의
1836~1881 낭만주의
1881~1922 사실주의, 상징주의
1922~1945 모더니즘
1945~현 재 포스트모더니즘

브라질 문학은, 통상 그 시대 구분은 역사적 발전단계에 근거하여 식민시대의 문학과 민족주의시대의 문학으로 크게 나누어 볼 수 있다. 식민시대의 문학이라 함은 브라질이 역사적으로 포르투갈의 식민지지배 하에 놓여 있던 시대에 부흥했던 문학을 일컫는다. 민족주의시대의 문학은 브라질이 포르투갈로부터 정치적인 독립(1822)을 쟁취한 이후 소위 브라질의 문화적 자율성이 확보되는 시기부터 현재까지 계속되고 있는 문학을 통칭한다고 할 수 있다. 그렇다고 식민시대의 브라질문학이 역사적 상황과 관련 지워 식민지 본국인 포르투갈문학의 단순한 연장선상에서만 볼 수는 없다. 왜냐하면, 브라질문학이 포르투갈의 그것과 비교해 비록 동일한 언어와 동일한 문학양식으로 표현되는 공통성을 갖고 있다 하더

라도, 포르투갈문학에 대하여 일종의 반감 혹은 적개심으로 표현되는 정신적인 독립성을 일관하고 있기 때문이다. 즉 브라질의 식민문학은 초기에 본국인 포르투갈의 그것을 모방하려 하였지만, 만족할만한 수준까지는 이르지 못하였다. 그 이유는 역사적으로 시대를 발전시켜 온 객관적인 조건이 너무 다양하여 브라질이 그 실체를 모두 수용할 수는 없었기 때문이다. 여기에서 우리는 브라질 식민시대의 일단의 문학자들이 보다 면밀하게 포르투갈문학을 모방하려고 하였음에도 불구하고 독특하게 구별짓는 이질성이 존재함을 알 수 있다. 이러한 이질성이란 곧, 브라질 문학이 나름대로의 전형, 즉 모든 신세계(Novo Mundo)국가들이 공통적으로 추구하려고 하는 식민성으로부터의 탈피와 자발적인 의식에 기초한 대륙적이고도 미국적인 정신 또는 본질적인 삶이라고 말할 수 있다.

그러므로 우리는 이러한 미국적인 정신, 또는 토착주의의 정신에 근거하여, 1500년 포르투갈의 브라질 발견 이후 브라질문학의 활성화 투쟁이 본격화되기에 이르는 시기까지를 소위 식민시대의 브라질문학이라고 보고 이에 대한 연구를 진행해야 한다.

이러한 관점에서 볼 때 16세기부터 18세기는, 19세기 들어 브라질문학이 보다 특징적이고 강력한 문학적 양상을 보이기 시작하는 소위 낭만주의를 꽃피우기 위한 토착주의 정신의 점증적이고도 실질적인 성장의 요인들을 내재하고 있다. 이는 곧 브라질문학의 발전가능성을 미리 보여주는 시기라고 말할 수 있다. 실제로 브라질문학에 있어서 낭만주의 학풍은 브라질의 점증하는 반 포르투갈 감정 - 아메리카적인 정신 - 을 확인시키고 또한 결정화 지워졌으며, 이와 함께 브라질의 전형적인 문화 형성기를 끝맺음한 시대로서 기록되고 있다. 1836년 공살베스 지 마갈량이스(Gonçalves de Magalhães)의 『시적 탄식과 그리움(Suspiros Poéticos e Saudades)』의 출간과 함께 브라질에서는 낭만주의적이고도 민족주의적인 문학혁명이 시작되었으며 이와 함께 민족주의시대 문학의 지평이 열리게 되었다.

낭만주의가 브라질문학사에서 악의적인 반 포르투갈 감정에 근거하여 민족주의문학의 사상을 결정 지워 준 시대를 개막하였다면, 낭만주의 시대 이후의 문학사조는 브라질문학의 본질적인 특징을 공고화시키며 이와 함께 독창적인 문학역량을 계속적으로 발전시킨 시대라고 말할 수 있다. 비록 브라질문학이 식민본국인 포르투갈을 위시하여 서구 유럽 특히 프랑스의 예술운동과 경향을 답습 내지는 모방하는 측면도 없지 않았다. 그러나 이는 결코 브라질 문학사에 부정적인 영향을 미치지 않았으며 오히려 브라질문학이 구시대의 정신 사조를 호흡하면서 당시의 선진국들과 필적할 수 있는 브라질정신의 성숙을 기하는데 커다란 도움이 되었다.

이처럼 브라질문학은 크게 두 개의 발전단계를 통하여 민족주의 문학의식을 지향하게 되었으며, 두 개의 발전단계는 각각의 문예사조로 나뉘어 브라질문학의 시대구분을 명확하게 해 주었다. 여기서 한 가지 부언할 것은 브라질문학의 각 사조가 절대적인 특징을 보여주며 역사적인 시기로 명확히 구분되는 것은 아니다. 왜냐하면 문학적인 시대구분은 현실에서처럼 시기적으로 정확하고 확실한 한계와 경계를 갖고 있지 않으며, 오히려 시대를 통하여 혼합되고 얽매이며, 그리고 그 시대 속에 면면히 흐르는 계속성이 중시되어야 하기 때문이다.

2. 문예사조

1500년 브라질의 발견을 보고하는 기념비적인 작품인 뻬루 바스 지 까미냐(Pero Vaz de Caminha)의 『서한(書翰)』으로부터 비롯되어, 1836년 브라질에서 낭만주의 시대를 개막한 공살베스 지 마갈량이스의 시작품 『시적 탄식과 그리움』의 출판까지의 시기를 말하며, 다음의 4개의 사조로 구분된다.

1500년대 문학 - 16세기 전 시대를 풍미했던 이 시대의 문학은 역사에서 보는 그대로, 획일적으로 무엇이라고 명명할 수 없는 무정형의 문학시대이다. 특히 이 시대는, 희곡과 시에서 보는 바와 같이 비교적 단순하고 조잡한 형식의 문학적 가치가 떨어지는 작품들이 주류를 이루며, 특히 브라질 발견 초기의 역사적 상황을 다른 작품이 대부분이라 이 시대의 문학을 특별히 브라질에 관한 문학(Literatura sobre o Brasil)이라 부르기도 한다. 이 시기에는 주로 예수회소속 선교사들의 교리전파 및 교육활동, 여행자나 식민자들의 눈에 비친 브라질에 관한 것이었다. 이 시기의 문학을 보고문학 혹은 예수회문학, 선교 문학이라고 하며 주요작가는 주제 지 앙쉬에따 신부(Padre José de Anchieta), 가브리엘 소아리스 지 소우자(Gabriel Soares de Sousa)이다.

바로크 문학 - 식민지의 모든 활동의 중심역할을 담당하고 있는 바이아 주와 뻬르낭부꾸 주 지역이 이 시대 문학 활동의 근거지로 활동한다. 17세기 전 시대, 엄밀히 말해, 1768년 전원주의(Arcadismo)가 시작되기 전까지 유행했던 사조를 일컬으며 그 활동지역은 미나스제라이스 주 지역으로 남하하게 된다. 이 시기는 문학의 질적인 측면에서 주로 포르투갈과 스페인 바로크주의의 영향으로 어느 정도 성숙의 국면으로 접어든 시기로 보인다. 특히 바이아 지역을 주 무대로 하고 있는 상당수의 지식인층이 초기부터 토착주의 감정을 표출하면서 집중적이고도 본격적인 문학 활동을 개시하고 있는 점이 특기할 만하다. 이 시기의 대표작으로 포르투갈 식민초기의 정복에 관한 벤뚜 떼이쉐이라(Bento Teixeira)의 '의인법(Prosopopéia, 1601)'이나, 안또니우 비에이라 신부(Padre Antônio Vieira)의 설교집이 있다.

전원주의 - 1768년 끌라우지우 마누엘 다 꼬스따(Cláudio Manuel da Costa)의 『시작품집(Obras Poéticas)』의 출판 이후부터, 1808년 포르투갈 왕실의 브라질 천도까지 이어지는 시기로서 미나스제라이스, 특히 빌라 히까(Vila Rica : 오늘날의 오우루쁘레뚜 Ouro Preto)지역이 당시 일기 시작한 민족문학의 배양지로서의 역할을 담당하고 있다. 당시 브라질에는 정치, 역사적 상황뿐 아니라 문학적 상황에서 가히 민족주의 의식의 초기 단계인 토착주의 의식이 강하게 분출되기 시작하였다. 이와 함께 과거전형으로의 복귀와 부흥을 시도하는 신고전주의의 영향과, 그리고 낭만주의로 나아가는 새로운 지평의 개막 덕택에 서사시 장르에서 탁월한 문학적 성과를 거두고 있다. 전원주의 대표작가로는 또마스 안또니우 공자가(Tomás Antônio Gonzaga), 바질리우 다 가마(Basílio da Gama)가 있다.

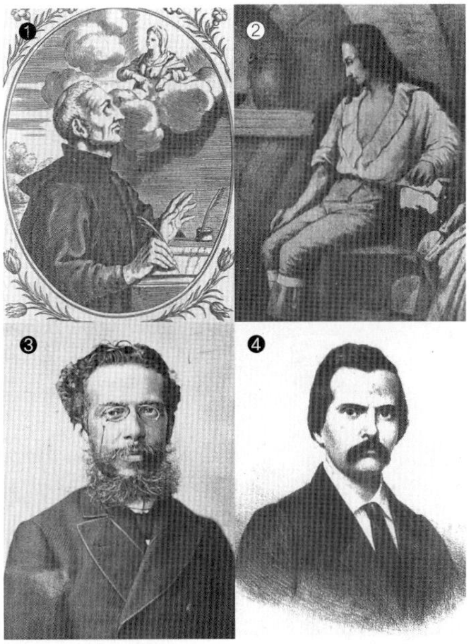

❶ 쥬제 지 앙쉬에따 ❷ 안또니우 공자가
❸ 마샤두지아씨스 ❹ 안또니우 지 알메이다

과도기 혹은 전기 낭만주의 -
1808년부터 시작, 포르투갈로부터 정치적 독립을 쟁취하는 1822년을 전후하여 1836년 본격적인 낭만주의의 출발시점 전까지 민족주의 의식의 배양과 독립정신의 고양이 활발했던 시기의 문학으로서 낭만주의로의 이양을 위한 과도기로도 불려진다. 이 시기는 특히 당시의 정치상황과 관련하여 정치적인 문제에 보다 문학의 관심이 높아진 시기였다. 이와 함께 문학담당자들 또한 정치인 엘리트 출신들이 많았던 때였으며, 이때문에 순수 문학예술은 크게 활성화되지는 못하였다. 다음 문학사조로의 이행을 준비하는 과도기인 만큼, 이 시기의 문학적 경향은 신고전주의 전형에 대한 집착과 아울러 낭만주의로의 부자연스러운 시도가 엿보여, 다분히 절충주의의 국면을 보여주고 있다. 전기 낭만주의 작가로 공살베스 지 마갈량이스(Gonçalves de Magalhães)가 있다.

3. 민족주의 혹은 자주독립 시대의 문학

공살베스 지아스

주제 지 알렝까르

1836년 공살베스 지 마갈량이스의 『시적 탄식과 그리움』의 출간으로 비롯된 낭만주의문학이 개막되는 시점에서 현대까지 이르는 시기로 브라질문학의 자율성과 독립성이 확보되는 시대의 문학을 통칭한다. 이 시기는 크게 5개의 사조로 나눌 수 있다.

낭만주의 - 공살베스 지 마갈량이스의 서정시 작품 모음집 『시적 탄식과 그리움』이 출판된 1836년을 기점으로 하여 1870년 반낭만주의 시위운동이 일어나기까지의 시기의 문학이다. 그 경향은 민족주의적인 이상주의와 감성주의 그리고 정치 · 문학적 자유주의로 특징지어진다. 이 시기는 문학적 양식 또한 다양하여, 시, 소설, 희곡, 비평 그리고 산문에 이르기까지 모든 장르에서 문학 활동이 활발하게 신장되었으며, 반 포르투갈 민족주의(Nacionalismo Antilusitano)의 정신사적 배경 하에 브라질문학의 독특한 전형이 구체화되기에 이른다. 다른 나라의 경험과 마찬가지로 당시 브라질의 낭만주의는 서구세계가 겪고 있는 정신성 및 감수성의 급격한 동요를 적극 수용하였다. 낭만주의의 최대시인은 공살베스 지아스(Gonçalves dias), 소설의 대표 작가는 주제 지 알렝까르(José de Alencar)이다.

사실주의 - 19세기 중반의 실증주의와 과학적 사고가 그 사상적 배경이 된 사실주의는 브라질에서, 1870년경 헤시피와 상파울루 법과대학에서 일기 시작한 반 낭만주의 시위운동으로부터 비화되어 1893년 상징주의라는 정신적 반동의식의 출현 때까지 계속된다. 사실주의라는 단일명제로 함축시킬 수 없는 이 시기의 문예사조는, 브라질의 경우 지속되는 반낭만주의 운동으로 불려지기도 하였으며, 이 시대는 세분하여, 사실주의와 자연주의 그리고 고답주의로 구분될 수 있다. 이 시기의 특기할 만한 사실은 마샤두 지 아시스(Machado de Assis)라는 탁월한 역량을 지닌 소설가가 등장, 브라질 문학사에 있어 소설과 꽁뜨 등 산문문학의 새로운 성숙을 기할 수 있었다는 점이다.

상징주의 - 브라질의 상징주의는 자기들이 영향을 받았던 프랑스와는 달리 극히 적은 수의 작가를 배출했다. 1893년 끄루스 이 소우자(Cruz e Sousa)의 『미사경본(Missal)』과 『소형방패(Broqueis)』의 출간과 함께 시작된 브라질의 상징주의는, 1922년 모더니즘 운동이 개막될 때까지 지속된다. 이 시기는 상징주의 이외에도 19세기 말부터 20세기 초를 풍미하는 심각한 사회변화를 반영하는 다양한 미학적, 사상적 경향이 동시에 부흥된 시기로 불려지고 있다. 특히 이 시대로 들어오면서 시 이외에 브라질 향토주의 소설의 기원이라 할 수 있는 에우끌리지스 다 꾸냐(Euclides da Cunha)와 기타 향토주의 소설가의 새로운 경향의 소설 작품이 등장하게 된다.

모더니즘 - 브라질 문화혁명인 “현대예술주간(A Semana de Arte Moderna)”으로 1922년 2월 13/15/17일 브라질 상파울루 시립극장에서 행해졌다. 도시 전체를 뒤흔들었던 이 행사는 브라질 역사상 가장 중요한 예술적 · 문화적 사건으로 추앙되고 있는데, 이 행사를 탄생시키기 위해 유럽에서 수학했던 예술가들—화가 라자르 세갈(Lasar Segall)과 아니따 말파찌(Anita Malfatti) 그리고 조각가 비또르 브레쉐레찌(Vitor Brecheret)—이 이 행사 전부터 미술 전시회를 간헐적으로 열어오곤 했었다. 그러나 그들이 이러한 행사를 할 수 있게 분위기를 몰고 간 사람은 바로 1912년 유럽에서 갓 돌아온 오스발두 지 안드라지(Oswaldo de Andrade)였다. 그는 작가로 브라질에 “미래주의”를 소개하는 것으로 시작했다. 이 브라질 현대 예술주간에 참가한 예술가들이 전위적인 유럽

예술운동에 영향을 받은 것은 사실이지만 브라질 예술가들은 단순히 유럽의 것을 모방한 것에 멈추지 않고, 과감히 유럽적 구조를 탈피하여 브라질 문학으로 하여금 전통가치의 재고와 더불어 민족정신의 특이성을 재발견하면서 새로운 브라질의 현대상을 추구하게 하였다. 모더니즘의 발전과 함께 브라질에서는 처음으로 각 지방적 가치의 중요성이 예술적으로 부각되기 시작하였다. 이 브라질 현대예술주간 후, 많은 예술 그룹들이 탄생해 자기 나름대로의 해석으로 현대주의 운동을 시작했는데, 그 중 두드러진 운동들로는 지금 브라질 국호의 기원이 된 "빠우브라질나무에 관한 시의 선언(Manifesto da Poesia Pau-Brasil)", 브라질 국기의 색인 "노란과 초록의 선언(Manifesto Nhenguaçu Verde-Amarelo)", "브라질 식인 선언(Manifesto de Antropofagia)"를 꼽을 수 있다. 브라질의 모더니즘은 제2차 세계대전 종결과 모더니즘의 기수였던 마리우 지 안드라지(Mário de Andrade)의 사망시기인 1945년까지 지속된다.

후기 모더니즘 - 1945년을 기점으로 모더니즘이 끝나고 새로운 문예사조가 움트기 시작했다. 이 시기를 전후하여 전 시대에 대한 재조명과 새로운 활로를 모색하는 움직임이 서서히 나타났다. 이 시기에 탄생한 문학조류 가운데 오늘날까지 브라질문화 전반에 걸쳐 큰 줄기를 이루고 있는 것이 있는 게 바로 전위문학인 구체주의 운동이다. (김용재·이광윤, 2000, pp.445~451)

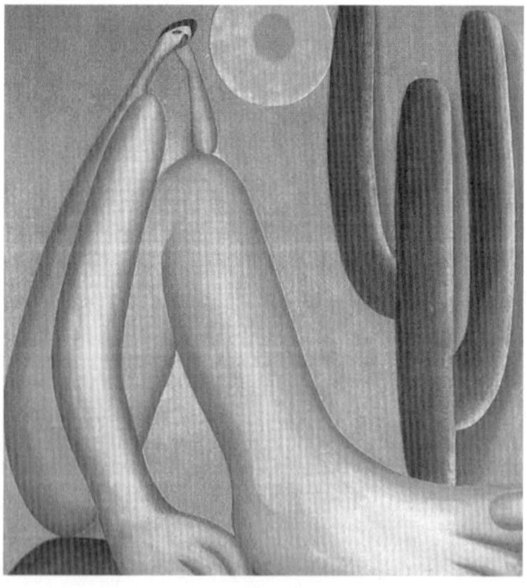

따르실라 두 아마라우의 아바뽀루

4. 민간전설

전설은 정형화되어 있지 않은 그러면서도 오랜 세월 속에서 입에서 입으로 전해 내려온 가장 중요한 무형문화재 중의 하나일 것이다. 왜냐하면 전설은 사람들의 반복된 일상생활 속에서 자신들의 주변 환경에 맞게 오랜 세월에 걸쳐 이어져 내려오기 때문에 전설 그 자체가 중요한 문화재일 수밖에 없기 때문이다.

브라질도 인디오 사회를 중심으로 무수한 전설이 있다. 그런데 이러한 인디오의 전설은 관광객의 호기심을 끄는 관광 상품으로만 간혹 존재할 뿐 현대의 브라질 인에게는 전혀 보편화가 되어 있지 않다. 그러나 주요 전설 속의 주인공들은 아직까지 현대 브라질 사회에 살아남아 자주 이용되고 있는데, 아래에서 설명하고 있는 10개의 전설 속 주인공들은 그중에서도 대표적이라 할 수 있겠다.

그리고 여기에서 소개하는 전설의 대부분은 자연을 배경으로 하고 있는데, 이는 대부분의 브라질 전설이 밀림의 인디오 사회에서 구전되어 내려 온 것이기 때문이며, 예외적으로 물라 셍 까베사(Mula-Sem-Cabeça)와 네그리뉴 두 빠스또레이루(Negrinho-do-Pastoreiro)는 국교인 가톨릭의 영향을 받은 것으로 생각된다.

(1) 사시 뻬레레(Saci-Pereré)

왼발만 있는 흑인 악동. 파이프 담배를 피우고 다니며 마술의 힘을 주는 원추형의 붉은 색 모자를 쓰고 다닌다. 많은 지역에서 해를 주는 인물로 묘사하고 있으나 일부 지역에서는 밝고 장난을 좋아하는 것으로 그리고 있다. 사람 및 동물과 노는 것을 좋아하고, 가정에 어려움을 일으키기도 하며, 밤길을 걷는 여행객들을 휘파람으로 공포에 떨게도 한다. 그리고 사람을 뱀과 거미로부터 지켜주고 숲을 파괴하려는 사람들을 놀라게 하여 쫓아낸다는 이야기도 있다. 이 사시 뻬레레는 특히 어린애를 달래고 위협할 때 많이 사용되는데, 브라질의 어린애는 한국의 어린이가 도깨비를 무서워하는 것처럼 사시 뻬레레가 자신들 앞에 나타나는 것을 매우 두려워하기 때문이다.

(2) 꾸루삐라(Curupira)

숲에 살면서 동식물을 보호하는 유색의 소년이다. 1560년 이미 신부 앙쉬에따(Anchieta)에 의해 언급되었다. 그의 발은 기형적으로 뒤로 돌아가 있으며, 갑자기 나타났다 갑자기 사라지는데, 그의 발자국과 그가 모방하는 인간 및 동물의 목소리는 숲의 밀렵자들을 혼란시켜 길을 잃게 한다. 인디오들은 꾸루삐라의 해를 입지 않기 위하여 그를 위해 길에 깃털과 화살 등을 선물로 놓았다.

(3) 이아라(Iara)

이아라는 17세기 이후에 인디오와 그 혼혈들 사이에 퍼진 이야기로 유럽에 기원을 둔 것으로 추정하고 있다. 이아라는 아마존 강에 사는 인어로 주로 달밤에 바위 위에 나타난다. 금으로 만든 빗으로 초록색의 긴 머리를 빗으면서 사람들을 유혹하는데, 그녀를 본 사람들은 모두 눈이 멀어 강 깊은 곳의 그녀의 궁으로 유혹되어 죽게 된다.

(4) 로비조멩(Lobisomem)

원래 유럽이 기원. 계속적으로 6명의 아들만 낳은 후 7번째로 난 아들이 보름달이 뜬 금요일 밤 자정부터 새벽 2시까지 커다란 늑대로 변한다. 들로 가서 개, 어린 아이는 모두 삼킨다. 다른 날은 평범한 인간으로 돌아온다.

(5) 보뚜(Boto)

보뚜는 아마존에 사는 돌고래로 호색가이면서 번식을 증진시킨다. 그는 밤에 외모가 수려한 백인 또는 백색 옷을 입은 청년으로 변하여, 술을

사시 빠레레

꾸루삐라

이아라

로비조멩

많이 마신 후, 파티에서 여자들과 춤을 추면서 유혹하여 새벽에 강으로 데려간다고 하는데, 그에게 유혹된 여자들은 모두 임신을 하게 된다고 한다. 따라서 아버지 없는 자식들은 모두 보뚜에 의한 것으로 생각되었다. 이 전설은 결혼식을 하지 않은 여성들이 임신을 했을 때 변명으로 주로 활용된다. 즉, "보뚜였어(boto)"라고 말하면 된다. 보뚜는 또 아름다운 여자로 변한 후, 남자를 유혹하여 강 깊은 곳으로 데려가는데, 그들은 다시 돌아오지 못한다고 한다.

(6) 까이뽀라(Caipora)

까이뽀라는 숲 속에서 사는데 온 몸이 털로 덮여져 있다. 막대기를 들고 멧돼지 같은 동물들을 타고 다니는데, 꾸루삐라(Curupira)처럼 숲의 동물을 보호한다. 인디오들은 까이뽀라가 밝은 것을 무서워한다고 믿어, 밤중에는 불붙은 부지깽이를 가지고 다녔다.

(7) 물라 셍 까베사(Mula-Sem-Cabeça)

'머리 없는 암노새'라는 뜻으로 누군가에게 나쁜 짓을 한 여자가 벌로써 목요일과 금요일 저녁에 머리 없는 노새로 변한다는 이야기. 원래는 신부와 연애하는 여자를 말했으며 이로 인해 '신부의 암노새'라는 말로도 표현되었다.

머리 없는 암노새로 변한 여자는 말울음 소리와 함께 코에서 불을 내면서 들판으로 나가는데, 머리에 있는 쇠 자갈을 누가 당겨 줄 때에만 마술이 풀린다. 이 이야기는 멕시코나 아르헨티나 등 남미의 다른 국가에도 나타난다.

(8) 네그리뉴 두 빠스또레이루(Negrinho do Pastoreiro)

'흑인의 목동소년'이라는 뜻으로 남쪽지역, 특히 히우그란지두술에 퍼져 있는 이야기. 한 농장주가 자신의 한 흑인 노예소년에게 애지중지하던 갈색 말들을 관리하도록 했다. 그런데 심술궂은 농장주의 아들이 이 말들을 몰래 도망치게 하여, 이 소년은 농장주에게 죽을 때까지 채찍질을 당한 후 개미굴에 던져졌다. 다음날 아침 농장주는 개미들이 이 흑인소년을 다 먹어 치웠는지 확인하기 위해 개미굴에 갔으나, 이 소년은 살아서 주인 앞에 나타났다. 결국 기적을 깨달은 주인은 환생한 흑인 소년에게 무릎을 꿇었으며, 이때부터 이 흑인소년은 그의 말들을 몰고 가우슈의 들판에 나타나, 무엇을 잃어버린 사람들의 수호자 역할을 한다고 한다.

(9) 알레모아(Alemoa)

북동부에 위치한 페르난두지노로냐(Fernando de Noronha, 뻬르낭부꾸주에 속함) 군도의 유령이다. 벌거벗은 금발의 아름다운 여성으로 나타나, 낚시꾼이나 여행객을 유혹한 후, 갑자기 해골로 변한다.

(10) 보이따따(Boitata)

거대한 불뱀으로 물에서 살면서 들을 보호하는 수호신이다. 강렬한 불덩어리로 변하여 숲을 파괴하는 사람들을 모두 태워 죽인다고 한다. 전설에 따르면 신앙심이 없는 어린 애나 근친 성교를 저지른 사람들도 괴롭힌다고 한다.

XV

브라질문화의 3대 요소

XV 브라질문화의 3대 요소

1. 축구

1) 월드컵과 브라질

브라질은 2002년 한일 월드컵 축구대회에서 우승, 사상 처음으로 5차례 패권을 차지한 국가가 됐다. 1930년 이래 브라질 축구협회가 생긴 뒤 월드컵대회에 출전한 팀이며 1958년 스위스, 62 칠레, 70년 멕시코, 94 미국 그리고 2002년 한국에서 까지 5차례나 우승했으며 58, 62, 70년 세 번 우승으로 줄리메 컵을 영원히 소유하게 되었다.

준우승은 두 번, 1950년 브라질(우루과이에 2 : 1 패배), 1998년 불란서(3 : 0 패배)에서였으며, 3등은 두 번 1938년 불란서, 1978년 아르헨티나에서였고 4등은 1974년 독일에서 한 번이었다. 19번 월드컵 가운데 12번을 준결승전에 진출함으로써 참가국 가운데 가장 좋은 성적을 남겼다.

2) 축구에 사는 브라질인

브라질 남자치고 축구 못하는 남자 없다. 매년 12월로 끝이 나는 브라질 챔피언 프로축구에 대한 팬들의 열광은 해마다 2월 말이나 3월 초에 있는 카니발 열광보다 더하다. 프로축구에 대한 팬들의 흥분은 가히 광적이라 할 수 있다. 마치 승자의 행방을 놓고 경기 성적이 엇비슷할 때면 자기가 좋아하는 팀의 경기를 따라 이 도시 저 도시로 함께 옮겨 다닌다. 서울에서 부산만큼이나 되는 히우 - 상파울루 간을 버스로 20~30 대씩 동원해서 응원하러 다니는 것쯤은 예삿일이다. 심한 경우에는 자기가 경영하는 병원이나 상점의 문을 닫아 잠그기가 일쑤이고, 다니던 회사를 무단결근하고 팀을 쫓아다니다가 일자리를 잃는 극성팬도 적지 않다는 얘기다.

브라질사람들은 생활의 즐거움을 축구에서 찾는다. 여자가 주로 삼바에 미친다면 남자는 주로 축구에 미치는 경향이 있다. 그 만큼 브라질에서의 축구열기는 우리들의 상상을 훨씬 초월한다. 명색이 남자치고 축구를 하지 못하는 남자 없다. 해도 아주 잘 하는 편에 속한다. 그래서 이 나라에서는 이른바 직장축구단이라는 것이 있다. 축구는 누구나 할 수 있는 것이니까 평상시 특별히 축구부라는 것을 상설해 둘 필요가 없다는 것이다. 막상 대외적으로 축구시합이 있을 때엔 그때그때 희망자를 뽑아서 컨디션이 최상에 있는 친구들만 골라 선수단을 구성하면 그만이다. 브라질에는 프로라고 이름을 붙일 수 있는 클럽이 4천 개나 된다. 브라질 각 주에는 많은 클럽이 있는데 상파울루 주에는 1부 리그에 20개 클럽, 2부 리그에 56개, 3부 리그에는 40개 클럽, 히우에는 1부 리그에 12개, 2부 리그에 8개, 3부 리그에 12개 클럽이 있다. 브라질 챔피언전(Copa Brasil)에는 26개주의 예선을 거친 44개 클럽이 참가한다. 브라질 축구협회에 등록된 선수는 11,000명이 연맹가입선수이며 800개 클럽이 등록되어 있다. 2,000명 이상의 축구선수들이 전 세계 프로리그에서 활동하고 있다.

브라질 축구스타들이 꼭 브라질 유니폼만 입는것은 아니다. 포르투갈의 데꾸, 튀니스의 산또스, 일본의 알렉산드루 산또스, 스페인의 세나 등 귀화한 브라질 축구선수 4명이 두번째 조국의 유니폼을 입고 2006독일 월드컵에 참가한다. 일본은 하무스, 로뻬스에 이어 산또스에 이르기까지 브라질 선수를 귀화시켜 전력을 향상시켜 오고 있다.

이 나라는 일년 열 두 달 어디에선가 프로들에 의한 리그전이 없는 날이 없다. 그와 같은 각국 프로경기에다 지역별, 학교별, 직장별, 축구 시

세계 최대의 축구장 마라까낭

합까지 펼쳐지니 브라질은 도처에 유청산이 아닌 유축구골대의 나라라고 할 수 있다.

세계 최고의 해변 꼬빠까바나(Copacabana)에서의 해변 모래사장에서는 해수욕을 즐기는 피서객의 수보다 축구를 즐기는 축구선수들의 수가 더 많을 정도로 벌거숭이들 남녀노소가 어울려 해변 축구를 하고 있다. 몇 십 개나 되는지 길고도 넓은 해변가에 즐비하게 늘어서 있는 축구골대는 문자 그대로 축구왕국을 실감케 할 만큼 장관이다. 관중 20만 명을 수용할 수 있는 세계 최대의 축구장 마라까낭(Maracanã)이 있는 히우지자네이루, 우리나라 상암 월드컵 구장이 8만 명 정도 수용할 수 있는 것에 비하면 수용능력 최대 20만 명인 이곳에 사람들이 모여들 땐 정말 장관이다. 10만 이상을 수용할 수 있는 경기장이 10개나 더 있다니 브라질은 땅덩어리만큼이나 축구장도 크다. 펠레가 대통령보다도 더 화려한 민중의 우상으로 군림할 수 있었던 것은 이 같은 축구열기에 쌓여 있는 브라질이었으니까 가능했던 것이다. 심한 표현으로 어릴 적부터 보고 듣고 더불어 노는 것이 축구밖에 없으니 축구를 제외한 브라질인의 생활이란 생각할 수가 없다. 그래서 생겨나고 성공을 거둔 것이 바로 브라질에서의 축구복권이다. 1970년 초 브라질이 한창 심한 경제적 어려움을 당하고 있을 때 시중의 돈을 긁어모아 인플레이션 억제의 한 방편으로 삼으려 고안해낸 것이 이 축구복권이었다고 한다. 이 복권은 시행 첫해부터 대성공을 거두었다. 모든 브라질 인들이 축구에 미쳐있는 만큼이나 이 축구복권에도 미쳐있다. 그래서 복권이 마감되는 목요일 밤에는 복권판매소 앞에는 남녀노소가 장사진을 치고 복권에 전 인생을 걸고 있는 듯하다. 복권을 둘러싼 에피소드에도 갖가지 웃지 못할 희비극이 많다. 상금 1천 7백만 달러를 탄 어떤 노파가 졸도를 해서 전화위복이 아닌 전복위화가 된 경우도 있고 술집에서 팁으로 종업원에게 줘버린 복권이 1등으로 당첨되자 복권을 산 사람과 받은 사람 간에 소송이 벌어진 케이스도 있고 당첨 복권의 소유권을 서로 다투다가 금실 좋았던 부부가 갈라서는 케이스도 있다고 하니 복권에 얽힌 사연은 동서양이 비슷하다. 축구 복권은 두 가지가 있다. 하나는 우리나라 주택 복권과 비슷한 추첨식의 연방복권(Loteria Federal)과 다른 하나는 13개 팀의 게임별 승패를 알아맞히는 스포츠복권(Loteria esportiva)이 있는데 이 복권의 상금이 몇 백만 달러이니 국민들의 관심이 단연 이 복권에 집중되어 있다.

원래가 낙천적이고 놀기 좋아하는 국민성 탓인지 브라질 인들은 다른 어느 나라 사람보다 사행심이 강하다. 그렇지 않아도 축구에 미쳐있는 판에다가 남달리 강한 사행심을 가졌으니 축구복권이 대성공을 거둔 것은 당연할 것이다. 축구복권은 지금까지 잠재해있던 이들의 강한 사행심에 불을 질러 놓은 격이 된 것이다. 브라질 어느 도시의 어느 거리에 가나 남녀노소 할 것 없이 복권을 사달라고 관광객들에게까지 불쑥 복권을 내미는 광경을 흔하게 볼 수 있다. 일주일에 한번 복권의 당첨번호가 발표되는 날이면 도시의 거리, 음식점, 상점, 피서지 할 것 없이 한동안 복권의 회오리바람에 잠겼다가 풀려나기를 되풀이 하는 곳이 바로 브라질이다. 그들은 조금의 과장도 없이 축구에 살고 축구에 죽는 국민들 같아 보인다.

현재 브라질 국내에서는 '브라질 챔피언십(Campeonato Brasileiro)', '브라질 컵(Copa do Brasil)' 그리고 주 대항 축구대회 등의 주요 대회가 열리는데 이 중 '브라질 챔피언십'대회에는 24개의 클럽 팀이 참가하고 있다.

브라질에서 스포츠는 정치와 깊은 연관을 가지고 발전하였다. 1970년대 브라질의 군부정권은 국민들의 관심을 스포츠에 돌리기 위해 축구발전에 주력하기도 하였으며 스포츠 경기를 통해 국제지위 향상, 정권의 정통성 확보, 외국자본의 유치, 관광사업의 진흥 등을 꾀하는 경우도 있었다. (이형. 1978. 한국일보. 세계를 가다)

최근 들어 브라질은 수많은 축구 스타들을 수출하는 지역이 되었으며 브라질의 축구스타들은 자신들의 전성기를 유럽에서 고액의 연봉선수로 생활하고 있어 브라질에서 축구스타가 된다는 것은 부와 명예를 한꺼번에 얻을 수 있는 가장 빠른 길 중의 하나가 되고 있다. 우리나라 프로리그에서는 현재 30여명의 브라질 선수들이 활약하고 있다. 대부분이 각 구단의 골게터들이다.

브라질 축구역사에는 여러 가지 재미있는 사건이 일어났다. 1950년 7월 16일 브라질 히우지자네이루는 '죽음의 거리'로 돌변했다. 전 국민들의 가슴을 들뜨게 했던 월드컵은 마지막 순간 브라질 국민들의 가슴을 찢어 놓았다. 비기기만 해도 우승을 차지할 수 있었던 최종전에서 우루과이에게 1-2로 역전패. 결승리그 첫 경기에서 스웨덴을 7-1, 2차전에서 스페인을 6-1로 대파했던 '무적' 브라질의 패배는 아무도 예상하지 못한 결과였다.

월드컵 개최를 목적으로 2년 여 만에 완공한 마라까낭 경기장을 메운 22만여 관중은 물론 국민 전체가 패배의 수렁으로 빠져들었다. 골목마다 분통을 이기지 못해 집어 던진 라디오가 뒹굴었고 집집마다 조기가 게양됐다. 이웃나라 우루과이에 패했다는 점이 더욱 브라질 국민들의 가슴에 큰 상처를 남겼다. 누구나 우승을 예상했고 패배는 꿈에도 생각하지 못했기에 '패닉'은 더욱 심했다. 브라질 국민들은 더 이상 살 의욕을 잃은 듯했다. 축구팬 뿐 아니라 브라질 축구협회 임원들이 받은 정신적 충격도 매우 컸다. 믿을 수 없는 패배를 지켜본 대회 관계자들은 경기가 끝난 후 제정신을 잃었다. 심지어 시상식에서 우루과이 대표팀에 우승 트로피를 건네는 것조차 잊은 채 황망히 시상대를 떠났다. 급기야 줄리메 국제축구연맹(FIFA)회장이 우승 트로피를 들고 우루과이 대표팀 주장을 찾아 나섰지만 신변 위협을 느낀 우루과이 선수들은 이미 운동장을 빠져나간 뒤였다.

'국가적 위기 상황'이라고 해도 좋을 만큼 브라질이 받은 충격은 치명적이었다. 집단적 정신공황은 최악의 사태를 불러왔다. 라디오 뉴스에서는 패배의 절망을 극복하지 못하고 자살을 택한 이들의 소식이 줄을 이었다. 최악의 국가적 재앙이라는 '마라까낭의 비극'이 치유되는 데는 8년이라는 시간이 걸렸다. 1958년 스웨덴에서 삼바축구는 가힝샤와 자갈루, 펠레 등을 앞세워 첫 우승을 차지했고 브라질 국민들은 그제야 '마라까낭 비극'의 악령을 훌훌 털어낼 수 있었다.

1983년 12월 히우에서는 1970년 멕시코 월드컵에서 3번째 우승으로 줄리메컵을 영구 보관하는 영예를 안았던 브라질은 이 컵을 도난당했다. 도난당한 줄리메컵은 범인들에 의해 용광로에서 분해되어 존재하지 않는 것으로 추측되고 있다. 현재의 줄리메컵은 복제품으로 보관하고 있다.

1994년 미국월드컵이 열리기 전 브라질의 각 매스컴들은 당시 펠레 못지않은 기량을 갖고 있다는 슈퍼스타 호마리우(Romário)의 아버지가 납치범들에게 납치되었다는 뉴스가 매스컴의 중요기사였다. 스페인 프로 1부 리그에서 뛰고 있는 호마리우는 즉시 브라질로 귀국했고 "아버지가 풀려나지 않는다면 대표선수로 뛸 수 없다."라고 말하며 몸값으로 200만 달러도 준비해두겠다고 공개적으로 약속도 했다. 호마리우를 출전시켜 대회사상 첫 4차례 우승을 노리는 브라질은 온 나라가 공황상태에 빠져들었다. 그리고 며칠 뒤 납치범들은 호마리우 아버지를 돈 한 푼 받지 않고 풀어주었다. 아마 납치범들은 브라질 국민들의 분노가 워낙 커서 지레 겁을 먹었기 때문이라고 추측했다. 만의 하나 호마리우 없이 월드컵에 나갔다가 우승하지 못한다면 그 분노가 자신들에게 돌아올 것이고 그 보복에 대한 두려움이 컸던 때문이었을 거라는 분석이었다. 프랑꾸 대통령은 결승전의 날을 임시 공휴일로 선포했으며 브라질은 호마리우, 베베뚜, 둥가 등 호화멤버로 이탈리아를 꺾고 우승했다.

1995년 1월 대통령에 당선된 까르도주(Cardoso)는 내각을 구성하면서 펠레를 체육부 장관에 임명했다. 브라질에서 가장 강력한 권한을 가진 장관은 재무장관, 외무장관 순이다. 체육장관은 서열로는 한창 밑이다. 그러나 까르도주 대통령이 첫 각의를 소집한 자리는 마치 펠레의 취임축하연 같았다. 모든 장관들이 다투어 펠레에게 다가가 악수와 축하의 말을 나누느라 정신이 없었다. 대통령까지도 펠레를 특별히 예우했다.

이날 재무장관은 "국영기업체의 민영화가 가장 중요한 정책"이라고 설명한 뒤 "펠레 장관께서 이 문제에 각별한 관심을 갖고 도와주기를 바란다"라고 간곡하게 부탁했다. 이어 외무장관은 "펠레 장관께서는 우리가 외교정책을 수행하는데 큰 힘이 돼 주실 것으로 믿는다"라고 정중히 고개를 숙였으며 상공장관을 비롯한 나머지 장관들도 모두 펠레에게 자기네 부서의 현안을 해결하는데 도와달라고 요청했다. 브라질에서 펠레의 비중이 어느 정도인지, 국민들은 물론이고 장관들까지도 펠레를 브라질 축구의 영웅으로 존경하고 있음을 보여주는 사례라고 할 수 있다.

(김인규. 1977. pp. 119~126)

3) 실내축구(Futebol de Salão)

1940년대 브라질의 청소년들 사이에서 시작되어 세계적인 축구경기로 자리잡은 실내축구는 국제축구연맹의 공식적인 지명을 받았으며 현재는 국제적으로 '풋살'(futsal)이라는 명칭으로 불리고 있다.

실내축구는 한 팀의 5명의 인원이 길이 3m 높이 2m의 골대와 가로 14-20m, 세로 24-36m의 마루, 시멘트 혹은 아스팔트 등의 경기장에서 전, 후반 20분씩(10분간의 휴식시간)의 경기를 갖는다. 브라질은 지난 1997년 스페인 세계 실내축구대회에서 우승, 통산 5연패의 위업을 달성했다.

4) 해변축구(Futebol de Areia)

'비치 사커'라 불리는 해변축구는 원래의 축구와 실내축구의 규정을 복합적으로 응용한 것으로 5명의 각 팀 선수들이 12분씩의 3쿼터 경기(각각 3분간의 휴식시간)를 갖는다. 브라질은 지난 1997년 열린 세계선수권대회에서 왕년의 축구스타들이 참가하여 3연패하는 성과를 얻었다.

펠레의 어린시절

펠레

5) 축구황제 펠레

본명이 에드송 아란찌스 두 나시멘뚜(Edson Arantes do Nascimento)인 펠레는 1940년 10월 23일 브라질의 뜨레이스 꼬라송이스(Três Corações, 세 개의 심장이란 뜻)에서 태어났다. 11세 때 처음으로 브라질의 세계적인 선수 발데마르 지 브리뚜(Baldemar de Brito)의 눈에 띈 그는 15세에 산뚜스(Santos)에 입단하였고 1956년 9월 꼬링찌앙스(Corintians)와 첫 경기에서 득점을 올림으로써 그의 전설을 시작되었다.

1958년 17세의 어린 나이에 월드컵에 처음 출전하였고 세계의 축구팬들은 혜성과 같이 나타나 신기의 기술로 월드컵을 빛내준 이 소년에게 아낌없는 경탄의 박수를 보냈다. 그는 프랑스와 준결승에서 해트트릭을 기록하기도 했다. 그리고 스웨덴과의 결승전에서 멋진 두 골을 기록하여 브라질은 월드컵을 차지하였다. 브라질의 골키퍼 질마르(Gilmar)는 경기 후 동료들의 무등을 타고 경기장 밖으로 나가며 눈물을 흘리던 이 신동 펠레를 달랬던 기억을 즐겁게 회상했다. 그는 1959년에 통산 127골을, 1961년에는 110골을 각각 기록했으며 세계 클럽 선수권대회에서 두 번(1962년, 1963년), 그리고 상파울루 선수권대회에서 아홉 번 우승을 차지했다.

그는 1962년과 1966년 월드컵에서 부상으로 남은 경기에는 출전을 하지 못하는 비운을 겪기도 했다. 1970년 멕시코대회에서 그는 드디어 자신의 뛰어난 실력을 마음껏 펼쳐보였다.

사실 펠레는 말 그대로 전설이었으며 길고 눈부신 그의 축구 인생을 장식하는 놀라운 신기록들을 많이 세웠다. 1969년 마라까낭 경기장의 열광하는 관중들 앞에서 그는 천 번째 골을 성공시켰으며, 한 경기에 5골을 넣은 경우만도 최소한 여섯 번에 이른다. 또한 한 경기에 4골을 넣은 경우는 30번이나 되며 해트트릭은 무려 92번이나 기록하였다. 1964년 불쌍한 보따포구(Botafogo)와의 경기에서는 여덟 번이나 상대 네트를 흔들어 놓은 적도 있다. 결국 펠레는 통산 1,363경기에 출전하여 1,281골을 기록하였고 대표 선수로서 92번이나 국제 대회에서 승리를 거뒀다.

1974년 펠레는 자신이 ‘아름다운 게임’이라고 부르는 축구를 그만두었고 그로부터 1년 후 “미국 국민들에게 세계적인 축구 경기를 전해 주기 위해” 뉴욕 코스모스 유니폼을 입고 다시 그라운드에 돌아왔다. 1977년 그는 모든 선수생활을 마감하고 은퇴하였다. 나이지리아에서 한창 전쟁이 벌어지던 1970년 펠레가 축구 경기를 위해 라고스에 도착하자 전쟁이 중단된 예도 있었다. 브라질 대통령은 그가 유럽 프로팀으로 이적할까봐 그를 “인간 국보”로 선언했다. 한편 산뚜스에서는 마라까낭 경기장에서 기록한 그의 천 번째 골을 기념하여 매년 11월 19일을 “펠레의 날”로 정해 놓고 있다.

선수 생활에서 은퇴한 펠레는 조국인 브라질과 UN, 유니세프 등 국제기구의 홍보 대사로 활발한 활동을 벌이고 있다. 1995년 그는 브라질 체육부 장관을 역임하기도 했다.

소속팀

1956년~1974년 산뚜스

1975년~1977년 뉴욕 코스모스

호마리우와 둥가, 월드컵을 안고

호나우지뉴

호나우두

6) 브라질 국가 대표팀 전적

1958년 FIFA 스웨덴 월드컵 : 우승
1959년 코파아메리카 : 준우승
1959년 코파아메리카 최다득점선수(9골)
1962년 FIFA 칠레 월드컵 : 우승
1966년 FIFA 잉글랜드 월드컵 : 1차전
1970년 FIFA 멕시코 월드컵 : 우승

92개 국제 경기, 97골
브라질에서 공식경기의 최다득점선수
통산 1,363경기에 1,281골 기록 - 공전의 세계 기록
1999년 세계올림픽위원회(IOC)가 뽑은 "20세기 최고의 운동선수" 선정

세계최대의 경기장 마라까낭에서의 경기 모습

7) 브라질 축구 경기장 및 수용인원

장소	축구경기장 이름	수용인원
히우지자네이루	마라까낭	160,000
상파울루	모룸비	150,000
뽀르뚜알레그리	베이라히우	120,000
꾸리찌바	삐녜이렁	120,000
포르딸레자	까스뗄렁	120,000
헤시피	주제헤구마씨엘	120,000
벨로오리존찌	미네이렁	110,000
살바도르	폰찌노바	100,000
마세이오	헤이뻴레	100,000
플로리아노뽈리스	까따리아넝	100,000
고이아니아	세하도우라다	80,000
상파울루	빠까엥부	70,000
마나우스	비바우두리마	70,000
뽀르뚜알레그리	올링삐꾸	70,000
꾸이아바	베르덩	70,000

8) 흥미 있는 브라질과 월드컵 이야기

월드컵 유일한 5회 우승국
월드컵 3회 우승에 참가한 유일한 선수 : 펠레
월드컵 때마다 골 넣은 선수 : 1970년 자이르지뉴
월드컵 결승 연속골 넣은 선수 : 바바 -1958년-2골
-1962년-1골
3번에 걸쳐 최고득점선수 : 1938년-레오니다스 8골
1950년-아데미르 7골
1962년-가힝샤 4골, 바바 4골
월드컵에서 4골을 넣은 두 명의 선수 보유국 : 1938년-레오니다스
1950년-아데미르
월드컵에서 4번 선수와 감독으로 우승 메달 소유자 :
자갈루 - 선수 - 1958년, 1962년
- 감독 - 1970년
- 기술 감독 - 1994년

브라질 대표 선수 경기수와 골수

선수	골	경기수
펠레	98	114
지꾸	77	92
히벨리누	43	120
자이르지뉴	42	102

2. 커피의 나라 브라질

악마처럼 검고, 지옥처럼 뜨겁고, 천사처럼 순수하고, 사랑처럼 달콤하다는 커피, 커피하면 생각나는 것이 브라질이다. 1,000가지가 넘는다는 커피의 세계로 들어가 보자.

1) 개요

커피의 원산지는 에티오피아이다. 기원전 6~7세기경, 에티오피아의 험준한 산맥의 한 산골에서 염소 치는 소년 칼디(Kalde)가 살고 있었다. 어느 날 그는 이상한 광경을 목격했다. 기르고 있던 염소들이 갑자기 춤을 추듯 뛰고 달렸던 것이다. 칼디는 염소들을 관찰하기 시작했는데 언덕 숲 속의 작은 나무에서 빨간 열매를 먹고 나면 염소들이 흥분을 하고 밤에 잠들지도 않았다. 이에 호기심이 강했던 칼디는 직접 열매를 따먹어 보았는데 갑자기 온몸에서 힘이 넘치고 상쾌해짐을 경험했고 소년은 그 열매를 몇 개 따다가 가까운 곳 이슬람 승려에게 보여주었다. 승려는 여러 가지 실험을 거쳐 이 열매가 잠을 쫓는 효과가 있다는 것을 알아냈고 그 후부터는 커피는 술이 금지되어 있는 이슬람 승려들의 밤 기도를 위한 음료로 이용되었다.

2) 커피의 어원

커피의 어원은 카파(Kaffa)이다. 영어식 표현인 '커피(Coffee)'는 그 어원이 에티오피아어로 힘을 뜻하는 '카파(Kaffa)'에서 비롯되었다. 칼디의 전설처럼 '마시면 온몸에서 힘이 솟는다.'는 의미이다. 실제로 에티오피아에서는 카파라는 지역에서 지금도 야생커피를 수확하고 있다. 에티오피아의 커피가 주변 아라비아 국가로 전해지면서 'kahway',

'Gahwa', 'Qahwa', 'Kahve' 등 다양하게 불러졌다. 커피의 또 다른 어원으로 파악되는 있는 이 단어들은 '식물에서 나는 포도주'라는 의미를 지니고 있는데 이는 종교적으로 알코올을 멀리하는 이슬람 문화 속에 술 대신 각성효과가 있는 커피를 애용했기 때문으로 풀이된다. 17세기 초 커피라는 이름을 얻기 전, 유럽에서 '아라비아의 와인'으로 불렸던 이유도 여기에 있다. 이것이 유럽으로 전해지면서 프랑스에서는 'Cafe', 독일에서는 'Kaffe', 스페인에서는 'Kape', 이탈리아에서는 'Caffe', 그리스에서는 'Kafes', 네덜란드에서는 'Koffie', 등으로 불리어지고 바다 건너 영국에 이르러 'Coffee'는 이름을 갖게 되었으며 브라질에서도 'Café'라고 불려진다.

3) 커피나무

커피나무는 아카네과 종에 속하는 상록수 나무이다. 야생에서는 약 4~6.5m 정도로 성장을 하는데, 재배할 경우에는 사람의 손을 거쳐 일일이 수확하기 때문에 2~3m 정도로 높이를 조절한다. 커피나무는 잎과 꽃 그리고 열매가 같은 시기에 열리게 된다. 나뭇잎은 약 10~20cm의 타원형으로 표면은 짙은 녹색을 띄고 있으며, 뒷면은 흐린 녹색을 띄고 있다.

꽃은 하얀 색으로 꽃잎이 5~9장으로 자스민과 같은 향을 가지고 있다. 열매는 꽃이 진 후 6~8개월 후에 성숙이 된다. 열매의 색은 녹색에서 적색으로 변하며, 완숙하게 되면 짙은 녹색을 띄게 된다. 이 열매는 체리와 닮아서 커피 체리라 부른다. 이 체리 속에는 종자가 들어있는데 이것이 커피의 원료가 되는 생두라 부르는 '커피 원두'이다.

4) 커피의 3대 원종

아카네과 커피아족의 상록수인 커피나무는 과실인 커피체리에 포함되어 있는 종자가 커피 원두라 불려진다. 약 80종에 이르는 커피아족 중에서 '3대 원종' 이라 불리는 것은 아라비카종, 로부스타종(카네포라종에 해당), 리베리카종 등 모두 3종이다.

커피열매

아라비카와 로부스타

커피원두(Coffee Bean)는 커피 존(Coffee Zone) 또는 커피 벨트(Coffee Belt)라고 불리는 북위 25°와 남위 25°사이의 열대, 아열대성 기후에서 재배되고 있으며 체리라고도 하고 커피콩이라고 불리는 커피원두의 대표 품종은 '아라비카'와 '로부스타'이고 원두커피는 주로 아라비카 종의 원두를 사용하여 커피를 추출한다. 우리가 주로 마시는 인스턴트커피와 원두커피에는 다음과 같은 차이가 있다.

첫째 커피원두를 생산하는 과정이 다르다. 해발 1,000미터 이상에서 자라는 아라비카의 경우 기계를 이용한 대량 재배와 수확이 불가능하기 때문에 사람 손으로 일일이 심고 가꾸고 거둬야 한다. 커피원두는 높은 지대에서 재배될수록 질이 좋은데, 그 이유는 지대가 높을수록 기후가 서늘하고. 이때문에 열매가 서서히 익어 밀도가 단단해 진다.

이에 비해 인스턴트커피를 만드는 로부스타종은 평지에서 기계로 재배하기 때문에 콩이 여문 정도나 크기, 결손 원두를 가리지 않고 모두 한꺼번에 가공된다.

둘째 로부스타종이 아라비카종에 비해 카페인 함량이 2배가 넘는다. 인스턴트커피에는 보통 약 20g이상의 카페인이 있다.

셋째 로부스타종은 맛과 향이 떨어진다. 블랙커피는 무조건 쓰다는 인상을 심어 주게 된 이유도 바로 여기에 있다. 마지막으로 중요한 차이는 무엇보다 신선도에 있다. 마시기 전에 바로 갈아먹는 원두커피는 향기도 감미롭지만, 건강에도 좋다. 볶은 원두는 밀봉했을 때는 가능하면 1주일, 분쇄 후에는 1시간 안에 먹는 것이 좋다. 이에 비해 인스턴트커피의 유효기간은 1년 이상이다. 바로 이런 이유 때문에 원두커피에 비해 인스턴트커피는 좋은 향미를 갖추기 매우 어려운 것이다.

커피의 추출방식은 여러 가지가 있지만 우리가 즐겨 마시는 대표적인 원두커피는 에스프레소(포르투갈어로는 이스쁘레수)와 드립커피와 있다. 이중에서 이스쁘레수(expresso)는 영어의 익스프레스(express) 즉 빠르다는 의미의 빠르게 추출하는 이태리식의 커피를 말한다. 에스프레소는 인위적인 압력(보통 9기압)을 가해 추출하는 커피이기 때문에 순수한 진한 맛과 향을 담고 있으며 커피의 심장(Coffee of Heart)이라고 불려지기도 한다.

5) 커피 생산지

대부분 커피나무가 자라고 있는 곳은 남 북위 25°사이, 연간 강수량이 1,500mm 이상의 열대 및 아열대 지역이다. 이 지역들은 지도에서 하나의 띠를 이루고 있는데 이것을 커피 벨트라고 한다. 그중에서 특히 좋은 조건은 남북회귀선이 통과되는 23.5°, 연 강수량은 고산지대로 대부분 해발 1천~3천m에 연 평균 기온이 20~25℃, 연 강수량은 1,500~2,000mm이다. 브라질이나 인도의 몬순 지역처럼 건기와 우기가 뚜렷한 곳도 유리하다. 나무에 꽃이 피어 열매를 맺을 때까지 우기, 열매가 익어 일차적인 가공을 할 때까지 건기로 구별된다면 훨씬 좋은 원두를 생산할 수 있기 때문이다. 토양도 매우 중요하다. 현재 커피가 재배되고 있는 대부분의 지역은 화성암 풍화지대로 토양이 비옥하고 배수가 잘 된다. 브라질이 커피를 많이 생산하는 이유는 브라질의 떼하호샤(Terra Roxa)라는 커피에 알맞은 토양이 있기 때문이다.

그러나 아무리 이상적인 조건을 갖추고 있더라도 서리가 내리는 곳이라면 커피 재배가 불가능하다. 근대부터 커피를 대량으로 소비해 온 유럽이나 미국의 자국 내에서 커피를 생산하지 못한 것도 이때문이다. 대표적인 생산국으로는 브라질, 콜롬비아, 인도네시아, 인도, 케냐 등의 60개국에서 전 세계 대부분의 판매량을 생산하고 있다.

6) 커피와 물의 관계

한 잔의 커피가 대부분 물로 이루어졌다는 것은 잘 알면서도 너무나 기본적이고 흔한 재료이기 때문에 무시되는 경우가 많다. 그러나 맛있는 커피를 위해서는 신선한 물이 필수적이다.

우리가 보통 안심하고 마시는 물에는 크게 3가지가 있는데, 지하수나 생수 같은 자연수와 화학적으로 소독한 수돗물, 그리고 필터를 통해 정수된 물이다. 이 중에서 정수된 물로 내린 커피가 고유의 맛과 향이 살아 있음을 느낄 수 있다. 생수로 끓인 커피는 생수에 든 철, 황 등의 광물질과 쓴맛을 내는 물질이 섞여 있기 때문에 커피의 쌉쌀하고 은은한 맛을 줄어들게 한다. 수돗물은 잘못하면 소독약 냄새가 나 적당치 않으나 그렇지 않은 경우라면 2~3분 정도 수돗물을 틀어 놓은 후 차갑게 나오는 물을 받아 끓여도 무방하다.(이영민. 2004. pp. 12~22)

7) 5가지 커피맛

커피는 '새까맣고 쓴 음료'라고 막연히 생각하는 이들이 많다. 그러나 커피 애호가들은 맛과 향으로 커피의 원산지와 품질을 구분하다. 세계에서 가장 비싼 '블루 마운틴' 커피는 초콜릿향이 나면서 우아한 신맛이 특징이며, 인도네시아산 '자바'는 풀향기와 향신료의 냄새가 강하면서 쓴맛이 난다.

커피업체에는 원두의 맛과 품질을 확인하는 감별사(taster)들이 있다. 업체들은 자사 커피의 품질과 맛을 일정수준에서 유지하기 위해 세계 여러 지역에서 생산되는 다양한 원두를 배합하는데, 이때 감별사들의 평가가 필수적이다.

△ 단맛(sweetness) - 과일, 초콜릿, 캐러멜 냄새와 연관돼 있다. 기분 나쁜 맛과 반대되는 개념이다.

△ 산미(acidity) - 오렌지 등 과일에서 느껴지는 신맛을 지닌, 날카로우면서 상쾌한 커피를 말한다. 적절한 산미를 가진 커피가 좋은 커피로 평가된다.

△ 신맛(sourness) - 식초와 흡사한, 지나치게 날카롭고 혀를 찌르는 듯한 커피를 지적할 때 사용한다.

△ 쓴맛(bitterness) - 카페인, 퀴닌, 특정 알칼로이드가 녹아 있는 물에서 나는 맛이다. 커피원두를 얼마나 로스트 하느냐에 의해 결정된다.

△ 짠맛(saltiness) -약간의 소금기가 느껴지는 커피를 의미한다.

8) 커피메뉴

△ 카푸치노 - 에스프레소 커피에 우유를 넣고 계피 가루를 곁들여 만든 것이다.

△ 카페 모카 - 에스프레소에 생크림과 초코시럽을 넣어 달콤하고 부드러운 맛이 특징이다.

△ 모카 프로스티 - 에스프레소에 초코시럽과 아이스크림, 아몬드를 갈아서 섞어 만든다.

△ 핫 모카 자바 - 옛날 자바섬에서 네덜란드 사람이 즐겨 마셨기 때문에 붙은 이름이다. 유럽에서는 에스프레소와 초콜릿을 혼합해 만든다.

△ 민트넛 라테 - 구수한 헤이즐넛향에 독특한 민트향과 에스프레소를 넣어 만든다.

△ 위스키 플레버 라테 - 에스프레소에 위스키와 캐러멜시럽을 넣어 만든다.

△ 아이리시 커피 - 아일랜드에서 마시기 때문에 붙여진 이름으로, 진한 원두커피에 아이리시 위스키를 넣고 생크림을 띄운다.

△ 카페 로열 - 나폴레옹이 즐겨 마셨던 커피로, 에스프레소에 위스키나 브랜디를 약간 곁들인 커피를 말한다.

△ 카페 라테 - 고급 원두커피 전문점에서 가장 인기 있는 메뉴로 에스프레소에 우유를 가미해 만든다.

9) 브라질 커피

프랑시스꾸 지 멜루 빨례따(Francisco de Melo Palheta) 상사는 브라질 커피콩과 묘목을 가져온 군인이다. 그는 마라녕 주지사의 두 가지 임무를 명령받고 불란서령 기아나(현 수리남)로 부임하였다. 첫 번째 임무는 외교관 성격으로 두 식민지간의 국경선을 확정지은 유트레히트(Utrecht) 조약의 이행 요구이며 두 번째 임무는 1719년부터 기아나에서 재배되고 있던 커피묘목을 브라질 빠라(Pará)주로 가져오는 것이었다. 빨례따는 두 가지 임무를 충실히 이행했다. 그는 기아나 총독을 만날 때는 영토문제 해결에만 온통 신경을 쓰는 것처럼 행동했다. 그는 특히 기아나 총독 부인에게 갖은 친절을 베풀며 접근, 그녀의 관심을 사는데 성공했다. 두 사람의 관계는 이 지역 사람들이 대체로 그러하듯 곳 뜨거운 사이로 발전했다. 어느 정도 사랑이 무르익었다고 판단한 그는 총독 부인에게 자기는 커피나무가 그렇게 사랑스러울 수가 없는데 브라질에는 이 나무가 없어 무척 아쉽다고 진지하게 털어놓았다. 또한 귀국해서 당신이 생각날 때마다 커피나무를 바라보고 싶다면서 몇 그루를 갖고 갈 수 없겠느냐고 호소했다. 총독부인은 잘 생긴 브라질 애인이 커피나무를 보면서 자신을 떠올리겠다는 데 감격, 남편 몰래 그의 소원을 들어주었다. 그는 결국 커피나무 씨 몇 알과 5그루의 어린 묘목을 가지고 브라질에 돌아올 수 있었다. 비록 불란서 정부의 공식 반출 금지 품목이었지만 그는 커피 종자와 여러 포기의 묘목을 브라질로 가져오는데 성공했고 그 자신이 빠라주에서 커피 경작지에 커피나무를 심었다.

1810~1820년 사이에 남부에 이식되어 히우지자네이루 부근에서 본격적인 경작이 시작되었다. 동 뻬드루 1세 통치기부터 브라질 부의 주요한 원천이었던 커피의 경작은 빠라이바강 유역과 그 인접지역까지 확장

커피건조

되었다. 히우와 미나스제라이스 지역뿐 아니라 커피 경작에 적합한 떼하호샤(Terra Roxa) 토양이 발달한 상파울루까지 확장되었다.

19C 브라질은 커피시대로 들어섰다. 19C 브라질 경제 역군이 된 커피 농장주들은 '세뇨르 다 파젠다'라고 불리는 새로운 농업 귀족이 되었다. '파젠다'는 커피농장을 지칭했고 농장주는 '파젠데이루'라고 불렀다.

빠라이바 강 유역의 토지는 표고가 300~900m로 아열대 기후는 커피나무 성장에 이상적이어서 생산은 해마다 증가하여 1850년에는 세계적인 산지 '자와'를 추월하여 전 세계 생산량의 50%를 점하게 되었다.

1870년경 파젠데이루의 생활은 참으로 호화로운 것이었다. 농장주는 제국주의와 동시에 탄생하여 황제의 은총을 받을 수 있는 입장에 있었기 때문에 유럽의 귀족 문화를 모방하여 그 생활은 매우 세련되고도 호화로운 것이었다.

물론 제국시대에 브라질의 재정을 충당하고 황실의 번영을 유지한 바탕은 커피였다. 유력한 파젠데이루는 황제로부터 후한 대접을 받아 작위를 하사 받음으로서 명실공히 귀족으로 된 경우는 1,000 명에 달하였다.

히우에서는 브라질에서 가장 화려한 대저택을 지은 파젠데이루가 몇 사람이나 있었다. 그 가운데 하나는 브라질의 행정수도를 브라질리아로 이전하기 이전에는 대통령의 관저로서 사용되었다. 농장의 저택 '까자 그란지(Casa grande)'도 사탕수수농장주들의 그것과는 비교가 안될 만큼 멋진 것이었다. 1845년 상 마떼우스 농장의 여주인은 유럽의 전원적인 취미를 살린 자기 저택에 동 뻬드루 2세 부부를 초청하여 수일간 극진히 환대하였다. 그래서 황제는 이 미망인의 대접에 감사하여 (상 마떼우스) 남작의 지위를 서품함으로서 그 호의에 보답하였다는 일화도 있다.

커피선적

한편 자녀교육을 위하여 유럽으로부터 가정교사를 초청해온 농장주들은 많았다. 또 어떤 농장주의 딸들은 불란서 부인을 초빙하여 피아노, 노래, 재봉, 무용, 승마 등을 배우는 것이 유행이었다.

커피의 초기 경기시대에는 노동력이 부족하였다. 이 문제를 해결하기 위해 정부의 지원을 받아 외국의 계약이민을 초청하였다. 19세기 말 커피 농장에는 수많은 유럽이민을 받아들였다 -이태리, 포르투갈, 스페인, 독일, 스위스, 유고슬라비아 그리고 아시아계- . 이들은 노예 대신에 브라질에서 계약 이민이 시작된 계기가 되었다.

커피 경작의 확산은 경제적 이익뿐만 아니라 도로시설의 확대에 따른 수송수단의 발전 등 많은 파급효과를 가져왔다. 1854년에 개통된 뻬뜨로뽈리스 산악지대까지 10마일에 달하는 브라질 최초의 철도 그리고 히우와 미나스제라이스 강을 연결한 우니엉 이 인두스뜨리아 도로 등은 커피산업의 결과로 볼 수 있다.

19세기 말부터 커피 생산이 급증했음에도 불구하고 특히 국제수요는 그와 같은 증가세를 보이지 않았다. 따라서 커피 가격은 급속도로 하락하기 시작했는데 1890년까지만 해도 1포대 당 102프랑 하던 것이 1900년에는 40프랑 이하로, 그리고 1905년 경에는 33~45프랑으로 급락하였다. 이에 커피라는 단일 품목에 정치와 경제가 의존해 있던 브라질정부는 커피 산업을 보호하기 위해 1906년 2월 상파울루 주의 따우바떼시에서 상파울루, 미나스제라이스, 히우지자네이루 등 3곳의 주지사들이 모여 커피 산업을 보호하기 위한 일명, 따우바떼 협정을 서명, 발표하였다. 그럼에도 불구하고 1920년 말에는 커피생산이 2,800만 포대 생산으로 수요량 1,500만 포대를 과잉 생산되었다. 1929년 미국에서 시작된 세계경제 공황으로 그때까지 과잉 생산분을 축적하고 있던 연방정부는 1931

년부터 1940년까지 약 8,000만 포대를 태우거나 바다에 버렸으며 1937년 한해만도 1,700만 포대이상을 폐기하였는데 이런 사태는 1944년까지 지속되었다. 이러한 정부의 정책으로 다른 나라에서의 커피 생산이 증가하였으며 커피 가격의 국제가격은 1943년부터 서서히 오르기 시작했다. 국가의 커피 시장개입은 신국가 체제에 들어와서 점차 강화되었고 브라질 수출의 50% 이상을 차지했으며 브라질은 세계 최고 커피 생산국이 되었다.

상파울루 과룰류스 공항 면세점에서 가장 많이 팔리는 인기 품목이 브라질산 커피이다. 모든 여행객들이 커피 꾸러미를 들고 나간다. 커피는 브라질의 대명사로 통할만큼 전세계에 알려져 있다. 전 세계에서 몇 억이라는 인구가 매일 아침, 저녁으로 즐기고 있는 이 커피는 이제는 단순한 기호품의 위치에서 벗어나 일종의 생활필수품으로 확고히 자리를 굳히고 있지만 그 커피의 값은 브라질의 기후에 따라 매년 좌우되고 있는 형편이다. 브라질 커피경작지의 기후조건은 지구 정반대 쪽에 있는 서울의 커피를 즐기는 세민의 가계에까지 얼마간의 영향을 미치는 셈이다. 생각하면 좀 어이없는 일이기는 하나 커피가 가지는 특성이 기후 특히 서리를 많이 타는 것이어서 기후에 조금만 이상이 있어도 커피 농장은 전멸하게 되고 그 결과 커피값에 대변동이 일어나게 마련인 것이다.

커피는 서리에 아주 약하다. 브라질의 커피 농장지역인 빠라나(Paraná) 주의 겨울이 서리가 자주 내리는 계절이라 '왜 하필이면 이곳에서 커피 재배를 시작했을까' 이상한 느낌이 들지만 하여튼 빠라나 주민들은 서리를 극도로 두려워한다. 해마다 서리 철이 오면 어떻게 커피 농장의 서리피해를 최소로 줄일 수 있을까하고 그 대책 강구에 온갖 신경을 쓴다.

그래도 지난 53년에는 짙푸른 커피농장이 새까맣게 변색을 할 정도로 결정적인 타격을 입었고 65년, 66년, 69년 그리고 70년, 72년, 75년에도 계속적인 서리피해 때문에 많은 손해를 입어 그때마다 세계의 커피값을 올렸다 내렸다 법석을 떨었었다. 그런가하면 또 기후가 좋아 생산이 순조로운 해에는 금방 생산과잉 상태를 빚어내 세계적으로 커피값을 대폭락시켜 버린다는 것이다. 브라질 커피 재배자들은 이래저래 죽을 지경이다.

브라질은 현재 세계 커피 수요양의 1/3을 제공하고 있다. 짙은 원두커피에다 설탕을 서너 숟갈씩이나 타서 브라질 사람들은 커피를 잘도 마신다. 줄잡아 하루에 열 잔에서 열다섯 잔 가량을 마셔댄다니 이들의 위장은 날 때부터 커피를 마시기 위해 특별히 만들어진 것이 아닌가하는 생각마저 들게 한다. 오늘도 브라질 사람들은 하루를 커피의 향긋한 향기에 취해서 하루를 보낸다.

10) 한국 커피의 역사

한국에서는 1895년 러시아 공사관에 머물던 고종 황제가 처음 커피를 마셨다. 러시아 공사는 가지고 온 커피 열매를 건조하여 으깬 다음 끓인 물을 넣고 맛있게 만들어서 고종황제에게 진상하여 시음하게 한 것이 최초라고 한다. 당시 고종은 세자(후에 순종)와 함께 약 1년 간 러시아 공사관에 머물면서 커피를 마셨고 덕수궁으로 돌아온 뒤에도 그 맛을 잊지 못해 커피를 찾았다고 한다. 그때부터 궁중내의 기호 식품으로, 주로 벼슬아치들이 즐겨 마셨다고 한다. 바로 숭늉문화에서 커피 문화로 가는 하나의 선구자 역할 노릇을 했었던 것이다.

민간 독일 여자 손탁이 러시아 공사관(정동 위치) 근처에 정동구락부라는 커피점을 열었던 것이 우리나라 최초의 다방이다. 커피가 처음으로 판매되게 되었는데 당시 커피 한 잔이 너무나 비싸 부유한 사람만이 사마실 수 있었다고 한다. 그러던 중, 8.15 해방과 6.25 동란이 발발하여 미군이 진주하면서 1회용 인스턴트커피가 등장하여 대중들이 즐기는 음료가 되었다. 그 당시 미군으로부터 유출된 인스턴트커피는 카페인이 너무 많이 함유되어 있어 과하게 되면 불면증에 걸려 많은 사람들이 고생하였다고 한다. 1970년 우리나라 최초로 인스턴트커피를 생산하게 되었다.

3. 삼바와 카니발

브라질 여자치고 삼바 못 추는 여자 없다.

1) 삼바

(1) 기원

원래 삼바의 기원은 아프리카에서 온 노예들이 자기들의 옛 배꼽 춤 '웅비가다(umbigada)'를 지칭할 때 부르던 아프리카 반투족의 일원인 '낌분두(quimbundu)'족의 언어 셈바(semba)에 그 기원을 두고 있다. 대부분 아프리카의 콩고와 앙골라에서부터 수입된 브라질 사탕수수농장 노예들이 여가 때, 둥그렇게 모여 서서 자기들만의 독특한 타악기 리듬에 박자를 맞추어 손뼉을 치며 노래하고 놀았는데, 그들이 만든 원 안에는 한 사람이나 혹은 서너 사람이 음악에 맞추어 팔과 다리 그리고 궁둥이를 민첩하게 움직이며 신나게 춤을 추게 되어 있었다. 원 안에서 춤을 추던 사람들이 원을 이루고 있는 사람들과 순서를 바꾸고 싶을 때, 원하는 상대방의 배꼽(웅비구 - umbigo)을 아주 가볍게 건드려 신호를 보냈다고 한다. 이러한 이유로 '배꼽춤'이라는 이름이 붙여진 것인데, 나중에 이러한 몸짓은 자기가 원하는 사람 앞에서 오른 발을 아주 가볍게 살짝 찍는 몸짓으로 더 세련되게 변형되게 되었다. 이것이 바로 지금 우리가 보는 삼바의 기본 몸짓이 되었다.

삼바는 옛날에 '바뚜끼(batuque)'라고도 불리기도 했는데 지금도 그 흔적이 '바뚜까다(batucada)'란 단어에 남아 있다. 즉, '바뚜까다'란, 삼바를 출 때 '바떼리아(bateria)'라고 불리는 악단이 옆에서 함께 연주하는 것을 칭하는 말이다. 이 '바떼리아'란 악단이 사용하는 악기들은 일반적으로 따롤(tarol), 탬버린(tamborin - 땅보링), 방울이 달린 작은 북 빤데이루(pandeiro), 작은 북(surdo pequeno - 수르두 뻬께누), 큰 북(surdo grande -

삼바

수르두 그란지), 솥 모양의 북 찡발리(timbale), 꾸이까(cuíca), 아고고(agogô), 개구리 울음소리와 비슷한 소리를 내는 헤꾸헤꾸(reco-reco), 쇼깔류(chocalho - 방울악기), 부엌에서 쓰는 접시, 프라이팬 그리고 일반 접시들 및 나무로 만든 호루라기이다.

사실 브라질 내에서는 삼바를 '빠고지(pagode)'나 '발을 질질 끌다'라는 뜻의 '아하스따-뻬(arrasta-pé)', '포보(fobó)', '포호보도(forrobodó)', '풍강가(fungangá)'라고도 부르는데, 일부 단어들이 포르투갈어로 해석이 되지 않는 이유는 삼바의 기원이 바로 아프리카에 있기 때문이다. 하지만 아프리카적 특색을 가진 삼바리듬이 세월의 흐름과 함께 완전히 브라질화된 좋은 예가 바로 '상바르(sambar)'라는 동사이다. 이는 '춤을 추다'라는 동사 '당사르(dançar)' 대신 삼바라는 명사에 동사 원형의 어미 -ar를 붙여(samba+ar) 합성한 것으로 브라질 사람들이 얼마나 삼바를 사랑하며 즐기고 있는지를 한 눈에 볼 수 있다. 그리고 또한 브라질 사람들은 삼바와 관계된 모든 사람들을 '상비스타(sambista)'라고 부르고 있는데, 이는 삼바 음악 작곡가나 가수 혹은 무용수들에 대한 존경과 찬사의 표현이라고 할 수 있다.

(2) 브라질 히우의 삼바 태동

삼바는 아프리카 흑인들이 북동부 바이아지방에서 처음 선보였는데, 19세기에 들어와서는 히우지자네이루 지방에서 크게 유행하게 되어 오늘날 카니발의 대표적 음악으로 발전하게 된다. 삼바로서 처음 기록될 수 있는 최초의 노래는 히우지자네이루의 유랑자들이었던 마우루 지 알메이다(Mauro de Almeida)와 시뇨(Sinhô) 그리고 동가(Donga)의 3사람이 1917년 작곡한 '전화를 통해(Pelo Telefone)'라는 곡이었다. 삼바는 1920년대 카니발 기간 동안에는 행진곡으로 사용되었다. 그리고 첫 삼바학교의 태동을 알리는 1928년부터 1950년경까지 상바 지 엥헤두(Samba de enredo), 즉 카니발 행사를 위해 브라질적인 주제를 다룬 삼바가사가 각 삼바학교의 행렬과 그 삼바학교 행렬 참가자들의 의상과 함께 주요한 변수로 작용하게 되었다.

(3) 삼바의 확산

히우 도시 중심부에서 즐기던 삼바를 빈민촌 파벨라의 '삼바 지 모후(samba de morro)'와 구분하며, '삼바 지 아스팔뚜(samba de asfalto)'라고 불렀는데, 이는 포장된 도로 변에 사는 도시민들이 현악기를 사용하여 멜로디와 서정성을 강조한 것이 특징이다. 그럼에도 불구하고 바뚜까다(batucada)는 여전히 타악기를 사용하여 삼바의 기본으로 남게 되었다. 그런데 1950년대 즈음 '삼바 지 아스팔뚜'로부터 '삼바 깡성(samba canção)'이 탄생하게 되었다. 삼바 깡성의 특징은 모지냐의 영향으로 아주 느린 템포에 감성적인 주제를 다루고 있기 때문에, 때때로 쿠바의 볼레로나 미국 스타일의 발라드와 혼동될 때가 있다. 따라서 브라질에서 생겨난 합성어, 즉 삼바와 볼레로를 합친 '삼볼레루(sambolero = samba+bolero)'나 '삼바와 발라드'를 합친 '삼발라다(sambalada = samba+ballad)'와 같은 단어들은 이 삼바 깐써웅이 더욱 더 서정적인 방향으로 발전된 모습을 보여주는 좋은 예라고 할 수 있다. 삼바를 '삼바 까리오까(samba carioca)', '삼바 지 모후(samba de morro)' 그리고 '삼바 바뚜까다(samba batucada)'로 구분하여 설명하고 있는데, 이것은 삼바를 즐기는 브라질 사회계층에 따라 분류해 놓은 것이다. 단지, 삼바 까리오까란 '히우의 삼바'라는 뜻으로, '삼바 지 모후'와 구별되는 아주 세련되고 또한 사교적이고도 상업적인 장소에서 추는 춤을 지칭한다. 이와 같이 삼바의 여러 명칭들은 삼바가 사회적 계급이나 인종적 차별을 뛰어

넘은 브라질 전 국민들로부터 사랑을 받고 있는 음악이자 춤이라는 것을 반영하고 있다.(최금좌. 2001, pp. 23~24)

(4) 삼바의 발전형태

이렇게 전 국민으로부터 사랑받는 삼바는 히우의 현대화와 함께 밀접한 관계를 갖고 발전한다. 즉 삼바는 1950년대까지 카니발을 대표하는 음악으로 정의되어, 부자들의 카니발 꼬르수(corso)나 클럽(clube), 하층민들의 카니발 꼬르동이스(cordões), 그리고 중산층들의 카니발 항슈(rancho)나 블로꾸(bloco)와는 명확히 구분되는, 거리를 활보하는 카니발을 탄생시켰는데, 이 행진곡 형태의 삼바가 바로 '행진'이란 뜻을 가진 마르샤(marcha) 혹은 그 축소형인 마르시냐(marchinha)라고 불리었다.

그리고 1950년대 말에는 복잡한 하모니를 이루는 보사노바(bossa nova)라고 하는 혁신적인 음악 장르가 인상주의자들이나 재즈 연주자들의 영향으로 탄생했다. 이 음악은 삼바리듬에 질질 끄는 듯한 싱코페이션을 많이 넣은 리듬을 기본으로, 마치 이야기하는 듯한 대화체에 아이러니하고도 시적인 음조를 띠는데, 변조음을 많이 사용한 것이 특징이라고 할 수 있다. 이 음악장르는 비니시우스 지 모라이스(Vinicius de Moraes)의 아름다운 시들과 톰 죠빙(Tom Jobim)의 천재적인 음악적 감수성, 그리고 주엉 질베르뚜(João Gilberto)의 꾸밈없고 리드미컬한 해석적 목소리가 어우러져 더욱 더 돋보이게 되었다. 이 장르의 대표곡으로는 특히 톰 조빙 작곡에 뉴톤 멘동사(Newton Mendonça)가 작사한, '음치(Desafinado)'와 '한 음으로 된 삼바(Samba de uma nota só)'를 들 수 있다.

오늘날에도 삼바의 50년대의 시적인 특징은 현재에도 왕성한 활동을 하고 있는 쉬꾸 부아르끼(Chico Buarque)나 까에따누 벨로주(Caetano Veloso) 그리고 빠울리뉴 다 비올라(Paulinho da Viola)와 같은 가수들이나 작사 · 작곡가들 사이에 이어져 내려오고 있다. 그리고 삼바의 명맥은 때때로 빠고지와 같은 다른 음악 장르로 변형되어 이어져 내려오고 있는데, 바로 이러한 이유 때문에 삼바는 일반 대중의 사랑을 꾸준히 받을 수 있는 것이다.

삼바엥헤두(Samba-enredo) - 1930년대부터 시작된 히우지자네이루 카니발 때 브라질적인 주제를 다룬 삼바가사가 삼바학교(escolas de samba)의 행렬과 함께 만들어진 각 팀의 주제곡이다. 1960년대까지는 브라질의 역사와 역사상의 주요인물을 찬양하는 긴 가사로 만들어졌으나, 70년대 이후에는 사회, 정치적 비판과 함께 대중문화의 특징을 보여주고 있다.

삼바깡성(Samba-canção) - 1920년대 선풍적인 인기를 끌었던 다소 느린 템포에 감성적인 주제를 다루고 있어 때때로 쿠바의 볼레로나 미국 스타일의 발라드와 혼동 될 때가 있다. 이 곡은 낭만적이고 감상적인 가사로 만들어진 것이 특징이다.

삼바 지 빠르찌두 알뚜(Samba de partido alto) - 삼바의 가장 오래된 형태의 이 곡은 그 가사가 일상적인 삶에 관한 주제를 즉흥적으로 노래하고 있는 것이 특징이다. 40년대 들어와 히우지자네이루의 일반 서민들 사이에서 크게 유행하기 시작했으며 삼바학교들의 인기곡으로 자리 잡았다.

빠고지(Pagode) - 상파울루에서 처음 선보인 이 곡은 히우지자네이루 출신의 삼바 작곡가 겸 가수인 제까 빠고지뉴(Zeca Pagodinho)의 이름을 본떴다. 낭만적인 가사에 타악기와 건반악기를 사용하는 것이 특징이다.

2) 카니발

(1) 개요

그리스도교국 중 주로 로마 가톨릭 나라들이 사순절 직전에 행하는 축제. 사육제(謝肉祭)라고도 한다. 우리에겐 카니발(포어로는 까르나발 carnaval)로 알려져 있으며 라틴어의 까르네 발레(carne vale : 고기여, 그만) 또는 까르넴 레바레(carnem levare : 고기를 먹지 않다)가 어원이다. 매년 부활절 40일 전에 시작하는, 사순절 동안은 그리스도가 광야에서 금식한 것을 생각하고 고기를 끊는 풍습이 있기 때문에, 그 전에 고기를 먹고 즐겁게 노는 행사가 되었다. 공식적으로는 일요일에서 화요일까지 3일이며 재의 수요일에 끝난다. 브라질의 카니발은 고대 그리스, 로마 등에서 열렸던 봄 축제와 이집트에서 오시리스 신을 기리는 의식에 그 뿌리를 둔 부활절 축하의식에 기원한다. 6세기경에는 그리스인들의 주신인 디오니소스를 기리며 봄 축제를 벌이며 거리를 행진했다. 그 당시에도 축제는 춤추고 마시며 사회적 질서를 뒤엎어 보는 의식으로 자리 잡았다. 중세 때는 가톨릭교회가 모든 이교도의 생각, 사상을 억압하려 하였지만 결국 실패하고 이런 전통은 가톨릭 의식으로 흡수되었다.

유럽과 특히, 프랑스, 스페인, 포르투갈에서는 마스크를 쓰고, 거리에서 춤을 추며 축제를 즐겼다. 브라질에 카니발은 17세기 경 포르투갈 인들에 의해서 엥뜨루드(entrudo - 서로 편을 짜서 오물과 밀가루, 진흙, 썩은 과일 등을 서로에게 던지며 즐기는 것) 이름으로 소개되었으며 19세기 초반에는 이런 의식들이 점차 폭력적으로 변질되어 정부는 이것을 금지시키려 한다. 동시에 아프리카 노예 출신들은 거리에서 춤과 노래로 자신들만의 축제를 만들어 냈다. 흑인 노예들은 자신들의 주인의 오래된 가발이나 셔츠를 빌려 입고 3일 동안 환락의 축제를 보냈다. 많은 주인들이 이 기간 동안 노예들을 자유롭게 거리를 활보할 수 있도록 하였고 노예들은 자신들이 즐길 수 있는 기회가 주어진 것을 고마워했기 때문에 탈주의 기회로 여기지 않았다.

1899년에 피아니스트 쉬끼냐 공자가(Chiquinha Gonzaga)가 카니발을 위해 특별히 작곡한 행진곡 '오 아브리-알라스(Ó Abre-Alas)'를 발표하면서 오늘날과 같은 카니발의 형태로 자리잡게 되었다. 이탈리아의 베네치아 카니발과 미국의 뉴 올리언즈 카니발과 더불어 세계에서 가장 유명한 브라질의 카니발은 통상 매년 부활절이 시작되기 40일 전인 2, 3월 중에 열린다.

카니발 행렬

(2) **삼바학교(Escolas de samba)**

히우에는 수십 개의 삼바학교가 있다. 공식적인 학교가 아니라 카니발 기간 동안에 매년 정해진 주제에 따라 행진을 하기 위해 만들어진 팀을 말한다. 이들은 축제를 위해 1년을 준비한다. 이들 삼바학교들은 테마를 정하고 그에 따라 새로운 삼바 노래를 만들고 춤을 연습한다. 테마는 역사적 사건이나 인물이 주로 되며 브라질 문학의 이야기나 전설이 되기도 한다. 옷과 소품은 테마의 역사적 시간과 공간을 반영한다. 각 삼바학교들은 나름대로의 전통이 있어서 이 전통과 테마를 조화하여 전체를 기획하게 된다. 70년대까지는 삼바학교와 행진은 저소득층으로 구성되었으나 이후 중산층 백인들이 그들이 좋아하는 학교와 행진에 참여하고 있다. 오늘날 삼바학교들의 행진은 전국적으로 존재하고 있으나 그중에서 히우지자네이루의 행진이 가장 전통적이고 또 세계적으로 가장 유명하다. 현재 히우지자네이루에만 대략 70여 개의 삼바학교가 존재하고 있으며 이들은 '특별그룹(Grupo especial, 기량이 가장 뛰어난 14개의 팀으로 구성되어 있으며, 매년 행진에 따른 성적으로 순위가 결정된다)'을 포함하여 모두 6개의 그룹으로 나누어져 있다. 매년 전 세계로 소개되는 카니발은 이들 특별그룹의 행진이다.

(3) **카니발과 브라질**

브라질의 문화는 포르투갈의 영향뿐만 아니라 인디언, 아프리카, 유럽, 아시아 등의 다양한 문화의 영향 속에 형성되었다. 표면상 카니발은 사순절 직전에 행해지는 종교축제이지만 다양한 종교적 배경과 인종적 혼합 등 복합적인 브라질 문화의 단면을 잘 드러낸다.

인구의 90% 이상이 가톨릭을 종교로 갖고 있던 브라질인 들은 언제나 모든 것을 하나님께 의지하고 구하며, 또 감사하는 마음을 전하고자 애쓰고 있다. 그래서인지 '그라사스 아 데우스(Graças a Deus, 하나님 은혜로)' 라는 말을 인사말이나 대화에서 너무나도 빈번히 쓰는지도 모른다. 그런데 분명, 정열과 광란, 환락, 그리고 익살과 풍자의 모습으로 점철되어지는 카니발은 어쩌면 하나님의 섭리에 어긋나는 지도 모르는 일인데, 브라질 인들은 그리스도가 40일간 광야에서 금식하고 시험받은 수난의 사순절에 앞서 3일 아니 일주일 동안 질펀한 카니발의 축제를 즐기는 것일까? 그것은 바로 그들이 카니발이 끝난 후 성당에 나가 더 많은 고백과 회개를 통하여 더욱 새롭고 충실한 신앙인으로 태어나 단식과 속죄, 그리고 정진의 사순절을 더욱 뜻 깊게 보내려는 나름대로의 의미부여가 있기 때문이라면 너무 지나친 억측일까?

일반적으로 축제가 사회생활에서 주는 의미는 잠시나마 제한된 시간 동안에 일상생활을 떠나 아니 일상생활을 잊고 하나의 다른 삶을 맛볼 수 있게 한다. 그리고 그것이 일반 여가 생활과 다른 점을 보면 일단 축제라는 것은 사회적 행동으로 그것이 집단적으로 표출된다는 것이다. 브라질 인들에 있어 카니발 축제는 진정 개방성과 다양성이 보장된 국민적 축제요 문화적 시위임에 틀림없으며, 이를 통하여 브라질 인들은 '하나의 국가', '하나의 국민' 임을 실현하려는 의지를 보여주고 있다. 17세기 포르투갈 인들에 의해 소개된 카니발은 유희적 요소에 흑인들의 민속적인 요소들이 포함되고 또 지방적 특성이 강조되어 주기적으로 실시되면서부터 하나의 유행성을 띤 특징적인 행사가 되었다.

살바도르(Salvador)의 카니발은 히우 다음으로 거대한 규모를 자랑한다. 이곳에서는 밴드가 큰 스피커를 단 트럭을 타고 연주하는데 사람들이 트럭 뒤를 따라가며 행진을 벌인다. 유명한 카니발 밴드로는 아프로 블로꾸스(Afro-blocos), 올로둥(Olodum)등이 있다. 아포쉐(Afoxé) 리듬은 카니발을 빛내는 중요한 음악으로, 빠른 리듬에 맞춰 아프리카 토속어인 나고(Nagô)어로 노래하며 아프리카 토속종교인 깐동블레에서 유래되었다하여 일명 "거리의 깐동블레"라고도 불린다.

빼르낭부꾸(Pernambuco) 주에서 열리는 카니발은 다양한 민속축제가 포함되어 있어 가장 민속적인 색채가 강한 것으로 평가된다. 헤시피(Recife)와 올린다(Olinda) 시에서는 블로꾸라 불리는 단체가 거리를 행진하는데, 가장 인기 있는 블로꾸는 '갈루 다 마드루가다(Galo da madrugada, 새벽의 수탉)' 로 헤시피에서 행진을 벌일 때면 관중이 구름같이 모여든다. 빼르낭부꾸에서 널리 연주되는 카니발 음악은 행진곡과 폴카에서 유래한 빠른 속도의 프레보이며, 타악기 리듬에 몸을 흔드는 '마라까뚜(Maracatu)' 라는 흑인의 왕을 추앙하는 일종의 행렬축제로 이곳에서 감상할 수 있다. 올린다 카니발에서는 빠삐에르마쉐(papaier-maché)라는 종이로 만든 꼭두각시 인형이 주목을 끈다. 이 커다란 마스코트 인형은 인기스타나 민속에 등장하는 영웅을 대표하지만 한편으로는 수천 명의 지지자를 거느린 각 블로꾸를 상징하기도 한다.

위와 같은 대규모 카니발은 아니지만, 전통이 깊고 독특한 지역적 특징을 간직한 소규모 카니발이 미나스제라이스(Minas Gerais) 주의 역사적 도시인 오우루쁘레뚜(Ouro Preto), 마리아나(Mariana), 상주엉델헤이(São João del Rei)에서 열리고 있다.

카니발기간 동안에는 브라질 전역이 거의 광란에 가까운 흥분과 환희의 물결로 요동친다. 전세계적으로 유명한 히우의 카니발, 특히 삼바학교의 그룹별 행진은 장대하며 환상적인 모습 때문에 보는 이로 하여금 입을 다물지 못하게 할 감격과 흥분을 안겨준다. 히우의 '마르께스 사뿌까이' 거리에 삼바학교들의 행진을 위해 항구적으로 설치된 삼보드로무(Sambódromo : 행진을 위한 트랙과 관중석이 마련된 곳)는 사순절 시작 전주 토요일부터 삼바학교들의 행진이 세 그룹으로 나뉘어 히우 시 관광청이 지명한 심사위원들의 심사를 통해 경연대회를 벌인다.

특별 그룹(Grupo Especial)에 속한 14개 팀보다는 다소 기량이 떨어진 '1그룹(Grupo 1)' 과 '2그룹(Grupo 2)' 의 행진을 시작으로 일요일 밤 7시부터 다음날 아침 8시까지, 특별 그룹에 속한 44개 팀 중 8개 팀의 경연대회와, 이어 월요일 밤 7시부터 다음날 화요일 아침 8시까지 계속

삼보드로무

되는 나머지 8개 팀의 경연대회 중 무엇보다도 눈길을 끄는 것은 이들 14개 특별그룹 팀의 화려함과 장엄함, 그리고 환상적인 모습이 어우러진 열띤 행진이다.

36명의 심사위원들은 '삼바학교 연맹'이 정한 규정에 따라 1~10점까지 다음 항목에 점수를 매긴다 : 각 팀은 먼저 지정된 시각에 출발점에 모여 있지 않을 경우와 팀당 행진 시간 65~80분에 미달 혹은 초과되는 경우, 그리고 행진 후 팀 시설물을 50분 이내에 철수하지 않을 경우 등 세 가지 경우에 무조건 1점씩의 감점을 얻는다. 최소 200여명의 주자로 구성된 고른 리듬을 연주하는 드럼 부문, 팀의 주제가 담겨진 노래의 음악성, 드럼 연주와 춤 그리고 노래의 조화성, 팀의 단결성, 행진의 중심 테마, 팀의 각 열의 일정한 일치 및 균일성, 팀의 주제를 표시하는 풍자물(사람 또는 사물)의 독창성, 의상의 독창성 및 조화성, 행진에서 제일 먼저 입장하는 지휘대의 통솔성, 그리고 기수와 함께 짝을 이뤄 행진하는 선발자의 행동의 통일성 및 조화로움 등이다.

특별 그룹에 속한 이들 14개 삼바학교는 카니발의 80분 경연을 위해 1년을 준비한다. 각 팀은 대개 매년 2월 중에 실시되는 카니발을 위하여 그 전년도 3월부터 비용을 마련하고, 주제음악을 작곡하고, 상징물과 장식물 그리고 의상 등을 준비하여 1, 2월에 총연습을 실시해 경연 대회에 만전을 기하게 된다.

오늘날까지도 브라질 사람들의 1995년 카니발은 입에 오르내린다. 당시 삼바 스쿨(escola de samba)의 수석 무용수는 미모와 춤 솜씨 등을 갖춘 유명가수, 몸매가 빼어난 모델, 유명 탈랜트 아니면 발달한 미모의 10대를 선정했다. 왜냐면 경연대회 성적이 수석 무용수의 분장, 몸매, 춤 솜씨가 상당

꼬마 삼바 무용수들

부분 차지했으므로 삼바스쿨의 수석 무용수 역할은 대단한 것이었다. 그러나 유명 삼바스쿨인 베이자 플로르(Beija Flor, 벌새)는 이런 관례를 깨고 70년대 세계적 소프라노가수로 활약했던 비두사영이라는 89세의 할머니를 선정했고, 현직 대통령이었던 이따마르 프랑꾸(Itamar Franco)가 사상 처음으로 삼보드로무(Sambódromo, 삼바경연장) 로얄석에 모습을 나타내었으며 대통령으로서 상상하기 힘든 주책까지 부렸기 때문이다. 당시 홀아비 대통령 프랑꾸는 한 삼바스쿨 수석급 무용수를 로얄석으로 초대 자기 옆에 앉히고 같은 포옹과 키스로 추태까지 부렸던 것이다. 모델과 포르노 배우까지 겸하고 있던 릴리앙 하무스란 무희는 당시 속옷도 입지 않은 채 간편한 겉옷만 걸치고 있었다. 카니발이 열리는 2월 브라질은 한여름인데, 하무스가 대통령자리에서 다리를 꼬고 앉은 이런 모습이 TV를 통해 적나라하게 전국으로 생중계 되었던 것이다. 자신의 추태가 전국에 생중계되는 것도 모른 프랑꾸 대통령은 다음날 새벽 4시까지 하무스와 데이트를 즐겼다. 프랑꾸 대통령의 삼바 경연장 참석과 그 곳에서 주책을 부린 사건은 가톨릭교회, 군부, 정치, 경제인들로부터 호된 비난을 샀다. 일부 인사는 대통령을 그런 장소로 모시고 간 비서진과 측근 각료들이 사임해야 한다고 맹비난하고 나섰다.

몇몇 일간지들이 대통령의 추태에 대해 국민들이 어떻게 반응하고 있는지를 조사, 발표했다. 여론조사 결과 절반 이상이 대통령의 그 같은 행동에 대해 문제가 될 게 없다는 반응을 보였고 나머지 25% 정도는 이해할 수 있다는 응답을 했다.

특히 일부 국민들은 프랑꾸 대통령이 오랜 동안 홀아비로 지내온 점을 들어 충분히 이해한다는 너그러움을 발휘하기도 했다. 국민들이 이렇게 반응함에 따라 이 문제는 유야무야로 끝나버렸다. 이처럼 89세의 할머니가 삼바축제에 무용수로 참가하는 것에 소녀처럼 열에 들뜨고 대통령이 이성을 잃고 주책을 부린 것도 결국은 카니발만이 갖는 마력이라고 할 수 있다.(김인규. 1997. 270~280)

카니발이란 먹고 마시고, 이야기하고, 음악에 맞춰 춤을 추면서 다음날 해가 떠오를 때까지 흥겹게 노는 것이다. 축제가 열리는 4일 동안에는 모든 경제활동이 중지되고 거리는 온통 음악, 춤, 행렬로 가득 찬다. 카니발이 커다란 볼거리로 정착된 히우에서는 사람들이 어떤 삼바스쿨이 카니발 행렬에서 우승할 것인지를 두고 열띤 논쟁이 벌어지기도 한다. 언론의 관심도 온통 카니발에 집중되어 정치 기사는 뒷면으로 넘어가는 수모를 당한다.

브라질 카니발은 계층 간의 구분을 잠시나마 사라지게 하는 역할을 한다. 가난한 사람들은 이 기간 동안 부자나 유명한 사람으로 가장하여 일상의 고된 일과 근심을 잊고 자신만의 판타지 세계로 탈출한다. 가정부는 여왕이 되고, 남자는 여자가 되고, 여자는 옷을 벗어 던지는 등 누구나 자신이 원하기만 하면 부유하고 힘 센 인물로 변신할 수 있다. 비니시우스 지 모라이스가 쓴 시 「행복(felicidade)」은 브라질 사람들에게 축제가 갖는 의미를 다음과 같이 요약하고 있다.

> 가난한 자들의 행복은 카니발의 커다란 환상이다.
> 사람들은 4일 간의 꿈같은 축제를 위해 1년을 일하며
> 왕, 해적, 정원사로 변장한다.
> 그리고 모든 것은 재의 수요일에 끝난다.
> (박영원. 폴커펠츨, 2005, pp. 196~199)

참고문헌

1. 한국어 문헌

김창환, 『중남미사』, 서울, 송산출판사, 1980.

김인규, 『브라질 문화의 틈새』, 서울, 다다미디어, 1997.

김영철, 『브라질 문화와 흑인』, 부산, 세종출판사, 2003.

강석영 & 최영수, 『스페인 포르투갈사』, 서울, 대한교과서, 2000.

김용재 & 이광윤, 『포르투갈 · 브라질의 역사문화기행』, 부산, 부산외국어대학교, 2000.

김원호, 『MERCOSUR 회원국의 경제통합정책과 추진방향』, 대외 경제정책연구원 지역정보센터, 1997,6.

권문술, 민만식, "전환기의 라틴아메리카", 서울, 탐구당, 1985.

대외경제정책연구원 지역정보센터, 『브라질편람』, 2004.

________, 『중남미 진출전략 세미나 - 한 · 중남미 새 협력 시대의 개막과 SOC 분야 진출방안』, 2005.

대한무역투자진흥공사, 『세계 주요시장 중장기 진출전략』, 무공자료 97-19, 2005.

대한 · 서울 상공회의소, 『중남미지역 기업진출 확대방안에 대한 연구』, 2005.

민만식외, "중남미사", 서울, 민음사, 1994.

스포츠한국, 1. 16. 2005.

외교통상부, 『브라질 개황』, 2005.

우덕룡 외, 『라틴아메리카 - 마야 잉카로부터 현재까지의 역사와 문화』, 서울, 송산출판사, 2003.

이전, "라틴아메리카 지리", 서울 민음사, 1994.

정선우, 『브라질의 민영화 추진 현황과 향후 전망』, 대외경제정책연구원 지역정보센터, 1996, 12.

조선일보, 4. 12. 2006.

조선일보, 1978, 4~5월. 외국인의 의식구조―.

주 브라질대사관, 『기업활동 안내서-브라질』, 2005.

중남미연구소, 『중남미 연구』, 서울, 한국외국어대학교 중남미 연구소, 2001.

________ , 『브라질 현황 보고』, 2005.

최금좌, "삼바 - 브라질 전통의 진수", 한국외국어대학교 중남미 연구소 제 20권.

최영수, 『라틴아메리카 식민사』, 서울, 대한교과서, 1996.

최영수 외. 『음식으로 본 서양문화 - 브라질인의 식관습과 음식문화』, 서울, 대한교과서, 1997.

최영수, "브라질 문화코드와 의사소통 방식", 서울, 한국외국어대학교 중남미 연구소 제 23권 2호, 2004.

최윤희, 『문화간 커뮤니케이션과 국제협상』, 서울, 커뮤니케이션북스, 1998.

최윤희 & 김숙현, 『문화간 커뮤니케이션의 이해』, 서울, 범우사, 1997.

카를로스 푸엔테스, "라틴아메리카의 역사", 서성철역, 서울, 까치, 1997.

폴커 펠츨, 『지구촌문화충격 탈출기 - 브라질』, 서울, 도서출판 위슬퍼, 2005.

한국무역협회, 『국가정보-브라질』, 2004.

________ , 『브라질경제 및 한-브라질 교역현황』, 2004.

________ , 『1997년도 세계 국별 경제전망』, 2004.

한국수출보험공사, 『중남미편람』, 지역조사자료 96-1, 2004.

한국수출입은행, 『브라질투자가이드』, 2005.

________ , 『지역별 · 업종별해외투자현황』, (http://www.korea.exim.go.kr/

oiis/service)
한국일보, 이형. "세계를 가다(중남미편) 정규호, 윤현덕, 이경구 편", 1978, 12.
브라질 한인이민 제40주년.

2. 외국어 문헌

Alain Draeger, *Bahia*, Rio de Janeiro, 1984.

Alencar, Geraldo de, *Brasil e seu Futuro*, São Paulo: Makron Books, 1996.

Axtell, Roger E., *Do's and Tabboos around the World*, New York: Benjamin book, 1993.

Bacha, Admar & Klein, Herbert S.(eds.), *A Transição Incompleta*, Rio de Janeiro: Paz e Terra, 2 vol., 1986.

Bello, José M., *A History of Modern Brazil*, 1889-1964, Stanford: Stanford University Press, 1966.

Beppe Ceccato, *Brasil - pastando presente*, São Paulo: Livraria Saraiva, 1995.

Bethell, Leslie, *Brazil: empire and republic*, 1822-1930, Cambridge: Cambridge Univ. Press. 1989.

Caldeira, Jorge, *História do Brasil*, São Paulo: Companhia das Letras, 1999.

________ , *Viagem pela História do Brasil*, São Paulo: Companhias das letras, 1997.

Cardoso, Fernando Henrique, *O Modelo Político Brasileiro*, São Paulo: Difel, 1979.

Carvalho, José Murilo de, *A Formação das Almas, O Imaginário da República no Brasil*, São Paulo: Companhia das Letras, 1990.

Castro, Antônio Barros de & Sousa, Eduardo Pires de., *A Economia*

Brasileira em Marcha Forçada, Rio de Janeiro: Paz e Terra, 1985.

Conrad, Robert, *Os Útimos Anos da Escravatura no Brasil*, 2a ed., Rio de Janeiro: Civilização Brasileira, 1978.

Cortim, Gilberto, *História do Brasil*, São Paulo: Editora Saraiva, 1989.

Cuellar, Javier Perez de., *Our Creative Diversity*, Unesco, 1996.

Cunha, Manuela Carneiro da Negros, *Estraneiros*, São Paulo: Brasiliense, 1985.

Diller, Jerry V., *Cultural Diversity*, Belmont: Books;cole, 1999.

Fausto, Boris, *História Geral da Civilização Brasileira*, São Paulo: Brasiliense, 1985.

___________ , *Pequenos Ensaios de História da República*, Cadernos Cebrap, No. 10, 1972.

Fausto, Carlos, *História do Brasil*, São Paulo: Editora da USP, 1994.

________ , *História dos Índios do Brsil*, São Paulo: Companhia das Letras, 1992.

Freire, Maria C. & Ordonez, Marlene, *História do Brasil*, São Paulo: Ática, 1974.

Furtado Celso, *Economic Development of Latin America: Historical Background and Contempory Problems*, Cambridge: Cambridge Univ. Press, 1976.

Gannon, Martin J., *Global Cultures*, Thousand Oaks: Sage publications Inc., 2001.

Hermida, Antonio José Borges, *Compêndio de História do Brasil*. São Paulo: Companhia Editora Nacional, 1970.

Hess, David J. & Roberto A. DeMatta, *The Brazilian Puzzle*, New York: Columbia University Press, 1995.

Holanda, Sérgio Buarque de, *Raízes do Brasil*, Rio de Janeiro, José Olympio, 1969.

Jacques Cousteau, *Amazonia*, Rio de Janeiro: Record, 1984.

Jr., Caio Prado, *Formação do Brasil Contemporânea - Colônia*, São Paulo, Companhia Editora Nacional, 1948.

Joana Neves, *História do Brasil*, São Paulo: Eidtora Saraiva, 1990.

Koifman Fásio. *Presidente do Brasil*. São Paulo: Cultura Editires, 2000.

Linhares. Aria Yedda (org.), *História Geral do Brasil*, Rio de Janeiro, Campus, 1988.

Marcos de A. Coelho, *Geografia do Brasil*, São Paulo: Editora Moderna, 1998.

Mello, Pedro Collor de. Passando a limpo. A *trajetória de um farsante. Memórias*. Rio de Janeiro: Recordo 2a ed. 1993.

Maior, A. Souto. *História do Brasil*. São Paulo: Companhia Editora Nacional. 1970.

Miceli, Sérgio (org.), *História das Ciências Sociais no Brasil*, São Paulo: Vértice;IDESP, vol. I, 1989.

Morães, Osmário de. *Os presidentes do Brasil*. Rio de Janeiro: Edição do autor. 1995.

Nadai, Elza. *História do Brasil*. São Paulo: Editora Saraiva. 1990.

Page, Joseph A., *The Brazilians*, New York: Addison Wesley, 1995.

Rêgo, Rubem Murilo Leão, *Sentimento do Brasil*, Campinas: Unicamp, 2000.

Rossi Ernest E., ed., *The Latin American Political Dictionary*, Santa Barbara: ABC-Clio, 1980.

Sampaio, Céar. *Perfil de um presidente. Pequena biografia de um grande estadista*. Belo Horizonte: Graphilivros. 1985.

Skidmore, Thomas E.. *O Brasil Visto de Fora*. São Paulo: Editora Paz e Terra. 1994.

________ , *Modern Latin America*, Oxford: Oxford University Press,

1997.

_________ et als., *Modern Latin America*, N.Y.: Oxford Univ. Press, 1984.

_____________ , *The Politics of Militry Rule in Brazil*: 1964-85, N.Y.: Oxford Univ. Press, 1988.

Sodre, Nelson Verneck. *Formação Histórica do Brasil*. Rio de Janeiro: Editora Bertrand. 1990.

Souza, Reis de. *O governo de Itamar Franco*. Brasília: Agéncia de Notícias. 1995.

Stephan, Alfred, *Os Militares na Política*, Rio de Janeiro: Arte Nova, 1971.

_________ (ed.), *Democratizando o Brasil*, Rio de Janeiro: Paz e Terra, 1988.

Suzigan, Wilson, *Indústria Brasileira, Origem e Desenvolvimento*, São Paulo: Brasiliense, 1986.

Teixeira, Francisco & Dantes, José, *História do Brasil da Colônia República*, São Paulo: Editora Moderna, 1984.

Tom Sterling, *A Amzônia*, São Paulo: Time Life, 1973.

_________ , *Brasil 500 anos*, Brasilia: Caras, 1996.

_________ , *Guia Unicard Unibanco Brasil*, São Paulo: BEI, 2005.

Topik, Steven, *The Political Economy of the Brazilian State*, 1889-1930, University of Texas Press, 1987.

Viana, Helio. *História do Brasil*. São Paulo: Editora da USP. 1975.

Internet

http://www.eceme.ensino.eb.br/casteelobranco.htm

http://www.logon.com.br/biografias/persbras/bbra0015.htm

http://www.tresc.gov.br/memoria/votacao/tot-pres.htm

http://www.uolcom.br/diariodonordeste/2001/03/04/030001.htm

http://www.brasil.gov.br

http://www.presidenciadarepublica.gov.br

http://www.cinderela.com.br/republica/repub1407.htm

http://www.senado.gov.br/web/senador/elabao/geisel.htm

부록

부록

중남미 통계자료

브라질의 대 아시아 수출 (단위:백만불)

		1998	1999	2000	2001	2002	2003
브라질	총수출	51,157	48,313	56,138	58,845	60,122	73,666
	대아시아 수출	3,350	3,595	3,823	4,759	6,605	14,539
	비중(%)	6.5	7.4	6.8	8.1	11.0	19.7

(단위:백만불)

		1998	1999	2000	2001	2002	2003
브라질	총수입	57,558	49,801	56,250	55,829	47,197	53,301
	대아시아 수입	4,541	4,021	5,668	5,799	5,576	10,917
	비중(%)	7.9	8.1	10.1	10.4	11.8	20.5

중남미 주요국의 교역상대국

1. 브라질 (단위:백만불)

국가	수출				국가	수입			
	2001	2002	2003	2004		2001	2002	2003	2004
미국	14,379	15,535	16,901	20,342	미국	13,038	10,438	10,699	12,671
아르헨티나	5,002	2,342	4,561	7,373	아르헨티나	6,207	4,747	5,141	6,130
네덜란드	2,863	3,182	4,246	5,917	독일	4,812	4,398	4,626	5,579
중국	1,902	2,520	4,533	5,440	중국	1,461	1,710	2,362	4,081

2. 아르헨티나

(단위:백만불)

국가	수출				국가	수입			
	2001	2002	2003	2004		2001	2002	2003	2004
브라질	6,206	4,828	4,663	5,572	브라질	5,278	2,518	4,708	8,111
칠레	2,852	2,961	3,537	3,890	미국	3,781	1,804	2,264	3,725
미국	2,900	2,957	3,734	3,697	독일	1,052	554	769	1,226
중국	1,123	1,092	2,478	3,048	중국	1,066	330	721	916
스페인	1,100	1,146	1,388	1,589	이탈리아	839	312	444	778
이탈리아	853	847	931	1,097	프랑스	736	262	320	769

중남미 주요국가의 미국과의 무역

(단위:백만불)

	2001		2002		2003		2004	
	수출	수입	수출	수입	수출	수입	수출	수입
멕시코	101,296	101,337	97,470	134,616	97,411	138,060	110,775	155,843
브라질	15,879	14,466	12,375	15,780	11,211	17,910	13,863	21,157
베네수엘라	5,642	15,250	4,429	15,093	2,831	17,136	4,781	24,962
아르헨티나	3,920	3,013	1,585	3,187	2,437	3,169	3,386	3,745

미국의 대 중남미 주요국가별 직접투자

(단위:백만불)

	1999	2000	2001	2002	2003	2004
버뮤다	6,871	9,363	7,007	4,313	-3,444	4,764
브라질	5,672	3,350	113	-266	-126	929
파나마	2,571	1,328	808	530	261	97

주요 산업별 투자현황(2001)

(단위:백만불)

	광업	식품	화확	금속	교통설비	금융	서비스
중남미 전체	845	95	650	278	-1,211	4,090	372
아르헨티나	-136	-178	28	5	-646	77	17
브라질	626	74	225	107	249	329	32
칠레	229	13	-23	10	-	396	4

중남미 국별 해외직접투자 유입현황

(단위:백만불)

국명	1999	2000	2001	2002	2003
중남미 전체	107,406	97,537	88,139	51,358	49,722
남미	69,677	57,852	38,771	36,788	49,722
브라질	28,578	32,779	22,457	16,590	10,144
아르헨티나	23,988	10,418	2,166	785	478
베네수엘라	2,890	4,701	3,683	779	2,531
페루	1,940	810	1,144	2,156	1,377

중남미 국별 국가간 M&A 현황

(단위:백만불)

국명	1999	2000	2001	2002	2003
중남미 전체	41,964	45,224	35,837	22,433	12,085
남미	39,033	35,584	16,174	12,395	8,566
브라질	9,357	23,013	7,003	5,897	5,271
칠레	8,361	2,929	2,830	3,783	95
아르헨티나	19,407	5,273	5,431	1,207	2,467
베네수엘라	276	2,409	73	10	164

중남미 주요국 자원현황(2004)

1. 석유

	매장량(10억톤, %)	생산량(백만톤, %)	소비량(백만톤, %)
브라질	1.5(0.9)	76.5(2.0)	84.2(2.2)
아르헨티나	0.4(0.3)	37.9(1.0)	18.7(0.5)
콜롬비아	0.2(0.1)	27.3(0.7)	10.1(0.3)
에콰도르	0.7(0.4)	27.3(0.7)	6.3(0.2)

2. 천연가스

	매장량(1조입방미터,%)	생산량(백만톤,%)	소비량(백만톤,%)
브라질	0.33(0.2)	11.1(0.4)	18.9(0.7)
아르헨티나	0.61(0.3)	36.9(1.6)	37.9(1.4)
콜롬비아	0.11(0.1)	6.4(0.2)	6.3(0.2)
볼리비아	0.89(0.5)	8.5(0.3)	-(n/a)

※ (%)는 세계에서 차지하는 비중, 중남미 total은 멕시코 포함.

3. 석탄

	매장량(백만톤,%)	생산량(백만톤,%)	소비량(백만톤,%)
브라질	10,113(1.1)	1.6(0.1)	11.4(0.4)
콜롬비아	6,611(0.7)	35.8(1.3)	2.7(0.1)
멕시코	1,211(0.1)	4.3(0.2)	9.0(0.3)
베네수엘라	479(0.1)	6.6(0.2)	0.1(-)

※ (%)는 세계에서 차지하는 비중, 중남미 total은 멕시코 포함.

중남미 주요국 에너지 소비량(2004)

	1차에너지(백만톤,%)	원자력(백만톤,%)	수력(백만톤,%)
브라질	187.7(1.8)	2.6(0.4)	72.4(11.4)
아르헨티나	145.3(1.4)	-	5.7(0.9)
칠레	67.6(0.7)	-	4.0(0.6)
콜롬비아	62.0(0.6)	1.8(0.3)	6.8(1.1)

※ (%)는 세계에서 차지하는 비중, 중남미 total은 멕시코 포함.

국가별 인구지표

	총인구	인구 성장률	인구구성(2002)			유아사망률	출생률
	(백만) 2003년	(%, 90~03년)	0~14세	15~64세	65세	(천명당, 2002년)	(천명당, 2002년)
브라질	178.5	1.4	27.9	66.8	5.3	7	19
멕시코	103.5	1.7	32.9	62.0	5.1	4	20
콜롬비아	44.2	1.8	31.9	63.3	4.8	6	21
아르헨티나	38.5	1.3	27.3	63.3	9.8	8	19

국가별 환경지표

국명	임야(총면적대비비율) (천평방킬로,%)2000	전력생산 (10억 킬로와트)2001	유기수질 오염원 배출량(kg/day)2000
브라질	5,325(63.0)	327.9	629,406
멕시코	552(28.9)	209.6	296,093
페루	652(50.9)	20.8	52,644
볼리비아	531(48.9)	4.0	12,759

국가별 교통 · 통신지표

국명	도로		전화보유수 (100명당)	핸드폰 보유수 (100명당)	TV보유수 (1,000명당)	PC보유수 (1,000명당)	인터넷 사용자수 (1,000명당)
	총도로망 (1995-2001,km)	도로포장률 (1995-2001,km)					
브라질	1,724,929	5.5	223	201	349	74.8	82
멕시코	329,532	32.8	147	255	282	82.0	98
콜롬비아	112,988	14.4	179	106	303	49.3	46
아르헨티나	215,471	29.4	219	178	326	82.0	112

국가별 생활지표

국명	실업률 (2000-2002,%)	도시인구비율 (백만,%)2002	성인문맹률(%, 15세 이상)2002	
			남성	여성
브라질	9.4	143.5(82)	14	13
아르헨티나	17.8	33.6(88)	3	3
볼리비아	5.2	5.6(63)	7	19
칠레	7.8	13.5(86)	4	4

한국 대 중남미 연도별 교역현황

(단위:백만불)

년도	수출		수입		상품수지
		증가율(%)		증가율(%)	
1994	6,430	30.7	3,280	37.6	3,151
1995	7,370	14.6	3,964	20.9	3,406
1996	8,961	21.6	4,392	10.8	4,569
1997	8,668	-3.3	4,176	-7.2	4,593
1998	8,867	2.3	2,197	-46.1	6,670
1999	8,645	-2.5	2,865	30.4	5,780
2000	9,369	8.4	3,263	13.9	6,106
2001	9,730	3.8	3,445	5.6	6,285
2002	8,864	-8.9	3,743	8.6	5,121
2003	8,802	-0.7	4,594	22.8	4,207
2004	6,931	31.4	3,279	16.1	3,652

대중남미 국별 교역현황

(단위:백만불,%)

순위	국별	2003			2004		
		수출	수입	상품수지	수출	수입	상품수지
	중남미계	8,802(-0.7)	4,594(22.5)	4,208	6,931(31.4)	3,279(16.1)	3,652
1	멕시코	2,455(10.0)	334(13.0)	2,121	2,994(22)	411(23.2)	2,583
2	브라질	1,137(-8.8)	1,619(29.7)	-482	1,785(56.9)	2,195(35.6)	-410
3	파나마	1,252(5.7)	179(25.0)	1,076	1,264(0.9)	294(64.1)	970
4	바하마	909(-6.0)	0(1,341.1)	909	998(9.7)	13(6,840.6)	985
5	칠레	517(13.9)	1,058(40.3)	-541	708(36.9)	5(20.1)	641
6	버뮤다	163(-54.8)	5(1,587,938)	158	646(295.6)	5(20.1)	641
7	과테말라	523(4.3)	66(-37.8)	457	550(5.2)	62(-5.4)	488
8	콜롬비아	297(9.0)	76(55.7)	221	459(54.9)	106(39.7)	353

9	에쿠아도르	178(6.3)	258(-18.3)	-80	263(47.7)	444(72.3)	-181
10	페루	204(4.4)	194(-5.0)	10	245(19.9)	283(45.6)	-38
11	아르헨티나	161(213.6)	436(15.7)	-275	239(48.1)	421(-3.3)	-182
12	푸에르토리코	149(-8.1)	118(15.4)	31	230114.9)	94(86.6)	136
13	온두라스	133(-3.6)	12(15.5)	121	177(18.8)	122(3.1)	55
14	베네주엘라	107(-56.8)	50(9.4)	57	176(120.1)	0(-48.5)	176
15	도미니카공화국	82(-55.9)	72(229.4)	10	144(8.5)	15(26.4)	129
16	코스타리카	81(-27.4)	66(69.4)	15	122(51.7)	29(-57)	93
17	영령 캐이맨 군도	80(4,917.8)	0(-12.6)	80	117(58.9)	4(1,108.2)	113
18	엘살바도르	74(1.6)	8(254.1)	66	74(-9.4)	122(69.6)	-48
19	니카라과	74(-136)	0(413.1)	74	69(-7.6)	3(-62.1)	66
20	우르과이	44(28.0)	12(107.1)	32	40(-10.7)	15(24.1)	25

브라질 업종별 투자누계현황(2005년 5월 현재)

(단위:천미불, 건)

	브라질	
	신고	투자
농림어업	23,780(1)	0(0)
광업	75,012(1)	39,664(1)
제조업	470,229(28)	305,834(24)
건설업	6,502(4)	1,345(2)
도소매업	71,549(11)	9,561(9)
운수창고업	774(4)	389(3)
통신업	135,268(3)	2,183(2)
금융보험업	0(0)	0(0)
숙박음식점업	2,000(1)	2,000(1)
부동산 및 서비스업	7,966(6)	1,807(6)
기타	0(0)	0(0)
계	793,080(59)	362,783(48)

한국 · 브라질 자매결연 현황

(2005년 8월 현재)

	브라질 도시명	우리나라 시 · 도명	결연일자
한 · 브라질	상파울루시	서울시	77. 4. 20
	히우지자네이루주	부산시	85. 8. 23
	미나스제라이스주	대구시	94. 6. 21
	상파울루주 삐라시까바시	경기도 성남시	86. 5. 28
	상파울루주 소로까바시	경기도 안양시	97. 10. 19
	산뚜스시	울산시	02. 6. 3

재외동포현황

(2005년 8월 현재)

	1997	1999	2001	2003	백분율(%)
브라질	44,201	46,916	48,097	50,250	47.57
아르헨티나	32,069	31,248	25,070	15,500	14.67
파라과이	10,278	10,412	6,190	7,097	6.72
멕시코	2,168	2,379	19,500	17,200	16.28

최근 브라질의 유전발견 현황

분지	광구	유전	발견일	추정매장량 (억 배럴)
Campos	Caxareu	Caxareu	2007	미확인
		Wahoo	2008.9	미확인
Santos	BM-S-10	Parati	2006	미확인
	BM-S-11	Tupi	2007.11	50~80
	BM-S-21	SPS-51	2007.12	미확인
	BM-S-24	Jupiter	2008.1	천연가스
	BM-S-9	Carioca	2008.4	330(비공식)
	BM-S-8	Bem-te-Vi	2008.5	2.5~7.5
	BM-S-9	Guara	2008.6	미확인
	4-GLF-23-ESS	Golfinho	2008.7	1.5
	-	Iara	2008.8	30~40
	1-ESS-103A	Baleias	2008.11	15~20
		Jequitinhonha	2008.11	미확인
	BM-S-48	Panoramix	2009.1	미확인
	BM-S-22	Azulao-1	2009.1	미확인

자료 : ANP; JOGMEC; Folha de Sao Paluo.

브라질의 석유매장량 순위(2007년말 기준)

(단위:10억 배럴)

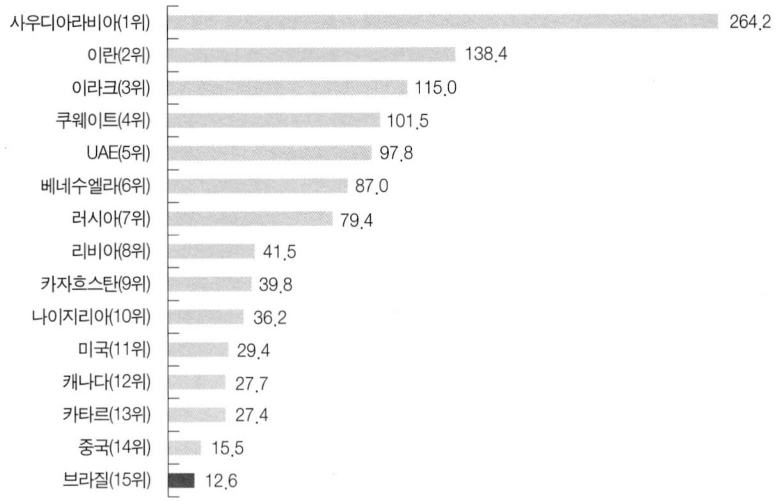

자료 : British Petroleum.

최근 유전발견을 포함한 브라질의 석유매장량 순위

(단위:10억 배럴)

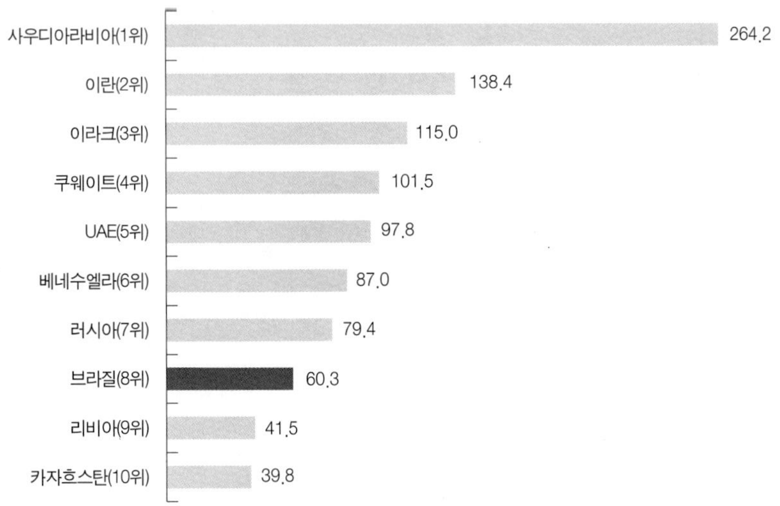

브라질 지도

베네수엘라
가이아나
프랑스령 기아나
수리남
콜롬비아
보아비스따
로라이마
아마빠
마까빠
리오네그로
아마존
벨레잉
마나우스
솔리몽이스
아마조나스
빠라
싱구
사웅루이스
마라냐웅
북 부
떼레지나
포르딸레자
리오그란데두노르떼
세아라
나딸
마데이라
빠라이바
쥬앙뻬소아
빠아우이
뻬르남부꾸
레시페
아끄레
뽀르뚜벨류
알라고아스
리오브랑꾸
동북부
세르지뻬
마세이오
마뚜그로수
아라과이아
또깐칭스
론도니아
아라까주
바이아
고이아스
살바도르
중서부
꾸이아바
브라질리아
사웅프란시스꾸
페루
볼리비아
미나스제라이스
마뚜그로수두술
동남부
벨로리종띠
에스삐리뚜산뚜
띠에떼
깜뿌그란데
오우루쁘레뚜
비또리아
빠라나
사웅파울루
파라과이
리오데자네이루
칠레
빠라나
사웅파울루
꾸리띠바
이과수
폭포
이과수
산따까따리나
플로리아노뽈리스
아르헨티나
우루과이
남부
리오그란데두술
뿌르뚜알레그레
우루과이
0
600km

찾아보기

ㄱ

ㄴ

ㄷ

ㅂ

ㅇ

ㅈ

ㅌ

ㅍ